C 언어를 이용한 체험! 자료구조

정기철 지음

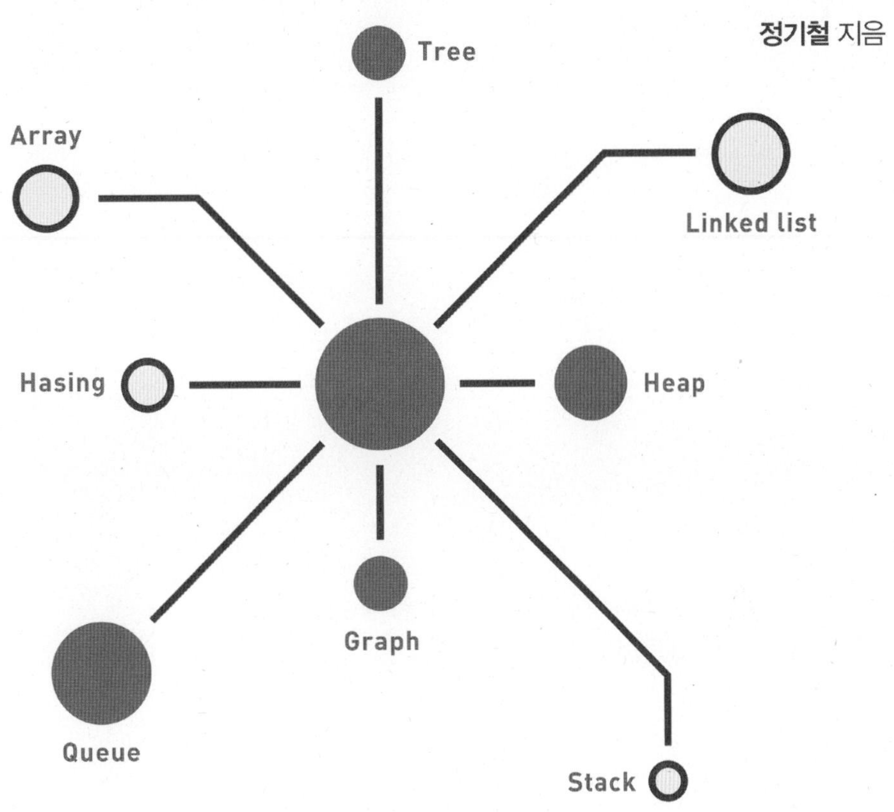

YD Edition 연두에디션

체험! 자료구조

C 언어를 이용한 게임, 인공지능 예제 포함

발행일 2018년 7월 15일 초판 1쇄
지은이 정기철
펴낸이 심규남
기 획 염의섭 · 이정선
펴낸곳 연두에디션
주 소 경기도 고양시 일산동구 동국로 32 동국대학교 산학협력관 608호
등 록 2015년 12월 15일 (제2015-000242호)
전 화 031-932-9896
팩 스 070-8220-5528
ISBN 979-11-888-3109-8
정 가 27,000원

이 책에 대한 의견이나 잘못된 내용에 대한 수정정보는 연두에디션 홈페이지나 이메일로 알려주십시오.
독자님의 의견을 충분히 반영하도록 늘 노력하겠습니다.
홈페이지 www.yundu.co.kr

※ 잘못된 도서는 구입처에서 바꾸어 드립니다.

PREFACE

우리는 지금 자료 구조(data structures)라는 것을 배우려고 한다. 자료 구조라는 분야는 말 그대로 자료(data)를 저장/사용하는 효율적인 구조(structure), 방법(how-to)을 다루는 학문이다. 자료 구조를 배우는 목적은 크게 2 가지다.

- 다양한 자료 구조들의 장 · 단점을 이해하고, 이를 실제 문제에 효과적으로 사용하는 방법을 배우는 것
- 다양한 자료 구조를 직접 구현(coding)하면서 프로그래밍 실력을 높이는 것

저자는 위의 2가지가 모두 중요하다고 생각한다. 왜냐하면…

- 다양한 자료 구조들의 이론적인 특징들을 잘 이해하고 있으면, 실전 문제 해결에 많은 도움이 되고, 복잡한 문제일수록 적합한 자료 구조를 선택하면 의외로 쉽게 해결되는 경우가 많기 때문이다. 따라서 각 자료 구조의 장단점을 확실히 이해해야 한다.
- 자료 구조를 배우는 단계는 소프트웨어 프로그래밍의 입문 단계인 사람이 많다. 자료 구조 과목이 대부분 컴퓨터 관련 학과의 2학년 과목으로 지정되어 있기 때문이다. 자료 구조를 구현할 때는 사용하는 프로그래밍 언어의 특성을 잘 이해해야 한다. 해당하는 언어의 특성을 효과적으로 공부할 수 있는 주제들이 자료 구조에는 너무나 많기 때문에, 자료 구조를 구현하는 것은 프로그래밍 공부에 아주 많은 도움이 된다.

이런 많은 장점이 있는 자료 구조 공부이지만, 배우기는 쉽지 않다. 위에서 언급한 그 장점들이 또한 단점으로도 작용할 수 있기 때문이다.

- 자료 구조의 기본적인 이해는 했지만, 실전 문제를 다뤄보지 않아서 구체적으로 어떤 도움이 되는지 느끼기 어렵다.
- 프로그래밍 입문자들은 프로그래밍에 익숙하지 않은 상태인데, 이 상황에서 어려운 자료 구조 구현은 더욱 힘들게 느껴질 수 있다.

다시 한번 강조하고 싶다. 자료 구조는 배우기 쉬운 분야가 아니다. 그렇지만 흥미와 목적 의식을 놓치지 않고 공부한다면 향상된 자신의 프로그래밍 실력에 스스로 감탄하는 날이 오리라고 확신한다.

2018년 여름 상도골에서

정기철

책 구성 및 개요

이 책은 4개의 파트로 구성하였다. Part 1의 가장 기본적인 내용부터, Part 4의 고급 내용까지 순서대로 공부할 수 있도록 기술하였다.

Part 1

- 본격적인 자료 구조 공부 이전에 필요한 기초적인 내용을 다루고 있다. 이 부분은 자신의 수준/경험/실력/상황에 따라서 선택해서 공부하자.
- 1장 : 프로그래밍 초심자를 위한 프로그래밍 기초
- 2장 : 자료 구조의 기본 개념을 이해하기 위한 자료 구조 기초. 이 부분은 이 교재에서 다루는 자료 구조들의 전체적인 이해를 위해 필수적이다.
- 3장 : 이 교재의 모든 소스 코드는 윈도우 10 운영 체제 상에서 Visual Studio 개발 환경에서 테스트하였다. C 언어를 이용한 실제 프로그래밍을 위한 Visual Studio 개발 환경과 다양한 용도로 사용되는 openFrameworks 라이브러리의 설치 방법 및 사용 방법을 소개한다.

Part 2

자료 구조 기초(선형 자료 구조): 아주 많이 사용되는 가장 기본적인 자료 구조들을 소개한다. '선형'이라는 말은 '한 줄로 늘어놓을 수 있는' 이라는 말이다.

- 4장 : 배열(array)
- 5장 : 배열 리스트(array list)
- 6장 : 연결 리스트(linked list)
- 7장 : 스택(stack)
- 8장 : 큐(queue)

Part 3

자료 구조 중급(비선형 자료 구조): 여기서는 '비선형' 자료 구조의 대표인 '트리'와 '그래프'를 다룬다. 이 부분은 실제로는 아주 많은 논의할 내용이 있지만, 상당히 어려운 부분이기 때문에 이 책에서는 가장 핵심적인 내용만 기술하고, 나머지 내용들은 간단하게 언급만 하였다. 이 내용의 많은 부분은 알고리즘(algorithms)이라는 과목에서 많이 언급되는 내용이다.

- 9장 : 트리(tree)
- 10장 : 그래프(graph)

Part 4

자료 구조 고급(정렬과 검색): 자료 구조 중에서 조금은 특별한 구조를 다룰 예정이다. 힙과 해싱은 특수한 경우에 아주 효과적으로 활용되는 자료 구조다.

- 11장 : 힙(heap)
- 12장 : 해싱(hashing)

이 책의 대상 독자

이 책은 대학의 컴퓨터 관련 학과의 2학년 교재로써 적당한 수준이다. 아래의 지식이 있는 독자에게 추천한다.

- 전산학 개론 등의 과목을 수강한 학생: 컴퓨터의 전체적인 구조, 2진수 등의 개념 등을 이해하는 수준
- C 언어를 이용한 프로그래밍 경험이 있는 학생: C 언어의 기본적인 기능인 배열, 구조체, 파일 입출력, 정렬 알고리즘 등의 프로그래밍 경험자

이 책의 다른 점

저자가 이 책을 쓰려고 마음 먹은 이유는, 자료 구조를 배우는 과정에서 자주 겪는 단점들을 줄이면서 공부할 수 있는 교재를 만드는 것이었다. 이를 위해서 이 책은 기존의 다른 자료 구조 교재와 다른 점이 많다. 이 책의 성격을 확실히 설명하는 것이 독자들이 더욱 효과적으로 이 교재를 보는 방법일 것이다.

- 한 종류의 자료 구조의 구현을 난이도에 따라서 여러 방법으로 소개하였다 : 각각의 자료 구조를 구현함에 있어서 간단한 방법과, 조금은 더 복잡하지만 효율적인 방법을 차례로 기술하려고 하였다. 이 교재를 처음부터 끝까지 빠짐없이 모두 공부하는 것보다, 자신이 이해되는 수준에서 학습의 깊이를 설정하고, 여러 번 교재를 보면서 조금씩 자신의 지식의 깊이를 심화할 수 있도록 하였다. 자신의 프로그래밍 실력에 적합한 버전부터 하나씩 차례로 공부하자.
- 게임과 인공 지능에 적용되는 자료 구조를 다룬다 : 모든 공부는 흥미 유발이 중요하다. 지금 배우는 각 자료 구조가 어떻게 인공 지능 분야와 게임 프로그래밍에 사용될 수 있는지 소개함으로써 동기 부여에 도움이 되도록 하였다.
- 시각적 출력을 이용한 학습 흥미 부여 : 그래픽 결과를 출력하는 프로그램을 작성해서 흥미를 유발한다. C 언어 프로그래밍은 대부분 콘솔(텍스트 모드의 입출력) 화면에서 글자 출력으로 시작한다. 이 책에서는 오픈프레임웍스(openFrameworks)라는 라이브러리를 이용해서 다양한 그래픽 출력을 함으로써, 각 자료 구조가 실제 문제에 어떻게 사용될 수 있는지를 보이려고 노력하였다.
- 실용적인 데이터를 사용한다 : 대부분의 교재에서는 10~100여개 정도의 데이터를 자료 구조의 테스트 데이터로 사용한다. 다양한 자료 구조들은 대용량의 데이터를 사용할 때 성능의 차이가 명확해진다. 수 십, 수 백 개 정도의 소량의 데이터들을 다룰 때는 각 자료 구조들의 효율성이 실감나지 않는다. 이미 하드웨어가 엄청나게 빠르기 때문이다. 그래서 이 교재에서는 대량의 데이터를 실습 데이터로 사용하고, 이 데이터는 인터넷에 업로드해서 다운로드 받아서 사용할 수 있도록 하였다.

이외에 세부적인 특징들은 다음과 같다.

- C 언어 중에서 자료 구조 공부에 필요한 부분은 별도로 정리하였다 : 배열, 구조체, 파일 입출력, 포인터 등의 개념은 C 언어를 이용한 자료 구조 이해를 위해서 필수적이다. 각 내용들이 필요할 때 적절한 곳에 이 항목들을 다시 소개한다. 그렇지만 이 교재를 보기 위해서는 각자 C 언어의 선행 학습은 꼭 필요하다.
- 소스 코드는 교재의 좌우 지면 여백에 설명을 추가함으로써 독자들이 쉽게 코드를 이해할 수 있도록 편집하였다.

본 교재의 수정 사항이나 온라인 정보의 제공은 아래의 사이트를 참고하시기 바랍니다.

https://sites.google.com/site/datastructurewithc/

CONTENTS

PART II : 자료 구조 기초(선형 자료 구조)

PART III : 자료 구조 중급(비 선형 자료 구조)

PART IV : 자료 구조 고급

PART I

본격적인 자료 구조 공부에 앞서

이제 교재의 시작이다. 자료 구조에 들어가기 전에 몇 가지 기본적인 아래의 내용을 Part 1에서 설명한다.

1. **프로그래밍 기초와 소프트웨어 공학**: 이 부분은 C 언어나 컴퓨터 개론 등의 기초 분야를 공부한 독자들은 가벼운 마음으로 읽으면서 정리하는 시간으로 삼았으면 한다.

2. **자료 구조와 알고리즘의 기초**: 앞으로 설명될 자료 구조 부분을 위해서 기본적인 자료 구조, 알고리즘 등의 개괄 이야기를 먼저 선보일 것이다. 이를 통해서 왜 자료 구조를 배워야하는지 실제적으로 느껴보자.

3. **컴파일러로 사용할 Visual Studio Community 2017과 그래픽 프로그래밍을 위한 openFrameworks**: 많은 C 컴파일러가 있지만 이 교재에서는 Visual Studio Community 2017 버전을 사용한다. Visual Studio는 장단점이 있기는 하지만 국내에서 많이 사용되고 있고, 최근에 무료 사용이 가능하게 바뀌었다. 그리고 오픈프레임웍스(openFrameworks)라는 라이브러리를 소개한다. 각 자료 구조의 동작 방식을 시각적으로 보이기 위해서 오픈프레임웍스를 사용해보자.

집필하는 지금은 Visual Studio Community 2017 버전이다. 향후에 버전이 바뀌더라도, 기본적인 사용법은 그렇게 많이 다르지는 않으리라고 생각한다. 또한 현재는 openFrameworks 라이브러리가 Visual Studio 2017버전까지 지원되고 있다.

많은 저자들이 동일하겠지만, Visual Studio의 C 언어 지원이 좋지 않지만, 여전히 한국에서는 이를 많이 사용하는 상황에서 이 교재에서도 C 컴파일러로 사용하였다.

CHAPTER 1

프로그래밍 기초와 소프트웨어 공학

CHAPTER 1

소프트웨어 개발과 관련된 전체적인 이야기를 해보자. 프로그래밍 경험이 어느 정도 있는 독자는 이 부분을 가볍게 읽고 넘어가도 무방하다. 여기서는 소프트웨어 개발 주기와 소프트웨어 공학, 디버깅에 대한 기본적인 개념 등을 설명한다.

1.1 소프트웨어 공학

소프트웨어 제작 과정 전체에서 '프로그램 코딩(coding)' 단계는 10~20% 정도만을 차지하는 단계이다. 즉, 소프트웨어 작성을 위해서는 프로그램 코딩(프로그램 구현) 작업 이외에도 더 많은 다른 작업이 필요하다는 의미다. 지금부터는 소프트웨어 제작의 모든 단계를 고민하는 '소프트웨어 공학'에 대해 알아보자.

> 소프트웨어 공학(software engineering)이란 소프트웨어 작성과 관련된 일을 기계 공학, 건축 공학 등의 '공학적인 접근법'으로 좀 더 체계화하려는 방법이다.

컴퓨터 발전 역사의 초창기, 즉 ENIAC 같은 컴퓨터 시대에는 컴퓨터 외부의 선을 연결하는 것 자체가 프로그래밍(hard-wired programming)이었던 때가 있었다. 이때는 소프트웨어라는 개념도 없었고, 프로그램을 저장한다는 의미도 있을 수 없었기 때문에, 그때 그때 필요할 때 마다 소규모의 프로그램 제작이 고작이었을 것이다.

그 이후에, 폰 노이만(von Neumann)의 내장형 프로그램이라는 방식을 사용하면서 소프트웨어라는 개념이 생기고, 점점 소프트웨어의 크기가 커지게 된다. 또한 기계어 프로그래밍 방식에서 발전하여 고급 언어의 출현으로 인하여 프로그래밍의 편의성이 증대됨에 따라 점점 더 대규모의 소프트웨어가 제작되게 된다.

이에 따라 전체 컴퓨터 시스템의 제작 비용에서 점점 소프트웨어가 차지하는 비율이 높아지게 되는데, 소프트웨어의 크기가 작았을 때에는 소프트웨어 제작/수정 등에 대한 부담감이 적었지만, 점점 대형화되면서 이를 효과적으로 관리하기 위해서 체계적인 소프트웨어 개발 방법론이 필요하게 되었다.

이와 같이, 소프트웨어는 점차 복잡해지는 반면, 그것에 대처할 수 있는 소프트웨어 개발 및 관리 기술이 뒤따르지 못하기 때문에 '소프트웨어의 위기'라는 말이 생기게 되었는데, 그 원인으로써 전통적인 공학 분야에서 사용되는 기본적인 설계 절차를 밟지 않고 주먹 구구 방식으로 소프트웨어를 제작하고 있었다는 의견이 제시되고, 소프트웨어의 개발에 구조적 프로그래밍(structured programming)과 같은 공학적 접근 방법이 도입되기에 이르렀다. 이러한 과정을 거쳐서 '소프트웨어 공학'이라는 분야가 생기기 시작하였다. 이러한 흐름에 따라서, 소프트웨어 공학은 점점 고객의 요구 분석과 설계에 더 많은 시간과 인력을 투자하게 된다. 프로그램을 잘 만든다는 것은 고객의 요구를 잘 파악하고 유지 보수 단계까지 신경을 써서 설계한 것이라고 말할 수 있기 때문이다. 또한 프로그램은 특성상 자주 수정해야 할 일이 생기는데, 설계 단계에서 이를 신경 쓰지 않았더라면 당시에는 좋은 프로그램이 될 수 있을지라도 급변하는 하드웨어와 다른 소프트웨어하고는 경쟁할 수 없다.

1.2 소프트웨어 개발 주기

- 개발할 소프트웨어의 기능, 목표, 조건 등을 소프트웨어 사용자와 함께 정의한다.
- 소프트웨어의 성격과 목적을 정확히 이해하고 필요한 자원과 예산을 예상한다.

- 소프트웨어의 입력, 처리 내용, 결과를 정의한다. 이를 시스템 명세라고 한다.

- 소프트웨어가 정의된 기능을 잘 수행할 수 있도록 소프트웨어의 수행 과정을 논리적, 체계적으로 결정한다.
- 이 단계는 시스템 구조 설계와 사용자 인터페이스 설계로 나눌 수 있다.

- 실제의 프로그래밍 언어로 프로그램을 작성하는 단계이다.
- 프로그래밍 언어 선정, 프로그래밍 기법 및 순서 등을 결정하고 구현한다.

- 구현된 소프트웨어의 기능을 테스트하는 단계이다.
- 시스템의 요구 사항을 만족하는지, 실행 결과가 정확한지 등을 검사하여 시스템의 완성도를 높이는 단계이다.

- 시스템이 설치된 후 일어나는 모든 활동을 의미한다.
- 일반적으로 소프트웨어의 생명 주기 중에서 가장 긴 기간이 소요되는 단계이다.
- 시스템 개발 초기에 유지 보수에 대한 면밀한 계획을 세우지 않었더라면 유지 보수 비용이 개발 비용보다 더 소요될 수도 있다.

소프트웨어의 개발 주기는 보통 위와 같은 단계로 구분한다. 이것을 소프트웨어 생명 주기(Software Life Cycle) 또는 소프트웨어 개발 주기(Software Development Cycle)라고 한다.

소프트웨어 제작에 소요되는 비용을 사용자 요구 분석 단계에서 유지 보수 단계에 이르는 각 단계가 차지하는 비율로 보면, 요구 분석 및 명세 기술 단계에 약 10%, 설계 단계에 약 10%, 프로그래밍 단계에 약 10%, 테스트 및 디버그 단계에 약 20%, 그리고 유지 보수에 소요되는 비용이 약 50%를 차지한다.

놀랍다! 보수 단계에 절반 정도의 비용을 사용한다는 의미이다. 초반의 설계가 얼마나 중요한지를 알 수 있다. 집을 지을 때 유지 보수에 드는 비용이 많아지면 리모델링을 하거나 재건축을 하는 것과 같은 이치이다.

우리가 배울 자료 구조는 소프트웨어 설계와 프로그래밍 단계에서 중요하게 사용되는 분야이다.

1.3 문제 해결을 위한 프로그래밍의 절차

컴퓨터를 사용하는 주된 목적은 문제 해결이다. 이 문제가 게임 제작일 수도 있고, 웹 애플리케이션 프로그램 제작일 수도 있고, 과학 계산에 필요한 문제일 수도 있는데, 이와 같은 다양한 문제 해결에 프로그래밍이 사용된다.

혼자서 프로그램을 만들 때는 어떤 개발 방법을 사용해도 된다. 그러나, 문제의 크기가 커지면 혼자가 아니라 여러 명이 같이 개발 프로젝트에 투입되기도 하고, 몇 년의 개발 기간이 소요되는 아주 큰 프로그램을 작성하기도 한다. 이렇게 프로그램의 규모가 커질수록 조금 더 체계적인 프로그래밍 기법이 필요하고, 거기에는 자료 구조와 알고리즘이 필수적인 역할을 한다.

아래는 어떤 문제를 컴퓨터로 해결하기 위해서 프로그램을 작성하는 경우의 절차를 설명한다.

이러한 절차는 비단 컴퓨터 프로그래밍을 위한 절차라기 보다는 일반적인 문제 해결의 방법이라고 보는 것이 더 정확하다.

1. 문제를 분석하고(문제 해결을 위한 입력이 어떠한 형태의 어떠한 값인지, 어떠한 출력을 제공해야 하는 지 등을 분석한다),

'자료 구조(Data Structure)'와 '알고리즘(Algorithm)'이라는 용어는 지금 여러분에게는 생소할 수 있다. 자료 구조는 프로그램에서 사용하는 데이터를 체계적으로 관리하는 방법을 말하며, 알고리즘은 문제 해결의 순서를 효율적으로 기술하는 방법을 말한다.

2. 머리 속에서 가상의 솔루션을 그려보고(머리 속에서 이렇게, 저렇게 프로그램을 작성하면 되겠다는 그림을 그려본다),
3. 프로그램에서 사용할 '자료 구조'와 '알고리즘'을 정한 후(조금 더 자세하게 어떻게 프로그래밍을 할 지 구체적으로 정한다),
4. 실제 프로그래밍을 시작하고(프로그래밍 언어로 옮긴다),
5. 프로그래밍의 정확성을 검증하고, 오류가 있으면 수정해서 완성한다(프로그램의 완성도를 높인다).

그럼 이제부터는 프로그래밍 단계에 대해서 조금 더 구체적으로 이야기해보자. '적합한 순서대로 수행되면 제한된 시간 내에 주어진 문제를 해결할 수 있는 명령어들의 집합'을 '알고리즘(algorithm)'이라고 한다. '프로그램(program)'과는 의미상으로 조금 다른데, 엄밀히 말하면 '프로그램'은 '컴퓨터에서 실제 수행될 수 있도록 구현된 알고리즘'이라고 할 수 있다.

명확하게 '알고리즘은 이런 것이다'라고 정의하기는 어렵지만 일반적으로 이렇게 정의하곤 한다.

프로그램을 작성할 때는 '자료 구조(data structure)'가 필요하다. 자료 구조란 프로그래밍에 필요한 여러 데이터를 저장하거나 사용하는 방법을 말하는데, 위에서 말한 '알고리즘'과 '자료 구조'는 일심동체처럼 서로가 서로에게 영향을 주는 아주 중요한 개념들이다. 이 두 분야를 잘 익혀두면 프로그래밍 작업이 아주 효과적으로 이루어질 수 있다.

자료 구조와 알고리즘은 따로 떼서 이야기할 수 없다. 요리를 할 때 재료와 요리법을 따로 떼서 생각할 수 없는 것처럼. 요리에서 '요리법'이 알고리즘, '재료'는 자료 구조.

컴퓨터를 이용한 문제 해결 단계(프로그래밍 단계)를 생각해보자. 컴퓨터를 이용한 문제 해결, 즉, 프로그래밍 과정을 아래의 3 단계로 나누어 볼 수 있다

1. **알고리즘 개발 단계**: 문제를 정의하고, 이를 이해한 후, 세부적인 단계로 나누어 알고리즘을 고안한다. 이렇게 알고리즘을 고안하는 단계에서 필수적인 것이 데이터의 저장 관리 방법을 다루는 자료 구조이다.
2. **구현 단계**: 제시된 알고리즘을 실제의 프로그래밍 언어로 구현한다. 즉 실제로 프로그램을 작성하는 단계(코딩)이다. 결과를 확인하고 정확한 결과가 나올 때까지 프로그램을 계속 수정한다.
3. **유지 보수 단계**: 새로운 요구가 있거나 사용 시 발견된 오류를 수정한다.

우리나라의 모든 사람들은 라면 끓이는 방법은 모두 알고 있으리라고 생각한다. 라면 끓이는 상황에서의 알고리즘과 이에 필요한 자료 구조를 한번 생각해보자. 아래의 알고리즘에 적힌 명령들을 순서대로 실행하면 제한된 시간 안에 라면 요리가 완성되기 때문에, 알고리즘의 정의에 적합한 구조이다.

어떤 시스템을 만들기 위해서 필요로 하는 재료를 '자료 구조'라고 할 수 있다. 그리고 시스템 구현, 실행하는 순서, 방법을 체계적으로 표현한 것을 '알고리즘'이라고 한다.

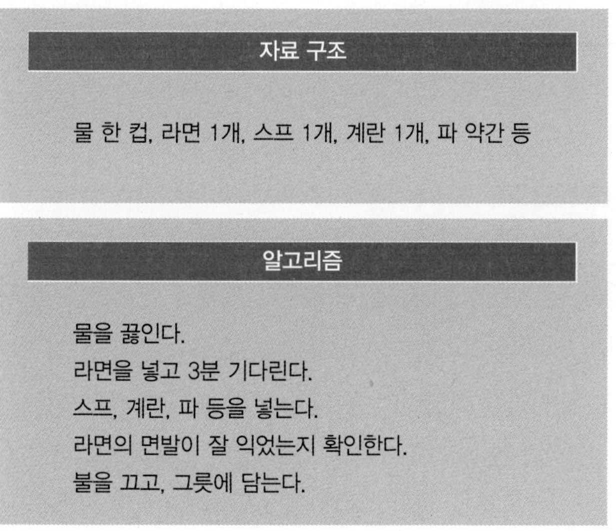
자료 구조
물 한 컵, 라면 1개, 스프 1개, 계란 1개, 파 약간 등
알고리즘
물을 끓인다.
라면을 넣고 3분 기다린다.
스프, 계란, 파 등을 넣는다.
라면의 면발이 잘 익었는지 확인한다.
불을 끄고, 그릇에 담는다.

위와 같은 라면을 끓이는 상황에서 자료 구조의 중요성을 생각해보자. 아래의 그림에서 라면을 편하게 끓이려면 어떤 자료 구조를 사용하는 것이 좋을까?

다음 그림의 왼쪽과 같이 사용할 재료를 무작위로 배열한 상태에서는 그 때 그때 재료를 찾아서 사용해야 한다. 그러나 오른쪽과 같이 알고리즘에서 필요로 하는 순서대로 재료들이 쌓여 있다면, 라면 끓이는 알고리즘을 단순하게 할 수 있을 것이다. 그냥 시간에 맞춰서 가장 위에 있는 재료를 넣으면 되기 때문이다. 참고로, 아래와 같은 자료 구조를 스택(stack)이라고 한다. 즉, 라면 재료가 스택처럼 쌓여 있다면, 라면 끓이는 알고리즘이 상당이 단순하게 설명할 수 있다는 장점이 있다.

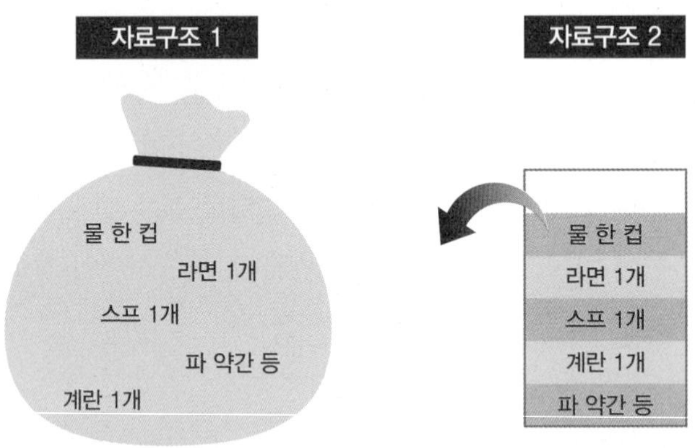

1.4 일반적인 코딩 팁

코딩(coding)은 프로그래밍 전 단계에서 실제로 키보드를 이용해서 프로그래밍하는 단계를 의미한다. 아래의 내용은 일반적인 코딩 팁이다. 천천히 읽어보자. 이러한 코딩 팁들은 많은 코딩을 하면 자연스럽게 익혀질 수도 있다. 또는 다른 사람의 코드를 보면 많은 도움이 된다.

영어 듣기 훈련을 할 때 자주 청취하는 음원 파일은 보통 아나운서들이 녹음한 파일이다. 그 이유는 그들의 발음이 상대적으로 정확하기 때문이다. 프로그래밍에서도 잘 작성된 코드를 많이 보는 것이 도움이 된다. 이런 의미에서는 요즘 유행하고 있는 오픈 소스(open source)들도 프로그래밍을 공부하려는 사람에게 많은 도움이 될 수 있다.

- 가능하면 전역 변수의 사용을 자제하고, 블록(block) 안의 지역변수를 사용하라.
- 변수의 이름을 가능하면 상세하게 작성해서, 이름만 보더라도 그 변수의 사용 용도나 기능 등을 쉽게 알 수 있도록 하라. 많은 경우에 변

수나 함수 등의 이름을 간단하게 쓰는 경우가 많다. 프로그램의 규모가 커질수록 이름만으로도 역할이 파악될 수 있도록 상세하게 작성하는 것이 좋다. 자신의 기억력을 믿지 마라.

- 모든 변수들을 초기화하라. 초기화 되지 않는 변수 값으로 인해서 프로그램 실행 중에 예상하지 못한 일이 발생할 수 있다.
- 프로그램 시작 부분에 코드의 자세한 설명을 붙이고, 코드 속에도 가능하면 많은 주석을 달아라. 주석은 상당히 중요하다. 지금 작성한 본인의 코드를 몇 달 지나면 전혀 이해하지 못하는 경우가 많다. 주석을 달면서 보다 더 체계적으로 프로그래밍을 계획하는 습관이 들 수 있다.
- 프로그래밍을 할 때는 자신의 프로그램을 향후에 누군가에게 보여줄 수 있다는 생각을 하라. 남에게 설명하듯이 분명하게 프로그램 구조를 기획하는 버릇을 키우자.

1.5 이 책에서 사용하는 코딩 규칙

이 책에서 사용하는 몇가지 코딩 규칙을 정리하자. 이 규칙을 머릿속에 담아두면 향후에 이 책의 코드를 읽을 때 훨씬 편리할 것이다.

변수나 함수 이름 등을 식별자(identifier)라고 한다. C 언어를 포함한 대부분의 프로그래밍 언어에서는 식별자를 위해서 영문자, 숫자, '_', '$' 등을 사용할 수 있다. 빈 칸 등 몇가지 문자는 사용할 수 없고, 식별자의 첫 글자에는 숫자를 사용할 수 없다.

- **적법한 예** : sample, testSample, _TEST
- **부적합한 예** : 7Lucky

본 교재에서는 변수나 함수 이름은 Camelback notation(낙타 등 표기법) 기법을 사용하기로 한다. Camelback notation은 '낙타의 등' 모양처럼 식별자 이름을 만드는 것을 말하는데, 아래와 같이 여러 단어가 연속되는 경우 두 번째 이후의 단어의 첫 글자를 대문자로 적어서 단어를 읽기 편하게 하려는 방식이다. 몇 가지 식별자들을 예를 들어보자.

예
```
int findEnemy;
int attackBoss;
int oldMoveTime;
```

본 교재에서 구조체 이름은 위의 기준을 준수하면서 첫 글자 또한 대문자로 표시하였다. 이는 보통의 식별자와 구조체 자료형 이름을 구분하고자 함이다. 아래에서 사용하는 구조체 자료형 Point의 예를 보자.

예
```
struct Point {
    float x;
    float y;
  }
```

그리고 상수(constant) 형식으로 사용하게 되는 #define에 의해서 정의되는 매크로 값은 모두 대문자로 사용하고, 이와 같은 단어 사이에는 구분을 위해서 언더바 '_'를 사용하였다.

예
```
#define MAP_WIDTH 20
```

1.6 디버깅'하는 방법

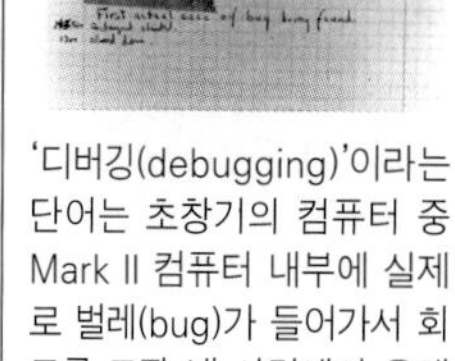

'디버깅(debugging)'이라는 단어는 초창기의 컴퓨터 중 Mark II 컴퓨터 내부에 실제로 벌레(bug)가 들어가서 회로를 고장 낸 사건에서 유래하였다고 한다.

이 세상 모든 일이 한번에 아무 실수(mistake)도 없이 끝날 수 있다면 얼마나 좋을까? 그러나 실제는 그렇지 않다. 프로그래밍도 동일하다. 내가 알든 모르든, 실수이든 그렇지 않든 프로그램에 잘못된 부분이 있을 수 있고, 프로그래밍을 시작하면서 기본적인 프로그램의 윤곽과 알고리즘들을 잘 설정했다고 하더라도, 프로그래밍 과정 중에 오타를 입력할 수 도 있고, 또 다른 실수도 할 수 있다. 이러한 문제점(error)들을 찾아서 수정하는 과정을 디버깅(debugging)이라고 한다.

프로그램을 만드는 과정 중에 발견할 수 있는 에러는 여러 종류가 있다. 아래의 4가지 에러는 에러의 발생 시점에 따른 구분이라고 할 수 있다.

표 1-1 프로그래밍 과정에서의 에러의 종류

종료(발생 시점)	설명
논리(semantic) 에러(알고리즘 설계 과정에서 발생)	i = i + 1;과 같이 i를 1 증가해야 하는데, i = i - 1; 와 같이 빼기를 했다면, 이는 컴파일러가 찾아낼 수 없다. 이 같은 에러를 '논리 에러(semantic error)'라고 한다. 잘못된 조건 검사로 인하여 무한 루프(반복)를 한다든가 같은 경우도 논리 에러의 일종이다.
컴파일 에러	소스 프로그램을 컴파일하는 과정 중에 발생하는 문법적인 에러(syntactic error)
링크 에러	큰 프로그램을 작성하기 위해서 여러 개의 소스 파일로 나누어서 컴파일한 오브젝트 파일들을 결합하는(linking) 과정에서 나타나는 에러
런타임(run-time) 에러	프로그램 실행 중에 발생하는 에러로써, 프로그램 실행 시에 허가되지 않은 메모리를 사용한다든지, 0으로 나누려고 하는 등의 경우에 발생.

프로그램 작성을 완료하면, 실행 버튼을 눌러서 컴파일을 하고 실행하게 된다. 이 단계에서 프로그램에 오류가 있으면 컴파일러가 오류 메시지를 표시하고, 이 정보를 바탕으로 디버깅을 한다. 그럼 에러가 발생했을 때 어떻게 에러를 찾아낼 수 있을까? 그 방법을 생각해보자.

프로그래밍 초보자의 경우는 컴파일러가 말하는 오류 메시지가 어떤 의미인지를 파악하는 것이 쉽지 않을 수도 있다. 컴파일러의 에러 메시지도 많이 보아서 적응하는 시간을 가져야한다.

1. 나는 버그를 찾아낼 수 있다는 자신감을 가지자. 자신감이 없으면 절대!!! 버그를 발견하거나 고칠 수 없다.

프로그래밍과는 관계가 없는 엉뚱한 이야기처럼 들리는가?

아니다. 모든 공부에는, 아니 모든 일에는 자신감이 가장 중요하다. 할 수 있다는 자신감을 가지고 포기하지 않으면 언젠가는 당신의 프로그램은 완성된다!

2. 대부분의 오류는 오타에서 시작한다. 숫자 (0)을 영문자 (o)로, 쉼표 (,)를 마침표 (.)로, 세미콜른(;)을 콜른(:)으로 입력하는 경우, 대소문자를 바꿔 쓴 경우와 같은 오타가 있지 않은지 찾아보자.
3. 에러를 찾기가 힘들면 에러 메시지를 다시 잘 읽어보자. 컴파일러가 똑똑하지는 않아서 엉뚱한 에러 메시지를 내기도 하지만, 대부분은 에러 메시지에 해답의 실마리가 있다. 최소한 어느 부분에서 에러가 발생했는지에 대한 힌트는 구할 수 있다.
4. 큰 숨 호흡을 하면서 쉬자. '어렵다!'는 생각이 드는 순간 침착함을 잃게 된다. 이럴 때는 잠깐 쉬면서 다른 사람에게 물어보거나 숨 호흡을 하자.
5. C 언어에서의 printf( )와 같은 출력 함수를 활용하자. 프로그램 수행 중의 어떤 변수 값을 확인하고 싶으면 출력 함수를 통해서 원하는 내용을 화면에 출력해서 확인하면 된다.

CHAPTER 2

자료 구조와 알고리즘의 기초

C H A P T E R 2

2장에서는 이 교재에서 다룰 자료 구조의 전체적인 소개다.

어서 빨리 자료 구조를 공부하고 싶겠지만, 자료 구조 전체를 일상 생활의 예를 통해서 살펴보고 넘어가는 것이 자료 구조의 전체적인 그림을 머리 속에서 그리는데 도움이 될 것이다.

2.1 자료 구조란?

자료 구조(data structure)의 자료(data)라는 것은 프로그램으로 처리하고자 하는 데이터를 말한다. 그리고, 당연하게도 '자료 구조'라는 것은 이러한 자료를 보관할 때 자료의 구조적인(structural) 특성 또는 자료를 활용할 때의 특성을 잘 살릴 수 있도록 체계적으로 저장하고 사용하는 방법을 정하는 것을 말한다.

자료 구조가 컴퓨터 프로그래밍에서 중요한 이유는 집안에서의 물건들의 정리와 비교해서 이야기할 수 있다.

가지런히 잘 정리된 집안과 그렇지 않은 집안 중에 어느 경우가 물건을 찾거나 생활하기에 편할까? 당연하다. 잘 정리된 집안이다. 자료 구조의 필요성도 동일한 이유에서이다.

컴퓨터 프로그램이 다루는 대부분의 자료는 자료 요소(항목)들 사이의 어떠한 구조적인 관계를 담고 있다. 즉 자료들 마다 특정한 방법으로 저장되거나 사용되는데, 자료 구조란 자료 자체가 가지고 있는 구조적인 특징을 잘 살릴 수 있는 방법에 대한 이야기이다.

이 책에서는 이들을 몇 가지 그룹으로 나누어서 설명한다.

아래의 다양한 자료 구조들을 하나씩 공부해나갈 것이다. 일단 지금은 이러한 이름들을 한번씩 보는 것으로 만족하자.

- **기본 자료형** : 정수, 실수, 문자, 문자열 등
  - 프로그래밍 언어에서 기본적으로 제공해주는 자료형을 말한다.
  - 이들은 대부분 자료 1개의 형태를 의미한다.
- **선형 구조**
  - 선형이라는 이름과 같이 1줄로 늘어선 구조를 의미한다.
  - 배열(1차원 배열, 2차원 배열 등), 배열 리스트, 연결 리스트, 스택, 큐 등

2차원 이상의 다 차원 배열도 개념적으로는 2차원 이상의 형식이지만, 내부에서 저장되는 형식은 1차원으로 변환되어서 저장되기 때문에, 선형 구조라고 할 수 있다.

- **트리(tree) 구조**
  - 선형으로 저장되지 않는 자료 구조로써 부모-자식 관계로 표현된다.
  - 트리, 이진 트리 등
- **그래프(graph) 구조**
  - 지도 검색에 사용하는 네비게이션 프로그램에서 도시들 간의 연결을 표현하는 모양이 대표적인 그래프 구조의 예이다.
  - 방향성 그래프, 비 방향성 그래프 등

- **힙(heap)**
  - 최대값 또는 최소값을 빠르게 찾기 위해 고안된 완전 이진 트리(complete binary tree)를 기본으로 하는 자료 구조
- **해싱(hashing)**
  - 빠른 데이터 사용을 위해서 주소를 통해 항목에 접근하는 자료 구조

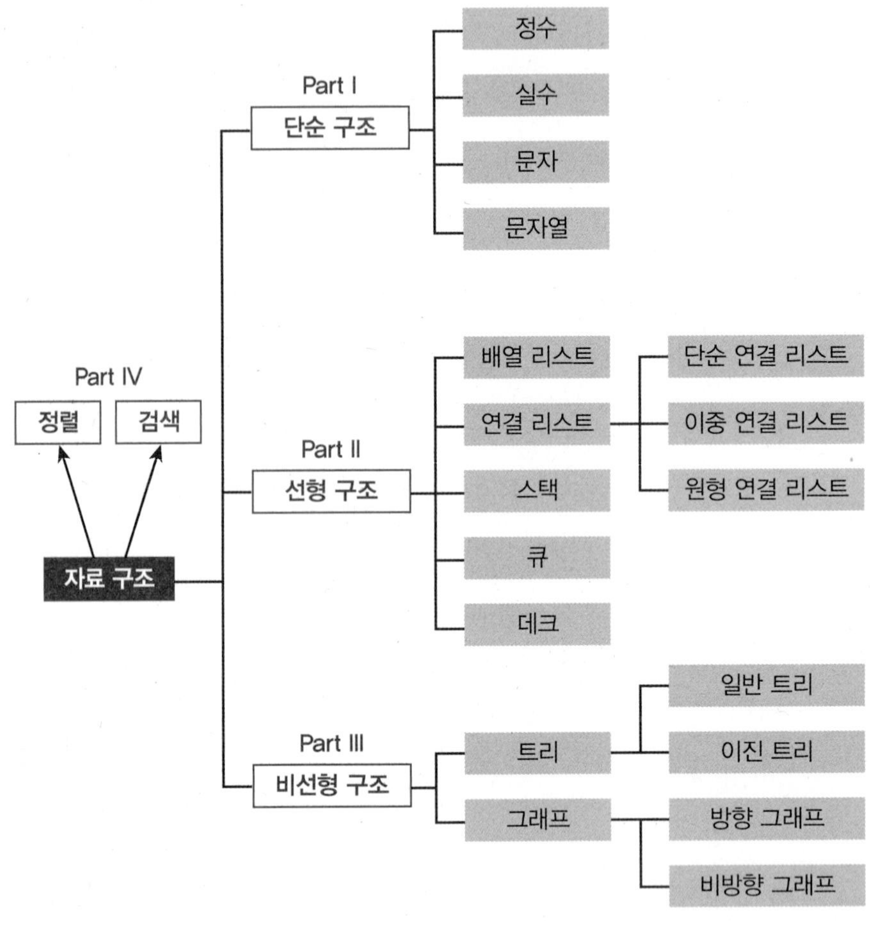

〈자료 구조의 분류〉

2.2 일상 생활에서 사용하는 자료 구조들의 예

우리가 배울 다양한 종류의 자료 구조에 대한 간략한 소개를 하였다. 아직 자료 구조를 배우지는 않은 상황이지만, 우리가 배우게 될 자료 구조들을 일상 생활의 예에서 한번 살펴보자.

- **배열**: 여러 개의 유사한 항목들의 이름을 따로 부르려면 힘드니까, 방#1, 방#2 와 같은 방식으로 이름을 붙이는 것처럼, 변수를 일일이 만들기 귀찮으니까, room[1], room[2] 와 같이 동일한 변수명을 사용하면서 인덱스(첨자)를 사용하는 구조를 말한다.

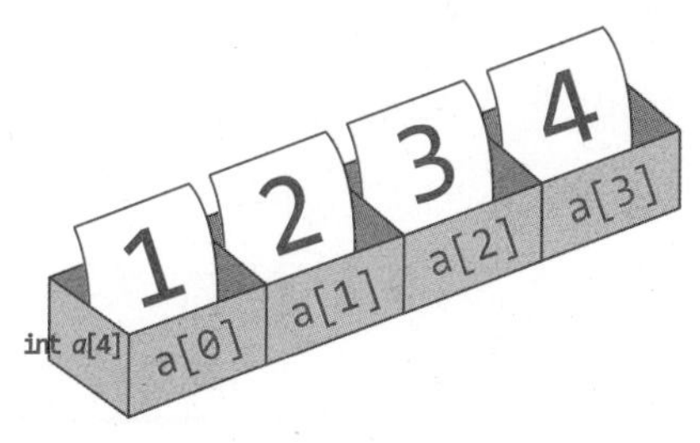

- **배열 리스트, 연결 리스트**: 우리가 공책에 그날의 일정이나 할 일들을 정리해두는 상황을 생각해보자. 그리고 수시로 새로운 일정이 끼어들거나 일정을 삭제할 수 있다. 이럴 때 아래와 같이 메모장에 할 일의 리스트를 적어 두곤 한다. 이에 해당하는 자료 구조가 '리스트'라는 자료 구조다. 리스트를 구현하는 방법에 따라 배열 리스트와 연결 리스트가 있을 수 있는데, 이 2가지 방식은 하는 일은 동일하다. 다만 내부적인 동작 방식이 다를 뿐이다.

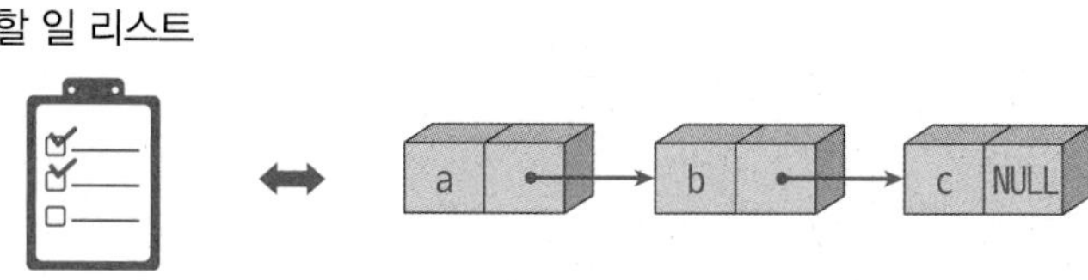

- **스택**: 책상 위에 읽을 책을 순서대로 쌓아두면, 우리는 제일 위의 책부터 차례로 꺼내서 보면 된다. 이렇게 하면 책을 고를 때 순서를 생각하지 않아도 되는 장점이 있다. 헨젤과 그레텔의 동화에 나오는 것처럼 걸어온 길을 되돌아가려는 경우에, 내가 지나온 위치를 차곡 차곡 하나씩 쌓아 두면, 가장 위의 위치부터 꺼내서 되돌아 갈 수 있다. 이때 사용하는 자료 구조가 스택이다.

여기서 자료 구조의 특성이 나온다. 스택이라는 자료 구조는 맨 위에서만 데이터의 추가, 삭제가 이루어진다. 스택 중간에서 데이터를 추가하거나 삭제하지 못하도록 막고 있는 형식이다. 더 불편하다고 느낄 수 있다.

그러나 골프를 배울 때 자신만의 독특한 폼으로 스윙을 해도 되지만, 표준 폼으로 스윙하도록 제약을 가한다. 왜 그럴까? 그렇게 하는 것이 골프 공을 맞히는데 더 효율적이기 때문이다.

자료 구조의 경우도 동일하다. 해당하는 문제를 풀기에 적합한 자료 구조를 사용하면 알고리즘이 간단해지고, 문제 풀이가 효율적이 될 수 있다.

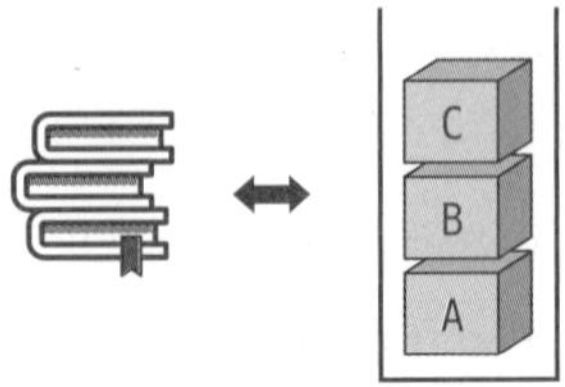

- **큐**: 은행에서 대기자로써 번호표를 뽑는 경우를 생각해보자. 먼저 번호표를 뽑은 사람이 먼저 서비스를 받는다. 스택에서는 데이터의 추가와 삭제가 가장 위(top)에서만 이루어지지만, 큐는 스택과는 달리 앞에서 삭제가, 뒤에서 추가가 이루어지는 형식이다. 이런 자료 구조는 어떤 경우에 실제로 사용될까? 데이터 통신이 대표적인 예이다.

스택은 가장 나중에 추가된 자료가 먼저 삭제(달리 말하면, 가장 먼저 추가된 자료가 가장 나중에 삭제)되고 (LIFO: Last In Last Out), 큐는 가장 먼저 추가된 자료가 먼저 삭제된다(FIFO: First In First Out).

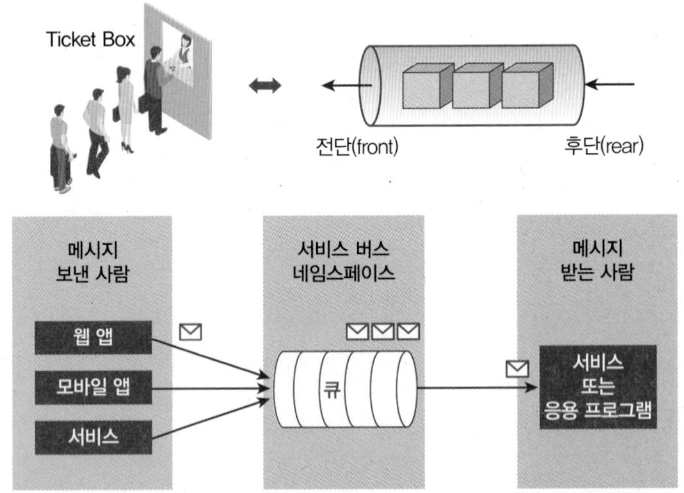

- **트리와 그래프**: 아래와 같은 조직도를 표현하는 경우에 트리라는 자료 구조가 좋다. 전철 노선도와 같은 데이터를 표현할 때는 그래프라

는 자료 구조를 사용한다. 트리와 그래프의 차이점은 무엇일까? 사이클(cycle)이 있으면 그래프가 된다. 그러니까 트리는 그래프의 부분 집합이다. 자세한 사항은 본문에서 다시 살펴보도록 하자.

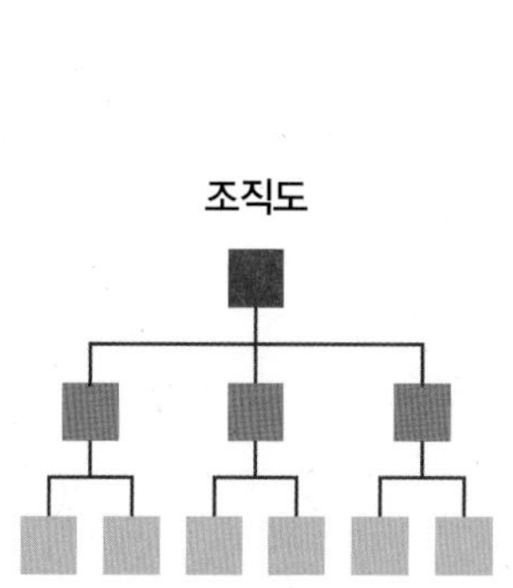

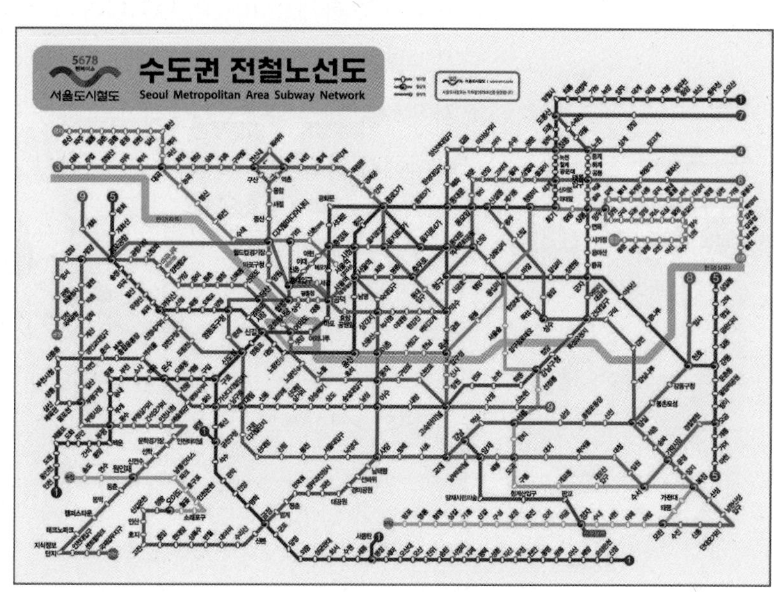

- **힙**: 힙(heap)이란 영어 단어의 의미는 일상 생활에서는 '쌓여진 더미'를 의미한다. 힙이라는 자료 구조는 '트리' 구조와 알고리즘에서의 '정렬(sorting)' 알고리즘을 알아야 이해할 수 있는 구조다. 간략하게 설명하면 '자료의 추가/삭제가 자주 발생하는 환경에서의 정렬 시간 단축'을 위한 자료 구조이다. 실제로 운영 체제(operating system)에서 'CPU 스케쥴링' 분야에서 사용되는 '우선 순위 큐(priority queue)'에서 활용되는 자료 구조다.

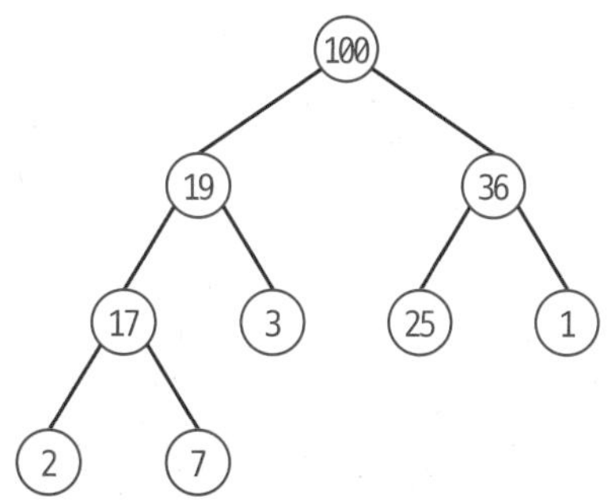

- **해싱**: 해싱(hashing) 또한 알고리즘을 배우지 않은 상태에서는 설명하기 쉽지 않은 분야이다. 데이터베이스에 자료가 10개 저장된 상황에서, 새로운 자료가 기존의 데이터베이스에 존재하는지 체크하려면 가장 단순하게는 10개의 데이터와 모두 비교를 해야할 것이다. 해싱은 이러한 상황에서 1번의 비교만으로 데이터 검색을 완료하기 위해 사용하는 자료 구조이다. 해싱은 자료 검색, 암호화 등의 아주 많은 분야에서 사용된다.

이 설명은 아주 단순화한 설명이다. 이 책의 말미에 자세한 설명이 나온다.

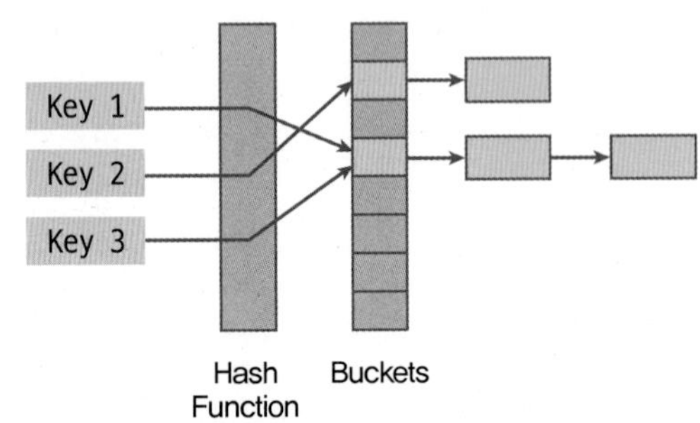

2.3 알고리즘이란?

실제로 컴퓨터는 하드웨어를 기반으로 만들어지지만, 이 하드웨어를 구동하는 두뇌 역할을 하는 부분은 소프트웨어(프로그램)이고, 이를 위해서는 소프트웨어의 알고리즘이 명확히 제시되어야 하기 때문에 알고리즘은 프로그래밍에서 아주 중요한 부분이다.

컴퓨터 프로그래밍을 위해 알고리즘을 기술하는 방법은 여러 가지가 있다.

- **자연어**: 사람이 사용하는 자연 언어를 통하여 표현할 수 있다. 사람이 친숙하게 사용하는 자연 언어를 사용하기 때문에 알고리즘을 쉽게 작성할 수 있다는 장점이 있으나, 자연 언어가 가지고 있는 특성(모호함, 문맥에 따른 해석의 차이 등)으로 인하여 오해가 발생하지 않도록 명확하게 표현하는 것이 쉽지 않은 단점이 있다.

예
아버지가 방에 들어가신다.
아버지 가방에 들어가신다.

- **순서도**: 순서도(flow chart)를 이용하여 그림으로 표현할 수 있다. 그러나 복잡한 알고리즘을 표현할 때는 순서도의 그림이 아주 복잡해질 수 있기 때문에 효과적이지 못하다.
- **의사 코드**: 의사 코드(pseudo-code)를 이용하여 최종 작성될 프로그램 코드와 유사한 형식으로 표현할 수 있다. 특정한 프로그래밍 언어로 작성된 코드는 아니지만 이에 준하는 형태의 표현 방법을 의사 코드라고 한다.

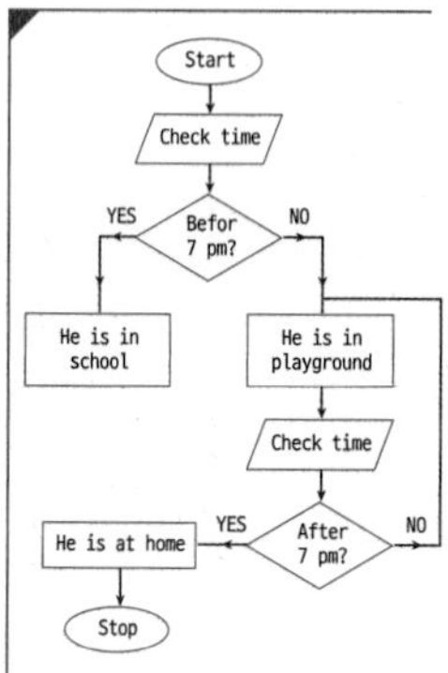

Start
Check time
YES Befor 7 pm? NO
He is in school
He is in playground
Check time
He is at home YES After 7 pm? NO
Stop

〈Wikipedia에서 가져옴〉

이런 다양한 알고리즘 표현 방법이 있지만, 이 책에서는 알고리즘을 기술하기 위해서 가능하면 보편적인 언어인 C 언어와 유사한 형태를 사용하도록 하겠다. 그 이유는 의사 코드를 사용하는 것도 한 방법이겠지만, 많은 프로그래밍 언어가 C와 유사한 형태이고, 또한 엄밀한 설명을 위해서 그리고 향후에 배울 고급 언어에 익숙해지기 위해서이다.

2.3.1 알고리즘 효율성 분석 #1

자료 구조는 대부분 대용량의 데이터를 다루게 된다. 데이터의 용량이 작다면 어떤 자료 구조를 사용하더라도 성능의 차이는 보통 그렇게 크지 않다.

자료 구조를 배운 후에 어떤 문제를 풀 때 가장 적당한 자료 구조가 무엇인지 판단할 수 있는 능력이 있어야한다. 어떤 문제에 대해서 어떤 자료 구조가 좋은지를 어떻게 알 수 있을까?

앞으로는 조금 더 복잡한 문제들을 다루어 볼 텐데, 알고리즘이 복잡해짐에 따라 어떤 알고리즘이 더 효율적인 것인지 분석할 필요가 많아진다. 그래서 조금 더 복잡한 알고리즘을 소개하기 전에. 동일한 문제를 해결하는 다양한 알고리즘을 소개하고, 이에 따라 효율성이 달라질 수 있음을 예로 설명하자.

예제

크기가 100인 1차원 배열을 만들고, 모든 배열 원소들의 값을 0에서 99사이의 숫자(정수)로 랜덤(random)하게 초기화한 후, 이를 바탕으로 돗수분포표를 만드는 문제다. 각 돗수의 범위는 10으로 한다. 즉 0에서 9까지, 10에서 19까지 이런 식으로 돗수들의 구간을 정한다고 하자. 이 문제를 어떻게 풀 수 있을까? 다음과 같이 여러 개의 알고리즘을 단계적으로 작성하면서 알고리즘의 효율성에 대한 고민을 시작해보자.

주어진 자료를 몇 개의 구간으로 나누고 각 구간에 속하는 자료의 개수를 나타낸 표

참고

돗수 분포표(히스토그램)

돗수 분포표는 엑셀에서의 히스토그램과 같은 형식의 그래프를 의미한다.

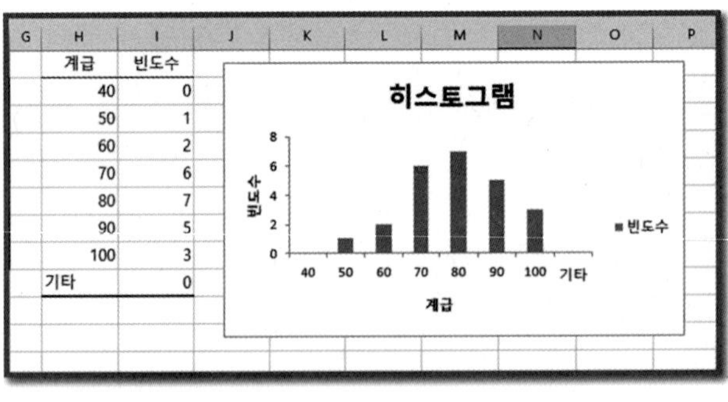

풀이 #1: 가장 간단한 방법

URL: https://ideone.com/v6MKkK

이 링크를 클릭하면 웹 브라우저에서 해당하는 프로그램을 확인할 수 있다. 웹 컴파일러인데, 좌측 상단의 [fork]를 눌러서 실행 결과를 확인해보자.

```
#include <stdio.h>
#include <stdlib.h> // 랜덤값을 생성하기 위한 rand( ) 함수를 위한 헤더 파일

int samples[100]; // 랜덤하게 생성된 값을 저장할 정수형 1차원 배열
int graph[10]; // 돗수분포를 저장할 배열
```

```
int main()
{
        int i;

        for (i = 0; i<10; i++) // 돗수분포를 저장할 배열인 graph[ ] 배열을 0으로 초기화
        {
                graph[i] = 0;
        }

        // 랜덤하게 샘플을 초기화한다.
        // rand( ) 값을 100으로 나눈 나머지를 사용. 모든 수는 0에서 99 사이의 숫자임
        for (i = 0; i<100; i++)
        {
                samples[i] = (int)rand() % 100;
        }

        for (i = 0; i<100; i++) // 각 구간별로 도수의 개수 계산
        {
                if (samples[i] >= 0 && samples[i] <  10) graph[0]++;
                if (samples[i] >= 10 && samples[i] <  20) graph[1]++;
                if (samples[i] >= 20 && samples[i] <  30) graph[2]++;
                if (samples[i] >= 30 && samples[i] <  40) graph[3]++;
                if (samples[i] >= 40 && samples[i] <  50) graph[4]++;
                if (samples[i] >= 50 && samples[i] <  60) graph[5]++;
                if (samples[i] >= 60 && samples[i] <  70) graph[6]++;
                if (samples[i] >= 70 && samples[i] <  80) graph[7]++;
                if (samples[i] >= 80 && samples[i] <  90) graph[8]++;
                if (samples[i] >= 90 && samples[i] < 100) graph[9]++;
        }

        for (i = 0; i<10; i++) // 도수분포표 출력
        {
                printf("%d ", graph[i]);
        }

        return 0;
}
```

출력 결과

```
5 9 17 10 6 8 13 9 13 10
```

풀이 #2: 조금 성능이 향상될 수 있는 방법

URL: https://ideone.com/qzTBib

위의 풀이 #1과 같이 도수분포표를 구할 수 있다. 그런데 이 프로그램은 if 문이 너무 많이 반복된다. 그리고 지금의 문제는 if 문 중에서 한 곳에서 조건이 만족하면 다른 조건은 확인할 필요도 없는데 쓸데 없이 매번 10번의 조건문 확인을 모두 수행한다. 그래서 아래와 같이 바꾸자. 모양은 비슷하지만 대량의 데이터를 사용할 때는 수행하는 if 문의 개수 차이로 인해서 풀이 #1의 방법보다 속도가 빨라질 수 있다.

```
#include <stdio.h>
#include <stdlib.h>

int samples[100];
int graph[10];

int main()
{
	int i;

	for (i = 0; i<10; i++)
	{
		graph[i] = 0;
	}

	for (i = 0; i<100; i++)
	{
		samples[i] = (int)rand() % 100;
	}

	for (i = 0; i<100; i++)
	{
		if (samples[i] >= 0 && samples[i] < 10) graph[0]++;
		else if (samples[i] >= 10 && samples[i] < 20) graph[1]++;
		else if (samples[i] >= 20 && samples[i] < 30) graph[2]++;
		else if (samples[i] >= 30 && samples[i] < 40) graph[3]++;
		else if (samples[i] >= 40 && samples[i] < 50) graph[4]++;
		else if (samples[i] >= 50 && samples[i] < 60) graph[5]++;
		else if (samples[i] >= 60 && samples[i] < 70) graph[6]++;
		else if (samples[i] >= 70 && samples[i] < 80) graph[7]++;
		else if (samples[i] >= 80 && samples[i] < 90) graph[8]++;
```

이 부분이 달라지는 부분이다. if… else if 문을 사용함으로써 서로 배타적인 조건인 경우는 불필요한 조건 검사를 하지 않도록 하였다.

```
            else if (samples[i] >= 90 && samples[i] < 100) graph[9]++;
    }

    for (i = 0; i<10; i++)
    {
            printf("%d ", graph[i]);
    }

    return 0;
}
```

풀이 #3: 10개의 if문을 1개의 if문으로 …

URL: https://ideone.com/w7GpVy

그런데 위의 풀이 #2 도 여전히 if 문의 반복이 눈에 거슬린다. 그리고 if 문에 왠지 어떤 규칙성이 있어 보인다. 그래서 아래와 같이 바꾸어 보았다.

```
#include <stdio.h>
#include <stdlib.h>

int samples[100];
int graph[10];

int main()
{
    int i, j;

    for (i = 0; i<10; i++)
    {
            graph[i] = 0;
    }

    for (i = 0; i<100; i++)
    {
            samples[i] = (int)rand() % 100;
    }
```

```
        for (int i = 0; i<100; i++)
        {
                for (j = 0; j<10; j++)
                {
                        if (samples[i] >= j * 10 && samples[i] < (j + 1) * 10)
                        {
                                graph[j]++;
                                break;
                        }
                }
        }

        for (i = 0; i<10; i++)
        {
                printf("%d ", graph[i]);
        }

        return 0;
}
```

규칙성이 있는 10개의 if 문을 반복문으로 대체하였다. 처음에는 이 문장이 이해하기 어려울 수 있다. 반복문의 한 스텝 한 스텝을 풀이 #2와 비교해 보자. break; 문은 조건이 만족하는 경우에 for 반복문을 탈출하기 위한 명령어. 프로그램의 소스 라인은 짧지만 실제 이 프로그램의 수행 동작은 위의 풀이 #2와 동일하다.

풀이 #4: if 문을 사용하지 않는 방법

URL: https://ideone.com/PJSsqj

위의 풀이 #3번은 프로그램의 소스 라인 수는 줄어들었지만 2중 반복문을 사용하면서 소스 코드를 읽기 어렵게 되었다. 그래서 if 문을 아예 사용하지 않고 **나눗셈 연산자**를 사용해서 아래와 같이 바꾸어 보았다.

```
#include <stdio.h>
#include <stdlib.h>

int samples[100];
int graph[10];

int main()
{
        int i, j;

        for (i = 0; i<10; i++)
        {
                graph[i] = 0;
        }
```

```
        for (i = 0; i<100; i++)
        {
                samples[i] = (int)rand() % 100;
        }

        for (int i = 0; i<100; i++)
        {
                graph[samples[i] / 10]++;
        }

        for (i = 0; i<10; i++)
        {
                printf("%d ", graph[i]);
        }

        return 0;
}
```

이렇게 바꾸었다. 돗수 구간의 크기가 10이라는 것에 착안하여 sample[ ] 값을 10으로 나눈 몫을 graph[ ] 의 인덱스로 사용하였다.

나눗셈 samples[i]/10의 결과값은 정수끼리의 나눗셈이어서 결과값이 정수라는 점을 확실히 이해하자.

if 문 없이 나눗셈 연산만으로 동일한 기능을 구현하였다. 물론 수행 속도도 빨라진다.

위의 graph[samples[i]/10]++; 문장이 가장 중요한 부분이다. 여기의 나눗셈은 정수 나눗셈이다. 돗수 구간 범위가 10씩 진행되니까 10으로 나눈 나머지를 graph 배열의 인덱스로 사용할 수 있다. 이것이 여기서 중요한 아이디어이다.

문제를 푸는 방식은 참으로 여러가지다. 문제를 어떤 방식으로 프로그래밍할 것인지는 자신의 아이디어이다. 이런 아이디어는 많은 연습 후에 생기는 것이다. 많은 프로그래밍 연습이 더욱 깔끔한 프로그램 작성 능력으로 이어진다.

2.3.2 알고리즘 효율성 분석 #2

알고리즘의 성능을 분석하는 기준으로는 정확성, 수행 시간, 사용하는 메모리, 이해성(readability) 등을 생각할 수 있다. 알고리즘의 '정확성'은 정확한 결과를 출력해야한다는 필수적인 기준이다. '이해성'은 알고리즘이 이해하기 쉽게 작성되었는지를 의미한다. 이러한 조건이 충족되는 알고리즘이라면, 이제 알고리즘의 효율성을 고려해야한다. 효율성이란 '수행 시간'과 '사용하는 메모리'를 고려하는 기준이다.

알고리즘의 효율성을 분석하는 기법을 배운 후에, 조금 전의 돗수분포표를 구하는 알고리즘을 분석해볼 것이다.

효율성 분석 아이디어 #1: 소스 코드의 줄 수

동일한 기능을 수행하는 프로그램이라면, 소스 프로그램의 줄 수를 세면 아마도 비효율적인 프로그램은 길고, 그렇지 않은 간단한 프로그램은 줄 수가 짧을 것이다.

그러나, 그렇지 않은 경우도 많이 있어서 이렇게 단순히 소스 프로그램의 줄 수로 프로그램(알고리즘)의 복잡도(효율성)를 평가하지는 않는다. 위에서 소개했던 프로그램(돗수 분포표를 만드는 알고리즘 풀이 #2번과 풀이 #3번)을 보더라도 반복문의 사용 여부에 따라서 동일한 방식으로 일을 수행하는데 소스 라인의 길이는 서로 차이가 있을 수 있음을 보였었다.

소스 프로그램의 길이로 알고리즘의 효율성을 판단할 수 있을까? 각자의 생각을 정리해보자.

효율성 분석 아이디어 #2: 알고리즘을 구현한 프로그램의 실제 실행 속도

그럼 어떻게 알고리즘의 효율성을 측정할 수 있을까? 알고리즘을 프로그래밍하여서 프로그램을 만든 후, 이 프로그램이 실제 수행되는 속도를 측정하면 될 것이다. 실제의 환경에서 수행 속도가 빠르다면 아마도 효율적으로 만들어진 프로그램이라고 할 수 있을 것이다.

그러나, 이 방법은 실행되는 특정 컴퓨터에 따라 속도가 달라질 수 있다는 문제점이 있다. 또한 특정한 한 경우에만 국한된 성능 비교가 아니라 일반적인 상황에서의 성능을 가늠하는 것이 중요하기 때문에 이러한 방법은 잘 사용하지 않는다.

동일한 기능을 수행하는 프로그램이라면 실제 프로그램의 수행 속도가 빠르면 더 효율적이라고 생각할 수 있을까? 자신의 생각을 정리해보자.

아래는 C 언어를 이용하여 시간을 측정하는 예제 코드이다.

```
#include <stdio.h>
#include <time.h> // clock(), clock_t 변수형

int main()
{
	float elapsedTime;
	clock_t startTime = 0, endTime = 0;

	startTime = clock(); // 시작 시간
```

clock_t 자료형은 내부적으로 long 자료형이다. 내부에서 아래와 같이 typedef 되어 있다.

typedef long clock_t

clock( ) 함수는 time.h 헤더 파일에 선언되어 있는데, 프로그램 실행 시부터 현재까지 걸린 클럭 수를 반환한다.

```
        int i;
        for (i = 0; i < 100000000; i++) {        } // 시간을 측정하고자하는 예제 코드

        endTime = clock(); // 종료 시간
        elapsedTime = (float)(endTime - startTime) / (CLOCKS_PER_SEC);

        printf("elapsed time is : %f seconds.\n", elapsedTime);
        return 0;
}
```

이 부분이 시간을 측정하고자 하는 부분이다. 현재는 단순한 반복문을 수행하고 있다.

<시간을 측정하는 예제 코드>

아래는 위의 4가지 코드의 실제 수행 시간 측정 결과이다. 코드는 아래의 링크에서 확인할 수 있다. 본인의 예상과 유사한지 서로 비교해보자.

- **풀이 #1**: https://ideone.com/1T6T7z
- **풀이 #2**: https://ideone.com/zxG6M9
- **풀이 #3**: https://ideone.com/jnWv0O
- **풀이 #4**: https://ideone.com/VUQ2du

돗수분포표 구현 알고리즘	1번	2번	3번	4번
수행 시간(초)	0.000003	0.000002	0.000003	0.000001

효율성 분석 아이디어 #3: 조금 더 실제적이고 효과적인 방법

위의 방식들과는 다르게 조금 더 구체적인 알고리즘의 효율성 분석 방법을 알아보자. 프로그램의 수행을 위해서는 'CPU의 수행 시간'과 '사용하는 메모리의 용량'이 중요한 평가 기준 중의 하나이다. 따라서 이 2가지를 기준으로 일반적인 상황에서의 알고리즘의 효율성을 측정할 수 있는 방법을 생각해보자.

단위 연산(basic operation): 해당 알고리즘에서 가장 중요하고 중심되는 연산을 말한다. 해당 알고리즘에서 가장 중요한(반복적인) 연산 부분을 찾는다는 것 이외에는 단위 연산을 선택하는데 특별한 규칙은 없다.

예를 들면 정렬 알고리즘(sorting algorithm)에서는 데이터들의 순서 비교 부분이 가장 중요한 연산이므로, 이 부분을 단위 연산으로 고려한다.

- **시간 복잡도(time complexity)**: 프로그램 완성 후 실제의 수행 속도를 측정하는 방식과는 다르게, '입력 데이터의 개수'에 따른 '단위 연산'의 수행 횟수'를 측정하는 방법이다. 위에서 말한 명령어의 개수와는 조금 다르다. 명령어의 개수가 아니라 수행되는 '단위 연산'의 개수이다.
- **공간 복잡도(space complexity)**: 알고리즘의 수행에 필요한 총 저장 공간을 의미하는데, '고정 공간'과 '가변 공간'으로 나누어 생각할 수 있다. 고정 공간은 '입력 데이터의 개수'에 따른 '기본 메모리 양'을 측정하는 방법이다.

필요한 메모리의 용량도 많이 중요하지만 아래에서는 시간 복잡도를 주로 살펴보도록 하겠다.

알고리즘의 복잡도를 분석함에 있어서 최상의 경우(best case), 최악의 경우(worst case), 평균적인 경우(average case)의 알고리즘의 복잡도 등으로 나누어서 분석하는 방법이 있다.

자세한 분석 예는 뒤따르는 각종 알고리즘에서 실제로 다루어보자.

아래에서는 앞에서 다룬 도수 분포표를 구하는 4개의 알고리즘의 평균적인 경우의 시간 복잡도를 분석해보자.

풀이 #1

앞의 페이지로 돌아가서 코드를 보면 4개의 반복문이 있는데 각 반복문의 연산 수행 횟수를 살펴보자. 이때 데이터 개수가 현재는 100개 인데, 처리할 데이터의 개수를 일반화해서 n개라고 생각해보자.

n은 데이터의 개수. 여기서는 배열의 크기를 의미.

음영으로 표시된 부분만이 입력 데이터 n개와 관련있는 부분이다. 나머지 부분은 데이터의 개수에 상관없어 언제나 동일한 횟수이기 때문에 고려할 필요가 없다.

1. **반복문**: 대입 연산 10번
2. **반복문**: (대입 연산과 나머지 연산) n번
3. **if 문**: (비교 연산자 2번, 논리 연산자 1번, 증감 연산자 1번) * 10 * n번
4. **반복문**: 출력문 10번

이 중에서 입력 데이터의 개수가 바뀌면 영향을 받는 부분은 2, 3번이다. 이중에서 가장 연산량이 많은 부분이 if 문을 포함하는 3번째 반복문이다. 따라서 3번이 가장 중요한 연산(기본 연산)으로 볼 수 있다.

풀이 #2

반복문 내부가 else if 문으로 구현되어 있기 때문에, 모든 else if 문이 검사되지 않을 수도 있다. 대략 계산하면 평균적으로 5번 비교한다고 할 수 있을 것이다.

1. **반복문**: 대입 연산 10번
2. **반복문**: (대입 연산과 나머지 연산) n번
3. **if 문**: (비교 연산자 2번, 논리 연산자 1번, 증감 연산자 1번) * 5 * n번
4. **반복문**: 출력문 10번

풀이 #3

10개의 if 문이 for 반복으로 대체되어서 코드의 줄 수는 다르지만, 실제 동작 내용은 풀이 #2와 동일하다.

풀이 #4

3번째 반복문에 아예 if 문이 없는 코드.

1. **반복문**: 대입 연산 10번
2. **반복문**: (대입 연산과 나머지 연산) n번
3. **반복문**: (나머지 연산 1번, 증감 연산 1번) * n번
4. **반복문**: 출력문 10번

아직 알고리즘 효율성 분석 방법을 배워보지 않았지만 위의 풀이들 중에서 어느 풀이 방법이 가장 효율적일까?

2.3.3 BIG-O 표기법

지금부터는 알고리즘의 효율성을 입력 데이터의 개수에 관한 함수로써 표시하려고 한다. 즉 입력 데이터의 개수에 따른 알고리즘의 효율성을 분석하는 방법이다. 이때 Big–O(빅–오) 표기법이라 불리는 수학적 표기법을 이용하여 이러한 함수의 복잡도를 근사값으로 나타낼 수 있다.

예를 들면 어떤 알고리즘의 수행 속도가 입력 데이터의 개수 x에 따라서 아래와 같은 함수로 표현된다면,

$$f(x) = 4x^3 + 2x$$

이 알고리즘의 수행 속도를 Big–O 표기법으로 표기하면 $O(x^3)$이다. 이 알고리즘은 x^3에 비례하는 수행 시간을 가진다는 의미이다(즉, 입력 데이터의 개수 x에 대해서 x^3에 비례하는 수행 시간을 갖는다라고 할 수 있다).

함수 식에 적힌 상수 4는 별로 중요하지 않다. 왜냐하면 예를 들어 $f(x) = 4x^3 + 2x$와 $g(x) = 400x^3 + 2x$에서 앞의 상수 4와 400이라는 숫자는 입력 데이터 개수 x가 아주 큰 값일 때는 별 의미가 없기 때문인데, 복잡도는 입력 데이터의 개수 x의 값이 커질수록 x^3 값에 더욱 많은 영향을 받기 때문이다. 동일한 이유로 2x도 중요하지 않아서 Big–O 표기법에서는 표시하지 않고 가장 큰 항(term)만을 표시한다.

이러한 Big–O 표기법에서의 대표적인 것들을 알아보자.

- O(1): 알고리즘이 입력 데이터의 개수와 무관하게 일정한 시간이 걸린다. 즉, 데이터가 10개이거나, 1000개 이거나 동일한 시간이 걸린다.

- 배열에서 특정 위치의 항목에 접근하는 부분은 배열의 개수에 상관없이 직접 접근이 가능하다. 즉 O(1)은 이와 같은 경우를 말한다. 향후에 배우겠지만 '연결 리스트'라는 자료 구조에서는 특정 위치의 항목에 접근하는 경우의 시간 복잡도는 O(n)이다.
- '스택'이라는 자료 구조에 자료를 추가하거나 삭제하는 알고리즘도 동일하게 O(1)이다. 언제나 스택의 Top에 데이터를 추가/삭제하면 되기 때문이다.

• O(log(n)): 데이터 개수가 증가할 때 처리 시간은 '덜' 증가한다. 즉, 데이터가 n 의 속도로 증가하더라도 알고리즘의 수행 시간은 log(n)의 속도로 증가하는 것을 말한다. 데이터의 양을 매번 절반으로 분할해서 처리하는 알고리즘은 통상적으로 이 그룹에 해당한다.
- 배열에서 이진 탐색(binary search) 알고리즘, 그리고 트리에서 포화 이진 트리에서의 탐색 알고리즘이 여기에 해당한다.

• O(n): 알고리즘의 처리 시간이 데이터 개수가 늘어난 것만큼 증가하는 경우이다.
- 배열의 모든 값을 출력하는 알고리즘은 이 그룹에 해당한다.

• O(n×log(n)): 대부분의 정렬(sorting) 알고리즘은 여기에 해당한다. 데이터 개수가 증가할 때 시간은 '더' 증가한다는 것을 의미한다.
- 정렬 알고리즘에서의 퀵 정렬, 머지 정렬 등의 알고리즘이 이 그룹에 해당한다.

• O(n^2): 선택 정렬과 같은 단순한 정렬 알고리즘이 보통 여기에 해당한다.
- 정렬 알고리즘에서의 버블 정렬 알고리즘이 이 그룹에 해당한다.

아래의 표는 위의 몇가지 Big-O 표기법에서의 각 입력 데이터 개수에 대한 시간 복잡도를 표로 표현한 것이다. 아래의 표를 보면 입력 데이터의 개수 n에 대해서 log(n), nlog(n), n^2의 효율성을 감 잡을 수 있을 것이다.

입력 데이터 개수에 따른 시간 복잡도 증가율 비교

n	log(n)	nlog(n)	n^2
1	0	1	1
2	1	2	4
4	2	8	16
8	3	24	64
16	4	64	256
32	5	160	1024
64	6	384	4096
128	7	896	16384

2.4 추상 데이터 타입(Abstract Data Type: ADT)

우리가 일반적으로 말하는 '데이터 타입(data type, 자료형)이라는 것은 '데이터의 집합과 연산의 집합'을 의미한다.

즉, C 언어에서 int 자료형은…

- **데이터**: 일반적으로 4바이트를 이용해서 숫자를 표현하며, −2,147,483,648 ~ +2,147,483,647 까지의 정수를 표현할 수 있다.
- **연산**: +, −, *, /, % 등의 연산이 가능하다.

즉, 우리가 일반적으로 사용하는 자료형이라는 것은 자료와 그 자료에 적용할 수 있는 연산들의 묶음이라는 의미다.

이 개념은 일반적으로 별로 의식하지 않는 개념이지만 아주 중요한 개념이다.

추상 데이터 타입(Abstract Data Type: ADT)이란 우리가 새롭게 만들 데이터 타입을 추상적으로 정의한 것을 말한다. 즉, 우리가 새로운 자료형을 만들고, 이 자료형의 값의 범위와 가능한 연산을 함께 정의하는 것을 말한다.

C++, Java, Python과 같은 객체 지향 언어를 배운 사람은, 객체 지향 언어에서의 클래스(class)라는 개념이 바로 추상 데이터 타입을 구현하는 방법이다.

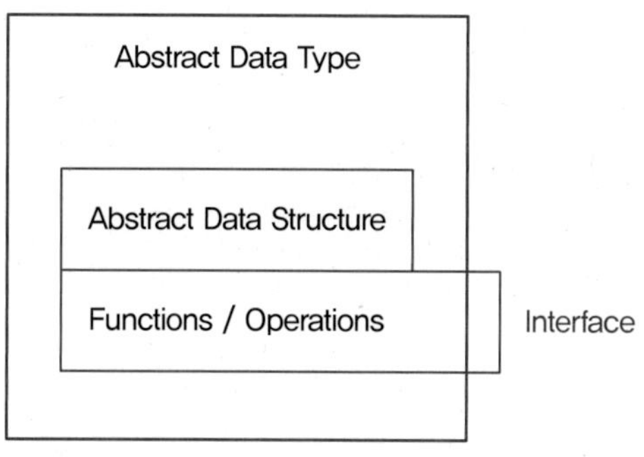

추상 데이터 타입

여기서 '추상(abstract)'이라는 단어의 의미를 한번 생각해보자. 어떤 시스템의 추상화에서 '좋은 추상화'란 사용자에게 중요한 정보는 확연하게 보이도록 하고, 중요하지 않은 세부 사항은 보이지 않도록 하는 것을 말한다. 따라서 추상적이라는 말은 데이터나 연산이 무엇(what)인가는 정의하지만 데이터나 연산을 어떻게(how) 내부적으로 구현할 것인지는 숨겨 놓고, 연산은 인터페이스(interface)라는 이름으로 사용법 만을 공개한다.

정리해보자. 자료 구조를 정의한다는 것은 자료 구조의 모양과 이에 대한 연산을 정의하는 것이다. 즉, 새로운 자료형의 추상 데이터 타입을 정의할 때는 아래의 2가지를 정의한다.

- **객체(abstract data structure)**: 추상 데이터 타입에 속하는 객체(데이터)가 정의된다.
- **연산(functions/operations)**: 이들 객체들 사이의 연산이 정의된다. 이 연산은 추상 데이터 타입과 외부를 연결하는 인터페이스의 역할을 한다.

본격적인 자료 구조에 들어가기전에, 여기서 자연수(natural number)에 대한 추상 데이터 타입의 예를 살펴보자.

■ 자연수(natural numbers)에 대한 ADT 예제 #1

객체 자연수(0 이상의 정수, 즉, 0을 포함한 양의 정수)

연산

```
• is_zero(x) ::=     if (x=0) return TRUE;
                     else return FALSE;
• add(x,y) ::=       return x+y;
• sub(x,y) ::=       if ( x<y ) return 0;
                     else return x-y;
• equal(x,y) ::=     if( x=y ) return TRUE;
                     else return FALSE;
• successor(x) ::=   return x+1;
```

자연수에는 음수는 포함되지 않기 때문에, 음수 대신 제일 작은 값인 0을 반환한다.

위에서는 편의상 무한대까지 자연수를 표현할 수 있다고 가정하고 표현하였다. 그러나 컴퓨터는 유한한 숫자 만을 표현할 수 있기 때문에 아래와 같이 조금 더 자세하게 표현해보자.

■ 자연수(natural numbers)에 대한 ADT 예제 #2

객체 0 ~ INT_MAX까지의 정수

연산

```
• is_zero(x) ::=     if (x=0) return TRUE;
                     else return FALSE;
• add(x,y) ::=       if( (x+y) <= INT_MAX ) return x+y;
                     else return INT_MAX
• sub(x,y) ::=       if ( x<y ) return 0;
                     else return x-y;
• equal(x,y) ::=     if( x=y ) return TRUE;
                     else return FALSE;
• successor(x) ::=   if( (x+1) <= INT_MAX ) return x+1;
                     else return INT_MAX;
```

INT_MAX라는 값은 실제로 C 언어의 <limit.h> 헤더 파일에 선언된 값으로써, int 자료형의 최대값을 의미한다.

[참고] https://www.tutorialspoint.com/c_standard_library/limits_h.htm

앞으로 자료 구조를 하나씩 배울 때 마다, 해당하는 자료 구조의 ADT를 설명하고, 실제로 구현하는 방식으로 공부할 것이다.

2.5 기본 자료형

기본 자료형이라는 것은 대부분의 프로그래밍 언어에서 기본적으로 제공해주는 자료 구조라는 의미로써 자료 구조라고 할 수 없을 정도의 간단한 모양이다.

정수(integer), 실수(float), 문자(character), 문자열(string) 등과 같은 자료들을 프로그래밍 언어에서 사용할 수 있도록 해 주는 것이 변수(variables)라는 개념이다. 즉, 이러한 변수들이 다양한 자료형들을 담고 있는 자료 구조 중에서 가장 간단한 구조라고 할 수 있는데, 대부분의 프로그래밍 언어가 기본적으로 제공해주는 변수의 데이터 타입은 다양하다.

C 언어는 아니지만, C++, Java 같은 객체 지향 언어(Object-Oriented Programming Language)에서는 프로그래머가 직접 클래스(class)를 만듦으로써 자신만의 자료형을 사용할 수 있기 때문에 사용 가능한 자료형은 무한 개(infinite)라고 할 수 있다.

아래의 표에는 C언어에서 기본적으로 제공하는 데이터 타입을 정리하였다.

C 언어에서 제공되는 자료형들

데이터 타입	설명	값의 범위
int	정수	-2,147,483,648 ~ +2,147,483,647
short int	작은 값의 정수	-32,768 ~ +32,767
long int	큰 값의 정수	아주 큰 정수
float	실수	-3.40282347E+38 ~ +3.40282347E+38
double	큰 값의 실수	float보다 훨씬 크고 정확한 실수 표현 가능 (수학적인 정밀 계산에 사용)
bool	'true' 또는 'false' 값을 가짐	true 또는 false
char	문자 하나	A~Z, a~z, 0~9, 기타 심볼들. 'a', 'b'처럼 작은 따옴표로 표시

실제로 이러한 '기본 자료형'은 '데이터들의 묶음'을 위한 것이 아니고, 개개의 데이터들의 표현에 관한 것이라서 자료 구조라고 부르기에는 어색한 정도로 단순한 것들이다. 그렇지만 향후의 자료 구조들은 모두 이러한 기본 자료형의 묶음들이니 기본 자료형도 중요하다.

이 사항은 객체 지향 프로그래밍(Object-Oriented Programming: OOP)에서 이야기하는 클래스와 관련된 내용이다. C 언어는 OOP 언어가 아니다.

int와 float 형은 숫자를 표현하는 기본형이다. 소수점이 없는 정수만을 표현하는 int, 실수를 표현하는 float 형은 필요한 분야에 따라서 선택해서 사용하면 된다.

정수를 나타내는 변수 타입으로는 int 이외에도 작은 값을 표현하기 위한 byte, 아주 큰 값을 표현하기 위한 long int 타입도 존재한다. 실수 또한 더욱 높은 정밀도를 가지는 double 타입도 존재한다.

C 언어에서도 C99 표준부터 bool 자료형을 제공한다. 이를 위해서는 stdbool.h 헤더 파일을 사용한다. C99 표준은 1999년도에 제정된 표준이다. C 언어는 2011년도에 제정된 C11이 가장 최신 표준이다.

1. 배열, 리스트, 스택, 큐, 트리, 그래프의 각 자료 구조에 대해서 일상 생활에서 접할 수 있는 예를 들어보자.

2. 배열, 리스트, 스택, 큐, 트리, 그래프가 소프트웨어 프로그래밍에서는 어떤 경우에 사용할 필요가 있을까? 실제 사용할 수 있는 분야를 찾아보자.

3. 배열, 리스트, 스택, 큐, 트리, 그래프가 특별한 분야인 게임 프로그래밍에서는 어떤 경우에 사용할 필요가 있을까? 본인이 지금 하고 있는 게임에서 내부적인 구현을 볼 수는 없지만, 어떤 부분에서 어떤 자료 구조가 사용되고 있을까를 유추해보자.

4. 어떤 알고리즘의 시간 복잡도가 $O(n^2)$이라고 할 때, 입력 데이터의 개수가 3배로 많아지면 실행 시간은 대략적으로 어떻게 될까?

5. Big-O 표기법에 대한 고찰 문제이다. n^2과 $2^n/100$ 중에서 2번째 식이 더 커지는 첫번째 n 값은 얼마인가? 이를 통해서 많은 데이터를 사용하는 경우에 복잡도 함수 분석에서 상수 값은 중요하지 않다는 것을 상기해보자.

6. 다음의 Big-O 표기법으로 표현된 시간 복잡도들을 실행 시간이 짧은 것부터 나열하시오.

   $O(n^2)$ $O(1)$ $O(n^3)$ $O(n \log n)$ $O(2^n)$ $O(n!)$ $O(n)$

7. 아래는 C 프로그램의 일부다. 시간 복잡도를 계산해보자.

```
int count = 0;
for (int i = 0; i < N; i++)
    for (int j = 0; j < N; j++)
        count++;
```

8. 아래는 C 프로그램의 일부다. 시간 복잡도를 계산해보자.

```
int count = 0;
for (int i = 0; i < N; i++)
    for (int j = 0; j < i; j++)
        count++;
```

9. [심화] 아래는 C 프로그램의 일부다. 시간 복잡도를 계산해보자.

```
int count = 0;
for (int i = N; i > 0; i /= 2)
    for (int j = 0; j < i; j++)
        count++;
```

10. 어떤 알고리즘의 시간 복잡도가 O(1)이라는 의미는?

1. 프로그램으로 구현했을 때 어떤 상황에서도 동일한 수행 시간이 걸린다.
2. 입력 데이터의 개수가 1개라는 의미다.
3. 수행 시간이 입력 데이터의 개수에 상관없이 일정하다.
4. 수행 시간이 1초 걸린다.

11. 추상 데이터 타입을 만드는 목적은 무엇인가? 구현자 입장과 사용자 입장에서 답하시오.

12. 아래의 식을 수학적 귀납법(proof by mathematical induction)에 의해서 증명하시오.

$$\sum_{i=1}^{n} i = \frac{n(n+1)}{2}$$

$$\sum_{i=1}^{n} i^2 = \frac{n(n+1)(2n+1)}{6}$$

CHAPTER 3

Visual Studio와 openFrameworks 기초

CHAPTER 3

다음 챕터인 4장부터는 C 언어를 이용한 자료 구조를 본격적으로 공부할 텐데, 지금은 이를 위한 2개의 프로그램 개발 환경에 대해서 소개한다.

먼저 Visual Studio라는 통합 개발 환경(Integrated Development Environment: IDE)이다. Visual Studio는 Microsoft사에서 만든 C 언어 이외에 C#, Visual Basic, F#, JavaScript, C++, Python 등의 다양한 언어로 프로그래밍하는 것을 지원하는 개발 환경이다. Visual Studio는 윈도우 운영체제에서 PC용 소프트웨어 개발뿐만 아니라, 모바일, 웹 프로그래밍 등도 지원한다.

> C 언어와 C++ 언어는 계속적으로 표준안이 수정되고 있다. 그런데 Visual Studio는 C 언어에 대한 지원이 적절하지 않다. C++ 언어 등 기타 다른 언어는 최신의 언어 표준을 적극적으로 지원하지만, C 언어는 조금 소외되는 상황이다.
>
> 그렇지만 C 언어를 배우 후에 C++ 언어를 많이 배우고, 또한 국내에서는 여전히 Visual Studio를 많이 사용하고 있어서 이 교재에서도 컴파일러로 사용하기로 하였다.

Visual Studio는 코드를 자동으로 생성해주는 위저드(wizard, 마법사) 기능과 MSDN이라는 방대한 도움말, 편리한 프로젝트 관리 기능 등 개발자를 위한 많은 지원 기능들이 포함되어 있다. 그러나 이러한 막강한 기능으로 인해서 너무 복잡하기 때문에 초보자에게 혼란을 줄 수 있는 소지가 많다는 단점도 있다.

두번째는 openFrameworks라는 라이브러리(library)이다.

> 라이브러리라는 것은 향후에 많이 사용할 목적으로 중요한 프로그램 부분들을 모아서 미리 만들어 둔 코드 모음을 의미한다.

openFrameworks 라이브러리는 "창의적인 코딩"을 위한 C++ 오픈 소스 라이브러리로써, C++ 언어를 이용한 그래픽 기반 인터랙션(interaction, 상호 작용)을 쉽게 구현할 수 있도록 해준다.

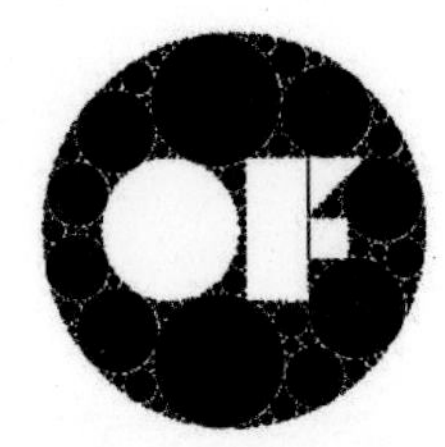

윈도우 운영 체제에서 화면에 그림을 그리기 위해서는 일반적으로 OpenGL이나 DirectX 등을 사용하는데, 이러한 라이브러리 대부분이 C 언어로 작성되어 있다. 그러나 C 언어를 처음 배우는 단계에서는 이들을 쉽게 사용할 수 없다. 보통 C 언어를 다 배운 후에 부가로 더 공부하는 단계가 필요하기 때문이다.

이러한 이유로 이 교재에서는 openFrameworks 라이브러리를 사용하기로 결정하였다. openFrameworks를 사용하면 openGL과 같은 어려운 라이브러리를 공부할 필요가 없고, 운영 체제에 대한 지식도 그렇게 많이 필요하지 않아서 초보자가 쉽게 배울 수 있기 때문이다.

> openFrameworks는 기존에 많이 사용하는 다양한 여러 라이브러리를 통합하고 있다. 향후에도 많은 쓰임새가 있을 것이다.

openFrameworks 처럼 조금 더 편하고 효과적으로 그래픽 프로그래밍을 할 수 있는 환경이나 프로그래밍 언어의 개발에 대한 시도가 계속 되고 있다. 대표적인 예가 Processing이라는 언어인데(http://www.processing.org), 이 언어는 Java의 복잡한 문법 구조를 숨기고 쉽게 그래픽 기반 인터랙티브한 프로그램을 보다 쉽게 제작할 수 있는 구조를 제공한다.

관련 정보는 저자의 웹 사이트를 참고하자.

https://sites.google.com/site/gamewithprocessing

openFrameworks는 Processing과 거의 동일한 구조이면서 C++ 언어를 사용하는 환경이며, Windows, Mac OSX, Linux, Android, iOS 등에서도 실행할 수 있는 프로그램을 개발할 수 있다.

이 교재는 C 언어를 이용한 교재인데, openFrameworks는 C++ 언어를 위한 라이브러리다. C 언어가 C++ 언어의 온전한 부분 집합(subset)은 아니지만, 대부분의 C 언어 문법을 같이 사용할 수 있기 때문에 이 교재에서 openFrameworks를 사용한다.

사실 이 사항은 조금 예민할 수 있다. C 언어도 컴파일러마다 지원되는 표준이 다르고, 거기에다가 C++와는 일치되지 않는 부분이 많기 때문이다. 저자로써도 조금 고민되는 부분이다.

또한 자바 기반인 Processing 언어, Flash AS3.0, Cinder 등에 비해서, openFrameworks는 C++ 기반이기 때문에 빠른 속도와 다른 라이브러리와 결합이 쉽다는 장점이 있다.

3.1 openFrameworks와 Visual Studio 설치

이제 openFrameworks와 Visual Studio 프로그램을 설치해보자. openFrameworks는 인터넷 공식 사이트에서 다운받고 압축만 풀면 된다. 그에 반해서, Visual Studio는 다운받고, 설치하고, 기타 많은 초기 설정 작업이 필요하다. 지금부터 그 절차를 잘 따라가보자.

교재를 보는 법

이 책에서는 다양한 실전 경험을 위해서 그림을 통해서 여러 조작 방법을 설명한다.

이때 세부적으로 여러 번의 메뉴 클릭 동작을 설명하기 위해서 아래와 같은 형식으로 설명하였다. 절차를 설명하는 아래의 예를 참고하자.

예 [Tools] → [Extensions and Updates] : [Tools] 메뉴를 클릭하고, 그 다음 화면에서 [Extensions and Updates]라는 메뉴를 클릭하라는 설명이다.

예 [Name: 프로그램 이름 입력]: [Name] 필드에 프로그램 이름을 입력하고 진행한다.

본 교재에서는 Windows 10 운영체제에서, Visual Studio Community 2017 개발 환경, openFrameworks 0.9.8 버전을 사용하고 있다.

3.1.1 openFrameworks 설치

오프프레임웍스는 파일을 다운받고 압축을 풀면 된다. 어렵지 않다.

1. 먼저 openFrameworks를 설치해보자. 아래의 사이트에서 openFrameworks의 최신 버전을 다운 받을 수 있다.

http://openframeworks.cc/

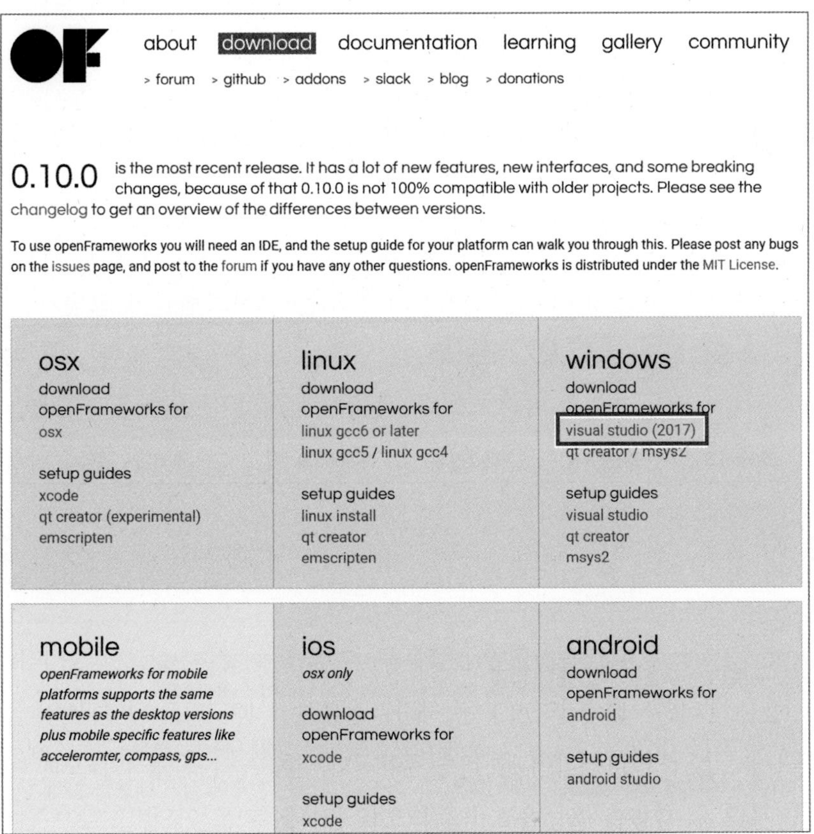

visual studio 2017 프로그램에서 사용할 수 있는 openFrameworks를 다운받는다. 다운 받을 파일이 300 Mbytes 이상으로 상당히 크다.

2018년 6월 현재 openFrameworks는 Visual Studio 2017 버전에서도 사용할 수 있다. Visual Studio의 버전에 상관없이 이 파일을 다운 받으면 된다.

2. openFrameworks는 OSX, Linux, Windows, iOS, Android 등 다양한 운영 체제에서 사용할 수 있다는 장점이 있다. 한번의 프로그래밍으로 다양한 운영 체제에서 수행되는 프로그램을 제작할 수 있다. 위의 사이트에서 자신의 운영 체제에 맞는 openFrameworks 파일을 다운받자. Windows 운영체제를 사용하는 경우라면 화면의 "windows" 부분의 "visual studio(2017)" 링크를 눌러 다운 받으면 된다.

openFrameworks는 설치 작업(install)이 필요 없다. 라이브러리 전체가 소스 코드 형태로 배포되고 사용되기 때문이다. 어느 폴더에 압축을 풀었는지만 잘 기억하자.

3. 다운 받은 파일을 원하는 폴더에 압축을 풀고, 압축을 푼 폴더의 위치를 잘 기억하자. openFrameworks 라이브러리의 위치는 향후에 Visual Studio에서 간단한 추가 설정 작업이 필요하기 때문이다.

3.1.2 Visual Studio Community 2017 버전 설치

Visual Studio 인스톨(install, 설치) 과정은 조금 복잡하다. 인스톨 파일을 다운로드한 후, 설정 작업을 그대로 따라가면 되는데, 세부 내용을 꼭 자세히 알 필요는 없지만 각 과정에 출력되는 화면은 천천히 읽어보는 것도 나름의 의미가 있을 것이다.

다운로드를 시작하고, 설치 과정을 따라가면서 교재를 읽어가는 것을 병행하자.

이제부터 Visual Studio를 설치하자. 모든 프로그램들이 그렇지만, Visual Studio 프로그램도 계속적으로 업데이트되고 있다. 또한 그에 따라 설치 방법도 조금씩 바뀌고 있다. 따라서 아래의 설명도 이 책을 보는 시점에 따라서 내용이 달라져 있을 수 있음을 알고, 기본적인 설치 방법을 이해한 후에 따라가자.

Visual Studio Community 2017 설치 방법 개괄 설명

- 아래의 사이트에서 Visual Studio를 다운로드 하자. 이때 다운로드되는 것은 실제로는 인스톨러(installer) 프로그램이다. 이 인스톨러는 향후에 설치 내용을 업데이트 할 때도 사용된다.

  https://www.visualstudio.com/downloads/

- Visual Studio는 C 언어(실제로는 C++ 언어) 이외에도 다양한 언어를 이용한 개발을 지원하는 프로그램이다. 따라서 설치할 때 자신이 사용할 개발 언어에 따른 설치 요소를 선택해서 별도로 설치한다. 우리는 [C++를 사용한 데스크톱 개발] 요소를 설치해야한다.

실질적인 설치용 파일을 다운받을 수 있는 초기 설치 작업용 프로그램

위의 내용을 염두에 두고 아래 과정을 따라 설치를 시작하자.

1. Visual Studio Community 2017 버전을 다운하자. 기존에 Visual Studio 프로그램을 사용하고 있더라도, 이 교재에서는 "Community 2017" 버전으로 설명하기 때문에 새롭게 업데이트 하자. 아래의 사이트를 가면 'Visual Studio Community 2017' 버전을 무료로 다운받을 수 있다. 각자 다운받고 설치하자.

   아래의 화면에서 화면의 왼쪽을 클릭하면 된다. 전체적인 설치 작업은 인터넷 다운로드 속도에 따라 다르겠지만 20~30분 정도 소요된다.

Visual Studio는 Community, Professional, Enterprise 3가지 버전이 있다.

이 중에서, Community 버전이 무료로 제공된다.

2018년 6월 현재 오픈프레임웍스는 Visual Studio 2017 버전까지에서 사용할 수 있다.

https://www.visualstudio.com/downloads/

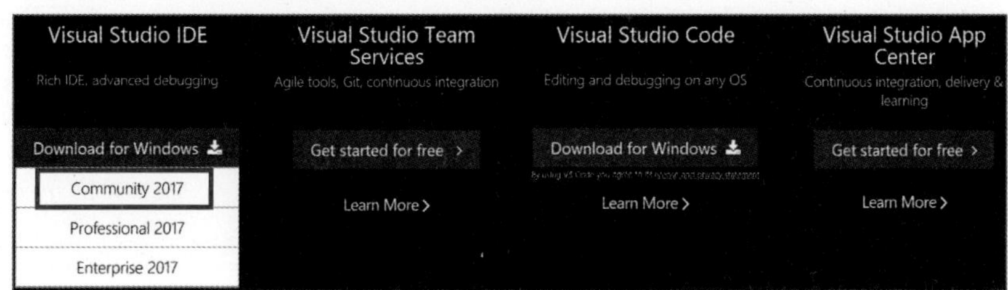

2. 해당하는 다운 로드 링크를 클릭하면 인스톨러(installer)가 다운되고, 인스톨러를 실행하면 관련된 파일을 자동으로 다운로드하고 설치된다.

3. 지금부터는 기본적(default)인 설치 작업을 따라가면 된다. 중간 중간에 몇가지 옵션들을 선택해야하는데, Visual Studio에서 사용할 환경에 따른 설치 모듈을 선택한다. 우리는 C++ 언어(우리는 지금 C 언어를 사용하지만 Visual Studio는 C++의 부분 집합 개념으로 C 언어를 지원한다)를 위한 모듈을 선택해야한다. 아래의 화면에서 [C++를 사용한 데스크톱 개발]을 선택한다. 그리고 우측에 체크된 기능에 더해서 "2개를 추가 선택"해야한다. 추가하는 이 2가지 기능은 openFrameworks를 사용하기 위해서 필요하다. 그리고 최종적으로 [설치] 버튼 클릭.

2가지 기능을 추가하는 것을 빠뜨리지 말자. 나중에 추가하려면 가능은 하지만 귀찮다.

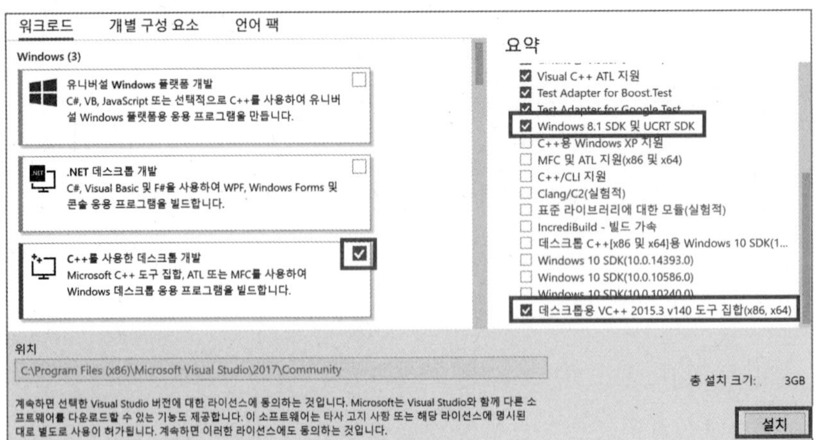

4. 설치 과정은 꽤 많은 시간이 걸릴 수 있다. 그 시간은 이 책의 전체적인 내용을 보는 시간으로 활용하자.

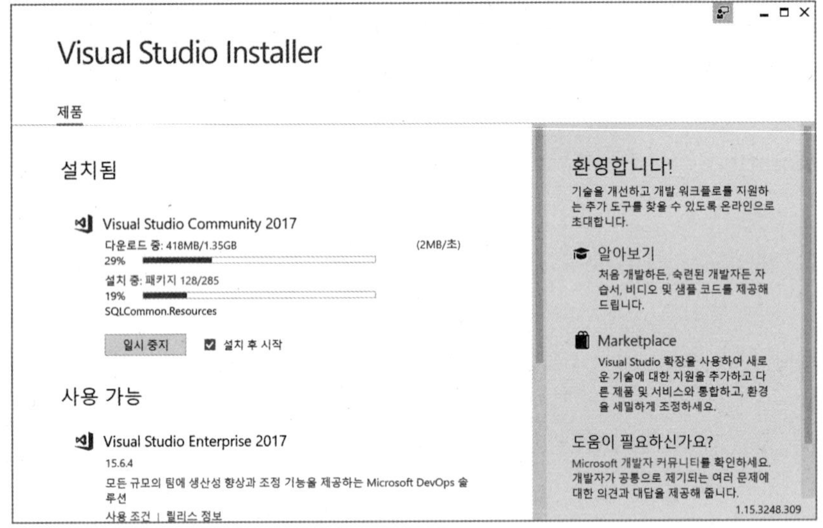

5. 설치가 완료되면 Microsoft의 계정을 만들어야한다. 화면의 [로그인] 버튼을 눌러서 자신의 계정을 직접 만들자.

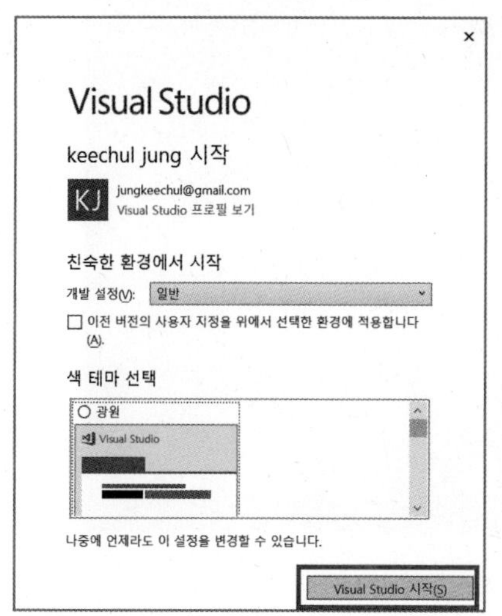

6. 설치가 완료되고 위의 화면에서 [Visual Studio 시작]을 클릭하면 이제부터 시작이다.

3.1.3 Visual Studio에서의 C 언어를 이용한 콘솔 프로그래밍

Visual Studio는 윈도우에서의 프로그래밍을 위한 컴파일러인데, 텍스트 기반의 프로그램을 만들기 위해서는 아래와 같은 콘솔(console) 환경을 사용해야 한다. 그런데, 콘솔에서는 텍스트 기반의 입·출력만 가능하기 때문에, 프로그래밍 실습의 재미가 적고 예제도 빈약할 수 밖에 없다는 단점이 있다. 그렇지만 일단은 콘솔 화면에서 프로그래밍을 시작해서, 오픈프레임웍스를 이용한 그래픽 프로그래밍으로 진행해볼 것이다.

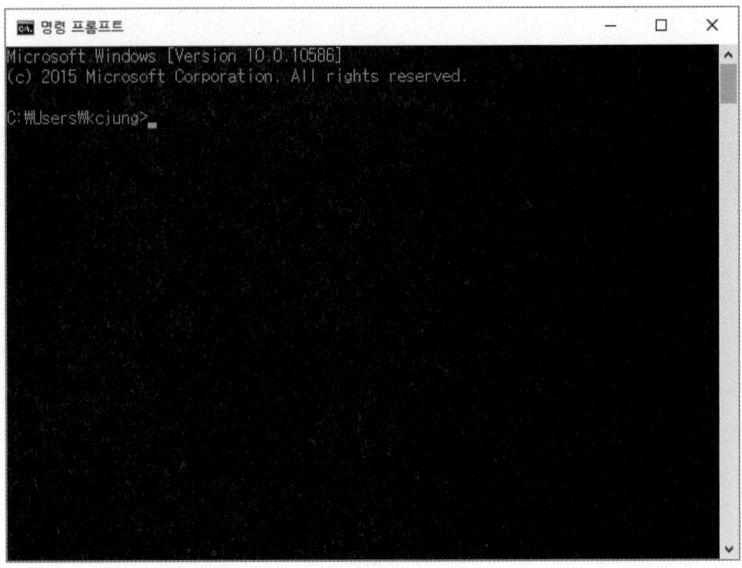

〈콘솔 화면〉

솔루션과 프로젝트의 개념을 확실히 하자. 소규모 작업에서는 일반적으로 하나의 솔루션에 하나의 프로젝트를 만든다. 우리도 이 교재에서는 하나의 솔루션에 하나의 프로젝트를 사용할 것이다.

이제 Visual Studio를 이용한 콘솔 화면에 출력하는 프로그래밍 방법을 알아보자. Visual Studio에서는 '프로젝트(project)' 단위로 하나의 실행 파일을 만들며, 여러 개의 프로젝트를 하나의 '솔루션(solution)' 단위로 관리한다. 즉, 하나의 솔루션 안에 여러 개의 프로젝트를 구성할 수도 있다.

참고

Visual Studio를 이용한 C 프로그램의 개발 과정은 다양한 방법이 있다. 그에 따라서 프로그래밍을 시작할 때 '프로젝트'를 생성하는 방법이 다양하다. 아래에 소개되는 방법은 그 중에서 가장 간단한 방법이다. 프로그래밍을 공부하면서 조금씩 다양한 개발 방법을 접하게 될 것이다.

1. 이제 Visual Studio Community 2017을 실행하자. Visual Studio가 설치된 폴더를 모르는 경우는 운영 체제의 검색 기능(윈도우 화면 좌측 하단의 돋보기 버튼)을 이용해서, "Visual Studio Community 2017"라는 키워드로 검색하면 된다.

   아래 그림은 설치 후 처음 실행했을 때 보게 되는 화면이다. 화면의 오른쪽 상단에 본인의 아이디(또는 이름)을 확인할 수 있을 것이다.

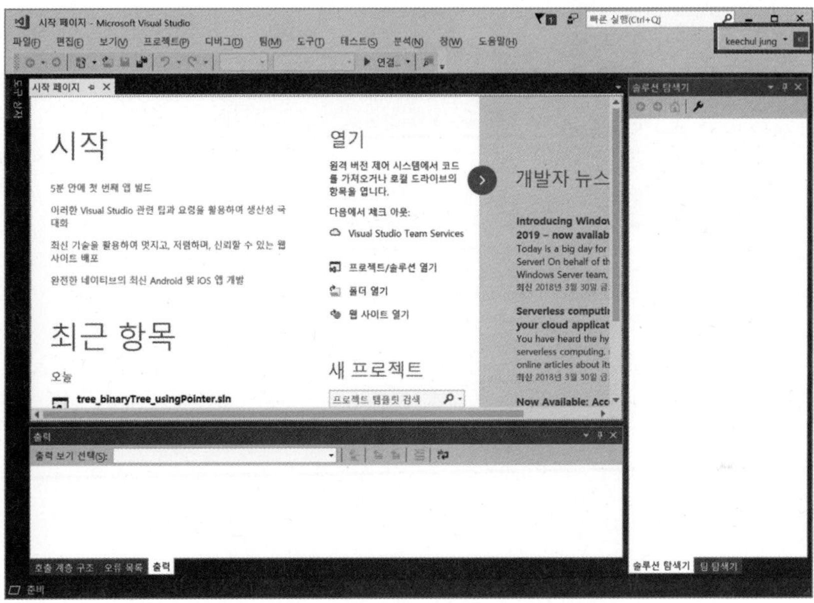

2. [파일] → [새로 만들기] → [프로젝트]를 선택한다.

> 새로운 프로그래밍 작업을 시작한다. Visual Studio에서는 프로젝트가 프로그램 개발의 단위이다. 하나의 프로젝트 안에 여러 개의 소스 파일들로 나누어서 개발할 수 있다.

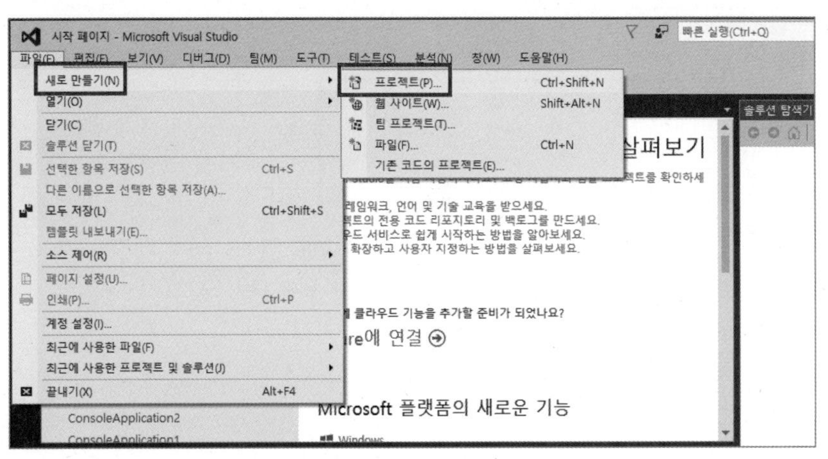

3. 화면 왼쪽 상단의 [Windows 데스크톱] 클릭→ 오른쪽의 [Windows 데스크톱 마법사] 클릭 → 하단의 [이름: 솔루션 이름 입력] → [위치: '찾아보기' 버튼을 눌러서 저장할 폴더 선택] → [솔루션용 디렉터리 만들기: check] → [확인] 클릭

프로그램을 어느 폴더에 저장할지를 선택하는 것이다. 지금은 자신이 원하는 아무 폴더를 지정해도 된다.

하나의 솔루션에 2개 이상의 프로젝트를 만들 경우에, 프로젝트마다 별도의 폴더로 관리하려면 꼭 여기를 Check해야한다. 그러나 우리는 하나의 프로젝트를 만들것이라서 사실은 별 상관이 없다.

4. 아래 창에서 다른 곳은 모두 Un-Check하고 [빈 프로젝트]에만 check 한 다음에 [확인] 클릭.

'콘솔(Console) 응용 프로그램'을 작성하겠다는 것이고, 별도의 코드 마법사 기능을 사용하지 않고 '빈 프로젝트(Empty Project)'로 시작하겠다는 설정이다.

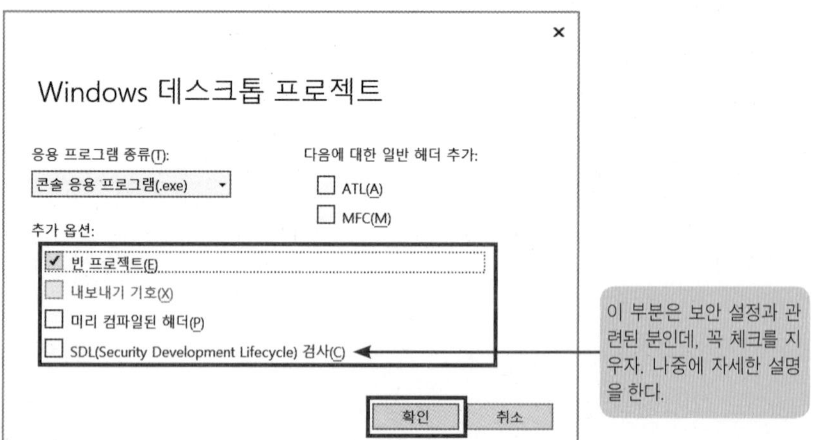

5. 아래 창이 프로그래밍을 시작할 수 있는 순간이다. 아래의 화면은 전체적으로 천천히 직접 살펴보자.

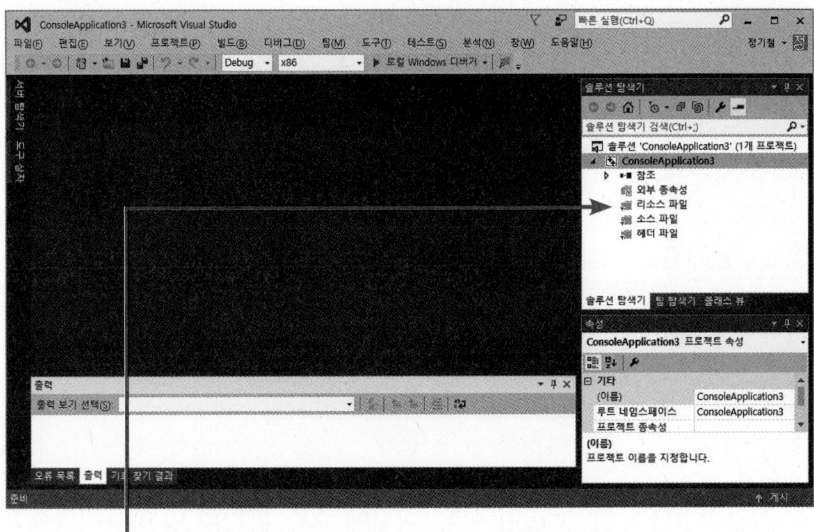

화면 우측 상단의 [솔루션 탐색기(Solution Explorer)]는 솔루션(즉 프로젝트의 모임)의 구조를 나타낸다.

- **리소스 파일**(resource files): 프로젝트에서 사용할 user interface(.rc파일), 비트맵 파일 등의 모음
- **소스 파일**(source files): 소스 파일들의 모음
- **헤더 파일**(header files): 헤더 파일들의 모음

6. 이제 C 프로그래밍을 시작하기 위해서 소스 파일을 생성하자. [솔루션 탐색기] → [소스 파일] 에서 마우스 오른쪽 클릭 → [추가] → [새 항목] 선택한다.

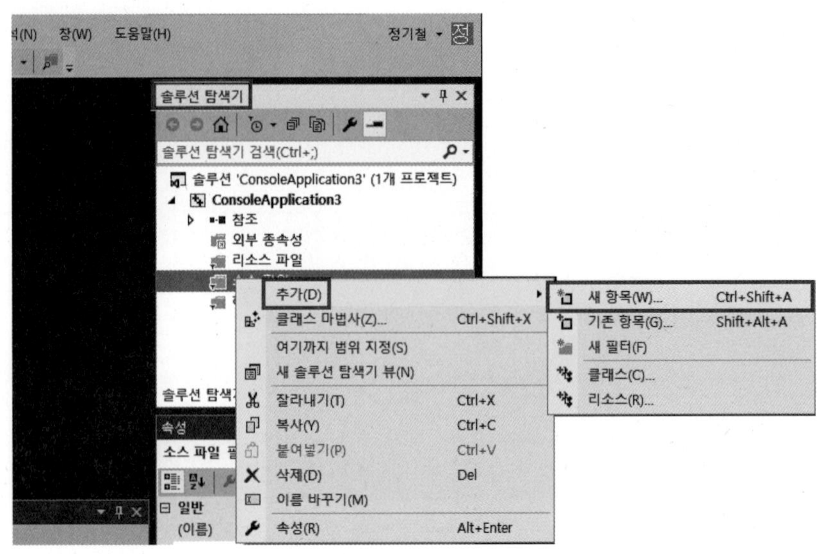

7. 상단의 [C++ 파일(cpp)] 선택, 하단에 소스 파일의 이름을 입력하고 [추가] 버튼 클릭. 파일명은 기본적으로 확장자가 *.cpp로 지정되어 있는데, 확장자를 *.c로 바꿔준다. *.cpp는 C++ 컴파일러를 사용하기 때문이다.◥ 우리는 C컴파일러를 사용하기 위해서 확장자를 *.c로 변경한다.◥

Visual Studio 컴파일러는 확장자에 따라 C++ 문법으로 컴파일할지, C 문법으로 컴파일할지를 결정하기 때문에 확장자가 중요하다.

소스 파일의 이름은 파일 이름을 보고 이 파일이 어떠한 기능을 하는지 알 수 있도록 하자. 만약 이 소스가 더하기, 빼기, 곱셈, 나눗셈을 하는 기능이 있다면 이름으로 calculator가 알맞을 것이다.

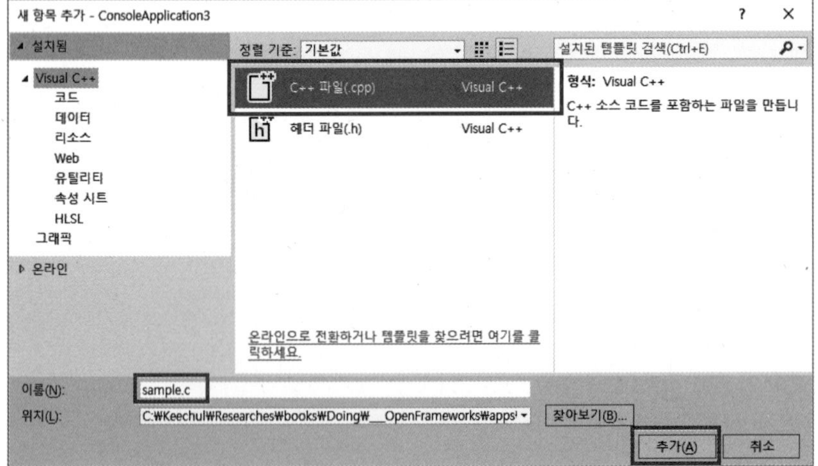

8. 이제 소스를 작성한다. 솔루션 탐색기에서 방금 만든 sample.c 파일을 선택하고 화면에 코드를 입력해서, 아래와 같이 "Hello World"를 출력해보자. 소스를 코딩하면서 웹 컴파일러에서 제공되지 않는 코드 입력 자동화 기능을 경험해보자. 숙달되면 아주 편리한 기능들이 아주 많다.

코드를 입력할 때 화면에서 자동으로 생성되는 코드 도움 기능을 살펴보자.

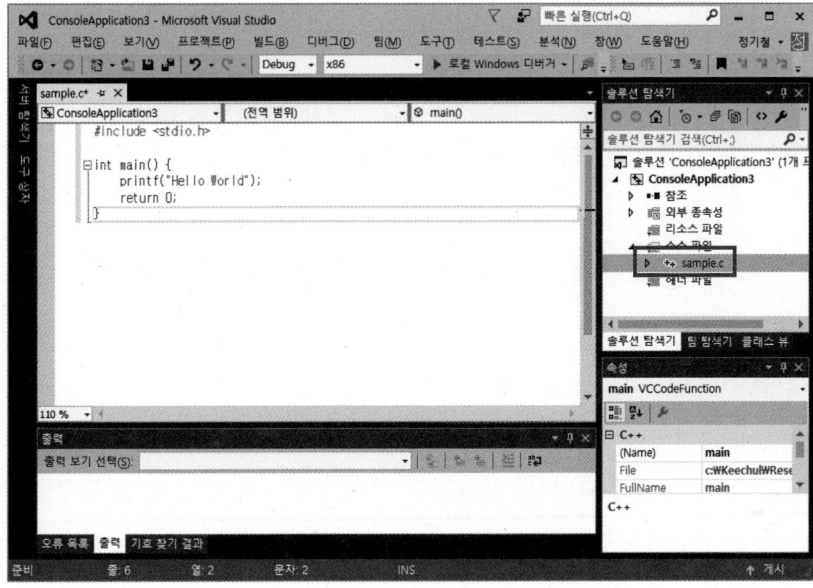

9. 이제 컴파일하자(컴파일과 링크를 모두 수행한다). [빌드] → [솔루션 빌드]를 클릭.

지금의 예제는 솔루션에 하나의 프로젝트만 있기 때문에 특정한 프로젝트를 선택해서 '빌드'할 필요가 없다.

[솔루션 빌드]와 [솔루션 다시 빌드]는 차이점이 있다. 하나의 프로젝트를 여러 개의 소스 파일로 나누어서 개발하는 경우에, [솔루션 다시 빌드]는 모든 소스 파일을 모두 새로 컴파일하는 명령이고, [솔루션 빌드]는 변경된 파일만 컴파일하는 명령이다.

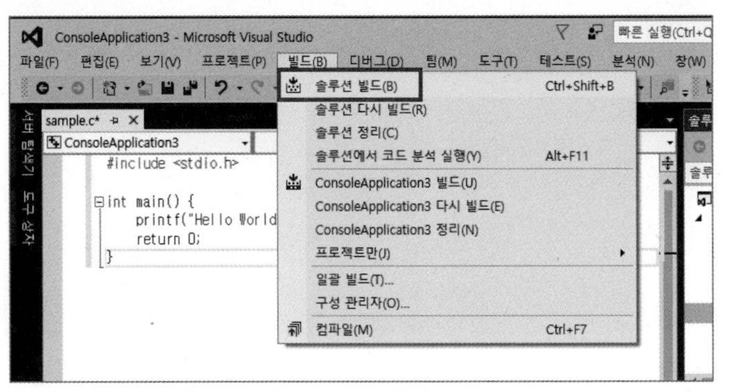

10. 빌드 후에는 꼭 화면 하단의 출력 메시지를 확인하자. 에러가 있어서 빌드가 되지 않았는지를 꼭 확인해야한다. 아래 화면의 '실패 0'과 같이 실패가 없어야한다. 만약 이 상황에서 에러(error)나 경고(warning)가 발생한다면 코드를 수정한 후, 다시 빌드하자.

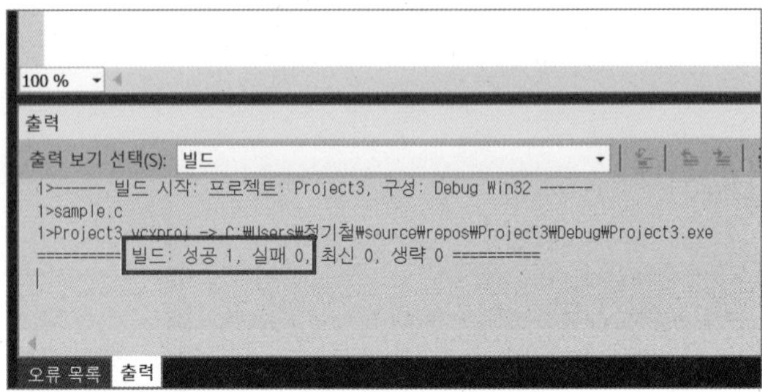

11. 실행한다. [디버그] → [디버그하지 않고 시작]을 선택한다. 혹시 Visual Studio에서 프로그램을 실행시켰을 때 콘솔 창이 바로 종료되면, Hello World를 출력 후 프로그램이 바로 끝나기 때문에 출력 결과를 확인하기 어려운 경우도 있을 수 있다(이 사항은 Visual Studio의 설정 내용에 따라 다를 수도 있다).

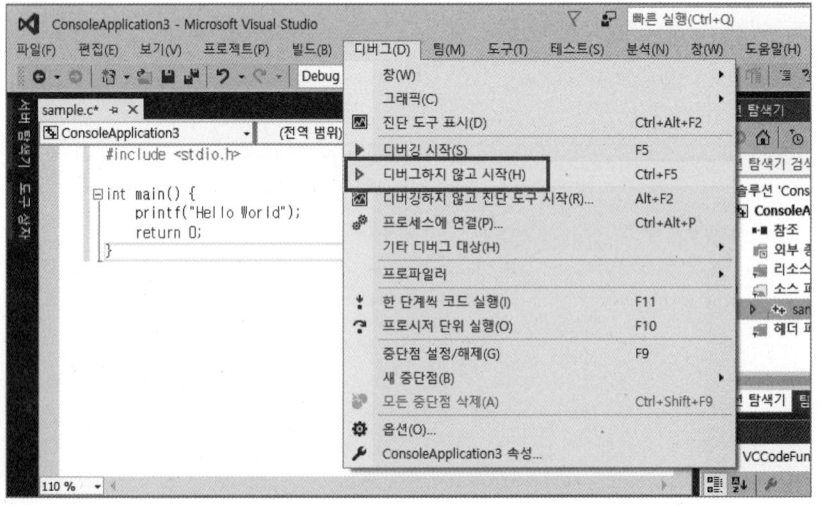

12. 다음 과정은 이러한 문제를 해결하는 방법이다. 코드에 한 줄을 추가하자. 또는 Visual Studio의 환경 설정을 수정하는 방법도 있는데 이 방법은 좀 까다롭다.

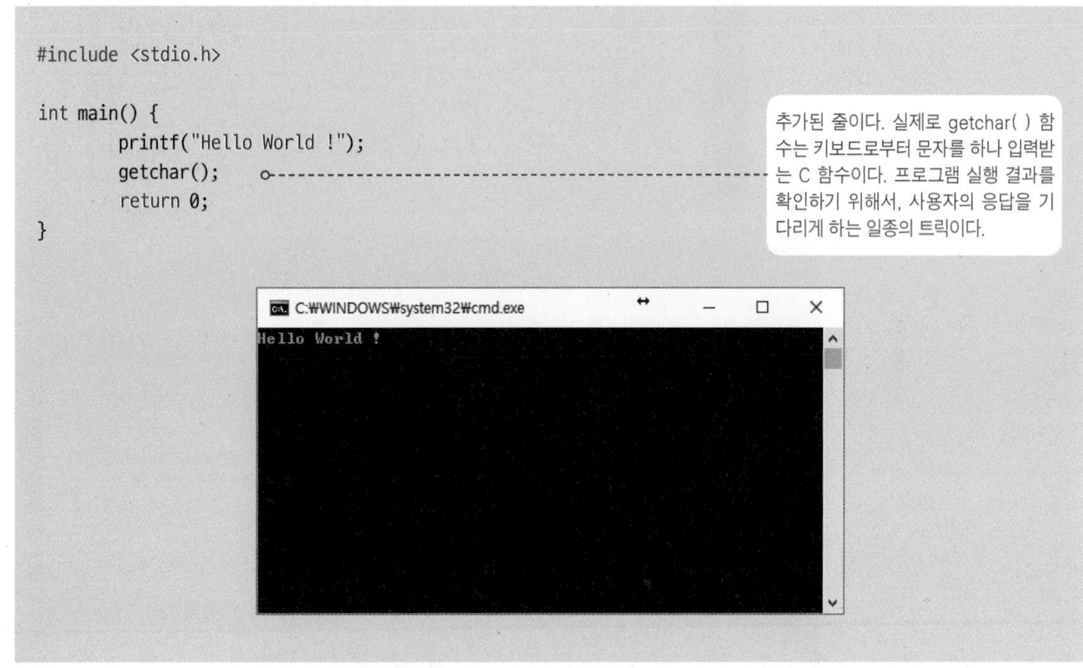

#include <stdio.h>
int main() {
printf("Hello World !");
getchar();
return 0;
}
추가된 줄이다. 실제로 getchar( ) 함수는 키보드로부터 문자를 하나 입력받는 C 함수이다. 프로그램 실행 결과를 확인하기 위해서, 사용자의 응답을 기다리게 하는 일종의 트릭이다.
C:₩WINDOWS₩system32₩cmd.exe
Hello World !

13. 위에서는 [디버그하지 않고 시작]으로 프로그램을 실행했었다. 프로그래밍 과정에서 특정 변수 값의 변화를 추적하고 싶다면 [디버그]→[프로시저 단위 실행]을 클릭하자. 단축키는 [F10] 키이다. [F10] 키를 누를 때 마다 한 줄씩 실행하면서 하단에 변수들의 값의 변화를 눈으로 확인할 수 있는 편리한 기능이다. 화면 왼쪽의 노란색 화살표가 다음에 실행할 명령문을 의미한다.

이 기능은 프로그래밍 디버깅 단계에서 사용하면 아주 편리한 기능이다. 프로그래밍에 어느 정도 익숙해지면 사용해 보도록 하자.

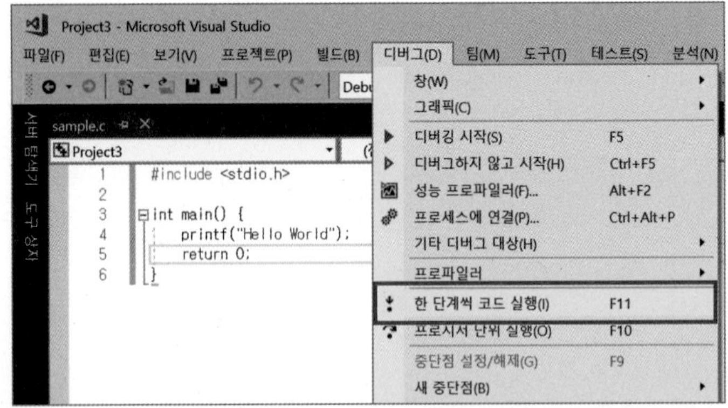

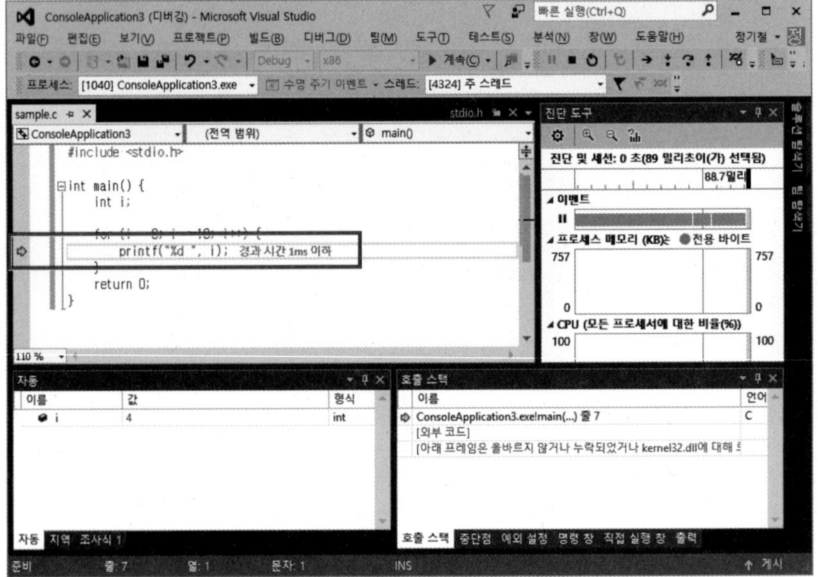

14. 이외에도 다양한 디버깅 방법이 있다. 아래의 화면에서 [한 단계씩 코드 실행: F11]과 [프로시저 단위 실행: F10] 메뉴가 있는데, 이 둘의 차이점은 프로시저(함수) 호출 시에 호출되는 함수 속으로 들어가서 실행하는지, 그 함수를 한꺼번에 실행하는지가 다른 것이다. 이러한 내용들은 Visual Studio에 차근차근 적응하면서 알아가도록 하자.

15. 이제 프로그래밍 작업이 끝났다. 파일을 저장하자. [파일]에서 저장 메뉴를 찾아서 파일을 저장하자. 이때 어느 폴더에 저장하는지도 잊지 말고 살펴보자.◤ 이제까지의 과정을 아래의 그림으로 정리해보자.

◤ 저장 메뉴를 살펴보면 파일 하나를 저장하거나 프로젝트 파일 모두를 저장하거나 할 수 있다.

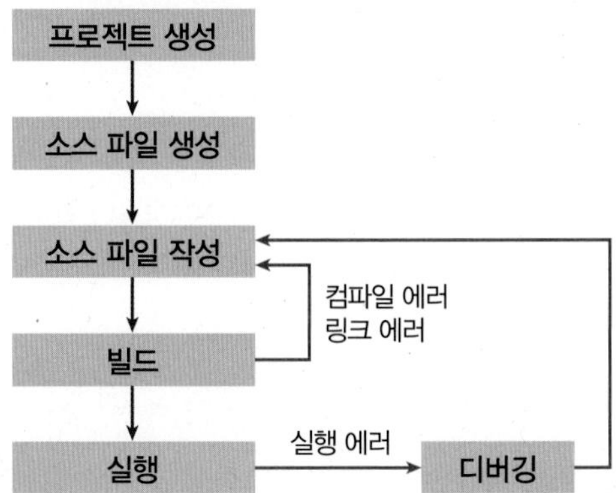

16. 이제 코드를 조금 수정해보자. scanf( ) 함수를 사용할 것이다. Visual Studio에서 아래의 프로그램을 작성해보자. 아래 프로그램은 숫자를 하나 입력받고, 그 숫자를 그대로 화면에 출력(echo)하는 프로그램이다.

```
#include <stdio.h>

int main() {
        int no;

        printf("Enter a number: ");
        scanf("%d", &no);
        printf("You entered %d\n", no);
        getchar();
        return 0;
}
```

참고

Visual Studio에서 scanf( ) 함수를 사용하면 컴파일할 때 아래와 같이 에러가 나올 수 있다(이 책의 설명을 그대로 따라왔으면 이 에러는 발생하지 않는다).

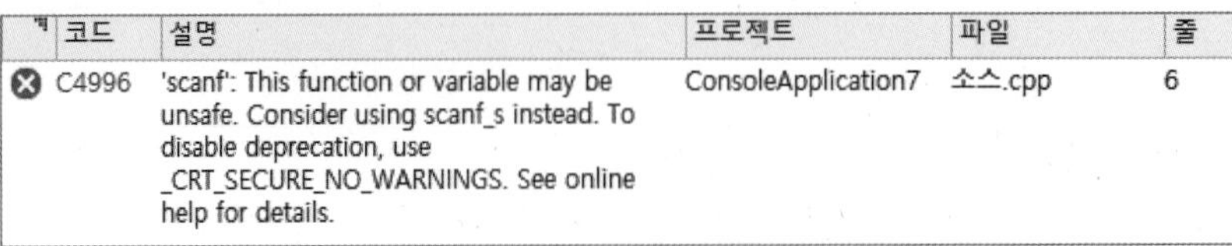

	코드	설명	프로젝트	파일	줄
⊗	C4996	'scanf': This function or variable may be unsafe. Consider using scanf_s instead. To disable deprecation, use _CRT_SECURE_NO_WARNINGS. See online help for details.	ConsoleApplication7	소스.cpp	6

위의 에러 메시지의 의미는 "scanf( ) 함수는 보안상 안전하지 않기 때문에 scanf_s( ) 함수를 사용하라"는 것이다. 보안상 scanf_s( ) 함수를 사용하려면 다음과 같이 하면 된다. 아래와 같이 수정하고 컴파일하면 에러없이 실행된다.

```
int no;
scanf_s("%d", &no);
```

그럼에도 불구하고 여전히 scanf( ) 함수를 사용하려면, 프로젝트를 생성할 때 아래와 같이 하면 된다(우리는 이미 프로젝트를 생성할 때 이렇게 설정했었다). 프로젝트 생성 과정의 나머지 부분은 동일하고 아래의 화면에서 "SDL(Security Development Lifecycle) 검사" 부분의 "체크를 지우"면 된다. 그러면 scanf( ) 함수를 사용할 수 있다.

우리는 프로젝트를 처음 생성할 때, 이를 방지하지 위해서 이미 아래와 같이 [SDL(Security Development Lifecycle) 검사]를 수행하지 말라고 Un-Check했었다.

Windows 데스크톱 프로젝트

응용 프로그램 종류(T):
콘솔 응용 프로그램(.exe)
다음에 대한 일반 헤더 추가:
ATL(A)
MFC(M)
추가 옵션:
빈 프로젝트(E)
내보내기 기호(X)
미리 컴파일된 헤더(P)
SDL(Security Development Lifecycle) 검사(C)
확인
취소

주의

이 교재에서는 C 컴파일러를 Visual Studio 2017을 사용하고 있다. 계속 강조하지만 사용하는 컴파일러 환경에 익숙해져야 한다. 세부적으로 C 표준안이 조금씩 변경되어 왔고, 컴파일러마다 또한 조금씩 다른 점이 있기 때문이다.

위에서 설명한 scanf( ) 함수에 대해서 조금 더 자세하게 알아보자. C의 입·출력 함수들은 실제적으로는 운영체제가 입·출력을 대신하는 형식이다. 실제로 모든 프로그램들은 입·출력을 운영체제가 대신해준다. 그래야만 시스템을 안정적으로 운영체제가 관리할 수 있기 때문이다.

그런데 scanf( )와 같은 입력 함수들은 시스템의 내부로 어떠한 값을 입력하는 기능이 있기 때문에 보안에 문제가 될 수 있다. 이러한 문제를 보통 '버퍼 오버플로우(buffer overflow)'라고 하고, 해킹에 사용되고 있다.

그래서 Visual Studio 컴파일러에서는 scanf( ) 함수 대신 scanf_s( )라는 보안이 강화된 함수를 사용하기를 권한다. 사용법은 아래와 같다.

- 숫자를 입력 받을 때는 scanf( ) 함수와 동일하게 사용하면 된다.
- 문자나 문자열을 입력 받을 경우는 입력 받을 크기(바이트 수)를 파라미터로 알려줘야 한다.

예

```
char ch;
scanf_s("%c", &ch, 1);

char ch1, ch2;
scanf_s("%c", &ch1, 1, &ch2, 1);

char name[100];
scanf_s(%s", name, sizeof(name));
```

(sizeof: 뒤에 오는 대상의 크기를 바이트로 알려주는 연산자. 뒤에서 자세히 설명한다.)

3.2 오픈프레임웍스 프로그래밍 시작

지금까지 Visual Studio에서 간단한 콘솔 프로그래밍을 마쳤다. 이제 오픈프레임웍스 라이브러리를 이용하여 Visual Studio에서 프로그래밍을 해 보자. 본격적인 그래픽 프로그래밍이다. 아래의 3가지 단계로 나누어서 프로그래밍을 시작하자.

- 오픈프레임웍스를 이용해서 아무 일도 하지 않는 empty 프로그램을 작성한다.
- 오픈프레임웍스를 이용하여 텍스트를 출력하는 프로그램을 작성한다.
- 오픈프레임웍스를 이용하여 그래픽 상태에서 원을 하나 그린다.

3.2.1 오픈프레임웍스 라이브러리의 폴더 구조

이제 다운 받은 파일을 압축을 풀었던 그 폴더로 들어가서, openFrameworks 라이브러리의 폴더 구조를 알아보자. libs, addons, examples 같은 일련의 하위 폴더들을 발견할 수 있다. 각 폴더의 내용은 다음과 같다.

- **addons**: 오픈프레임웍스(openFrameworks)에서 제공되는 다양한 추가 기능이 담겨 있는 폴더(이 교재에서는 사용하지 않는다)
- **apps**: 프로그래머가 직접 작성한 응용 프로그램이 저장되는 폴더(우리가 작성할 프로그램도 이 폴더에 저장해야 한다. 지금 당장은 이 폴더만 신경 쓰면 된다)
- **libs**: 오픈프레임웍스가 사용하는 코어(core) 라이브러리와 함께 다양한 라이브러리가 있는 폴더

오픈프레임웍스를 사용할 때 위의 폴더들의 계층 구조를 유지하는 것이 매우 중요하다. 오픈프레임웍스는 다른 라이브러리와 다르게 컴파일 되지 않은 소스 코드 형태로 배포되기 때문에, 폴더들의 상대적인 위치가

중요하기 때문이다. 즉, 새로운 프로그래밍을 위해서는 apps 폴더 안의 myApps 폴더에 소스 파일을 저장하는 것을 권장한다.

apps > myApps > 프로젝트 이름 > 프로젝트 파일들

중요! 꼭 폴더 구조를 지키자. apps → myApps 폴더 내부에 우리의 프로그램을 저장하자.

아래의 그림은 MyApplication1이라는 프로젝트 이름으로 개발하고 있는 과정의 파일들을 보인다. 이 폴더의 설명은 Visual Studio를 설명할 때 다시 이야기하자.

Researches › books › Doing › OpenFrameworks › apps › myApps › MyApplication1 ›

이름	수정한 날짜	유형
bin	2/28/2016 8:05 ...	파일 폴더
obj	2/29/2016 4:34 ...	파일 폴더
src	2/28/2016 8:05 ...	파일 폴더
addons.make	2/28/2016 8:05 ...	MAKE 파일
icon	10/14/2015 4:23...	Resource Script
MyApplication1	2/29/2016 4:35 ...	SQL Server Compact Edition Databas...
MyApplication1	2/28/2016 8:05 ...	Microsoft Visual Studio Solution
MyApplication1	2/28/2016 8:05 ...	VC++ Project
MyApplication1.vcxproj	2/28/2016 8:05 ...	VC++ Project Filters File

우리가 작성할 프로그램을 어디에 저장해야하는지 폴더 구조를 이해하자.

〈Visual Studio를 이용하여 작성한 프로그램이 저장된 폴더〉

즉, 이제부터 여러분이 작성하는 프로그램은 아래의 폴더 구조를 가진다.

```
- apps
  o myApps
    • 프로젝트폴더
        • src: 프로그램소스 프로젝트파일
        • bin: 컴파일된 응용프로그램
            o data: 프로그램에서 사용 할 사진/폰트 등 저장
```

Visual Studio에서 프로그래밍을 할때 자신이 정하는 이름

소스 파일이 저장된 폴더의 구조를 잘 이해하자. 이 내용은 오픈프레임웍스를 이용해 다른 사람이 작성한 소스 파일을 복사해서 사용하는 경우에, 전체 파일이 어떤 구조로 어디에 저장되어 있는 지를 알아야하기 때문에 중요한 내용이다.

3.2.2 오픈프레임웍스 empty 프로그램 제작

이제는 openFrameworks를 이용해서 C 프로그래밍을 시작해보자. 아직 openFrameworks를 위한 초기 설정 작업이 조금 남아있다. Visual Studio와 openFrameworks를 서로 연결해야 하는데, Visual Studio에게 openFrameworks가 저장된 폴더 위치를 알려줘야 한다.

오프프레임웍스를 설치했던 폴더의 위치를 기억해내자.

1. Visual Studio를 실행하고, 메뉴에서 [도구] → [확장 및 업데이트] → [온라인]에서 openFrameworks plugin을 찾아서 설치하자. 화면의 스크롤 바를 움직여서 찾아보거나, 화면의 우측 상단에서 검색하면 된다.

지금 설치하는 이 plugin이 Visual Studio와 openFrame-works를 연결해준다.

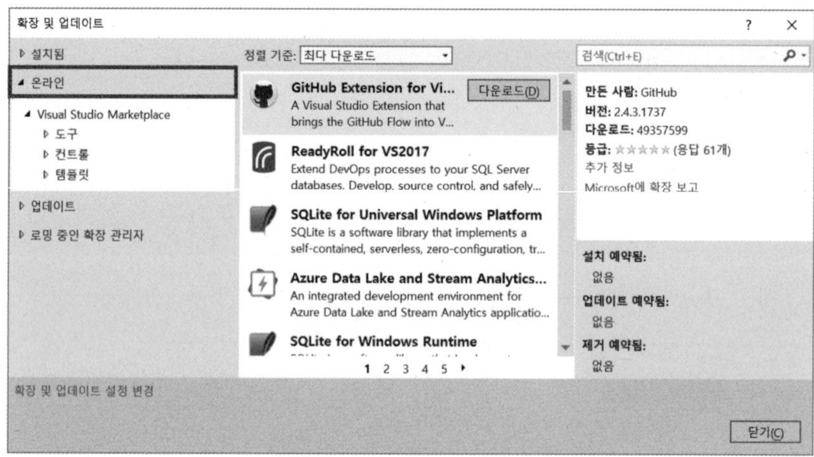

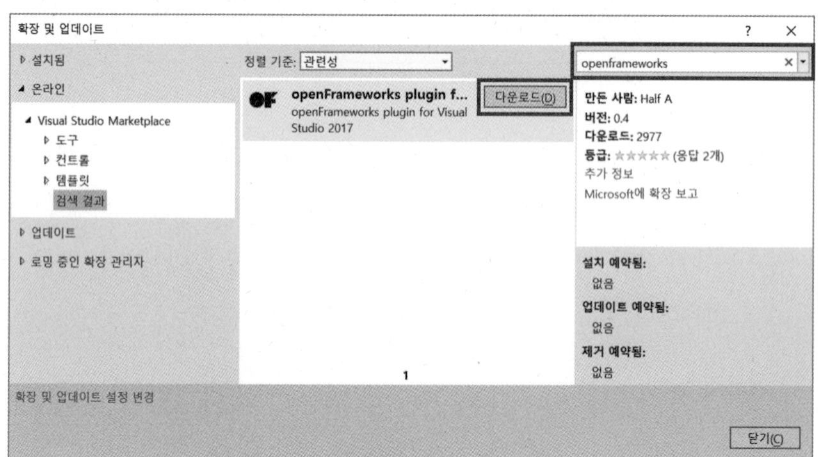

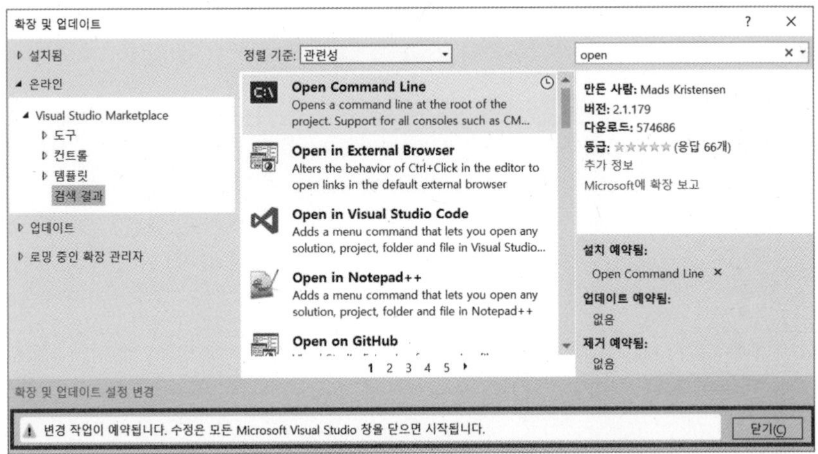

2. 위의 다운로드는 Visual Studio와 openFrameworks를 연결해주는 프로그램을 다운로드 하는 것이다. 위 그림 하단의 메시지처럼, 현재의 창을 닫고, Visual Studio 프로그램 전체를 닫으면 마지막 설치 작업이 최종 완료된다. Visual Studio 프로그램을 닫자. Visual Studio가 닫히면 새로운 다이얼로그 박스가 열리면서 최종 설치 작업이 진행된다.

> 꼭 Visual Studio를 닫아야 최종 설치 작업이 완료된다.

이제 진짜 모든 설치 작업이 끝났다. 이제 오픈프레임웍스를 이용해서 간단한 프로그래밍을 해보자.

1. Visual Studio 2017실행 → [파일] → [새로 만들기] → [프로젝트…] 클릭.
2. 좌측 화면에서 [설치됨] → [템플릿] → [Visual C++]→ [openFrameworks] 선택 → [이름: 솔루션 이름 입력] → [위치: '찾아보기' 버튼을 클릭해서openFrameworks 〉 apps 〉 myApps 폴더 찾기] → [솔루션용 디렉터리 만들기: check 지우기] → [OK]

> 오픈프레임웍스를 이용할 때는, 꼭 이 폴더에 자신의 소스 코드를 저장하자. 프로그램을 저장할 폴더의 위치가 중요하다. 다운 받았던 openFrameworks\apps\myApps\ 아래에 저장하자.

> openFrameworks를 이용해서 프로그래밍을 할 때는, "솔루션용 디렉토리 만들기"를 "지워야한다". 오픈프레임웍스에서는 하나의 솔루션에 하나의 프로젝트만 만들자.

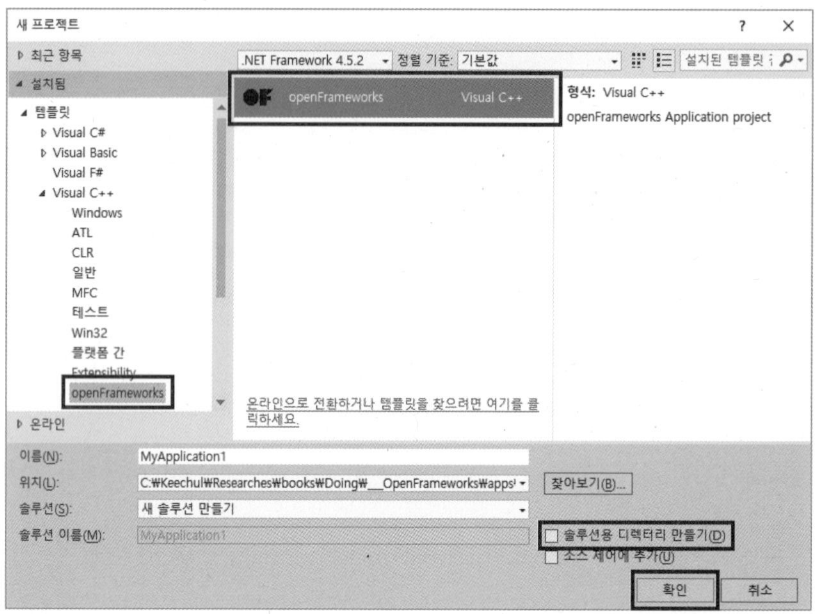

3. 아래와 같은 화면이 나타날 수 있다. 이 경우에는 화면 오른쪽의 " … 버튼"을 눌러서 openFrameworks가 있는 폴더를 찾아주자. Visual Studio에게 openFrameworks 라이브러리가 있는 곳의 위치를 알려주는 과정이다.

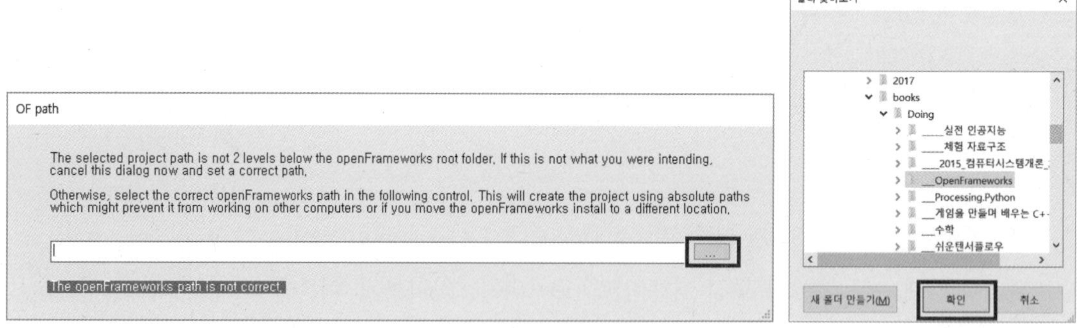

4. 아래의 그림과 같이 사용할 addon을 체크하라는 화면이 나온다. addon이라는 것은 openFrameworks에서 제공하는 다양한 기능을 사용할 때 쓰는 기능인데, 지금은 기본 프로그램이니까 별도의 addon은 선택하지 않는다. [OK] 클릭.

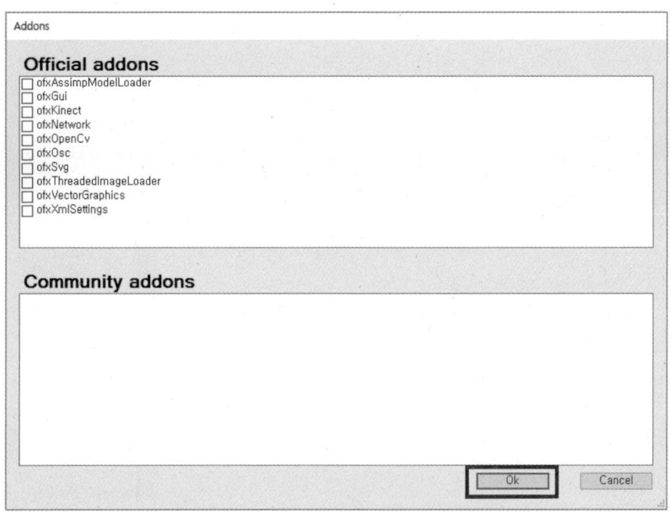

그러나 향후에 특정한 addon을 사용할 필요가 있다면, 그때 옆의 그림과 같이 addon을 추가할 수 있다. [솔루션 탐색기] → [프로젝트 이름]에서 마우스 오른쪽 버튼 클릭해서 [openFrameworks addons] 메뉴 선택.

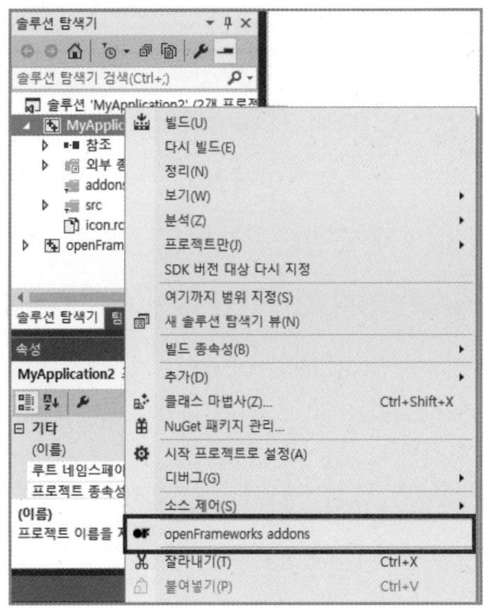

5. 이제 코드 마법사 기능에 의해서 기본 프로그램이 구성되었다. 화면 오른쪽의 [솔루션 탐색기] 창에서, [src]라는 '폴더'를 클릭하면 3개의 파일(main.cpp, ofApp.cpp, ofApp.h)을 볼 수 있다. 각 파일을 클릭하면 소스 코드를 확인할 수 있다.

코드 마법사(code wizard) 기능은 이제까지의 메뉴 클릭으로 향후의 프로그래밍에 필요한 기본적인 프로그램 구조를 자동으로 만들어주는 것을 말한다.

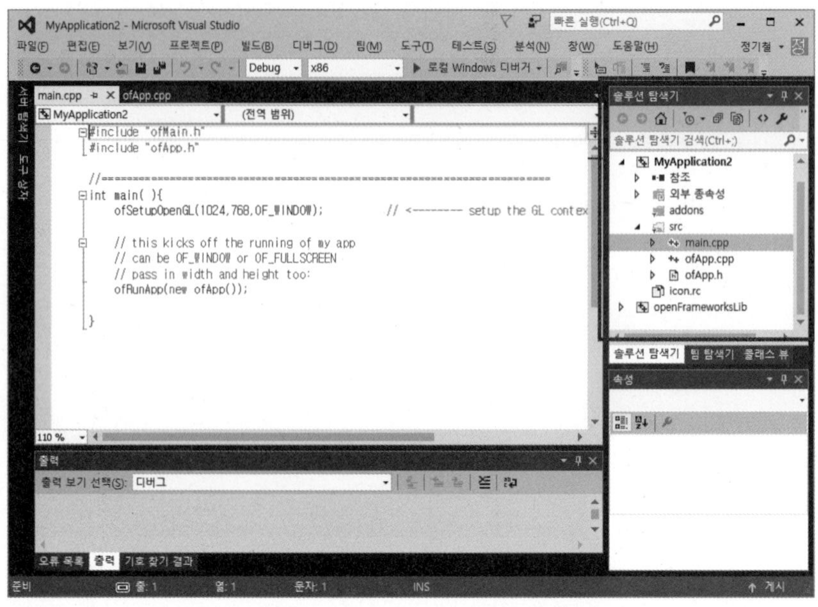

6. 아직 아무런 프로그래밍 작업을 하지 않았지만, 프로그램을 실행해보자. 메뉴에서 [빌드] → [솔루션 빌드]를 클릭한다. 컴파일이다. 컴파일에서 오류가 없으면 [디버그] → [디버그하지 않고 시작] 메뉴로 프로그램을 실행하자. 오픈프레임웍스를 사용하는 경우 첫번째의 빌드는 시간이 상당히 오래 걸린다. 그 이유는 다른 라이브러리들과 다르게 오픈프레임웍스는 미리 컴파일된 형태로 배포되는 것이 아니라, 소스 코드 형태로 배포되기 때문이 이들도 같이 컴파일되어야하기 때문이다. 그러나 이것은 처음 빌드할 때 한번만 해당하는 이야기다.

이 단계에서 오류가 있으면 창의 하단에 오류 메시지가 출력된다. 그러나 지금까지는 코드 마법사만 실행하고, 별도의 코딩 작업을 하지 않았으므로 오류가 없을 것이다.

참고

Visual Studio를 사용하면서 어떤 부속 프로그램의 설치가 되어 있지 않다라는 에러 메시지가 발생하는 경우가 있을 수 있다. 위에서 설명한 설치 작업에서 뭔가를 빠뜨린 경우일 텐데, 이런 경우에는 윈도우 바탕화면 하단의 [작업 표시줄]에 있는 검색(돋보기) 아이콘을 클릭해서 [Visual Studio Instraller] 프로그램을 실행해서 추가 설치할 수 있다.

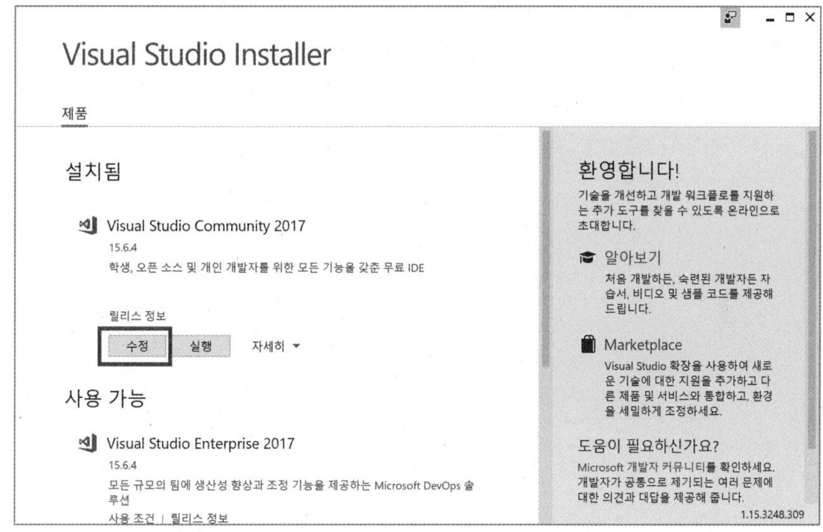

위에서 [수정] 버튼을 클릭해서 원하는 세부 모듈을 설치하면 된다.

7. 오른쪽 그림처럼 빈 화면이 출력되면 성공이다. 지금까지는 코드 마법사 기능으로 빈 프로그램(empty program)을 만들었다. 이제 이 비어있는 화면에 그림을 그리면 된다.

8. 이제 프로그램을 종료하고, 오픈프레임웍스가 저장된 폴더에서 자신의 프로그램이 저장된 솔루션의 폴더를 찾아가보자.

apps > myApps > 솔루션 폴더>

솔루션 폴더에는 확장자가 *.sln인 솔루션 파일(파일 유형이 "Microsoft Visual Studio Solution")이 있다. 향후에 이 파일을 더블 클릭하면 Visual Studio를 이용해서 프로그램을 수정할 수 있다. 해당 폴더 내부에는 솔루션 이름과 동일한 이름의 프로젝트 파일(*.vcxproj)이 있다(파일 유형이 "VC++ Project").

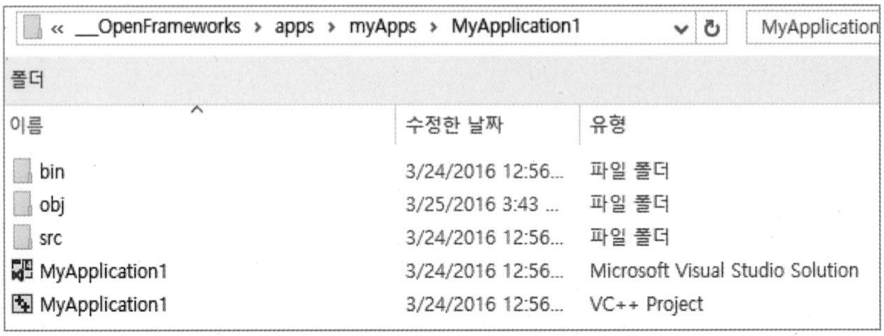

« __OpenFrameworks › apps › myApps › MyApplication1

폴더

이름	수정한 날짜	유형
bin	3/24/2016 12:56...	파일 폴더
obj	3/25/2016 3:43 ...	파일 폴더
src	3/24/2016 12:56...	파일 폴더
MyApplication1	3/24/2016 12:56...	Microsoft Visual Studio Solution
MyApplication1	3/24/2016 12:56...	VC++ Project

〈MyApplication1 이라는 솔루션 폴더〉

오픈프레임웍스는 컴파일 된 라이브러리 형태로 제공되는 것이 아니라 소스 코드 형태로 제공되기 때문에, 개발하는 소프트웨어가 내부 폴더들과 지역적으로 링크(link) 될 수 있도록 구성되어 있다. 만약 폴더들을 옮기거나, 변경하게 되면 컴파일이 되지 않을 수 있다. 다시 한번 주의하자!

여러 개의 소스 파일로 코딩된 파일들을 각각 컴파일하고 이들을 최종적으로 하나의 실행 파일로 뭉치는 작업을 링크라고 한다.

3.2.3 오픈프레임웍스 소스 코드 구조

오픈프레임웍스를 사용하면 코드 마법사(code wizard) 기능에 의해서 자동으로 3개의 파일이 생성된다. 이 3개의 파일의 소스 코드 구조를 알아야 한다. 오픈프레임웍스에서는 기본적으로 아래의 3개의 파일을 사용한다.

물론 자신이 별도의 소스 파일(*.c)을 만들 수도 있다.

지금 부터의 설명은 일단 가볍게 읽어만 두자. 바로 다음에 실습에서 다시 설명한다.

- main.cpp : main.cpp 파일은 C++ 컴파일러에게 어떠한 리소스(resource)를 프로그램 내에서 사용할 것인지를 알려주고, 프로그램을 실행시키는 역할을 한다(이 교재에서 소개되는 내용을 배우기 위해서는 이 파일의 내용을 변경할 필요는 없다).

> C 언어의 소스 파일은 확장자가 *.c이지만, 오픈프레임웍스는 C++ 언어로 작성되었기 때문에 확장자가 *.cpp이다.
> 물론 여러분이 이 교재에서 직접 프로그래밍하게 되는 코드들은 확장자를 *.c로 해야 한다.

- ofApp.cpp와 ofApp.h : 실제 코딩은 ofApp.h와 ofApp.cpp 파일 내에서 이루어지게 된다. 사용자는 기본적으로 ofApp.cpp 파일의 setup( ), update( ), draw( ) 함수를 사용할 수 있다. 이 3개의 함수는 오픈프레임웍스에서 미리 정의되어 있고, 우리는 이 함수의 바디(body)를 채우는 방식으로 프로그래밍한다.
  - **setup( )** : 프로그램이 실행되는 첫 순간에 한번만 실행되며, 변수 초기화나 업데이트가 필요하지 않은 초기 설정을 하는 부분이다.
  - **update( )** : 매 프레임 별로 반복적으로 수행된다. 이 함수는 주로 변수 값을 변경하는 역할을 하며, 내부에서 드로잉 함수(그림을 그리는 함수)를 호출할 수 없다.
  - **draw( )** : 매 프레임 별로 반복적으로 수행되며, 매 프레임에서 그림을 그리는 명령어들을 포함한다.

> ofApp.h는 ofApp.cpp 파일의 헤더 파일이다.
> of라는 글자는 OpenFrameworks의 첫 문자를 의미한다.

> 프로그램이 계속 수행되면서 화면을 그리는 일을 하기 때문에 계속 바뀌는 화면 하나하나를 프레임이라고 한다.

이 3개의 함수는 옆의 그림 같은 순서로 동작한다. 즉, 프로그램이 실행되면, setup( ) 함수가 1번 수행되고, 그 다음에 update( ) 함수와 draw( ) 함수가 반복적으로 수행된다.

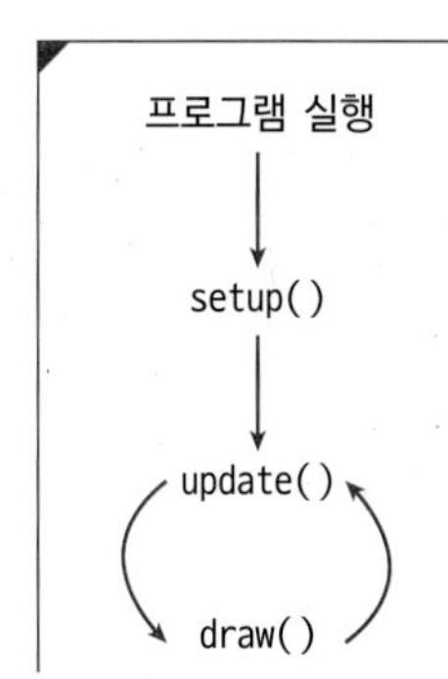

3.2.4 오픈프레임웍스 텍스트 모드 프로그램 제작

'스무 고개' 프로그램을 openFrameworks를 이용해서 구현해보자. 콘솔 화면에서 수행되는 프로그램을 작성할 것이다. 물론 앞에서 이야기했던 Visual Studio에서의 콘솔 프로그래밍 방식을 사용해도 되지만, 여기에서는 openFrameworks를 사용하는 환경에서의 콘솔 프로그래밍을 소개한다.

이제부터는 주의하자!

openFrameworks는 기본적으로 객체 지향 언어인 C++ 언어를 위한 라이브러리이다. 그래서 중간 중간에 C++ 언어와 관련된 설명이 나온다. C 언어를 배우는 프로그래머의 대부분은 차후에 C++ 언어를 배우게 되는데, 아직 C++을 배우지 않은 사람을 위해서 필요할 경우 C++에 대한 기초적 지식은 조금씩 별도로 설명한다.

1. 지금까지 작성했던 empty 프로그램을 이용하자. Visual Studio 화면 우측의 [솔루션 탐색기]에서 ofApp.cpp 파일을 클릭해서 열어보자.
2. ofApp.cpp 파일 내부의 setup( ) 함수를 아래와 같이 수정해서 실행해보자. 이와 같이 마우스나 키보드 등을 이용한 인터랙션이 빈번하지 않은 프로그램은 setup( ) 함수 내에 코딩하면 된다.

일단은 setup( ) 함수 만을 이용한다. setup( ) 함수 내부에 코딩한다.

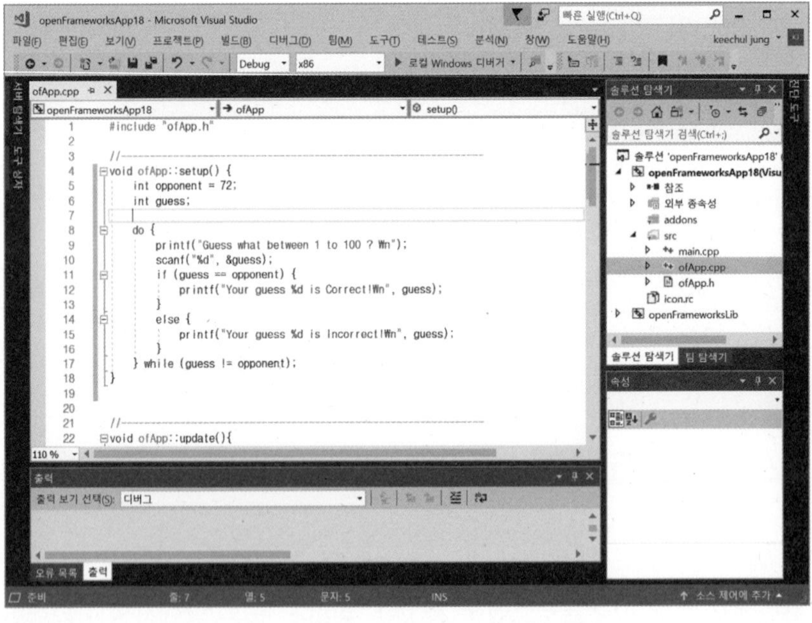

```
void ofApp::setup() {
        int opponent = 72;
        int guess;

        do {
                printf("Guess what between 1 to 100 ? \n");
                scanf("%d", &guess);
                if (guess == opponent) {
                        printf("Your guess %d is Correct!\n", guess);
                }
                else {
                        printf("Your guess %d is Incorrect!\n", guess);
                }
        } while (guess != opponent);
}
```

함수의 이름이 조금 이상하다. 중간에 콜론 2개가 있다.

이 부분이 C++의 객체 지향(Object Oriented) 개념을 소개해야하는 부분이다.

이에 대한 자세한 설명은 이 교재의 범위를 벗어나기 때문에 일단 콜론 2개는 C++ 언어의 클래스(class)와 관계된 부분이라고만 알고 넘어가자.

3. 코딩을 완료하면, [빌드] → [솔루션 빌드]하고, [디버그] → [디버그하지 않고 시작]을 클릭해서 실행하자.

첫 빌드 시에는 시간이 조금 많이 걸린다. openframeworks 라이브러리가 소스 파일로 제공되기 때문에 이것도 빌드해야 하기 때문이다. 빌드하는 동안 Visual Studio 화면 하단에 출력되는 메시지들을 살펴보자.

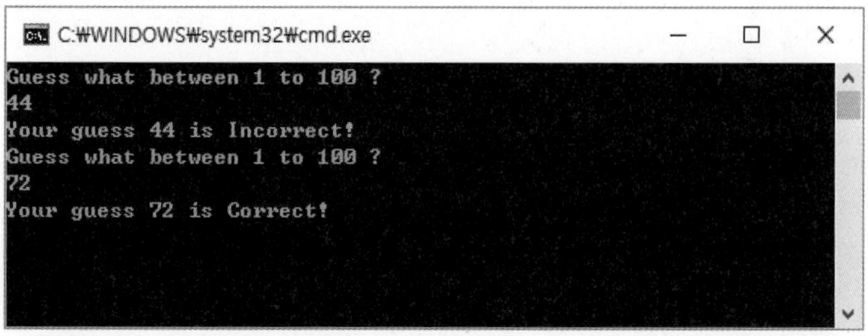

4. 아래는 콘솔 실행 화면이다. 스무 고개 게임을 위해서 숫자를 입력하고 엔터 키를 눌러보자.

```
C:\WINDOWS\system32\cmd.exe
Guess what between 1 to 100 ?
44
Your guess 44 is Incorrect!
Guess what between 1 to 100 ?
72
Your guess 72 is Correct!
```

5. 콘솔 프로그램이 끝나면 하단의 그래픽 화면도 같이 출력되지만 아직은 이 그래픽 화면에는 출력 내용이 없다.

3.2.5 오픈프레임웍스 그래픽 모드 프로그램 제작

이제 부터는 C 언어에 대한 설명이 아니고 오픈프레임웍스에 대한 설명이다.

오래 기다리셨다. 이제야 비로소 그래픽 출력을 시작한다. 화면에 도형 몇 개를 그려볼 것이다. 이를 위해서 먼저 그래픽 화면의 좌표에 대한 설명을 하자.

(1) 좌표계

openFrameworks에서 사용하는 좌표계는 아래 그림과 같다. 화면의 왼쪽 상단이 기준점(원점)이다. 좌표값은 0에서 시작한다. 즉, 출력 화면의 왼쪽 상단이 원점으로써 좌표가 [0, 0]이 된다. 가로가 x, 세로 방향이 y 축이다. 즉 [320, 240] 크기의 윈도우인 경우는 [0, 0]에서 시작해서 가로 세로가 각각 [319, 239] 까지이다.

'좌표계'라는 것은 별 것 아니다. 화면의 픽셀을 번호를 매기는데, 어디를 원점으로 할지, 어디를 x방향으로 그리고 어디를 y 방향으로 할지를 정하는 것이다.

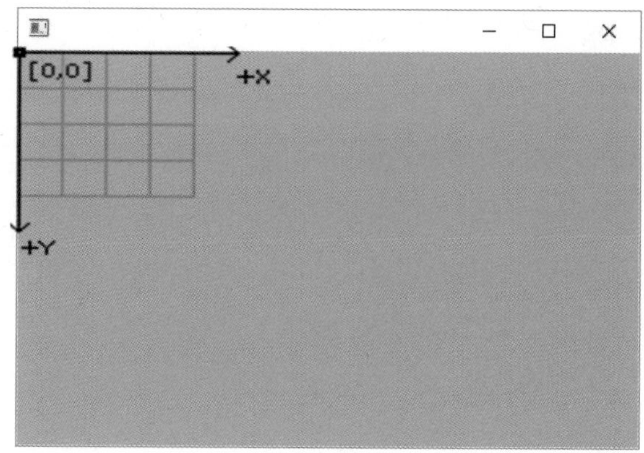

openFrameworks를 이용한 기본적인 프로젝트 설정 작업을 마치면, 솔루션 탐색기에서 아래의 3개의 파일을 확인할 수 있다.

- main.cpp
- ofApp.cpp
- ofApp.h

(2) main.cpp

main.cpp는 아래와 같다. 우리 교재에서는 변경할 필요가 없기 때문에 main.cpp 파일이 있구나… 정도로만 알고 넘어가자.

```
#include "ofMain.h"
#include "ofApp.h"

//========================================================================
int main( ){
    ofSetupOpenGL(1024,768,OF_WINDOW);// <---- setup the GL context
    ofRunApp(new ofApp());
}
```

#include 문에 <> 대신 ""를 사용하였다. C에서 제공하는 공식 라이브러리가 아니라, 자신이 만들어서 사용하는 헤더 파일을 사용하는 경우는 ""를 사용한다.

(3) ofApp.cpp

ofApp.cpp 파일의 setup( )과 draw( ) 함수를 아래와 같이 수정해보자. update( ) 함수는 수정하지 않는다.

```
#include "ofApp.h"

//--------------------------------------------------------------
voidofApp::setup(){
	ofSetWindowTitle("Sample Program #1");

	ofSetWindowShape(1024, 768);

	ofSetFrameRate(60);

	ofBackground(ofColor::white);

	ofSetColor(ofColor::black);

	ofSetLineWidth(1.0);

}

//--------------------------------------------------------------
voidofApp::update(){

}

//--------------------------------------------------------------
voidofApp::draw(){
	// a straight line from (x1,y1) to (x2,y2)
	ofLine(0, 0, 700, 700);

	// a circle with center at(x, y) and radius r
	ofCircle(100, 100, 100);
```

- ofSetWindowTitle("Sample Program #1"); : 화면에 보이는 프로그램의 이름을 정한다. 실행 화면의 상단 타이틀 바에 출력되는 제목이다. openFrameworks에서 제공되는 함수나 변수들은 첫 글자가 of로 시작한다. openFrameworks의 첫 글자이다.
- ofSetWindowShape(1024, 768); : 출력창의 크기를 설정한다. 가로×세로가 1024×768인 윈도우를 의미한다. 단위는 픽셀이다.
- ofSetFrameRate(60); : 화면 업데이트 속도. 숫자가 작으면 화면이 천천히 업데이트된다.
- ofBackground(ofColor::white); : 화면의 배경색을 흰색으로 설정. ofColor::white에서 :: 이라는 심볼은 C++에서 사용하는 심볼이다. ofColor라는 "클래스"에서 색깔들을 정의해두었기 때문에 색깔을 지정할 때 이와 같이 사용하면 된다. "클래스"란 C++ 언어와 같은 객체 지향 프로그래밍에서 프로그래밍을 하는 단위이다.
- ofSetColor(ofColor::black); : 화면에 그려질 도형들의 색깔을 검은색으로 설정. 이후에 다시 색깔을 바꾸기 전까지는 계속 이 색깔로 그려진다.
- ofSetLineWidth(1.0); : 도형을 그릴 때 선의 굵기. 숫자가 클수록 두꺼워진다.
- voidofApp::update(){ : 지금은 update( ) 함수에서 하는 일이 없어서 빈 함수로 남겨둔다.
- voidofApp::draw(){ : 이 부분이 추가되는 내용이다. draw( ) 함수에서 몇 개의 도형을 그린다. 각 도형의 종류와 파라미터의 의미는 주석을 참고하자.

```
        // a rectangle with top-left corner(x,y), width w, height h
        ofRect(500, 100, 200, 200);

        //a triangle with vertices (x1,y1),(x2,y2),(x3,y3)
        ofTriangle(300, 400, 200, 600, 50, 600);
}

//--------------------------------------------------------------
void ofApp::keyPressed(int key){
}

//--------------------------------------------------------------
void ofApp::keyReleased(int key){
}

//--------------------------------------------------------------
void ofApp::mouseMoved(int x, int y ){
}

//--------------------------------------------------------------
void ofApp::mouseDragged(int x, int y, int button){
}

//--------------------------------------------------------------
void ofApp::mousePressed(int x, int y, int button){
}

//--------------------------------------------------------------
void ofApp::mouseReleased(int x, int y, int button){
}

//--------------------------------------------------------------
void ofApp::mouseEntered(int x, int y){
}

//--------------------------------------------------------------
void ofApp::mouseExited(int x, int y){
}

//--------------------------------------------------------------
void ofApp::windowResized(int w, int h){
}

//--------------------------------------------------------------
void ofApp::gotMessage(ofMessage msg){
}

//--------------------------------------------------------------
void ofApp::dragEvent(ofDragInfo dragInfo){
}
```

아래에 있는 많은 함수들은 대부분 마우스와 키보드를 이용한 인터랙션 작업에서 사용되는 함수들이다. 키보드와 마우스를 이용한 다양한 이벤트를 처리할 때 사용하는 함수들인데, 대략적인 함수의 이름만 한번씩 보고 넘어가자. 본 교재에서는 거의 사용하지 않는다.

(4) ofApp.h

본 교재에서는 ofApp.h 파일도 변경할 필요가 없다. 아래 그림처럼 ofApp.cpp 파일에서 사용하는 함수들이 선언되어 있다.

```
#pragma once

#include "ofMain.h"

class ofApp : public ofBaseApp{

    public:
        void setup();
        void update();
        void draw();

        void keyPressed(int key);
        void keyReleased(int key);
        void mouseMoved(int x, int y );
        void mouseDragged(int x, int y, int button);
        void mousePressed(int x, int y, int button);
        void mouseReleased(int x, int y, int button);
        void mouseEntered(int x, int y);
        void mouseExited(int x, int y);
        void windowResized(int w, int h);
        void dragEvent(ofDragInfo dragInfo);
        void gotMessage(ofMessage msg);
};
```

객체 지향 프로그래밍에서 상속(inheritance)에 해당한다. ofApp class는 ofBaseApp class를 상속한다. 지금은 C++를 배우지 않은 상황이라서 이해하기 쉽지 않을 것이다.

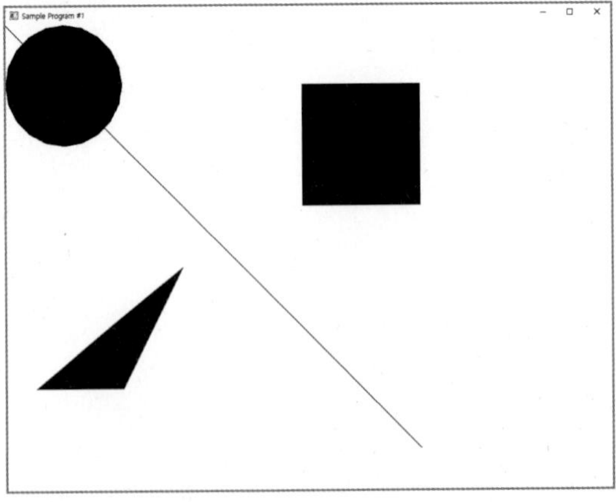

〈실행 결과〉

(5) 오픈프레임웍스 관련 정보

오픈프레임웍스를 사용하면서 필요한 정보는 각자 아래의 사이트들에서 찾아보자.

- openFrameworks 전반에 걸친 자세한 설명과 객체 지향 프로그래밍(Object-Oriented Programming: OOP)의 개념을 예제로 설명하는 페이지

  http://openframeworks.cc/learning/#ofBook
- openFrameworks 한국어 사이트

  http://openframeworks.kr/
- openFrameworks 라이브러리의 클래스 계층도

  http://ofxfenster.undef.ch/doc/classofBaseApp.html
- openFrameworks와 관련된 워크샵 관련 자료

  https://sites.google.com/site/openframeworks07/
- 게임 제작과 관련된 정보가 많은 사이트:

  http://codeliberation.github.io/CLF-slides/

3.3 파일 분할 및 헤더 파일 구성 방법 #1

어느 정도 기능을 가진 프로그램을 작성하다 보면, 금방 100줄 이상의 프로그램이 완성된다. 그런데 이렇게 프로그램이 길어지면 프로그램 작성 중에 코딩 화면을 아래 위로 스크롤하는 일이 많아져서 코딩이 힘들어 진다.

앞으로 C 언어를 더 깊이 배우고, 수 백, 수 천 줄의 프로그램을 작성하게 되면 파일을 여러 개로 나누어서 프로그래밍을 해야 한다. 이러한 상황에서 파일을 분할하여 코딩하고 컴파일하는, 일명 '분할 컴파일'에 대해서 알아보자.

앞으로 소개될 자료 구조 설명에서는 파일 분할 개념을 많이 사용할 것이다. 따라서 이 부분을 정확히 이해해야 한다.

Visual Studio에서 소스 파일을 여러 개로 나누어서 코딩하려면 '솔루션 탐색기'에서 파일로 추가하면 된다. 이제 부터는 헤더 파일(*.h)과 소스 파일(*.c) 파일로 분리해서 코딩한다. 그리고 해당 자료 구조를 테스트하는 파일은 별도의 C 파일로 구현한다.

헤더 파일과 소스 파일로 구분해서 코딩할 때, 헤더 파일에는 일반적으로 아래의 내용을 기입한다.

중요한 내용이다. 정확히 이해하자.

- #define 키워드를 이용한 각종 매크로
- 구조체 형식의 정의(구조체의 변수가 아니라 구조체의 정의를 말한다)
- 소스 파일에서 작성한 '함수 선언(function declaration)'

함수의 정의(function definition)는 *.c 인 소스 파일에 작성한다.

3.3.1 오픈프레임웍스 공 움직이기

예제 코드: BreakOut1

교재와 함께 제공되는 소스 코드 목록 파일을 참고하자.

오픈프레임웍스를 이용한 실전 프로그램 첫번째다. 이 교재에서 자료 구조를 조금씩 배워가면서 중간 중간에 게임을 만들어볼 것이다. 그 첫번째 게임은 '벽돌 깨기 게임'이다. 그 첫번째 단계로 화면 상에서 공을 움직여 보자. 공이 2차원 화면 상에서 벽에 반사되면서 움직이는 프로그램이다. 여기서는 다양한 화면에 그림 그리는 방법을 배운다.

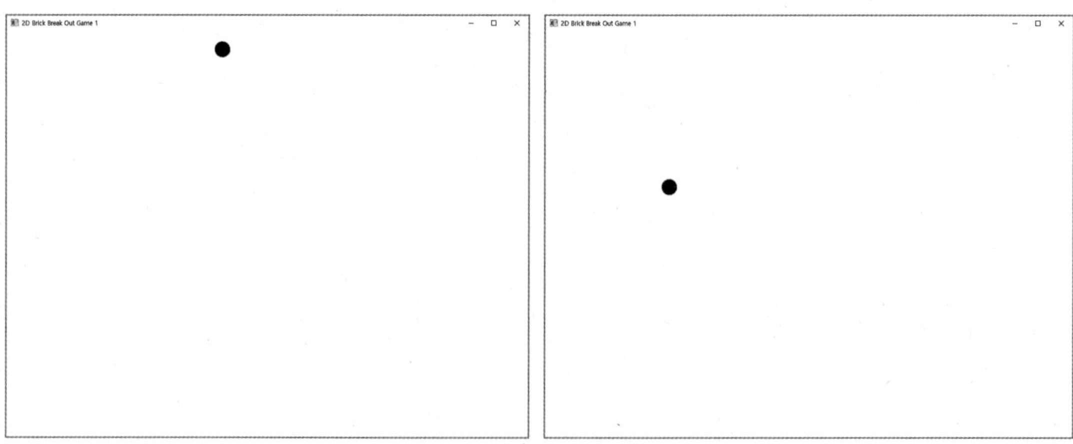

이 프로그램은 총 5개의 파일로 구성된다(이 중에서 2개의 파일은 새로 생성, 1개의 파일은 수정 필요).

파일	설명
breakOut.h	매크로와 함수의 선언
breakOut.c	공의 움직임과 경계에서의 반사 등을 위한 함수 정의
ofApp.cpp	breakOut.c에서 정의된 함수 호출 코드 추가 필요
ofApp.h	수정 필요 없음
main.cpp	

아래의 절차를 따라서 구현해보자.

1. 오픈프레임웍스를 본격 사용해보기 위해서 벽돌 깨기 게임을 만들어 보자. 프로그램 작성을 위해서, 새로운 프로젝트를 "오픈프레임웍스"를 사용해서 만든다.

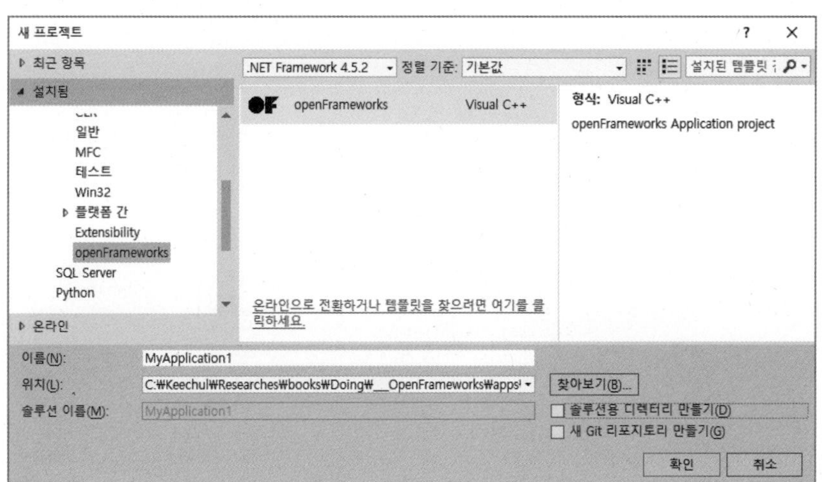

2. 아래와 같이 소스 파일(*.c) 1개와 헤더 파일(*.h) 1개를 추가하자. 소스 파일은 확장자를 *.c로 헤더 파일은 확장자를 *.h로 해야한다.

- **헤더 파일**: breakOut.h
- **소스 파일**: breakOut.c

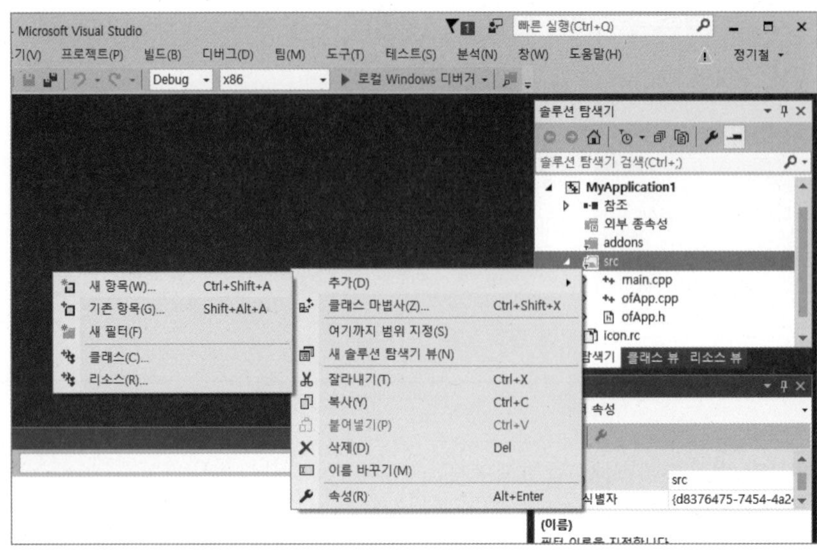

⚠ 주의

*** 중요하다. 오픈프레임웍스를 이용할 때는, 소스 파일이나 헤더 파일을 생성할 때는, 프로젝트가 저당된 폴더의 하위 폴더인 [src] 폴더에 저당하는 것을 잊지 말자***

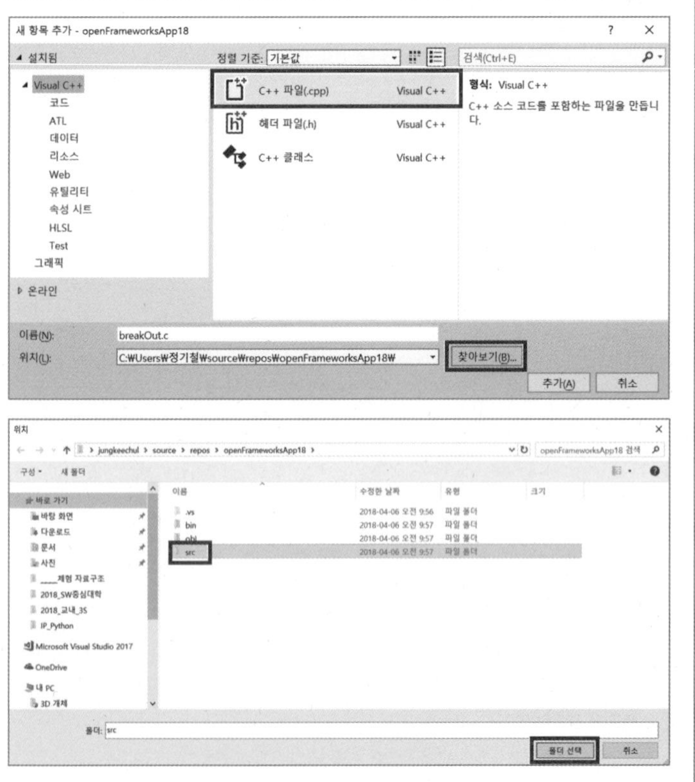

3. 아래와 같이 파일을 작성하자. 다음은 헤더 파일 breakOut.h 이다.

```
#ifndef _BREAKOUT_H
#define _BREAKOUT_H
#define BALLRADIUS 15 // 볼의 지름

// 벽돌 깨기 게임을 위한 공의 위치와 움직이는 방향,
   공의 속도를 가지는 구조체
typedef struct {
    int ballX, ballY;
    int ballDirX, ballDirY;
    int ballSpeed;
} Brick;

// 함수의 선언들(declarations)
void initGame();
void moveBall();
void drawBall();
void bounceBall();
#endif
```

헤더 파일을 사용할 때 헤더 파일의 처음의 2줄과 끝의 1줄은 헤더 파일이 중복 포함(include)되지 않게 하는 기능이다.

첫줄의 #ifndef와 마지막 줄의 #endif가 쌍을 이룬다.

즉, 이 헤더 파일을 여러 소스 파일에서 include하는 경우 중복 삽입 되지 않도록 하는 기능이다.

보다 자세한 설명은 ifndef라는 전처리 지시자를 각자 찾아보자.

<breakOut.h>

4. 다음은 벽돌 깨기 게임의 메인 파일 breakOut.c이다.

```
#include "ofApp.h"
#include "breakOut.h" // 헤더 파일 포함

Brick game; // 게임을 위한 변수

// 게임의 초기화
// 공의 초기 위치를 화면의 중앙으로 설정
// 공의 속도를 X, Y축을 동일한 속도로 설정
void initGame() {
    game.ballX = ofGetWidth() / 2;
    game.ballY = ofGetHeight() / 2;
    game.ballDirX = game.ballDirY = game.ballSpeed = 10;
}

// 매 프레임마다 공을 움직임
// 공의 X, Y 좌표에 공의 움직임 량을 더해 줌
// bounceBall( ) 함수를 호출함으로써 공이 경계에서 반사되게 함.
void moveBall() {
    game.ballX += game.ballDirX;
    game.ballY += game.ballDirY;
```

ofGetWidth( ) 함수는 실행창(window)의 폭의 픽셀을 반환하는 오픈프레임웍스 함수

ofGetHeight( ) 함수는 실행창(window)의 높이의 픽셀을 반환하는 오픈프레임웍스 함수

```
    bounceBall();
}

// 공의 좌표가 X, Y 축 각각 좌우 또는 상하 경계에 부딪히면 공의 움직이는 방향에
// -1을 곱해서 방향을 바꿈
void bounceBall() {
    if (game.ballX < BALLRADIUS || game.ballX > ofGetWidth() - BALLRADIUS) game.ballDirX *= -1;
    if (game.ballY < BALLRADIUS || game.ballY > ofGetHeight() - BALLRADIUS) game.ballDirY *= -1;
}

//현재 공의 위치에 검은색 공을 그려 줌
void drawBall() {
    ofFill();
    ofSetColor(ofColor::black);
    ofCircle(game.ballX, game.ballY, BALLRADIUS);
}
```

<breakOut.c>

다음은 ofApp.cpp 파일의 수정 사항이다. 이 부분은 오픈프레임웍스를 시작하면 자동으로 생성되는 파일이다. 적절한 함수 부분을 수정하자. 추가되는 함수 호출 부분을 음영으로 표시하였다.

```
#include "ofApp.h"
#include "breakOut.h"

void ofApp::setup() {
    ofSetWindowTitle("2D Brick Break Out Game 1");
    ofSetWindowShape(1024, 768);
    ofSetFrameRate(40);
    ofBackground(ofColor::white);
    ofSetColor(ofColor::black);
    ofSetLineWidth(1);
    ofFill();

    initGame();
}

//--------------------------------------------------------------
void ofApp::update() {
    moveBall();
}

//--------------------------------------------------------------
void ofApp::draw() {
    drawBall();
}
```

이 부분은 앞에서 간략하게 설명했던 부분인데, 기본적인 실행 창의 크기, 선의 색상 등을 설정하는 부분이다.

<ofApp.cpp>

3.3.2 오픈프레임웍스 라켓으로 공 반사하기

예제 코드: BreakOut2

앞의 코드를 수정해서 화면 하단에 라켓을 만들고 이 라켓으로 공을 반사시켜보자. 수정 사항이 많지 않다. 전체적인 프로그램의 구조를 이해하면서 수정해보자. 여기서는 마우스 조작 방법을 배운다.

앞의 프로그램에서 수정된 부분은 코드에 음영으로 표시하였다.

```
#ifndef _BREAKOUT_H
#define _BREAKOUT_H

#define BALLRADIUS 15

// 벽돌 깨기 게임을 위한 공의 위치와 움직이는 방향, 공의 속도를 가지는 구조체
// 라켓을 위한 변수 추가(라켓의 X,Y 위치, 라켓의 폭)
typedef struct {
      int ballX, ballY;
      int ballDirX, ballDirY;
      int ballSpeed;
      int padX, padY, padWidth;
} Brick;

// 함수의 선언들
void initGame();
void moveBall();
void drawBall();
void bounceBall();
```

음영으로 표시된 부분이 추가되는 내용이다.

```
void movePad();
void drawPad();

#endif
```

<breakOut.h> brick.c 파일의 헤더 파일

```
#include "ofApp.h"
#include "breakOut.h"

Brick game;

// 라켓의 위치 및 크기 초기화 코드 추가
void initGame() {
     game.ballX = ofGetWidth() / 2;
     game.ballY = ofGetHeight() / 2;
     game.ballDirX = game.ballDirY = game.ballSpeed;

     game.padX = ofGetWidth() / 2;
     game.padY = ofGetHeight() - 50;
     game.padWidth = 400;
}

// 라켓을 움직이는 함수
// ofGetMouseX( ) 함수는 오픈프레임웍스에서 제공하는 마우스의 X 좌표를 반환하는 함수
void movePad() {
     game.padX = ofGetMouseX();
}

// ofLine( ) 함수는 선분을 그려주는 함수
void drawPad() {
     ofFill();
     ofSetColor(ofColor::black);
     ofLine(game.padX-game.padWidth/2, game.padY, game.padX+game.padWidth/2, game.padY);
}

void moveBall() {
     game.ballX += game.ballDirX;
     game.ballY += game.ballDirY;
     bounceBall();
}

void drawBall() {
     ofFill();
     ofSetColor(ofColor::black);
```

```
    ofCircle(game.ballX, game.ballY, BALLRADIUS);
}

void bounceBall() {
    if (game.ballX < BALLRADIUS || game.ballX > ofGetWidth() - BALLRADIUS) game.ballDirX *= -1;
    if (game.ballY < BALLRADIUS) game.ballDirY *= -1;

    // 아래 부분이 공이 라켓에 충돌하는지를 체크하는 부분으로 추가되는 부분
    if (game.ballY > ofGetHeight() - BALLRADIUS) game.ballDirY *= -1;
    else  if (game.ballY > game.padY - BALLRADIUS &&
            game.ballX>=game.padX-game.padWidth/2 &&
            game.ballX<=game.padX+game.padWidth/2)  {
            game.ballDirY *= -1;
    }
}
```

<breakOut.c>

아래는 ofApp.cpp 파일의 수정된 함수 두 곳만 표시하였다. update( ) 함수와 draw( ) 함수 내부에 마우스 움직임에 반응하는 pad를 움직이고 그려주는 작업만 추가하면 된다.

```
…
…
//--------------------------------------------------------------
void ofApp::update() {
    moveBall();
    movePad();
}

//--------------------------------------------------------------
void ofApp::draw() {
    drawBall();
    drawPad();
}
…
…
```

<ofApp.cpp>

참고

C 언어는 익숙하지만 C++ 언어에 익숙하지 않은 사람은, 오픈프레임웍스를 사용하기 위해서 아래의 페이지를 참고하자. 간단하게 C++ 언어를 이용한 객체 지향 프로그래밍(Object Oriented Programming: OOP)에 대한 설명이다.

http://openframeworks.cc/ofBook/chapters/OOPs!.html

3.3.3 오픈프레임웍스 big-O 그래프로 비교해보기

2장에서 알고리즘의 효율성을 논하면서 다양한 복잡도 함수에 대한 이야기를 했었다. 이를 그림으로 한번 그려보자. 아래와 같이 새로운 openFrameworks 프로젝트를 생성하고, 아래와 같이 ofApp.cpp 파일을 수정하자.

```
#include "ofApp.h"
#include "math.h"   // log( ) 함수를 사용하기 위한 헤더 파일.

//--------------------------------------------------------------
void ofApp::setup(){
        ofSetWindowTitle("Algorithm Complexity Comparison");
        ofSetWindowShape(1024, 768);
        ofSetFrameRate(40);
        ofBackground(ofColor::white);
        ofSetColor(ofColor::black);
        ofSetLineWidth(1);
}

//--------------------------------------------------------------
void ofApp::update(){

}

//--------------------------------------------------------------
void ofApp::draw(){
        for (float n = 0; n < ofGetWidth(); n+=0.01) {
            ofSetColor(ofColor::green);
            ofCircle(n, ofGetHeight()- log(n), 1); // log(n)

            ofSetColor(ofColor::darkGreen);
            ofCircle(n, ofGetHeight()- n, 1); // (n)
```

```
            ofSetColor(ofColor::blue);
            ofCircle(n, ofGetHeight() - n*log(n), 1); //n * log(n)

            ofSetColor(ofColor::red);
            ofCircle(n, ofGetHeight() - n*n, 1); // n * n

            ofSetColor(ofColor::black);
            ofCircle(n, ofGetHeight() - n*n*n, 1); // n * n * n
        }
}
…
…
```

<ofApp.cpp>

위의 프로그램의 출력 결과는 아래와 같다. 총 5개의 그래프가 각각의 복잡도에 따라 엄청 난 차이를 보임을 확인할 수 있다. 색깔 별로 어떤 함수인지 유추할 수 있을 것이다.(본 교재는 2도라서 색깔 구분이 힘들다. 모니터의 출력 결과를 확인하자)

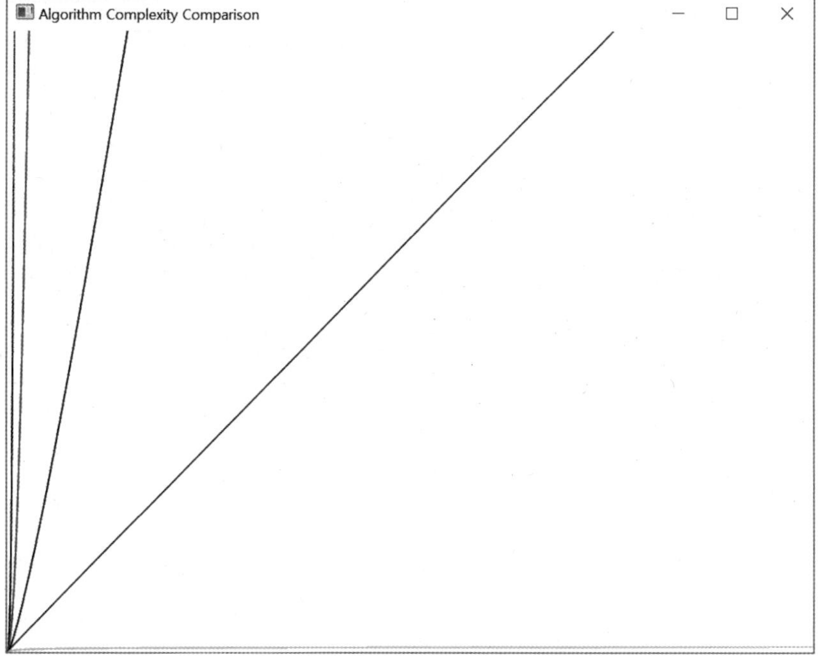

3.4 헤더 파일에 적는 내용 #2

C 언어를 배웠다고 하더라도, 상당히 길이가 긴 프로그램이 아니었다면 파일을 분할하거나 헤더 파일을 사용해본 경험이 많지 않을 것이다. 그러나 자료 구조에서는 이 사항은 필수적이다.

아래에서 헤더 파일을 어떻게 사용하면 되는지 자세히 알아보자.

3.4.1 헤더 파일(간단한 경우)

아래와 같이 소스 파일(*.c) 2개와 헤더 파일(*.h) 1개를 생성하자.

- main.c
- arithmetic.c
- arithmetic.h

작성할 3개의 파일 내용은 아래와 같다. 3개의 파일 각각의 역할과 서로 간의 관계에 대해서 생각하면서 파일 내용을 살펴보자. 아래와 같이 3개의 파일을 작성하고 컴파일/실행하면 된다.

```
#ifndef _ARITHMETIC_H
#define _ARITHMETIC_H

int plus(int x, int y);
int minus(int x, int y);

#endif
```

앞에서도 설명했지만, 이 부분은 C 언어의 전처리 지시자 중 조건부 컴파일에 관련된 것이다. 함수의 선언이 프로그램 전체에 중복 삽입되지 않도록 하는 기능이다.

<arithmetic.h> arithmetic.c 의 헤더 파일. 헤더 파일에는 arthmetic.c에 정의된 '함수 선언'을 적는다.

```
#include "arithmetic.h" // 헤더 파일 포함

int plus(int x, int y)
{
        return x + y;
}

int minus(int x, int y)
{
        return x - y;
}
```

<arithmetic.h> arithmetic.c 의 소스 파일. 실제로 구현된 함수를 정의한다.

```
#include "arithmetic.h"
#include <stdio.h>

int main()
{
        int a = 10;
        int b = 20;

        printf("%d + %d = %d\n", a, b, plus(a, b));
        printf("%d - %d = %d\n, a, b, minus(a,b));

        return 0;
}
```

arithmetic.h 헤더 파일을 include 한다.

<test.c> 실제로 정의된 함수들을 사용하는 파일

3.4.2 헤더 파일(조금 더 복잡한 경우)

헤더 파일에는 일반적으로 함수 선언(function declaration)과 구조체의 정의 등을 적는다.

다른 예를 살펴보자. 아래는 구조체를 사용하는 경우이다. 이 경우에는 구조체의 정의를 헤더 파일에 넣어둔다.

```
#ifndef _COORDINATE_H
#define _COORDINATE_H

struct point {
        int x;
        int y;
};

void printCoordinate(struct point p);
int isSameCoordinate(struct point p1, struct point p2);

#endif
```

<coordinate.h>

```
#include <stdio.h>
#include "coordinate.h"

void printCoordinate(struct point p) {
        printf("%d,%d"\n, p.x, p.y);
}

int isSameCoordinate(struct point p1, struct point p2) {
        if (p1.x == p2.x && p1.y == p2.y) return 1;
        else return 0;
}
```

<coordinate.c>

```
#include <stdio.h>
#include "coordinate.h"

int main() {
     struct point p1, p2;

     p1.x = 10;
     p1.y = 10;
     p2.x = 10;
     p2.y = 20;

     printCoordinate(p1);
     printCoordinate(p2);

     if (isSameCoordinate(p1, p2)) printf("Same\n");
     else printf("Different\n");

     return 0;
}
```

<test.c>

이제 다른 파일에서 선언된 전역 변수를 사용하려면 어떻게 하면 되는지 알아보자.

```
#ifndef _COORDINATE_H
#define _COORDINATE_H

struct point {
       int x;
       int y;
};

extern struct point center;

void printCoordinate(struct point p);
int isSameCoordinate(struct point p1, struct point p2);

#endif
```

추가된 부분이다. extern으로 선언된 변수는 다른 파일에서 전역 변수로 선언된 변수를 사용할 수 있게 해준다.

<coordinate.h>

```
#include <stdio.h>
#include "coordinate.h"

struct point center = { 10, 10 };

void printCoordinate(struct point p) {
    printf("[%d] [%d]\n", p.x, p.y);
}

int isSameCoordinate(struct point p1, struct point p2) {
        if (p1.x == p2.x && p1.y == p2.y) return 1;
        else return 0;
}
```

center 변수는 coordinate.c 파일에 선언된 전역 변수이다. 이 전역 변수를 다른 파일에서 사용할 수 있도록 하기 위해서, 헤더 파일에 extern으로 선언 해야한다.

여기서 궁금함이 생기는 독자가 있을지 모르겠다.

coordinate.c 파일에는 변수 center의 정의(definition)와 선언(declaration)이 모두 들어가 있는 셈이된다.

coordinate.h 헤더 파일에 변수 center의 선언(declaration)이 있기 때문이다.

C 언어에서 변수나 함수의 정의는 한번만 있어야 하지만, 선언은 여러 번 있어도 문제없다.

<coordinate.c>

```
#include <stdio.h>
#include "coordinate.h"

int main() {
        struct point p1;

        p1.x = 10;
        p1.y = 20;

        printCoordinate(p1);
        printCoordinate(center);

        if (isSameCoordinate(p1, center)) printf("Same\n");
        else printf("Different\n");

        return 0;
}
```

다른 파일에서 선언된 전역 변수를 사용할 수 있다.

```
[10] [20]
[10] [10]
Different
```

<test.c>

PART II

자료 구조 기초(선형 자료 구조)

'선형'이라는 말은 '1줄로 쭉 늘어선'이라는 의미다. 이러한 선형 자료는 일렬로 나열된 숫자, 카드 등 우리 일상 생활에서 아주 많은 사용 예를 찾아볼 수 있다. 따라서 자료 구조에서도 가장 많이 사용되는 형식이다.

선형(linear) 자료 구조는 이 책의 1/3 정도의 분량이며, 자료 구조 중에서 간단하면서도 많이 활용되는 자료 구조다. 잘 익혀두자.

선형 자료 구조는 자료 구조의 가장 기본이다. 여기서는 배열(array), 배열 리스트(array list), 연결 리스트(linked list), 스택(stack), 큐(queue), 이렇게 5개의 자료 구조를 배워보자.

1. **배열(array)**: 물리적으로(실제로 기억 장치 속에서) 데이터가 일렬로 붙어 있는 자료 구조

배열은 C 언어에서 기본적으로 제공하는 자료형(data type)이다. 다른 자료 구조들의 이해를 위해서 배열은 가장 기본되는 사항이다.

2. **배열 리스트(array list)**: 리스트(list)는 순서가 있는 항목들의 묶음을 의미한다. 배열 리스트는 배열을 이용하여 항목의 추가, 삭제 등의 연산이 효과적으로 이루어지는 리스트 자료 구조
3. **연결 리스트(linked list)**: 물리적으로는 서로 떨어질 수도 있으며 포인터에 의해서 인접 데이터들이 연결된 자료 구조

화살표를 통해서 하나씩 연결된 구조라고 생각하면 된다.

4. **스택(stack)**: 항목들의 가장 윗 부분에서 항목의 삽입과 삭제가 이루어지는 자료 구조
5. **큐(queue)**: 항목들의 앞에서 삭제가, 항목들의 끝에서 삽입이 이루어지는 자료 구조

CHAPTER 4

배열(ARRAY)

C H A P T E R 4

배열(array)··· 참으로 중요한 자료 구조다. 일반적인 자료 구조 관련 서적에서는 배열을 자료 구조라고 말하지 않는다. 배열은 대부분의 프로그래밍 언어에서 기본적인 자료형으로 제공되고 있기 때문이다.

이 책에서 배열을 굳이 자료 구조라고 하는 이유는, 향후에 소개될 많은 다른 자료 구조들을 구현하는 가장 기본이기 때문이다. 그리고, 많은 경우에 배열 만을 이용하더라도 원하는 결과를 얻을 수 있고, 다른 많은 자료 구조들도 배열을 이용해서 구현할 수도 있기 때문이다.

1차원 배열부터 시작할 텐데, 이것은 자료 구조의 가장 첫 부분이면서 가장 간단한 구조이기도 하고, 이 책의 기본적인 집필 구조를 알 수 있는 곳이다. 차근 차근 배워보자.

배열에서는 아래의 순서로 배워보자.

- 1차원 배열
- 2차원 배열
- 3차원 이상의 고차원 배열
- 구조체 배열
- 희소(稀少, sparse) 행렬
- 파일 입출력을 통한 실전 문제

4.1 1차원 배열

아래의 모양과 같은 경우를 배열이라고 한다. 즉, 정해진 개수의 셀(cell)/항목(item)/원소(element)들이 물리적으로 연속적으로 배치되는 구조다. 배열이란 그 용어 그대로 데이터들을 쭉~ 늘어 놓은(배열한) 구조를 말한다.

> 앞으로 많은 자료 구조가 소개될 것이다. 그러나 지금 소개할 1차원 배열만 잘 알면 만들고자 하는 대부분의 프로그램을 만들 수 있다. 물론 프로그램의 실행 효율성은 조금 떨어질 수 있지만…
>
> 그러나 요즘은 컴퓨터가 아주 빨라서 어지간한 대규모의 데이터를 다루는 경우가 아니라면 별로 속도 차가 느껴지지 않는다.
>
> 또한 최근에는 프로그램의 실행 속도나 필요한 메모리 용량뿐만 아니라, 유지 보수가 쉬운 코드가 더 좋은 코드라고 판단하기 때문이기도 하다.

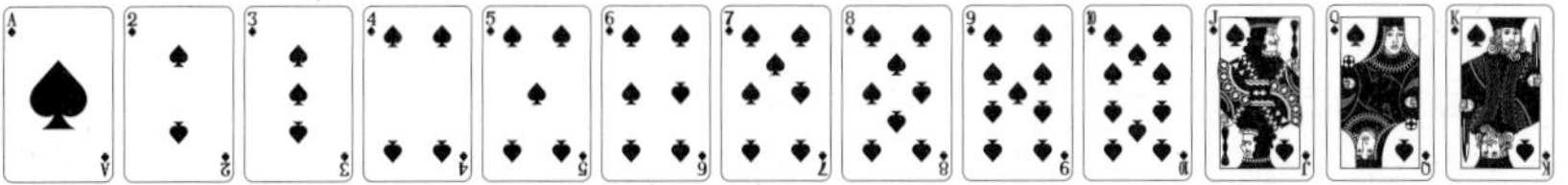

<1차원 배열의 실 생활 예>

4.1.1 1차원 배열 정의

배열이란 하나의 변수로 여러 개의 메모리 방을 사용하는 구조로써, 각 방을 '동일한 이름에 번호를 붙여서' 사용하는 구조를 말한다.

> "한국아파트 101동"이라는 방식이 1차원 배열과 유사하다. 이름을 "한국아파트"라고 하고, 숫자로 각 동을 표현하는 방식이 배열과 닮았다.
>
> "한국아파트 101동 202호"라는 방식은 2차원 배열과 유사하다.

화면의 윗 부분에 있는 벽돌들을 공을 튕겨서 맞히는 '벽돌 깨기 게임'을 생각해보자. 만약 배열이라는 자료 구조를 사용하지 않는다면 '벽돌 깨기 게임'을 만드는 경우에 상단에 있는 10개의 벽돌을 위해서 변수 10개를 각각 선언(declare)해야 한다(예를 들면, brick0, brick1, … , brick8, brick9와 같이). 변수 10개 정도는 인내심을 발휘해서 일일이 선언할 수 있을지라도 100개, 1000개와 같이 더 개수가 많아지면 아주 불편하다.

이런 경우에 배열을 사용할 수 있다. 배열 구조를 C 언어에서는 어떻게 표현하는지 살펴보자. 아래와 같은 10개의 메모리를 모두 brick 이라는 이름으로 사용할 텐데, 각 위치에 따라서 번호를 할당한다. 그러면 앞에서부터 차례로 bricks[0], bricks[1], …, bricks[9] 까지로 변수로써 사용이 가능하다.

> 기억하자! 대부분의 프로그래밍 언어에서는 배열의 방 번호의 시작은 0 부터다.

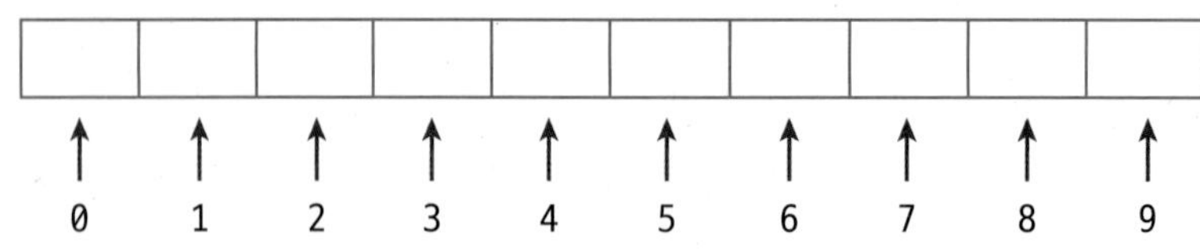

〈bricks 1차원 배열〉

컴퓨터의 주기억장치(main memory)는 주소값만으로 랜덤(random)한 장소를 동일한 시간에 접근할 수 있다. 이런 이유로 컴퓨터의 주기억 장치를 RAM(random access memory)라고 한다. 배열도 동일하다. 배열에서의 인덱스가 주소의 역할을 하는 것이다. 주기억장치는 개념적으로는 1차원 배열인 셈이다.

배열의 장점

배열 구조는 특정 위치의 데이터 항목 접근이 빠르다는 장점이 있다. 예를 들어, 카드 그림에서 2번째 셀의 카드는 '스페이드 3'이라고 바로 찾아갈 수 있는 것처럼, 2번째 벽돌은 bricks[2]이라고 사용해서 배열의 인덱스만으로 바로 찾아갈 수 있다.

C++, Java, Python등의 객체 지향 언어들은 앞으로 배열 뿐만 아니라 소개될 대부분의 자료 구조를 미리 만들어 놓은 자료형(data type)으로 대부분 제공된다. 즉, 이 책에서 소개되는 대부분의 자료 구조는 이미 언어에서 지원되고 있다는 말이다.

아래가 1차원 배열의 ADT다. 배열이라는 자료 구조는 대부분의 고급 언어에서 자체적으로 지원하고 있기 때문에, 사용하기 위해서 별도의 함수들을 만들 필요는 없다. 표의 아래의 'C 언어 사용 예'와 같이 사용만 하면 된다.

배열 ADT

객체 〈인덱스, 원소〉 쌍의 집합

인덱스: 항목의 위치
원소(element): 항목의 값

연산
- 생성: n개의 원소를 가진 배열 생성
- 접근: 배열 A의 i번째 요소 반환
- 수정: 배열 A의 i번째에 item 저장

C 언어 사용 예

- 생성 : int data[n];
- 접근 : data[i]
- 수정 : data[i] = item;

〈1차원 배열 ADT〉

위와 같은 형식은 프로그래밍 언어에서 제공하는 기본적인 문법을 따른 표현이고, 차후에 소개될 다른 자료 구조와 비슷한 형식으로 ADT를 선언해보자.

배열 ADT

객체 **〈인덱스, 원소〉 쌍의 집합**

연산

```
void print()         : 배열의 모든 요소 출력
bool isInList(item) : 배열에 item 이 있으면 그 위치를 반환/ 없으면 -1을 반환
int max()            : 배열의 최대값 반환
int min()            : 배열의 최소값 반환
```

C 언어에서의 배열 변수의 선언은 다음과 같이 한다.

```
int bricks[10];
```

int → 자료형, bricks → 배열 이름, 10 → 배열 크기

배열의 각 항목은 아래와 같이 사용한다. 대괄호 [ ] 사이에 원하는 항목의 위치(인덱스)를 적어주면 된다. 아래는 0번째 항목을 의미한다.

```
brick[ 0 ]
```

4.1.2 1차원 배열 사용

배열을 프로그래밍 언어를 통해서 실제적으로 사용하는 방법을 알아보자.

배열과 반복문은 아주 밀접한 관계가 있어서, 배열을 사용함에 있어서 반복문을 사용하면 아주 편하다. 아래의 for( ) 문은 변수 i를 0에서9까지 1씩 증가시키면서 총 10번 수행하게 된다. 즉, brick[0] 부터 brick[9] 까지 0을 대입한다.

배열과 반복문을 자유 자재로 사용할 수 있다면, 대부분의 프로그램을 작성할 수 있다.

```
for (int i = 0; i < 10; i++) {
    bricks[i] = 0;
}
```

배열에서 자주 사용하는 기능을 정리해보자. 위에서 소개한 1차원 배열의 ADT에서의 함수들이다.

- **출력**: 배열의 모든 항목 출력
- **검색**: 배열에서 원하는 항목의 값 검색. 배열에서 특정 값을 검색해보자. 배열에서의 검색이란 특정 데이터 집합에서 원하는 자료의 유무를 결정하거나 원하는 자료의 위치를 찾는다는 의미이다. 이와 같은 검색 알고리즘은 새로운 데이터를 추가하거나 기존의 데이터를 삭제하기 위해서, 또는 해당하는 데이터가 이미 있는지를 찾아보는 작업 등에서 꼭 필요한 알고리즘이다. 배열에서의 순차 검색 알고리즘은 배열에서 특정한 값을 순차적인 방법으로 찾는 방법을 말한다.
- **최대(최소)값**: 배열의 최대(최소)값 찾기. 배열의 사용법에 적응하기 위해서, 1차원 배열에서 최대값이나 최소값을 찾아보자.

이제 실제 구현된 코드를 볼 순서다. 아래와 같이 3개의 파일로 구성된다. 이 교재에서는 아래와 같이 3개의 파일로 나누어서 모든 자료 구조 구현을 소개하고 있다.

파일	설명
array.h	헤더 파일
array.c	소스 파일
test.c	테스트 파일

```
#ifndef _ARRAY_1D_H
#define _ARRAY_1D_H

#define MAX_SIZE (10) // 현재 배열의 항목 개수

void print(const int data[]); // 배열의 모든 요소 출력
int isInArray(const int data[], int e); // 배열에 item 이 있으면 그 위치를 반환, 없으면 - 1을 반환
int max(const int data[]); // 배열에서의 최대값 반환
int min(const int data[]);// 배열에서의 최소값 반환

#endif
```

배열의 파라미터를 const 형으로 전달하면 함수에게 넘겨주는 배열을 수정하지 않는다는 의미다.

<array.h>

```
/****************************************************************************
' 파일명    : array.c
' 내용      : 배열의 기초적인 사용법 예시
' 제한사항  :
' 오류처리  :
'/****************************************************************************/

#include <stdio.h>
#include "array.h"

/****************************************************************************
' 함수명  : void print(const int data[]) {
' 설명    : 배열의 모든 항목 출력
' 리턴값  : void
' 매개변수: const int data[]
'/****************************************************************************/
void print(const int data[]) {
    // for 문의 초기식에서 변수를 선언하는 것은 C99 표준안 방식이다.
    // 이 변수는 for 문 안에서만 사용할 수 있는 지역 변수다.
    // 본인이 사용하는 컴파일러가 C99 표준안을 지원하는지 살펴봐야한다.
```

```
    for (int i = 0; i < MAX_SIZE; i++) {
        printf("%d ", data[i]);
    }
    printf("\n");
}

/*****************************************************************************
' 함수명  :       int isInArray(const int data[], int e)
' 설명    :       배열에 원하는 항목이 있는지 검색
'                      존재하면 그 인덱스를 반환
'                      존재하지 않으면 -1을 반환
'                      동일한 값이 2개 이상 존재하는 경우에는 처음 1개의 위치를 검색
' 리턴값  :       int
' 매개변수:       const int data[], int e
'/*****************************************************************************/
int isInArray(const int data[], int e){
    for (int i = 0; i < MAX_SIZE; i++) {
        if (data[i] == e) return i;
    }
    return -1;
}

/*****************************************************************************
' 함수명  :       int max(const int data[])
' 설명    :       배열에서 최대값을 반환한다.
' 리턴값  :       int
' 매개변수:       const int data[]
'/*****************************************************************************/
int max(const int data[]) {
    int max = data[0]; // 0번째 항목을 현재의 최대값이라고 하고…

    // 1번째 항목부터 마지막 항목까지 순차적으로 현재의 최대값과 대소를 비교한다.
    for (int i = 1; i<MAX_SIZE; i++) {
        if (data[i] > max) { //새로운 최대값이면 max 값을 변경한다.
                max = data[i];
        }
    }
    return max;
}

/*****************************************************************************
' 함수명  :       int min(const int data[])
' 설명    :       배열에서 최소값을 반환한다.
' 리턴값  :       int
' 매개변수:       const int data[]
'/*****************************************************************************/
int min(const int data[]) {

    // not implemented

}
```

<array.c>

```
#include <stdio.h>
#include "array.h"

int main() {
     int data[10] = { 23, 42, 52, 12, 5, 19, 100, 33, 54, 2 };

     print(data);

     printf("%d\n", isInArray(data, 12));

     printf("%d\n", isInArray(data, 11)); ---- 값 11은 배열에 존재하지 않는다. 그래서 -1을 반환

     printf("Max: %d\n", max(data));
}
```

```
23 42 52 12 5 19 100 33 54 2
3
-1
Max: 100
```

<test.c>

실습문제

1. 10칸 크기의 정수형 1차원 배열에 임의의 숫자들을 저장하고, 아래를 각각 수행하는 코드를 작성해 보자. 가능하면 모든 기능을 별도의 함수로 구현하자.

- 배열에 저장된 원소들을 '역 순으로' 화면에 출력한다.
- 교재의 최대값 검색하는 코드를 수정해서 최소값을 검색하도록 수정해보자. 또한 최소값과 최대값을 모두 찾는 코드로 수정해보자. C 언어에서는 2개 이상의 값을 반환하기 위해서는 구조체를 쓰면 편하다.
- 배열의 원소들의 평균을 출력한다.
- 배열의 원소들 중 평균보다 큰 값들 만을 출력한다.
- 분산(variance)을 출력한다.

2. 배열 검색에서 동일한 값이 2개 이상 있는 경우에 값을 검색하려면 아래와 같이 2가지 선택이 있을 수 있다. 각각 구현해보자.

- 첫번째 검색되는 항목 1개만 출력(교재에서 구현된 방법이다).
- 모든 대상을 모두 출력(모든 대상을 출력하려면 함수의 반환값으로 넘겨받기는 힘들다. 검색 함수에서 바로 출력하도록 수정해보자).

3. 아래의 프로그램을 순서대로 작성하시오. 아래는 순서대로 조금씩 일반화 시킨 프로그램을 작성하는 문제다.

- 정수형 배열에서 가장 큰 값을 출력하는 함수를 작성하시오.
- 정수형 배열에서 3개의 가장 큰 값을 출력하는 함수를 작성하시오. 즉, [1, 23, 12, 9, 30, 2, 50] 배열에서 50, 30, 23을 출력해야한다.
- 정수형 배열에서 K개의 가장 큰 값을 출력하는 함수를 작성하시오. 즉, [1, 23, 12, 9, 30, 2, 50] 배열에서 K가 4일 경우, 50, 30, 23, 12를 출력해야한다.

4.1.3 오픈프레임웍스 1차원 배열의 응용: 돗수 분포표/돗수 분포 그래프

이 문제는 2장에서 다루었던 문제다. 1차원 배열의 크기가 100인 배열을 만들고, 모든 배열 원소들의 값을 0에서 99사이의 숫자(정수)로 랜덤(random)하게 초기화한 후, 이를 바탕으로 돗수 분포 표와 돗수 분포 그래프를 그려보자.

돗수 분포표: 주어진 자료를 몇 개의 구간으로 나누고 각 구간에 속하는 자료의 개수를 나타낸 표

각 돗수의 범위는 10으로 한다. 즉 0에서 9까지의 값은 몇 개, 10에서 19까지의 값은 몇 개, 이런 식으로 각 구간들에 속한 값의 개수를 구하는 문제다. 2장의 코드에서 조금 수정하였다.

```
#include <stdio.h>
#include <stdlib.h>
#include <time.h>

#define NO 100

int samples[NO];
int graph[10];

int main() {
    srand((unsigned)time(NULL));

    for (int i = 0; i<10; i++) {
        graph[i] = 0;
    }

    for (int i = 0; i<NO; i++) {
        samples[i] = rand() % NO;
    }

    for (int i = 0; i<NO; i++) {
        graph[samples[i] / 10]++;
    }

    for (int i = 0; i<10; i++) {
        printf("%d ", graph[i]);
    }
    return 0;
}
```

- `#include <stdlib.h>`: 랜덤 함수 rand( )를 사용하기 위한 헤더 파일은 stdlib.h이다.
- `#include <time.h>`: time( ) 함수를 사용하기 위한 헤더 파일. time( ) 함수는 시간을 알려주는 함수로써, 이 코드에서는 랜덤 함수의 초기값을 설정하는 용도로 사용한다.
- `srand((unsigned)time(NULL));`: rand( ) 함수는 실행할 때마다 동일한 패턴의 난수를 발생시킨다. 이를 해결하기 위해서는 난수를 생성하는 초기값(seed)을 바꾸어야하는데, 이 함수가 srand( )이다. srand( ) 함수의 파라미터로 일반적으로는 컴퓨터의 현재 시간을 사용한다. 이때 사용하는 함수가 time( )이다.
- 첫 번째 `for (int i = 0; i<10; i++)`: 돗수분포를 저장할 배열인 graph[ ] 배열을 0으로 초기화.
- `for (int i = 0; i<NO; i++) { samples[i] = rand() % NO; }`: 랜덤하게 샘플을 초기화. rand( ) 값을 100으로 나눈 나머지를 사용하기 때문에, 배열에 대입되는 수는 0에서 99까지의 숫자이다.
- `for (int i = 0; i<NO; i++) { graph[samples[i] / 10]++; }`: 돗수 구간의 크기가 10이라는 것에 착안하여 sample[ ] 값을 10으로 나눈 몫을 graph[ ] 의 인덱스로 사용하였다.

위의 돗수 분포표를 오픈프레임웍스를 이용해서 돗수 분포 그래프를 그려보자. 이 예제를 오픈프레임웍스에 적응하는 기회로 삼자. 앞에서 구현했던 돗수 분포 그래프를 아래와 같이 막대 그래프로 그리려고 하는 것이다.

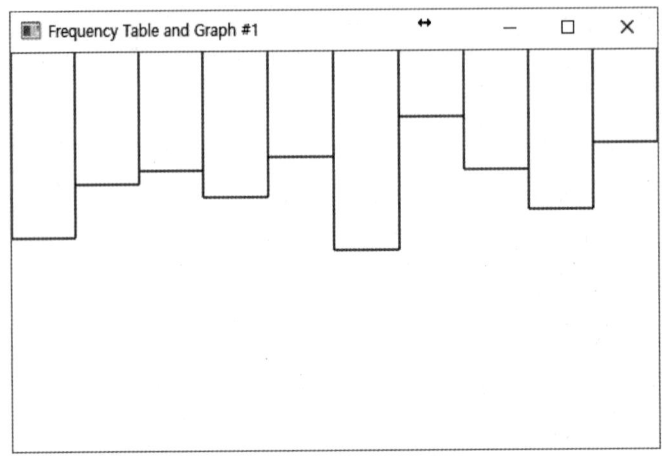

1. 오픈프레임웍스로 프로젝트를 새로 생성한 후, 2개의 파일을 만들거나 또는 수정해야 한다. 즉 아래의 '솔루션 탐색기' 그림처럼 파일을 구성해야한다.

샘플 코드: frequencyTable

- frequancyGraph.c: 새로 만든다. 앞의 돗수 분포표 코드를 조금 수정해서 만들 수 있다.
- ofApp.cpp: 코드 위저드가 만들어주는 파일을 조금 수정해야한다.

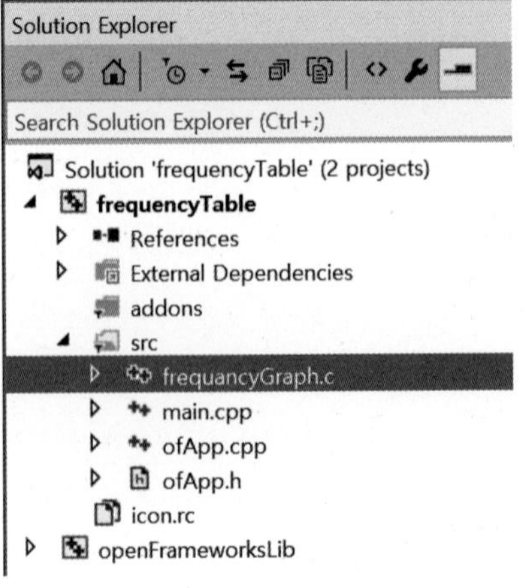

2. 먼저 frequenceGraph.c를 새로 만들어보자. 2장에서 소개한 코드를 함수로 재 구성하였다.

```
/*****************************************************************************
' 파일명    : frequencyGraph.c
' 내용      : 랜덤하게 숫자를 생성하고, 돗수분포표를 openFrameworks를 이용하여 화면에 출력
' 제한사항  : 현재는 관련 변수들을 전역 변수로 사용하고 있음. 필요하다면 지역 변수로 선언하고,
'             파라미터로 넘겨주는 것 고려 필요
' 오류처리  :
'/*****************************************************************************/

#include <stdlib.h>
#include <time.h>
#include "ofApp.h"

#define BAR_WIDTH 50        // 각 막대 폭의 픽셀 수
#define MAX 100             // 랜덤수를 0..(MAX-1) 사이의 수로 생성
int samples[MAX];           // 랜덤하게 생성할 데이터 저장
int graph[10];              // 돗수분포표

/*****************************************************************************
' 함수명    : frequencyTableGenerate( )
' 설명      : 랜덤값 생성과 돗수 분포표 생성
' 리턴값    : void
' 매개변수  : None
'/*****************************************************************************/
void frequencyTableGenerate() {
    srand((unsigned)time(NULL));

    for (int i = 0; i<10; i++) {
        graph[i] = 0;
    }

    for (int i = 0; i<MAX; i++) {
        samples[i] = rand() % MAX;
        graph[samples[i] / 10]++;
    }
}

/*****************************************************************************
' 함수명    : frequencyTableDraw( )
' 설명      : 돗수 분포 그래프 그리기
' 리턴값    : void
' 매개변수  : None
'/*****************************************************************************/
void frequencyTableDraw() {
    for (int i = 0; i < 10; i++) {
        ofRect(i * BAR_WIDTH, 0, BAR_WIDTH, graph[i] * 10);
    }
}
```

<frequancyGraph.c>

3. 아래는 ofApp.cpp 파일의 수정 사항이다. 음영으로 표시한 수정 사항에 유의하자.

```
#include "ofApp.h"

extern void frequencyTableGenerate();
extern void frequencyTableDraw();

//--------------------------------------------------------------
void ofApp::setup(){
    ofSetWindowTitle("Frequency Table and Graph #1");
    ofSetWindowShape(500, 300);
    ofSetFrameRate(60);
    ofBackground(ofColor::white);
    ofSetColor(ofColor::black);
    ofSetLineWidth(1.0);
    ofNoFill();

    frequencyTableGenerate();
}

//--------------------------------------------------------------
void ofApp::update(){

}

//--------------------------------------------------------------
void ofApp::draw(){
    frequencyTableDraw();
}
```

다른 *.c 파일(여기에서는 frequenceGraph.c 파일)에 정의된 함수들을 사용하기 위해서 extern 키워드를 사용한다.

setup( ) 함수에서 돗수분포표를 생성하자.

draw( ) 함수에서 돗수분포 그래프를 그리자. 실제로 화면에서는 그림이 1번 그려진 것처럼 변하지 않지만, 이 draw( ) 함수는 계속적으로 동일한 그림을 화면에 그리게 된다.

<ofApp.cpp>

4.2 2차원 배열

위에서는 1차원 배열 만을 보았다. 이것을 그대로 2차원으로 확장한 것이 2차원 배열이다. 1차원 배열은 하나의 인덱스만으로 사용 가능했지만, 2차원 배열에서는 당연히 가로, 세로 2개의 인덱스가 필요하다. 즉, 아래의 그림에서 [2행, 0열]은 '하트 1'이라고 표현할 수 있다.

C 언어에서는 배열의 인덱스가 0부터 시작한다.

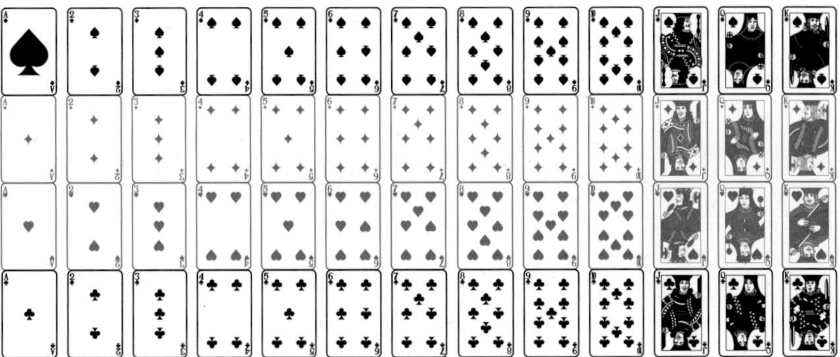

〈2차원 배열의 실 생활 예〉

4.2.1 2차원 배열 정의

C 언어에서 bricks라는 이름의 2차원 배열을 선언하려면 아래와 같이 변수를 선언하면 된다. 이것은 총 2행 10열의 2차원 배열이다.

```
int bricks[2][10];
```

아래의 예는 게임 '팩맨'을 위한 맵을 2차원 배열로 구현한 예이다. 배열의 항목이 '1'이면 벽(wall), '0'이면 길(road), '2'이면 특정 아이템이라고 생각한 표현이다. 이러한 2차원 배열 구조는 보드 게임 등에서 정말 많은 상황에서 사용되고 있는 구조이다.

```
int pacmanMap[10][28] = {
        {1,1,1,1,1,1,1,1,1,1,1,1,1,1,1,1,1,1,1,1,1,1,1,1,1,1,1,1},
        {1,0,0,0,0,0,0,0,0,0,0,0,1,1,0,0,0,0,0,0,0,0,0,0,0,0,0,1},
        {1,0,0,0,0,0,0,1,1,0,0,0,0,1,1,0,0,0,0,1,1,0,0,0,0,0,0,1},
        {1,1,1,1,1,1,0,1,1,1,1,1,0,1,1,0,1,1,1,1,1,0,1,1,1,1,1,1},
        {1,1,1,1,1,1,0,1,1,0,0,0,0,0,0,0,0,0,0,1,1,0,1,1,1,1,1,1},
        {1,1,1,1,1,1,0,1,1,0,1,1,1,2,2,1,1,1,0,1,1,0,1,1,1,1,1,1},
        {1,1,1,1,1,1,0,0,0,0,1,1,2,2,2,2,1,1,0,0,0,0,1,1,1,1,1,1},
        {1,1,1,1,1,1,0,1,1,0,1,1,2,2,2,2,1,1,0,1,1,0,1,1,1,1,1,1},
        {1,1,1,1,1,1,0,1,1,0,1,1,1,1,1,1,1,1,0,1,1,0,1,1,1,1,1,1},
        {1,1,1,1,1,1,1,1,1,1,1,1,1,1,1,1,1,1,1,1,1,1,1,1,1,1,1,1}
};
```

이 부분은 pacmanMap이라는 이름으로 2차원 배열을 선언하면서 초기화까지 동시에 수행하는 문장이다.

2차원 배열을 사용할 때는 2중 반복문을 많이 사용한다. 위의 pacmanMap 배열을 사용하는 예를 보자.

```
for (int i = 0; i<10; i++) {
     for (int j = 0; j<28; j++) {
         if (pacmanMap[i][j] == 0)  doSomething();
         else if (pacmanMap[i][j] == 2)  doOtherthing();
     }
}
```

2차원 배열은 용도가 아주 다양하다. 단순한 구조임에도 불구하고 많은 쓰임새가 있는 자료 구조이기 때문에 익숙해지도록 공부하자.

4.2.2 2차원 배열 사용: (기본)행렬 연산 구현

수학에서 다루는 행렬(matrix)의 연산을 통해서 2차원 배열을 사용해보자.

아래와 같이 가정에서의 재무 데이터를 표로 묶어서 표현하면 각 가정에서 사용하는 돈의 항목별 묶음, 예를 들면 수입이나 교육비 등으로 숫자의 묶음을 한 눈에 비교하기가 좋다. 이렇게 관련된 데이터들을 2차원 공간 상에서 표현한다면 유의미한 정보를 쉽게 추출할 수 있을 것이다. 행렬이라 함은 이렇게 숫자들의 2차원적인 묶음이다.

	가정 1	가정 2	가정 3	가정 4	가정 5
수입	200	310	210	450	170
교육비	30	35	13	87	33

행렬 간의 덧셈과 곱셈 연산을 살펴보자.

행렬의 덧셈: 행렬의 덧셈은 당연히 행과 열의 개수가 같아야 한다. 행렬간의 덧셈 연산은 정수의 덧셈과 같이 교환법칙, 결합법칙이 가능하고, 덧셈의 항등원, 덧셈의 역원 등이 모두 동일하게 존재한다.

- **행렬의 덧셈**: 아래와 같은 2개의 행렬이 있다고 가정하자. 행렬 간의 덧셈은 동일 원소간의 덧셈이다.

$$A = \begin{pmatrix} 1 & 2 \\ 3 & 4 \end{pmatrix} \qquad B = \begin{pmatrix} 5 & 6 \\ 7 & 8 \end{pmatrix} \qquad A + B = \begin{pmatrix} 1+5 & 2+6 \\ 3+7 & 4+8 \end{pmatrix}$$

- **행렬의 곱셈**: 행렬 사이의 곱은 조금 특별하게 정의된다. 아래의 그림과 같이 C = A × B와 같은 2 행렬 사이의 곱은, 곱셈의 결과 행렬 C의 (i, j) 원소인 C_{ij}는 A의 i번째 행과 B의 j번째 열의 원소를 순서대로 곱하여 그 전체를 더한 값으로 정의한다. 그림으로 보면 다음과 같다. 이렇게 하려면 A의 열의 개수와 B의 행의 개수가 같아야만 행렬 간의 곱셈이 가능하다.

행렬의 곱셈

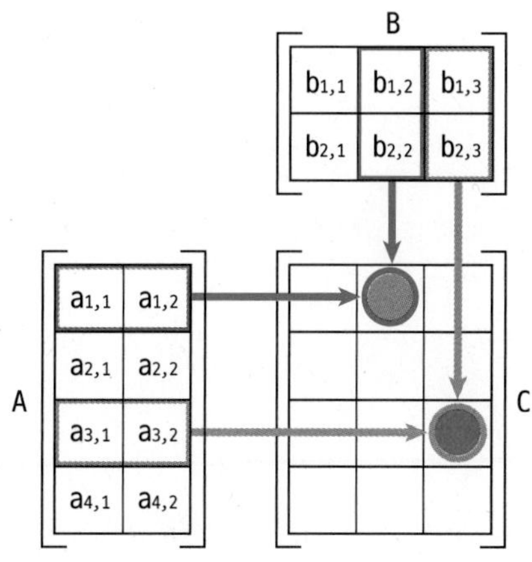

참고

2차원 행렬의 덧셈과 곱셈 연산을 2가지 방법으로 구현하려고 한다.

- (기본) 첫번째 방식: '정해진(pre-determined) 크기'의 2차원 행렬의 연산을 수행한다. 예제에서는 3×3 크기의 2차원 행렬 간의 덧셈과 곱셈 연산, 그리고 행렬의 출력과 관련된 함수들을 정의하였다.
- (심화) 두번째 방식: 구조체를 배운 후, 다음 절에서 소개될 2번째 구현 방식은 행렬의 크기를 동적으로 설정할 수 있는 방식이다. 즉, 그때 그때 원하는 크기의 행렬을 동적으로 만들어서 사용하는 방법이다.

이 교재에서는 이와 같이 동일한 내용을 기본/ 심화 이렇게 2가지 방식으로 구현하는 내용을 설명하는 경우가 많이 있다. 자신의 수준에 맞는 방법을 먼저 살펴보도록 하자.

기본적인 행렬의 연산 방법을 살펴보자. 아래의 코드는 별도의 설명 없이 읽을 수 있으리라 생각한다.

예제 코드: array2DSimple

```
#ifndef _ARRAY_2D_SIMPLE_H
#define _ARRAY_2D_SIMPLE_H

// 함수 선언
void matrixPrint(const int a[3][3]);
void matrixAdd(const int a[3][3], const int b[3][3], int result[3][3]);
void matrixMultiply(const int a[3][3], const int b[3][3], int result[3][3]);

#endif
```

<array2dSimple.h>

```
/****************************************************************************
' 파일명    : array_2d_simple.c
' 내용      : 3*3으로 정해진 크기의 2차원 배열의 덧셈, 곱셈 연산
' 제한사항  : 현재는 크기가 3으로 고정. 크기를 define을 사용해서 수정하면 더 편함.
' 오류처리  :
'/****************************************************************************/

#include "array2dSimple.h"
#include <stdio.h>

/****************************************************************************
' 함수명    : matrixPrint(int a[3][3])
' 설명      : 2차원 행렬을 파라미터로 받아서 화면에 출력하는 함수
' 리턴값    : void
' 매개변수  : 2차원 행렬 1개
'/****************************************************************************/
void matrixPrint(const int a[3][3]) {
     for (int j = 0; j < 3; j++) {
         for (int i = 0; i < 3; i++) {
                  printf("%5d ", a[j][i]);
         }
         printf("\n");
     }
     printf("\n");
}

/****************************************************************************
' 함수명    : matrixAdd(int a[3][3], int b[3][3], int result[3][3])
' 설명      : 2개의 행열의 합
' 리턴값    : void
' 매개변수  : 2차원 행렬 2개 a와 b와, 그 '합'을 전달받을 result 배열
'/****************************************************************************/
```

```
void matrixAdd(const int a[3][3], const int b[3][3], int result[3][3]) {
    for (int j = 0; j < 3; j++) {
        for (int i = 0; i < 3; i++) {
                result[j][i] = a[j][i] + b[j][i];
        }
    }
}

/******************************************************************************
' 함수명    : matrixMultiply(int a[3][3], int b[3][3], int result[3][3])
' 설명      : 2개의 행열의 곱. 행렬의 곱은 교재의 그림을 이용한 설명을 잘 보고 이해하자.
' 리턴값    : void
' 매개변수  : 2차원 행렬 2개 a와 b와, 그 '곱'을 전달받을 result 배열
'/******************************************************************************/
void matrixMultiply(const int a[3][3], const int b[3][3], int result[3][3]) {
    for (int j = 0; j < 3; j++) {
        for (int i = 0; i < 3; i++) {
                result[j][i] = 0;
                for (int k = 0; k < 3; k++) {
                        result[j][i] += a[j][k] * b[k][i];
                }
        }
    }
}
```

<array2dSimple.c>

```
#include <stdio.h>
#include "array2dSimple.h"

int main() {
    // 2차원 배열의 초기화
    int a[3][3] = { { 1, 2, 3 },{ 2, 3, 4 },{ 1, 2, 2 } };
    int b[3][3] = { { 2, 4, 3 },{ 4, 3, 4 },{ 1, 5, 2 } };
    int c[3][3];

    matrixPrint(a);
    matrixPrint(b);
    matrixAdd(a, b, c);
    matrixPrint(c);
    matrixMultiply(a, b, c);
    matrixPrint(c);

    return 0;
}
```

```
 1   2   3
 2   3   4
 1   2   2

 2   4   3
 4   3   4
 1   5   2

 3   6   6
 6   6   8
 2   7   4

13  25  17
20  37  26
12  20  15
```

<test.c: 2개의 행렬의 합과 곱을 계산하는 프로그램>

실습문제

1. 2차원 배열은 향후에 다른 자료 구조에서도 활발하게 사용된다. 따라서 여기에서 조금 더 연습을 할 필요가 있다. 10×10 크기의 정수형 2차원 배열을 사용해서 아래를 함수로 프로그래밍하자.

① 각 원소의 값이 해당 위치의 행(row) 번호와 열(column) 번호의 합이 되게 '반복문을 이용하여 값을 설정'하라. 즉, 2행 2열의 값은 2+2=4가 되게 하라. 출력 시에는 printf( ) 함수의 포맷 문자를 사용해서 가로, 세로로 칼럼을 잘 맞추어 출력하시오.

예시
```
0  1  2  3  4  5  6  7  8  9
1  2  3  4  5  6  7  8  9 10
2  3  4  5  6  7  8  9 10 11
...
...
```

② 위와 동일하면서, 원소의 값이 각 원소의 행(row) 번호와 열(column) 번호 중의 큰 값이 되게 반복문을 이용해서 값을 설정하라.

예시
```
0 1 2 3 4 5 6 7 8 9
1 1 2 3 4 5 6 7 8 9
2 2 2 3 4 5 6 7 8 9
3 3 3 3 4 5 6 7 8 9
...
```

③ 위의 행렬을 이용해서 좌측 상단에서 우측 하단으로 이어지는 대각선 아래의 삼각형 영역을 0으로 바꾸어서 출력하시오.

예시
```
0 1 2 3 4 5 6 7 8 9
0 1 2 3 4 5 6 7 8 9
0 0 2 3 4 5 6 7 8 9
0 0 0 3 4 5 6 7 8 9
0 0 0 0 4 5 6 7 8 9
...
...
```

④ 반복문을 이용하여서 행렬의 대각선에는 1, 그 외에는 0으로 값을 대입하시오. 대각선 위치의 각 항목의 행 번호와 열 번호의 규칙성을 참고하세요.

예시

```
1 0 0 0 0 0 0 0 0 1
0 1 0 0 0 0 0 0 1 0
0 0 1 0 0 0 0 1 0 0
0 0 0 1 0 0 1 0 0 0
0 0 0 0 1 1 0 0 0 0
0 0 0 0 1 1 0 0 0 0
0 0 0 1 0 0 1 0 0 0
0 0 1 0 0 0 0 1 0 0
0 1 0 0 0 0 0 0 1 0
1 0 0 0 0 0 0 0 0 1
```

⑤ 반복문을 이용하여서 행렬의 가장 바깥 가장 자리의 값은 '0', 그 외에는 '1'로 초기화하세요.

예시

```
0 0 0 0 0 0 0 0 0 0
0 1 1 1 1 1 1 1 1 0
0 1 1 1 1 1 1 1 1 0
0 1 1 1 1 1 1 1 1 0
0 1 1 1 1 1 1 1 1 0
0 1 1 1 1 1 1 1 1 0
0 1 1 1 1 1 1 1 1 0
0 1 1 1 1 1 1 1 1 0
0 1 1 1 1 1 1 1 1 0
0 0 0 0 0 0 0 0 0 0
```

⑥ 5번에서 만든 2차원 배열을, 반복문을 이용하여 1로 뭉쳐진 덩어리의 외곽 한 꺼풀을 벗겨내세요. 1 덩어리의 가장 바깥쪽을 어떻게 판별할지를 생각해보세요. 아래 그림들과 같이 좌측의 입력을 우측과 같이 변경하는 문제입니다.

```
0 0 0 0 0 0 0 0 0 0        0 0 0 0 0 0 0 0 0 0
0 1 1 1 1 1 1 1 1 0        0 0 0 0 0 0 0 0 0 0
0 1 1 1 1 1 1 1 1 0        0 0 1 1 1 1 1 1 0 0
0 1 1 1 1 1 1 1 1 0        0 0 1 1 1 1 1 1 0 0
0 1 1 1 1 1 1 1 1 0        0 0 1 1 1 1 1 1 0 0
0 1 1 1 1 1 1 1 1 0   ➡    0 0 1 1 1 1 1 1 0 0
0 1 1 1 1 1 1 1 1 0        0 0 1 1 1 1 1 1 0 0
0 1 1 1 1 1 1 1 1 0        0 0 1 1 1 1 1 1 0 0
0 1 1 1 1 1 1 1 1 0        0 0 0 0 0 0 0 0 0 0
0 0 0 0 0 0 0 0 0 0        0 0 0 0 0 0 0 0 0 0
```

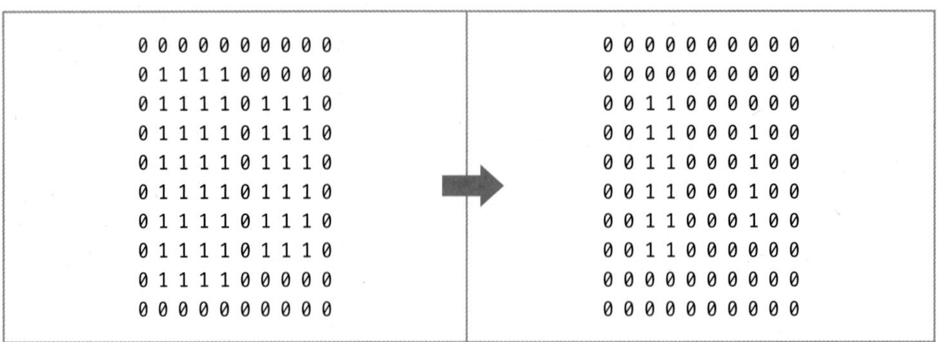

2. 2차원 배열은 영상 처리(image processing) 분야에서 많이 사용된다. 포토샵 등의 프로그램에서 영상을 회전, 축소, 확대 등의 변환 작업이 이에 해당한다.

① 아래와 같이 2차원 배열을 반복문을 이용해서 값을 할당해보자. 10*10 배열의 상단은 '0'으로 하단은 '1'로 채운다.

```
0 0 0 0 0 0 0 0 0 0
0 0 0 0 0 0 0 0 0 0
0 0 0 0 0 0 0 0 0 0
0 0 0 0 0 0 0 0 0 0
0 0 0 0 0 0 0 0 0 0
1 1 1 1 1 1 1 1 1 1
1 1 1 1 1 1 1 1 1 1
1 1 1 1 1 1 1 1 1 1
1 1 1 1 1 1 1 1 1 1
1 1 1 1 1 1 1 1 1 1
```

② 이 배열을 아래와 같이 만들어보자. 일종의 회전 변환이다.

```
1 1 1 1 1 0 0 0 0 0
1 1 1 1 1 0 0 0 0 0
1 1 1 1 1 0 0 0 0 0
1 1 1 1 1 0 0 0 0 0
1 1 1 1 1 0 0 0 0 0
1 1 1 1 1 0 0 0 0 0
1 1 1 1 1 0 0 0 0 0
1 1 1 1 1 0 0 0 0 0
1 1 1 1 1 0 0 0 0 0
1 1 1 1 1 0 0 0 0 0
```

4.2.3 오픈프레임웍스 벽돌 깨기 게임에 벽돌 배치하기

예제 코드: BreakOut3

2차원 배열이 가장 자주 사용되는 경우를 게임에서 살펴보자. 이 교재에서는 벽돌 깨기 게임을 단계별로 만들고 있다. 지금은 2차원 배열을 배웠으니까, 2차원 배열을 이용해서 벽돌을 배치하고 공을 벽에 반사 시키면서 벽돌 깨기 게임의 초반부를 만들어보자. 향후에 다른 자료 구조를 배우면서 차츰 이 게임을 조금씩 완성시켜 보자.

아래의 코드는 3장(오픈프레임웍스 소개 챕터)에서 만들었던 코드(breakOut2)를 수정하면 된다.

1. BreakOut2 프로젝트에서, 아래에서 음영으로 표시된 부분을 추가하자.

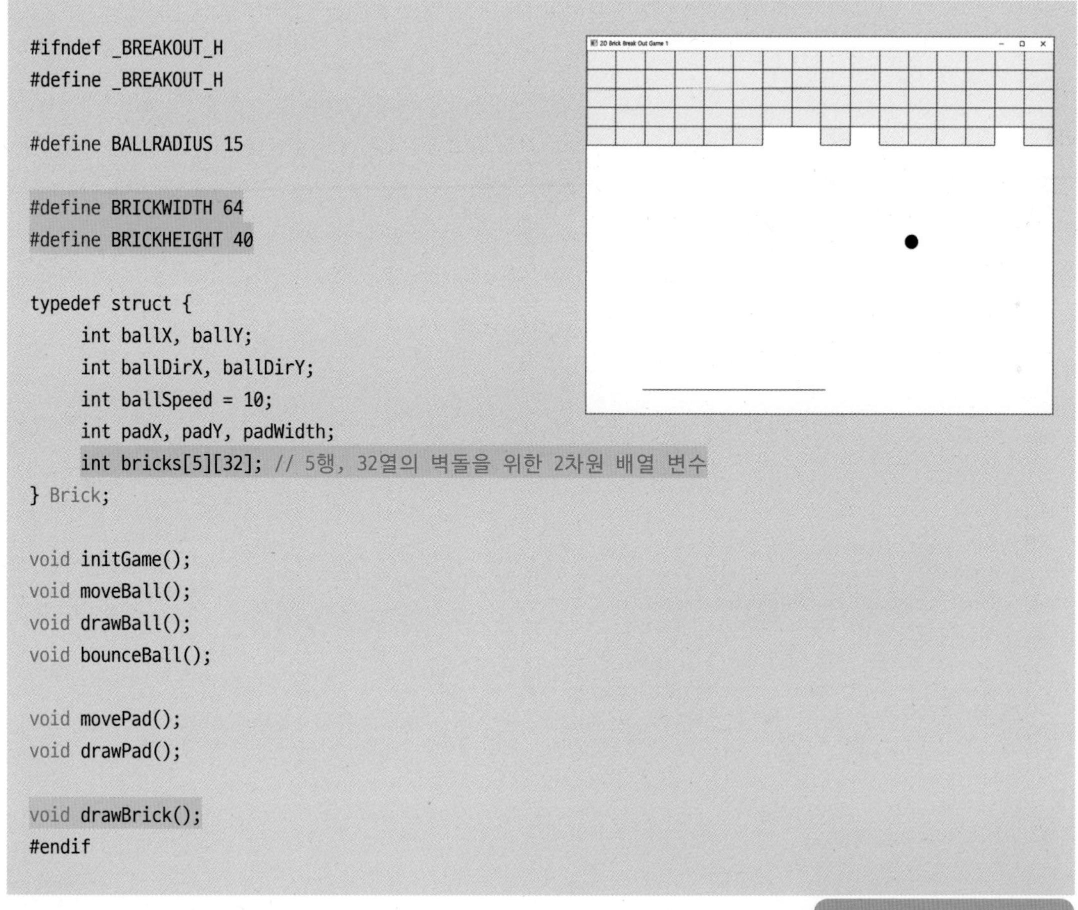

```
#ifndef _BREAKOUT_H
#define _BREAKOUT_H

#define BALLRADIUS 15

#define BRICKWIDTH 64
#define BRICKHEIGHT 40

typedef struct {
    int ballX, ballY;
    int ballDirX, ballDirY;
    int ballSpeed = 10;
    int padX, padY, padWidth;
    int bricks[5][32]; // 5행, 32열의 벽돌을 위한 2차원 배열 변수
} Brick;

void initGame();
void moveBall();
void drawBall();
void bounceBall();

void movePad();
void drawPad();

void drawBrick();
#endif
```

<breakOut.h> brick.c 파일의 헤더 파일

```
#include "ofApp.h"
#include "breakOut.h"
Brick game;

void initGame() {
     game.ballX = ofGetWidth() / 2;
     game.ballY = ofGetHeight() / 2;
     game.ballDirX = game.ballDirY = game.ballSpeed = 10;

     game.padX = ofGetWidth() / 2;
     game.padY = ofGetHeight() - 50;
     game.padWidth = 400;

     // 벽돌을 위한 2차원 배열 변수의 모든 값을 1로 초기화.
     // 1은 벽돌이 있음
     // 0은 벽돌이 없음.
     for (int j = 0; j < 5; j++) {
         for (int i = 0; i < 32; i++) {
                 game.bricks[j][i] = 1;
         }
     }
}

// 벽돌을 그리는 함수
// 오픈프레임웍스는 도형의 내부 색상과 외곽선 색상을 동일하게 해야한다.
// 그래서 노란색으로 벽돌을 그린 후에,
// 다시 ofNoFill( )로 도형 내부를 채우지 않는 모드로, 검은 색으로 외곽선을 그려야 한다.
void drawBrick() {
     ofFill();
     for (int j = 0; j < BRICKLINE; j++) {
         for (int i = 0; i < BRICKNO; i++) {
                 if (game.bricks[j][i] == 1) {
                         ofSetColor(ofColor::yellow);
                 }
                 else {
                         ofSetColor(ofColor::white);
                 }
                 ofRect(i*BRICKWIDTH, j*BRICKHEIGHT, BRICKWIDTH, BRICKHEIGHT);
         }
     }
     ofNoFill();
     ofSetColor(ofColor::black);
     for (int j = 0; j < BRICKLINE; j++) {
         for (int i = 0; i < BRICKNO; i++) {
                 if (game.bricks[j][i] == 1) {
                         ofRect(i*BRICKWIDTH,j*BRICKHEIGHT,BRICKWIDTH,BRICKHEIGHT);
                 }
         }
     }
}
```

ofSetColor( ): openFrameworks에서 그려질 도형의 색상을 정하는 함수.

ofColor: yellow는 ofColor 클래스 내부에서 정해진 yellow 색상을 의미.

ofNoFill( ): 도형 내부를 채우지 말라는 함수. 이 아래는 벽돌의 외곽선을 그리는 용도

```
void movePad() {
    game.padX = ofGetMouseX();
}

void drawPad() {
    ofFill();
    ofSetColor(ofColor::black);
    ofLine(game.padX-game.padWidth/2, game.padY, game.padX+game.padWidth/2, game.padY);
}

void moveBall() {
    game.ballX += game.ballDirX;
    game.ballY += game.ballDirY;
    bounceBall();
}

void drawBall() {
    ofFill();
    ofSetColor(ofColor::black);
    ofCircle(game.ballX, game.ballY, BALLRADIUS);
}

void bounceBall() {
    if (game.ballX<BALLRADIUS || game.ballX > ofGetWidth()-BALLRADIUS)
        game.ballDirX *= -1;
    if (game.ballY < BALLRADIUS) game.ballDirY *= -1;

    if (game.ballY > ofGetHeight() - BALLRADIUS) game.ballDirY *= -1;
    else  if (game.ballY > game.padY - BALLRADIUS &&
           game.ballX >= game.padX-game.padWidth/2 &&
           game.ballX <= game.padX+game.padWidth/2) {
                game.ballDirY *= -1;
    }
    // 추가된 부분이다.
    // 공의 현재 위치 X, Y를 각각 벽돌의 폭과 높이로 정수형 나눗셈을 하면
    // 해당하는 벽돌의 행과 열 번호를 알 수 있다.
    // 정수형 나눗셈이 정수 값을 반환한다는 원리를 이용한 기법이다.
    if (game.ballY < BRICKHEIGHT*5 + BALLRADIUS) {
        if (game.bricks[game.ballY / BRICKHEIGHT][game.ballX / BRICKWIDTH] == 1) {
            game.bricks[game.ballY / BRICKHEIGHT][game.ballX / BRICKWIDTH] = 0;
            game.ballDirY *= -1;
        }
    }
}
```

<breakOut.c>

2. ofApp.cpp 파일을 수정 사항이 거의 없다. draw( ) 함수에서 drawBrick( ) 함수 호출만 추가하자.

```
#include "ofApp.h"
#include "brick.h"
#include "bullet.h"

void ofApp::setup() {
    ofSetWindowTitle("2D Brick Break Out Game");
    ofSetWindowShape(1024, 768);
    ofSetFrameRate(40);
    ofBackground(ofColor::white);
    ofSetColor(ofColor::black);
    ofSetLineWidth(1);
    ofFill();

    initGame();
}


//--------------------------------------------------------------
void ofApp::update() {
    moveBall();
    movePad();
}

//--------------------------------------------------------------
void ofApp::draw() {
    drawBrick();
    drawBall();
    drawPad();
}
```

<ofApp.cpp>

이상이 2차원 배열에 대한 내용이다. 배열은 자료 구조라고 하기에는 무리가 있지만, 배열에 대한 사용법을 통해서 프로그래밍 실력을 높이면 향후에 많은 도움이 될 것이다.

4.2.4 오픈프레임웍스 3차원 배열의 응용: 숫자 인식 프로그램

서두에서 이 책을 소개할 때, 이 책은 인공 지능과 관련된 예제를 소개한다고 했었다. 그 첫번째다. 최근 인공 지능에 대한 관심이 늘어나고 있고, 다양하고 강력한 라이브러리들이 많이 소개되고 있지만, 그 원리를 이해하는 것도 중요하다.

얼굴 인식 등의 물체 인식의 가장 기본은 '패턴 인식(pattern recognition)'이다. 가장 단순한 패턴 인식 프로그램을 작성해보자.

프로그래밍 초심자에게는 3차원 배열을 사용할 경우가 많지 않다. 대부분의 프로그램이 2차원 배열을 사용하면 충분한 경우가 대부분이다. 이제는, 3차원 배열을 이용하여 간단한 '숫자 인식기'를 만들어보자. 사용자가 화면에 마우스 클릭으로 숫자를 쓰면 이 숫자를 인식해볼 것이다. 3차원 배열이 어떤 경우에 사용될 수 있는지 그 예를 보는 기회가 되길 바란다. 실제로 3차원 배열은 다량의 데이터를 사용하는 경우에 의외로 많이 사용된다.

(1) 숫자 1개 인식(2차원 배열 응용)

예제 코드: array2d_digit_recognition

0부터 9까지의 숫자 인식기를 만들기 전에, 2차원 배열을 이용하여 간단한 숫자 인식기를 만들어보자. 일단은 숫자 '0'인지 아닌지를 판단하는 '숫자 1개 인식기'를 만들어보자.

다음 그림은 프로그램을 실행한 화면인데, '마우스 클릭으로 마킹된 숫자 모양'과 '이미 저장된 0의 표준 숫자 모양'과의 동일한 픽셀의 개수를 세는 프로그램이다. 즉 숫자 '0'만을 인식하는 프로그램인 셈인데, 이는 향후에 숫자 10개의 표준 모양과 모두 비교하는 것으로 확장해서, 간단한 숫자 인식기를 만들 예정이다.

이 예제를 통해서 간단하게나마 '패턴 인식'의 기본 원리를 이해했으면 한다.

세 페이지에 걸쳐서 소스 코드에 소개된다. 분량이 많기는 하지만 스스로 차근 차근 살펴보자.

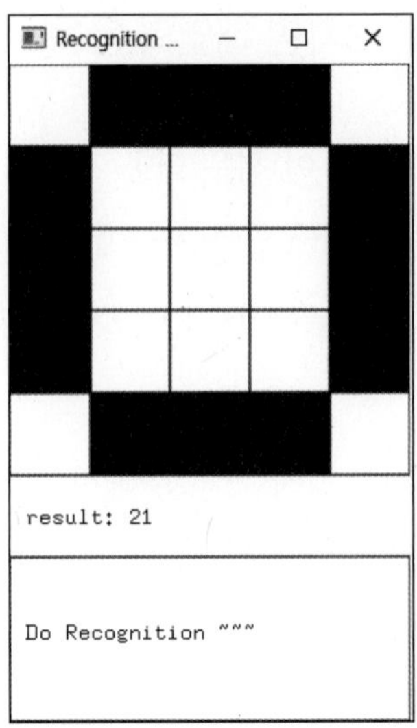

〈실행 화면 예〉

프로그램의 사용 방법은 아래와 같다.

- 위의 실행 화면에서, 마우스 클릭으로 각 픽셀을 on/off한 후,
- 하단의 "Do Recognition ~~~" 버튼을 클릭하면
- 화면에 매칭된 픽셀의 개수가 "result: 21" 과 같이 출력된다.

아직까지는 숫자 인식기가 아니라, 입력한 패턴 모양이 숫자 '0' 동일한 픽셀의 개수를 출력하는 프로그램인 셈이다.

이 프로그램은 조금 길다. 설명 칼럼을 잘 보자. 아래의 코드를 잘 응용하면 재미있는 프로그램을 만들 수 있을 것이다.

지금까지 만들어오고 있는 '벽돌 깨기 프로그램'과 별도로 오픈프레임웍스를 이용해서 처음부터 새로운 프로젝트를 생성해서 작성해보자.

상세한 코드 설명 이전에 전체적인 프로그램의 구조를 먼저 설명하자.

- 오픈프레임웍스 라이브러리는 update( )와 draw( ) 함수가 계속 반복적으로 수행되기 때문에, 키보드나 마우스를 이용한 입력을 사용하려면 조금 특별하게 처리해야한다. 키보드나 마우스가 입력되면, 그

와 연결된 변수(여기서는 startRecognition)의 값을 세팅하고, 이 변수의 값에 따라서 update( )와 draw( ) 함수에서 해당하는 기능이 수행되도록 구현해야한다.

이 부분을 이해하기가 쉽지 않다. 다시 한번 의미를 이해하면서 읽어보자. 이해가 되지 않으면 아래의 코드를 보면서 다시 이해해보자.

- update( )와 draw( ) 함수에서는 startRecognition 변수 값이 '1'이 되면 숫자를 인식하는 함수가 수행되도록 해야한다.

먼저, 아래에서 세부적인 코딩은 제외하고, 프로그램의 전체적인 구조 만을 설명한다.

```
int startRecognition;
int recognitionResult; // 매칭 결과: 동일한 값을 가진 픽셀의 개수

// 초기값 설정. 화면을 위한 배열값 초기화 등을 수행
void ofApp::setup() {
…
…
}

void ofApp::update() {
// startRecognition 변수가 1이면 인식(doRecognition() 함수)을 실행한다.
…
…
}

void ofApp::draw() {
// 화면에 글자와 버튼을 그린다.
…
…
}

int doRecognition() {
// 숫자 0을 인식하는 함수
// 사용자에 의해서 입력된 숫자 모양과 이미 프로그램에서 정해놓은 표준 숫자
// 모양과의 일치하는 픽셀 개수를 반환한다.
…
…
}

void ofApp::mousePressed(int x, int y, int button) {
// 마우스로 숫자 입력 부분을 클릭하면 해당 픽셀을 반전하고
// 하단의 버튼 영역을 클릭하면, startRecognition 변수를 1로 세팅한다.
…
…
}
```

숫자 인식 실행 여부: 1이면 숫자 인식 수행. 즉, 이 변수의 값은 실행 화면의 하단 부분을 클릭하면 1로 변경되고, 이 값이 1이면 doRecognition( )이라는 함수가 수행되게 한다.

이제 자세한 코드 내용을 살펴보자. 코드가 꽤 길다고 느낄 수 있다. 그렇지만 한 줄 한 줄 차근 차근 살펴보면 이해할 수 있다.

```
#include "ofApp.h"

#define DIGIT_RESOLUTION (5) // 입력 이미지의 해상도는 5×5. 즉, 화면에 글자를 5×5 격자로 표시함.
#define BRICK_SIZE (50) // 화면에 출력되는 숫자 격자의 픽셀 개수
#define RECOGNITION_BUTTON_Y (300) // 인식 실행 버튼 기능을 담당하는 화면 하단의 y 좌표

// 사용자가 마우스로 그린 숫자 그림을 저장하는 변수
// 마우스로 클릭되는 숫자 비트 값을 저장할 배열, 1이면 검은색, 0이면 흰색.
int digit[DIGIT_RESOLUTION][DIGIT_RESOLUTION];

int startRecognition; // 인식 버튼이 클릭되면 1로 세팅되는 변수
int recognitionResult = 0; // 매칭 결과(동일한 값을 가진 픽셀의 개수)를 저장하는 변수

// 숫자 인식 함수 선언(declaration)
int doRecognition();

// setup( ) 함수는 모든 변수를 초기화한다.
void ofApp::setup() {
    ofSetWindowTitle("Recognition V0.1");
    ofSetWindowShape(250, 400);
    ofSetFrameRate(40);
    ofBackground(ofColor::white);
    ofSetColor(ofColor::black);
    ofSetLineWidth(1);

    // 화면에 그려지는 글자를 0으로 초기화
    for (int j = 0; j < DIGIT_RESOLUTION; j++) {
        for (int i = 0; i < DIGIT_RESOLUTION; i++) {
                digit[j][i] = 0;
        }
    }

    // 숫자 인식을 실행할지 여부를 결정하는 변수를 0으로 초기화
    startRecognition = 0;
}

// update( ) 함수는 계속적으로 반복된다.
// 따라서 언제 인식을 실행해야 할지를 결정하기 위해서
// 마우스를 하단 부에 클릭하면 startRecognition 변수 값이 1로 변경되는데,
// 이 값이 1이면 인식 함수인 doRecognition( )을 실행한다.
void ofApp::update() {
    if (startRecognition == 1) {
        recognitionResult = doRecognition();
        startRecognition = 0;
    }
}
```

```
// draw( ) 함수는 화면에 글자 픽셀을 그려주고,
// 실행 결과도 출력하고,
// 실행 버튼도 그려준다.
void ofApp::draw() {
    // 인식 결과 출력
    ofSetColor(ofColor::black);
    ofDrawBitmapString("result: " + ofToString(recognitionResult), 10, 280);

    // 실행 시작 버튼 그리기
    ofSetColor(ofColor::black);
    ofRect(0, RECOGNITION_BUTTON_Y, ofGetWidth(), 100);
    ofDrawBitmapString("Do Recognition ~~~", 50, 350);

    // 글자 픽셀 그리기(앞에서의 벽돌을 그려주는 코드와 유사하다)
    ofFill();
    for (int j = 0; j < DIGIT_RESOLUTION; j++) {
        for (int i = 0; i < DIGIT_RESOLUTION; i++) {
            if (digit[j][i] == 1) {
                ofSetColor(ofColor::black);
            }
            else {
                ofSetColor(ofColor::white);
            }
            ofRect(i*BRICK_SIZE, j*BRICK_SIZE, BRICK_SIZE, BRICK_SIZE);
        }
    }

    // 글자의 외곽선 그리기
    ofNoFill();
    ofSetColor(ofColor::black);
    for (int j = 0; j < DIGIT_RESOLUTION; j++) {
        for (int i = 0; i < DIGIT_RESOLUTION; i++) {
            ofRect(i*BRICK_SIZE, j*BRICK_SIZE, BRICK_SIZE, BRICK_SIZE);
        }
    }
}
```

ofDrawBitmapString("문자열", x, y): "문자열"을 파라미터로 주어지는 위치(x, y)에 그래픽으로 출력하는 openFrameworks 함수.

이 함수를 이용하면 그래픽 화면에 글자를 출력할 수 있다.

C++에서는 문자열끼리의 덧셈 연산이 가능하다. 문자열끼리의 덧셈은 문자열의 연결이다.

ofToString( ): 파라미터를 문자열(string)으로 변환하는 openFrameworks 함수.

화면에 현재의 입력 숫자를 출력한다. 각각의 셀을 ofRect( ) 함수로 출력. 세팅된 셀은 검은색으로 그렇지 않으면 흰색으로 그려준다.

이 부분에서 조심해야하는 사항이 있다!

함수 ofRect(i, j, width, height)와 배열 digit[j][i]의 i와 j의 위치와 의미를 잘 생각해보자. 즉, 화면상의 column 좌표는 2차원 배열의 2번째 값이다.

2차원 배열의 인덱스로 j가 배열의 행(row), i가 배열의 열(column)을 의미한다.

```
// doRecognition( ) 함수는 실제 글자를 인식하는 함수다.
// 여기에서는, 사용자에 의해서 입력된 숫자 모양과
// 이미 프로그램에서 정해놓은 표준 숫자 모양과의 일치하는 픽셀 개수를 반환한다.
// 향후에 이 함수를 수정해서 숫자 10개를 모두 인식하는 프로그램을 만들 것이다.
int doRecognition() {
    int no0[5][5] =
    {
     { 1,1,1,1,1 },
     { 1,0,0,0,1 },
     { 1,0,0,0,1 },
     { 1,0,0,0,1 },
     { 1,1,1,1,1 }
    };
    int sum;

    sum = 0;
    for (int j = 0; j < DIGIT_RESOLUTION; j++) {
        for (int i = 0; i < DIGIT_RESOLUTION; i++) {
                if (no0[j][i] == digit[j][i]) sum++;
        }
    }
    return sum;
}

//-------------------------------------------------------------
void ofApp::mousePressed(int x, int y, int button) {
    if (x < DIGIT_RESOLUTION*BRICK_SIZE && y < DIGIT_RESOLUTION*BRICK_SIZE) {
        digit[y / BRICK_SIZE][x / BRICK_SIZE] = 1 - digit[y / BRICK_SIZE][x / BRICK_SIZE];
    }
    else {
        if (y > RECOGNITION_BUTTON_Y) startRecognition = 1;
    }
}
```

숫자 0에 대한 표준 모양. 사용자에 의해서 입력된 숫자를 이 배열과 비교한다. 2차원 배열이다.

입력 숫자와 숫자 0의 표준 모양(no0[5][5])과 픽셀끼리 일치하는 개수를 계산한다.

mousePressed( ) 함수는 openFrameworks에서 마우스가 클릭될 때 마다 자동으로 호출되는 함수이다. 이 함수의 바디에 할 일을 적어주면, 마우스가 클릭할 때 마다 수행된다.

파라미터 x, y, button은 차례로 마우스가 클릭된 곳의 x, y 좌표와 눌린 버튼의 종류이다.

1에서 현재 값을 빼셈 함으로써 눌린 곳의 픽셀 값을 반전한다.

인식 버튼을 눌렀는지 체크하는 부분.

(2) 숫자 10개 인식(3차원 배열 응용)

예제 코드: array3d_digit_recognition

앞의 프로그램은 숫자 '0'과 얼마나 유사한지를 체크하는 프로그램이다. 이제 앞의 프로그램을 10개의 숫자 모두와 비교하는 것으로 확장해보자.

여러분들이 할 일은 숫자 0 … 9까지의 10개의 표준 숫자 모양을 만들고, 이 중 가장 비슷한 글자를 찾아내는 일이다. 어떻게 하면 될까? 3차원 배열을 만들면 된다.

이 예제가 3차원 배열을 사용하면 프로그래밍이 편해지는 예제다.

이 코드를 모두 이해한 후에, 3차원 배열을 사용하지 않는다면 어떻게 구현할 수 있을지를 생각해보자.

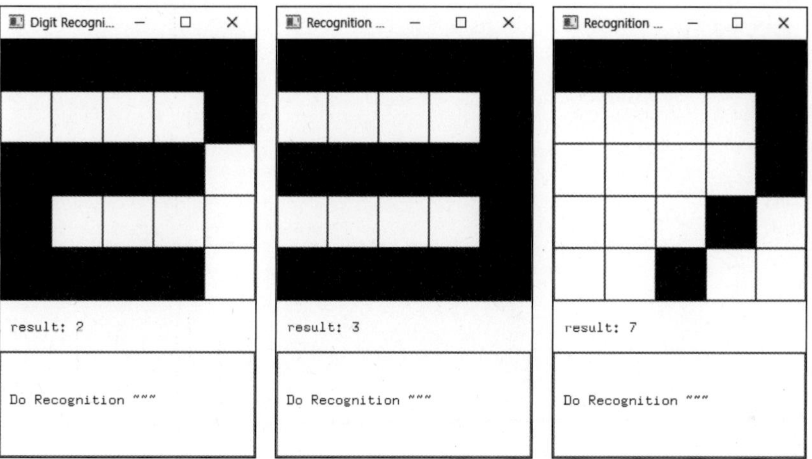

〈숫자 인식 프로그램의 실행 화면 예〉

표준 숫자 1개를 저장하기 위해서 2차원 배열을 사용했었다. 이제 표준 숫자 10개를 저장하기 위해서는 표준 숫자 모양을 저장하고 있는 배열을 3차원 정수형 배열로 바꾸고, 이에 따라 인식을 위한 부분도 "3중 반복문"으로 수정해야한다. 즉, doRecognition( ) 함수만 아래와 같이 수정하면 된다. 이렇게 하면 3차원 배열의 첫번째 차원이 글자의 종류를 나타낸다.

아래는 변경된 부분만 표시하였다.

```
int doRecognition() {
    int no[10][5][5] =
    {
        {
                { 1,1,1,1,1 },
                { 1,0,0,0,1 },
                { 1,0,0,0,1 },
                { 1,0,0,0,1 },
                { 1,1,1,1,1 }
        },
        {
                { 0,0,1,0,0 },
                { 0,0,1,0,0 },
                { 0,0,1,0,0 },
                { 0,0,1,0,0 },
                { 0,0,1,0,0 }
        },
        {
                { 1,1,1,1,1 },
                { 0,0,0,0,1 },
                { 1,1,1,1,1 },
                { 1,0,0,0,0 },
                { 1,1,1,1,1 }
        },
        {
                { 1,1,1,1,1 },
                { 0,0,0,0,1 },
                { 1,1,1,1,1 },
                { 0,0,0,0,1 },
                { 1,1,1,1,1 }
        },
        {
                { 1,0,0,0,1 },
                { 1,0,0,0,1 },
                { 1,1,1,1,1 },
                { 0,0,0,0,1 },
                { 0,0,0,0,1 }
        },
        {
                { 1,1,1,1,1 },
                { 1,0,0,0,0 },
                { 1,1,1,1,1 },
                { 0,0,0,0,1 },
                { 1,1,1,1,1 }
        },
        {
                { 1,1,1,1,1 },
                { 1,0,0,0,0 },
```

doRecognition( ) 함수는 사용자가 입력한 숫자 모양과 가장 많이 일치하는 숫자 인덱스를 반환한다. 즉, 0에서 9 중의 숫자 중 가장 비슷한 숫자를 반환한다.

3차원 정수형 배열을 초기화하는 방법을 잘 보자.

no[0][ ][ ] 행렬이 숫자 0에 대한 표준 모양이다.

...

...

no[9][ ][ ] 행렬이 숫자 9에 대한 표준 모양.

```
                { 1,1,1,1,1 },
                { 1,0,0,0,1 },
                { 1,1,1,1,1 }
        },
        {
                { 1,1,1,1,1 },
                { 0,0,0,0,1 },
                { 0,0,0,0,1 },
                { 0,0,0,1,0 },
                { 0,0,1,0,0 }
        },
        {
                { 1,1,1,1,1 },
                { 1,0,0,0,1 },
                { 1,1,1,1,1 },
                { 1,0,0,0,1 },
                { 1,1,1,1,1 }
        },
        {
                { 1,1,1,1,1 },
                { 1,0,0,0,1 },
                { 1,1,1,1,1 },
                { 0,0,0,0,1 },
                { 1,1,1,1,1 }
        }
    };

    int sum, max, maxDigit;

    max = 0;
    maxDigit = 0;
    for (int d = 0; d < 10; d++) {
        sum = 0;
        for (int j = 0; j < DIGIT_RESOLUTION; j++) {
                for (int i = 0; i < DIGIT_RESOLUTION; i++) {
                        if (no[d][j][i] == digit[j][i]) sum++;
                }
        }
        if (sum > max) {
                max = sum;
                maxDigit = d;
        }
    }

    return maxDigit;
}
```

가장 많이 매칭된 픽셀의 개수를 저장하는 변수

현재까지 가장 비슷한 숫자 번호를 저장하는 변수

입력된 숫자를 10개의 표준 숫자 모두와 비교해서, 가장 매칭이 잘되는(비슷한) 숫자 인덱스를 결정하는 부분

여기까지가 간단한 숫자 인식기의 예이다. 실제로 이 숫자 인식 코드는 표준 모양이 각 숫자마다 1개씩으로 고정되어 있기 때문에 글자에 조금의 변경(크기나 위치 등)이 있으면 정확하게 인식하지 못한다. 이 숫자 인식 프로그램을 조금 더 인식률을 높이려면 어떤 작업을 추가하면 될까? 이 코드의 응용은 무궁 무진하다. 각자 사용자와 반응하는 간단한 인공 지능 프로그램을 만들어보자.

4.2.5 openFrameworks 사용을 위한 객체 지향 프로그래밍 소개

오픈프레임웍스는 C++ 언어를 위한 라이브러리이다. 그래서 객체 지향에 대한 개념을 조금은 알고 있어야 사용할 수 있다. 지금부터 그 이야기를 해보자.

C 언어를 '절차 지향 언어'라고 한다. 즉, 하고자 하는 일과 관련된 명령어를 순서대로 나열하거나, 프로그래밍의 효율성을 위해서 조건문, 반복문, 함수 등을 이용하여, 프로그램을 기능별로 나눈 후, 각각을 부품처럼 나누어서(함수: function) 프로그래밍한 후, 이들을 조합함으로써 최종적인 프로그램을 만든다.

프로그래밍에서는 '일의 절차'를 고민하는 '알고리즘'만큼이나 '자료구조'도 아주 중요한 역할을 한다. 그렇지만 C 언어에서는 자료구조와 알고리즘이 떨어져서 고려되기 때문에, 작은 규모의 프로그램을 작성할 때는 큰 문제가 없지만, 프로그램이 커질수록 문제가 생길 가능성이 많다.

객체 지향 프로그래밍(OOP: Object-Oriented Programming)은 점점 복잡해지는 프로그램 개발을 효율적으로 하기 위한 프로그래밍 기법으로써, 자료 구조(객체)와 그 사용법(절차)을 뭉쳐서 생각한다. 즉, 데이터와 이를 다루는 알고리즘을 같이 묶어둔다.

http://en.wikipedia.org/wiki/Object-oriented_programming

일상 생활에서 객체(Object)는 '특정한 의미를 가지는 어떤 대상'을 말하는데, 객체 지향 프로그래밍 기법에서는 데이터(자료구조)와 절차(알고리즘)를 하나로 모은 것을 객체라고 하며, 이를 프로그래밍 언어에서 지원해주는 기법이 클래스(Class)이다. 즉, 객체 지향 프로그래밍 기법에서는 클래스라는 개념을 이용해서 데이터와 절차를 통합해서 운영한다. 이때 클래스가 취급하는 데이터를 멤버 변수라고 하고, 절차는 멤버 함수 또는 메쏘드(method)라고 한다.

즉, 데이터와 그 데이터를 사용하는 방법(절차)을 묶어서 관리하는 것이 클래스이다.

- 데이터: 멤버 변수
- 절차: 멤버 함수(method)

아래의 프로그램은 자동차를 위한 절차적 프로그램의 예제이다.

객체 지향 프로그래밍과 절차적 프로그래밍 소스의 차이를 전체적으로 한번 보자. 현재까지는 전체적으로 그 모양은 많이 다르지 않다. 그러나 차차 OOP의 장점을 느낄 수 있을 것이다. 천천히 공부해 보자.

■ 자동차를 위한 절차적 프로그램 예제

```
#include <stdio.h>

int speed;

void speedUp()
{
    speed++;
}

void speedDown()
{
    speed--;
}

int main()
{
    speed = 1;
    speedUp();
    printf("Current Speed is %d\n", speed);
}
```

〈C 언어를 이용한 절차적 프로그래밍 예제〉

다음은 위와 동일한 기능을 수행하는 C++ 언어를 이용한 객체 지향 프로그래밍의 예제이다. 'Car'라는 클래스를 만들 때 자동차의 속성을 저장할 변수(멤버 변수)와 자동차의 조종법을 멤버 함수로 같이 명시한 후에, 자동차를 운전하고 싶으면 '자동차' 객체의 멤버 함수를 호출하는 방식으로 프로그래밍하는 방식이 객체 지향 프로그래밍 방식이다. 아직 이해가 어렵더라도 전체적인 모양을 눈에 익혀두자.

이런 설명 만으로는 객체 지향 프로그래밍의 개념이 잘 이해되지 않는다. 일단 아래의 예를 한번 보자.

■ 객체 지향 프로그램 예제

```
#include <iostream>
using namespace std;

class Car {
public:
    int speed;

    void speedUp() {
        speed++;
    }
```

public이라는 키워드는 클래스 내부에 선언된 멤버 변수와 멤버 함수를 클래스 외부에서 사용할 수 있다는 의미다. 이 줄 이하의 멤버 변수와 멤버 함수는 클래스의 외부에서 사용할 수 있다. 이 public 선언을 지우면 main( ) 함수 내부에서의 객체 사용 문장에서 찾을 수 없다는 에러 메시지가 나온다.

```
    void printSpeed() {
        cout << "current speed is : " << speed << endl;
    }
};

int main() {
    Car myCar;

    myCar.speed = 0; // 멤버 변수 사용
    myCar.speedUp(); // 멤버 함수 사용. 괄호를 꼭 사용한다.
    myCar.printSpeed();

    return 0;
}
```

〈C++를 이용한 객체 지향 프로그래밍 예제〉

조언

C 언어를 이용한 자료 구조 교재에서 C++ 언어의 객체 지향 개념을 소개하는 이유는, 이 교재에서 사용하는 openFrameworks 라이브러리를 사용하기 위함이다. 객체 지향 언어를 배울 때 자신이 직접 클래스를 디자인하고 만드는 일은 쉬운 일이 아니지만, 만들어진 클래스를 사용하는 것은 어려운 일이 아니다. 포기하지 말고 도전해보자.

openFrameworks 관련으로 이제껏 설명하지 않고 넘어왔던 부분인데, 간단하게 설명하자. openFrameworks 모드로 프로젝트를 만들면, 자동으로 생기는 ofApp.cpp와 ofApp.h 파일이 그 주인공이다.

아래는 ofApp.h 파일이다. 여기서 ofApp 이라는 클래스를 선언하고 있다.

```
class ofApp : public ofBaseApp{

    public:
        void setup();
        void update();
        void draw();

        void keyPressed(int key);
```

조언

```
        void keyReleased(int key);
        void mouseMoved(int x, int y );
        void mouseDragged(int x, int y, int button);
        void mousePressed(int x, int y, int button);
        void mouseReleased(int x, int y, int button);
        void mouseEntered(int x, int y);
        void mouseExited(int x, int y);
        void windowResized(int w, int h);
        void dragEvent(ofDragInfo dragInfo);
        void gotMessage(ofMessage msg);

};
```

아래는 ofApp.cpp 파일의 일부분이다. ofApp 클래스의 세부 사항들을 정의하고 있다.

```
#include "ofApp.h"

void ofApp::setup() {

}

void ofApp::update() {

}

void ofApp::draw() {

}
```

여기서 우리는 여러 함수들을 우리가 원하는 대로 정의하면서 코딩하였던 것이다.

4.2.6 오픈프레임웍스 2차원 배열 == 이미지(image)

예제 코드: array2d_of_image_load

앞의 연습 문제에서도 소개되었지만, 2차원 배열은 영상 처리(image processing) 분야에서 많이 사용된다. 포토샵 등의 프로그램에서 영상을 회전, 축소, 확대 등의 변환 작업이 이에 해당한다.

이제 오픈프레임웍스에서 이미지를 사용해보자. 관련 정보는 아래의 사이트를 참고하자.

http://openframeworks.cc/documentation/graphics/ofImage/

참고

openFrameworks와 관계된 C++ 언어의 특성

C++의 클래스 개념을 모르면 openFrameworks를 이해하기 쉽지 않은데, 핵심만 이해하자. "클래스는 자료형(data type)이다". openFrameworks에서 제공하는 많은 클래스 중에서 ofImage 클래스는 그림 파일(이미지 파일)을 사용하기 위한 클래스다.

본 교재에서 사용하는 ofImage 클래스의 멤버 함수로는 아래가 있다.

- load(char *fileName): 파일 이름을 문자열로 받아서 이미지를 읽어들인다.
- draw(float x, float y): 화면의 (x, y) 위치에 이미지를 그린다.
- resize(float x, float y): 이미지의 크기를 x, y 크기로 변경한다.

제공되는 ofImage 클래스를 사용해서 간단한 이미지를 로드하고 화면에 그려보자. 마우스의 위치에 따라 이미지가 움직이고, 키보드 버튼에 따라 이미지의 크기를 변경시킬 것이다.

1. 새로운 openFrameworks 프로젝트를 생성하고,
2. ofApp.cpp 파일을 아래와 같이 수정하자.

```
#include "ofApp.h"

typedef struct GameObject {
    int x;
    int y;
    ofImage image;
} GameObject;

GameObject player;

// 함수 선언
void playerMove();
void playerDraw();
```

```
//--------------------------------------------------------------
void ofApp::setup() {
    player.image.load("player.jpg");
}

//--------------------------------------------------------------
void ofApp::update() {
    playerMove();
}

//--------------------------------------------------------------
void ofApp::draw() {
    playerDraw();
}

// 그림이 마우스의 위치를 따라오게 한다.
void playerMove() {
    player.x = ofGetMouseX();
    player.y = ofGetMouseY();
}

void playerDraw() {
    ofSetColor(ofColor::white);
    player.image.draw(player.x, player.y);
}

/*************************************************************************
' 함수명    : keyPressed(int key)
' 설명      : openFrameworks의 keyPressed( ) 함수는 프로그램 실행 중에 키가 눌리면
'             자동으로 호출되는 함수이다.
'b' 키가 눌리면 이미지를 크게(bigger)
's' 키가 눌리면 이미지를 작게(smaller) 변경한다.
' 리턴값    : void
' 매개변수  : 눌린 키의 문자
'/*************************************************************************/
void ofApp::keyPressed(int key) {
    // bigger
    if (key == 'b' || key == 'B') {
        // 아래와 같이 하면 단순하겠지만,
        // height와 width 멤버 변수는 protected 변수여서 외부에서 접근할 수 없다.
        // player.image.height *= 0.1;
        player.image.resize(player.image.getWidth()*1.1, player.image.getHeight()*1.1);
    }
    // smaller
    else if (key == 's' || key == 'S') {
        player.image.resize(player.image.getWidth()*0.9, player.image.getHeight()*0.9);
    }
}
```

중요하다! 오픈프레임웍스에서 이미지 파일을 사용하려면, 그림 파일을 프로젝트 폴더의 [bin]—[data]라는 폴더에 저장해두어야한다. 기본적으로 프로그램에서 사용하는 파일, 이미지 등은 이 폴더에서 찾기 때문이다.

<ofApp.cpp>

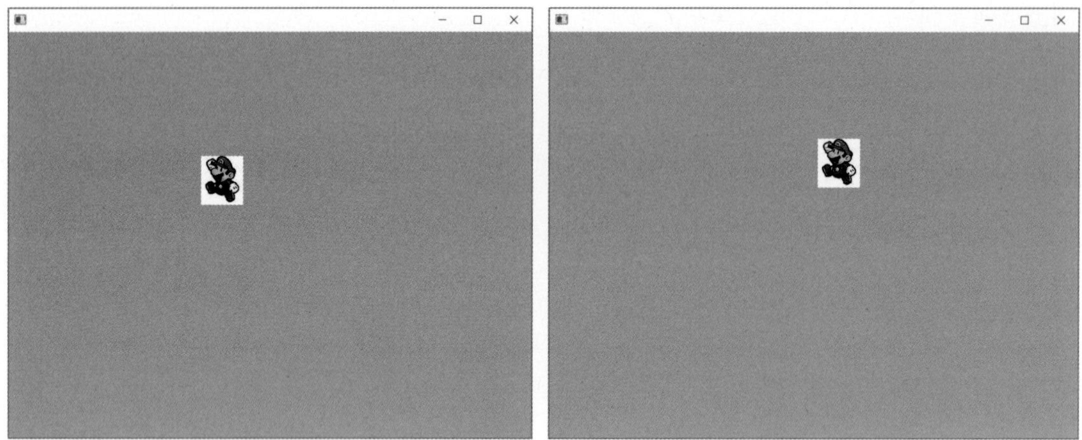

〈결과 화면〉

4.3 구조체(struct)

실제 프로그래밍에서는 관련있는 데이터들을 통합해서 사용하는 경우가 빈번하다. 이와 같은 상황에서 논리적으로 관련있는 항목(field)들을 하나의 이름으로 묶어서 사용하면 편한데, 이를 '구조체(struct)'라고 한다.

struct는 structure 라는 의미. 예를 들면 학생과 관련된 정보(이름, 학번, 학과명, 주소, 전화 번호)들도 이렇게 묶음으로 관리할 필요가 있다. 이때 사용하는 것이 이제부터 설명할 구조체(struct)이다.

> 구조체(struct)를 다양한 자료형의 변수들의 묶음이라고 한다면, 배열(array)는 동일한 자료형들을 묶은 것이라고 볼 수 있다. 또한 배열은 '변수(variable)'를 선언하는 것이지만, 구조체는 '자료형(data type)'을 선언하는 것이다.

> **참고** C 언어는 함수의 반환값은 1개만 사용할 수 있다. 따라서 여러 개의 값을 동시에 반환하고자 할때의 대안이 구조체 또는 포인터 변수이다. 그렇지만 Python과 같은 언어는 2개 이상의 값도 Tuple(튜플)이라는 자료형으로 반환할 수 있다.

C 언어를 이용한 자료 구조에서 구조체는 아주 아주 많이 사용된다. 지금부터 구조체의 기본적인 사항들을 살펴보자. 이 책에서는 구조체의 핵심적인 부분만 살펴본다. 자세한 내용은 각자 C 언어 책을 참고하자.

아래에서 '구조체 형(type)선언'과 '구조체 변수 선언' 예를 보자. 아래의 좌·우는 동일한 의미이다. 저자는 왼쪽 방식을 선호한다.

구조체 형을 선언한 후 별도로 구조체 변수를 선언하는 경우	구조체 형의 선언과 동시에 구조체 변수를 선언하는 경우

`struct Point{`
`int x;`
`int y;`
`};`
`struct Point p1, p2;`
	`struct Point{`
	`int x;`
	`int y;`
	`} p1, p2;`

여기서 x, y를 구조체 point의 멤버 변수(member variable)라고 한다. 그리고 구조체 형의 선언에는 꼭 마지막에 세미콜론을 적어야한다.

변수 p1, p2는 point 형 구조체 변수이다.

구조체 변수를 선언할 때는 이와 같이 struct 키워드를 꼭 써줘야한다.

일단 구조체 형을 선언하고 해당 구조체의 변수를 선언하였다면 이를 어떻게 사용하는지 알아보자. 구조체의 멤버 변수를 참조하는 연산자는 2가지가 있다.

- **직접 멤버 참조 연산자(.)**: 일반적인 구조체 변수의 멤버를 사용할 때
- **간접 멤버 참조 연산자(->)**: 구조체 변수가 포인터 변수인 경우에 포인터 변수를 이용하여 접근할 때

즉, 아래와 같이 구조체의 멤버 변수를 사용할 수 있다.

예

```
struct Point{    // 구조체 선언
    int x;
    int y;
};

struct Point p1; // 구조체 변수 선언
p1.x = 20;
p1.y = 10;

struct Point* pp; // 구조체 포인터 변수 선언
pp = &p1;
pp->x = 20;
pp->y = 10;
```

C언어에서 제공되는 기본 자료형만을 이용하면 코딩이 불편한 경우에 구조체를 사용하면 코딩이 편해질 수 있다. 위 경우는 단지 2개의 변수를 한 묶음으로 만든 경우이지만, 더 많은 변수들을 묶는다면 함수에 파라미터를 넘겨줄 때 아주 많이 편하다는 사실을 느낄 수 있을 것이다.

구조체는 포인터 변수와 함께 사용하여 다양한 자료 구조를 만들어 사용할 수 있다. 이에 대한 내용은 이 교재 6장의 "연결 리스트"에서 살펴본다.

4.3.1 구조체 변수와 일반 변수의 같은 점, 다른 점

C 언어 관련 서적에서 구조체가 일반 변수 자료형과 다른 점을 배웠겠지만, 중요한 부분만 여기서 다시 살펴보자. C 언어를 이용한 자료 구조 구현에서는 구조체가 아주 자주 사용되기 때문이다.

■ 같은 점

구조체에서는 사용할 수 없는 기능도 있다. 이 내용은 바로 아래에 '다른 점' 파트에서 모아서 살펴보자.

1. 구조체 변수는 일반 변수와 '대부분' 동일한 방법으로 사용할 수 있다. 함수의 파라미터로 전달하거나 함수의 반환 값으로 사용할 수 있고, 대입 연산도 가능하다.
2. 구조체의 배열을 사용할 수 있다. 사용법은 일반 변수와 동일하다. 아래는 배열 자료 구조의 각 항목이 구조체인 경우이다. 아주 많이 사용되는 형식이다.

예
```
struct Point{
    int x;
    int y;
};
struct Point pixel[10];
pixel[0].x = 10;
pixel[0].y = 20;
```

3. 구조체 포인터 변수를 사용할 수 있다.

예

```
struct Point pixel;
struct Point* p = &pixel;

(*p).x = 10;
p->x = 10;
```

이 두 문장은 동일한 의미이다. 연산자 '->'를 "간접 멤버 참조 연산자"라고 한다. 포인터가 가리키는 구조체 멤버 변수는 -> 연산자를 사용하면 편하다. 이 부분은 잠시 후에 자세히 살펴보자.

4. 구조체의 멤버 변수로 '다른 구조체 변수'를 사용할 수 있다.

구조체의 자신의 구조체 변수를 사용할 수 는 없지만, 멤버 변수로 다른 구조체 변수는 사용할 수 있다.

예

```
struct Point{
    int x;
    int y;
};

struct Circle {
   struct Point center;
   int radius;
};
struct Circle c1 = { {10,20}, 50};
```

Circle이라는 구조체 형에서 Point 구조체 변수를 멤버 변수로 사용하고 있다.

■ 다른 점

1. 아래와 같이 구조체 변수 사이에 비교 연산자를 사용할 수 없다. 그리고 구조체 변수 사이의 사칙 연산도 사용할 수 없다.

예

```
struct Point p1={10, 20};
struct Point p2={10, 30};
struct Point p3;

bool isSameCoordinate(struct Point p1, struct Point p2){
         if (p1==p2) return true;
         else return false;
}
```

구조체 변수가 동일한지 비교하기 위해서 이 문장을 p1==p2와 같이 사용할 수 없다. 주의하자! 멤버 변수를 각각 모두 비교해야한다.

위의 코드는 아래와 같이 변경해야한다.

구조체 변수가 동일한지 비교하기 위해서 이 문장을 p1==p2와 같이 사용할 수 없다. 주의하자! 멤버 변수를 각각 모두 비교해야한다.

```
bool isSameCoordinate(struct Point p1, struct Point p2){
        if (p1.x==p2.x && p1.y==p2.y) return true;
        else return false;
}
```

대입 연산은 가능하지만 아래의 + 와 같은 사칙 연산은 안된다.

```
p3 = p1 + p2
```

■ 주의할 점

구조체를 사용할 때는 몇가지 제약 사항이 있다.

- 구조체 자신의 멤버로 구조체 자신을 사용할 수 없다.
- 구조체 선언에서 멤버 변수를 초기화할 수 없다. 구조체 선언은 새로운 형(type)을 선언하는 것이기 때문이다.

구조체의 선언은 단순한 새로운 데이터 형의 선언이다. 따라서 구조체를 선언하면서 내부의 멤버 변수 값을 초기화할 수는 없다.

4.3.2 함수의 파라미터로 사용되는 구조체

자료 구조의 각 기능들을 함수로 구현하고, 구조체 변수를 함수의 파라미터로 넘겨주는 경우가 많다. 구조체 변수를 함수의 파라미터로 넘겨줄 때는 일반적인 변수와 같이 call-by-value로 복사된다.

C 언어에서의 파라미터 전달은 기본적으로 모두 call-by-value 방식이다. & 연산자를 통해서 주소를 넘겨주는 방식도, 주소 값을 복사해서 넘겨주는 셈이기 때문이다.

```
#include <stdio.h>

struct Point {
    int x;
    int y;
};

void printCoordinate(struct Point p) {
    printf("%d,%d"\n, p.x, p.y);
}

struct Point moveCoordinate(struct Point p1) {
    p1.x += 10;
    p1.y += 10;

    return p1;
}

int main() {
    struct Point p1 = { 10, 10 }, p2;

    p2 = moveCoordinate(p1);
    printCoordinate(p2);

    return 0;
}
```

구조체 변수를 파라미터로 사용 가능

point 구조체 변수를 파라미터로 받아서, 멤버 변수들의 값을 변경한 후 반환하는 함수다.

구조체 형을 함수의 반환형으로 사용할 수 있다.

moveCoordinate( ) 함수에서 반환된 구조체 값을 다른 구조체 변수에 대입

```
20,20
```

그러나 구조체의 멤버 변수가 많은 경우는 call-by-value로 파라미터를 전달하면, 함수 호출 시에 구조체 파라미터를 복사하는데 공간적, 시간적으로 낭비가 많기 때문에 주소를 전달하는 경우가 많다. 이러한 방식을 call-by-address라고 하자. 이렇게 주소를 전달하면 변경된 값을 돌려받을 수 있다는 장점도 있다. 이를 위해서 구조체 포인터 변수를 사용하면 된다.

아래의 코드는 동일한 기능을 수행하는 함수를 하나는 call-by-value로, 다른 하나는 call-by-address로 구현한 코드이다.

```
#include <stdio.h>

// student라는 이름의 구조체 선언
struct Student {
    int id;
    char name[20];
    int grade;
};

// 구조체 변수를 call-by-value로 파라미터를 전달받는 함수
void printStudentCallByValue(struct Student s);

// 구조체 변수를 call-by-address로 파라미터를 전달받는 함수
void printStudentCallByReference(struct Student* s);

int main() {
    struct Student me = { 103405, "HongGilDong", 1 }; // 구조체 변수의 선언과 초기화

    struct Student someone;
    struct Student *who; // 구조체 포인터 변수 선언

    printf("%d %20s %d"\n, me.id, me.name, me.grade); // 구조체 멤버 변수들을 하나 하나 출력
    someone = me; // 구조체 대입문 사용
    printf("%d %20s %d", someone.id, someone.name, someone.grade);

    who = &me; // 구조체 포인터 변수 who에 구조체 me의 주소 대입
    printf("%d %20s %d", who->id, who->name, who->grade);

    printStudentCallByValue(me); // call-by-value로 구조체 전달
    printStudentCallByReference(&me); // call-by-address로 구조체 전달

    return 0;
}

void printStudentCallByValue(struct Student s) {
    printf("%d %20s %d"\n, s.id, s.name, s.grade);
}

void printStudentCallByReference(struct Student* s) {
    printf("%d %20s %d"\n, s->id, s->name, s->grade);
}
```

구조체 포인터 변수를 사용할 때는 간접 멤버 참조 연산자를 사용하여 멤버 변수를 사용한다.

포인터로 파라미터를 전달받을때는 간접 멤버 접근 연산자인 ->을 사용해야한다.

```
103405         HongGilDong 1
103405         HongGilDong 1
103405         HongGilDong 1
103405         HongGilDong 1
103405         HongGilDong 1
```

구조체를 call-by-address로 함수의 파라미터로 전달하면 구조체 파라미터 전달 속도와 메모리가 절약되는 장점이 있다. 그러나 call-by-address로 전달하면 callee에서 값을 수정할 수 있기 때문에, 구조체를 call-by-address로 전달하고 호출된 함수에서 파라미터의 값을 변경하지 않는(변경할 필요가 없는) 경우에는, 아래와 같이 구조체 파라미터를 const로 선언하는 것이 안전하다.

구조체 멤버 변수를 하나 하나 스택(stack)에 복사하는 것보다, 구조체의 시작 주소를 넘겨주면 되기 때문이다.

```
void printStudentCallByReference(const struct Student* s) {
    printf("%d %20s %d"\n, s->id, s->name, s->grade);
    s->id += 10;
}
```

파라미터를 const로 선언함으로써 call-by-reference로 넘겨주긴 했지만 호출된 함수에서 파라미터를 변경할 수 없다.

이 부분에서 에러가 발생한다. 파라미터가 const 형이기 때문이다.

error: assignment of member 'id' in read-only object

```
 s->id += 10;
     ^
```

4.3.3 typedef

typedef 키워드를 이용해서 기존에 사용하는 데이터 형에 새로운 이름을 붙일 수 있다. 이렇게 typedef를 사용하면 구조체를 사용하는 코드가 읽기 쉬워진다. 사용법은 아래와 같다.

```
typedef    기존_데이터형    새_이름
```

C에서는 문자열 변수형을 제공하지 않는데, 아래와 같이 typedef를 이용하면 char * 형을 문자열 타입으로 사용할 수 있다.

```c
#include <stdio.h>

typedef char* String;

int main() {
    String msg = "Hello World !";

    printf("%s", msg);

    return 0;
}
```

char * 형을 String으로 정의한다. C에서 기본적으로 제공되는 타입과 시각적으로 쉽게 구별하려고 첫 글자를 대문자로 사용해서 String으로 사용하였다.

String 자료형으로 msg 변수를 선언하였다.

```
Hello World !
```

typedef는 기본 자료형 뿐만 아니라 파생 자료형(구조체(struct), 공용체(union), 열거형(enum) 등)도 사용할 수 있다.

```c
#include <stdio.h>

struct point {
    int x;
    int y;
};

typedef struct point Point;

int main() {
    Point p1 = { 10, 20 };

    printf("%d %d", p1.x, p1.y);

    return 0;
}
```

struct point 형을 Point형으로 typedef. 이렇게 typedef 하고 나면 구조체 변수를 선언할 때 아래와 같이 편하다.

Point p1 = {10, 20};

이제 Point를 일반적인 자료형처럼 사용할 수 있다.

```
10 20
```

위와 같은 경우는 아래와 같이 구조체를 선언함과 동시에 typedef로 구조체 형(struct point)을 새로운 형(Point)으로 선언해도 된다.

```c
typedef struct point{
    int x;
    int y;
} Point;

Point p1 = {10, 20};
```

4.3.4 심화 2차원 행렬 연산 구현

예제 코드: array2DVariableSize

심화 로 표시된 부분은 조금 난이도가 있는 내용을 의미한다. 이 교재의 곳곳에 심화 내용이 있는데, 자신의 수준에 맞춰서 선택을 하자.

앞의 2차원 배열에서 소개했던, 2차원 행렬 연산(덧셈, 곱셈) 구현은 행렬의 가로, 세로 크기가 고정되어 있었다. 물론 행렬의 크기를 #define 예약어를 통해서 변경해서 사용할 수도 있겠지만 조금 더 융통성이 높은 프로그램을 작성해보자.

필요에 따라 다양한 크기의 2차원 행렬을 사용할 수 있도록, 위의 2차원 행렬 연산 코드를 조금 더 일반적인 형식으로 수정해보자. 다양한 크기의 행렬을 지원하기 위해서 동적으로 메모리를 할당 받아서(dynamic memory allocation) 2차원 행렬을 생성해서 사용한다.

아래의 코드는 동적 메모리 할당, 이중 포인터, 구조체 등을 사용하는 등 조금 이해하기 어려울 수 있다.

참고로 memset( ) 함수에 대해서 알아두자. 요긴하게 사용할 수 있는 함수다. 아래와 같이 선언된 memset( ) 함수는 stdlib.h 헤더 파일이 필요하다.

```
void *memset(void *str, int c, size_t n)
```

- str: 메모리의 시작 주소
- c: 초기화 할 값
- n: 초기화할 바이트 수

즉, str 주소부터 n 바이트 크기만큼 c 값으로 초기화해주는 함수다.

```
#ifndef _ARRAY_2D_VARIABLE_H
#define _ARRAY_2D_VARIABLE_H

typedef int item;
typedef struct {
    int col;
    int row;
    item** var; // 2차원 배열을 표현하기 위해서 2중 포인터를 사용하였다.
} Matrix;
```

```
// 함수 선언
Matrix* matrixNew(int row, int col);
void matrixInit(Matrix* m, item* src);
void matrixFree(Matrix* m);
Matrix* matrixMultiply(const Matrix* a, const Matrix* b);
Matrix* matrixAdd(const Matrix* a, const Matrix* b);

#endif
```

<array2DVariableSize.h>

```
/*****************************************************************************
' 파일명    : array_2d_variable_size.c
' 내용      : 가변적인 크기의 2차원 배열의 덧셈, 곱셈 연산
' 제한사항  :
' 오류처리  :
'/*****************************************************************************/

#include <stdio.h>
#include <stdlib.h>
#include <string.h>
#include "array2DVariableSize.h"

/*****************************************************************************
' 함수명    : matrixNew(int row, int col)
' 설명      : 새로운 행렬을 생성한다.
' 파라미터로 받은 row, col에 맞게 2차원 배열을 동적으로 할당한다. 3단계로 할당 받는다.
'  1. Matrix 구조체 변수 메모리 할당
'  2. 행의 갯수에 맞게 메모리 동적 할당
'  3. 각 행의 열의 갯수에 맞게 메모리 할당
'
' 리턴값    : Matrix *
' 매개변수  : 생성할 행렬의 row와 col
'/*****************************************************************************/
Matrix* matrixNew(int row, int col) {
    Matrix* m;

    m = (Matrix*)malloc(sizeof(Matrix)); // Matrix 구조의 변수를 위한 메모리 할당
    m->row = row;
    m->col = col;
    m->var = (item**)malloc(sizeof(item*)*row); // 행의 갯수 만큼 메모리 할당

    for (int i = 0; i < row; i++) {
        m->var[i] = (item*)malloc(sizeof(item)*col); // 각 행의 칼럼 만큼 메모리 할당
        memset(m->var[i], 0, sizeof(item)*col); // memset( ) 함수는 각 행의 모든 칼럼을 0으로 초기화
    }
    return m;
}
```

```
/*****************************************************************************
' 함수명    : matrixFree(Matrix* m)
' 설명      : 행렬의 메모리를 해제한다.
' 구조체 형식의 배열을 순차적으로 해제한다.
' 해제하는 순서는 할당 받은 역순이다.
'
' 리턴값    : void
' 매개변수  : 해제할 행렬의 Matrix *
'/*****************************************************************************/
void matrixFree(Matrix* m) {
    for (int i = 0; i < m->row; i++) {
        free(m->var[i]); // 칼럼의 포인터 변수 해제
    }
    free(m->var); // 행의 포인터 변수 해제
    free(m); //  Matrix 구조 변수 해제
}

/*****************************************************************************
' 함수명    : matrixInit(Matrix* m, Item* src)
' 설명      : 1차원 배열 형식의 데이터를 파라미터로 받아서 2차원 배열을 초기화한다.
' 리턴값    : void
' 매개변수  : 행렬의 Matrix *, 초기화에 사용할 Item *
'/*****************************************************************************/
void matrixInit(Matrix* m, item* src) {
    for (int j = 0; j < m->row; j++)
        for (int i = 0; i < m->col; i++)
                m->var[j][i] = src[j*m->col + i];
}

/*****************************************************************************
' 함수명    : matrixAdd(Matrix* a, Matrix* b)
' 설명      : 2개의 행열의 합
' 2 배열의 행과 열의 숫자가 동일한지 체크해야한다.
' 행렬의 합 결과값은 동적으로 할당받은 메모리를 이용해서 반환값(return value)으로 돌려준다.
'
' 리턴값    : 합 행렬의 Matrix *
' 매개변수  : Matrix * 의 2개의 행렬
'/*****************************************************************************/
Matrix* matrixAdd(Matrix* a, Matrix* b) {
    Matrix* m;

    if (a->col != b->col || a->row != b->row) return NULL;

    m = matrixNew(a->row, a->col);
    for (int j = 0; j < a->row; j++) {
        for (int i = 0; i < a->col; i++) {
                m->var[j][i] = a->var[j][i] + b->var[j][i];
        }
```

```
    }
    return m;
}

/*****************************************************************************
' 함수명    : matrixMultiply(Matrix* a, Matrix* b)
' 설명      : 2개의 행열의 곱
' 곱하는 행렬 중에서 앞의 행렬의 열과 뒤의 행렬의 행 숫자가 동일한지 체크해야한다.
' 행렬의 곱 결과값은 동적으로 할당받은 메모리를 이용해서 반환값(return value)으로 돌려준다.
'
' 리턴값    : 곱 행렬의 Matrix *
' 매개변수  : Matrix * 의 2개의 행렬
'/*****************************************************************************/
Matrix* matrixMultiply(Matrix* a, Matrix* b) {
    Matrix* m;
    int col, row, iter;

    if (a->col != b->row) return NULL;

    row = a->row;
    col = b->col;
    iter = a->col;

    m = matrixNew(row, col);
    for (int j = 0; j < row; j++) {
        for (int i = 0; i < col; i++) {
            for (int k = 0; k < iter; k++) {
                m->var[j][i] += a->var[j][k] * b->var[k][i];
            }
        }
    }
    return m;
}

/*****************************************************************************
' 함수명    : matrixPrint(Matrix* a)
' 설명      : 행렬을 화면에 출력
' 리턴값    : void
' 매개변수  : Matrix * 의 행렬
'/*****************************************************************************/
void matrixPrint(Matrix* m) {
    for (int j = 0; j < m->row; j++) {
        for (int i = 0; i < m->col; i++) {
            printf("%5d ", m->var[j][i]);
        }
        printf("\n");
    }
    printf("\n");
}
```

<array2DVariableSize.c>

```
#include <stdio.h>
#include "array2DVariableSize.h"

int main() {
    item a[] = { 1, 2, 3, 2, 3, 4, 1, 2, 2 };
    item b[] = { 2, 4, 3, 4, 3, 4, 1, 5, 2 };

    // 행렬 생성
    Matrix *m1 = matrixNew(3, 3);
    matrixInit(m1, a);
    matrixPrint(m1);

    // 행렬 생성
    Matrix *m2 = matrixNew(3, 3);
    matrixInit(m2, b);
    matrixPrint(m2);

    Matrix *m3;
    m3 = matrixAdd(m1, m2); // 덧셈
    matrixPrint(m3);

    m3 = matrixMultiply(m1, m2);  // 곱셈
    matrixPrint(m3);

    // 메모리 해제
    matrixFree(m1);
    matrixFree(m2);
    matrixFree(m3);

    return 0;
}
```

```
 1   2   3
 2   3   4
 1   2   2

 2   4   3
 4   3   4
 1   5   2

 3   6   6
 6   6   8
 2   7   4

13  25  17
20  37  26
12  20  15
```

<test.c>

참고 여기서 한 가지 염두에 두었으면 좋겠다. 앞으로 배울 다양한 자료 구조의 구현 방식은 여러 많은 방식 중의 1개일 뿐이다. 어떤 방식을 사용하는 것이 좋을지는 본인의 여건과 능력에 따라 선택해서 사용하면 된다.

4.4 희소 행렬(稀少, sparse matrix)

많은 경우에 행렬의 각 원소들의 값이 양수인 경우 만을 사용하는 상황을 가정해볼 수 있다. 예를 들어, 2차원 게임 화면에 아이템들이 배치되어 있는데, 이를 2차원 배열로 관리하는 상황이다. 배열의 각 숫자 값이 아이템의 종류를 나타낸다고 생각해보자. 그런데 아이템의 개수가 화면에 몇 개 안되는 경우가 여기에 해당할 것이다.

아래의 왼쪽 그림이 바로 희소 행렬의 예다. 희소 행렬이란 행렬의 많은 항들이 0으로 되어 있는 행렬을 의미한다. 이러한 경우에는 아래의 오른쪽 그림과 같이 항목의 값이 0이 아닌 값들만 별도의 다른 형식으로 저장하는 것이 더 효율적일 수 있다.

희소 행렬의 의미를 잘 이해하자.

아래의 예를 살펴보자. 좌측의 2차원 배열에서 0이 아닌값이 5개가 있다. 그러면 5*3의 2차원 배열을 만들고, 여기에 각 항목의 행번호, 행 번호, 열 번호, 값을 기록하는 방식이다.

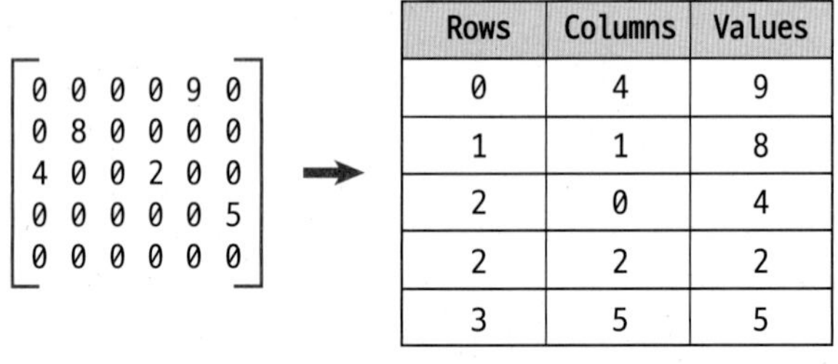

Rows	Columns	Values
0	4	9
1	1	8
2	0	4
2	2	2
3	5	5

일반 행렬의 표현 희소 행렬을 위한 표현

〈희소 행렬의 표현 예〉

즉, 희소 행렬인 경우, 위와 같은 저장하는 것이 메모리를 절약할 수 있는 방법이 될 수 있다. 물론 행렬이 희소 행렬인 경우에 한한다.

> **참고**
> 희소 행렬이 실제적으로 사용되는 상황으로 어떤 경우가 있을까? 웹(web) 페이지 사이의 연결을 표현한다고 생각해보자. 거미줄처럼 연결된 웹 페이지 간의 연결을 표현할 때 사용하는 자료 구조를 보통 그래프(graph)라고 한다. 그래프라는 자료 구조는 이 책의 후반부에서 배운다. 인터넷 상의 수 많은 사이트들이 있지만, 그 중에 서로 연결된 사이트는 상대적으로 많지 않다. 이와 같이 희소 행렬은 많은 노드 개수에 비해서 에지가 적은 경우에 많은 도움이 되는 표현이다.

4.4.1 (기본 #1) 희소 행렬 구현

가장 간단하게 일반 행렬을 희소 행렬 형식으로 변환해보자. 그런데 여기서 문제가 있다. C 표준인 C99부터 지원되는 가변 길이 배열(Variable-Length Array: VLA)이 Visual Studio에서는 지원되지 않는다는 점이다.

C언어에서 2차원 배열을 만드는 방법은 다음과 같다. 그렇지만 아래는 컴파일 시점에서 크기를 정적으로 정해줘야한다는 단점이 있다.

```
int array[6][8];
```

C99 표준부터는 아래와 같이 지역 변수(local variables)에 한해서 동적으로 배열을 선언할 수 있다. 그러나 Visual Studio에서는 지원되지 않는다는 것이 문제다.

```
int arrayProcessExample(){

    int height = 6, width = 8;
    int array[ height ][ width ];

    for(int i=0; i<height; i++) {
        for(int j=0; j<width; j++) {
            printf("%d ", array[i][j]);
        }
        printf("\n");
    }
}
```

배열의 크기가 변수로 선언되어 있다. 이것이 VLA(Variable-Length Array)이다.

웹 컴파일러를 사용하든지, 아니면 C 언어의 다른 개발 환경으로 code blocks라는 것도 많이 사용한다. 이 환경에서는 gcc라는 아주 일반적인 C 컴파일러를 사용하는데, gcc 컴파일러는 C 언어의 최신 표준을 지원하고 있기 때문에 관심있는 사람은 이 컴파일러를 사용해보자.

http://www.codeblocks.org/

따라서 아래의 프로그램은 VLA가 지원되는 아래의 웹 컴파일러에서 확인하자.

http://tpcg.io/VWFSl2

```
#include<stdio.h>

int main()
{
    // 원래의 희소 행렬
    int matrix[4][5] =
    {
        { 0 , 0 , 3 , 0 , 4 },
        { 0 , 0 , 5 , 7 , 0 },
        { 0 , 0 , 0 , 0 , 0 },
        { 0 , 2 , 6 , 0 , 0 }
    };

    // 행렬의 0이 아닌 항목의 갯수 측정
    int size = 0;
    for (int i = 0; i < 4; i++)
        for (int j = 0; j < 5; j++)
                if (matrix[i][j] != 0)
                        size++;

    // VLA(Variable-length Array) 선언
    // 이와 같이 지역변수로 선언되는 배열은 가변 길이로 지정 가능하다.
    int sparseMatrix[size][3];

    // 일반 행렬을 sparse Matrix로의 변환
    int k = 0;
    for (int i = 0; i < 4; i++)
        for (int j = 0; j < 5; j++)
                if (matrix[i][j] != 0)
```

```
            {
                    sparseMatrix[k][0] = i;
                    sparseMatrix[k][1] = j;
                    sparseMatrix[k][2] = matrix[i][j];
                    k++;
            }

    // sparseMatrix 출력
    for (int i = 0; i<size; i++)
    {
        for (int j = 0; j<3; j++)
                printf("%d ", sparseMatrix[i][j]);

        printf("\n");
    }
    return 0;
}
```

```
0 2 3
0 4 4
1 2 5
1 3 7
3 1 2
3 2 6
```

여기서 sparseMatrix[k][i]가 희소 행렬을 위한 배열이다. 인덱스 k가 항목의 순번, i가 0,1,2에 따라서 행 번호, 열 번호, 항목의 값을 나타낸다.

<일반 행렬의 희소 행렬 형태로의 변환>

4.4.2 (기본 #2) 희소 행렬 구현

예제 코드: sparse Martix SimpleMalloc

위의 프로그램은 C99의 VLA 기능을 사용하였다. 그러나 Visual Studio의 C 컴파일러(정확하게는 C++ 컴파일러)는 VLA를 지원하지 않기 때문에 부득이하게 malloc( ) 함수를 이용해서 동적으로 메모리를 할당해야한다. 여기서 2차원 배열을 동적 메모리 할당하는 법을 알아보자.

동적 메모리 할당 방법을 알아보자. 먼저, 1차원 배열을 동적으로 할당 받는 방법은 다음과 같다.

```
int width = 8;
int *array;
array = (int *) malloc ( sizeof(int) * width );
```

동적으로 할당받은 메모리도, 배열처럼 접근이 가능하다.

```
array[0], array[1], ..., array[7]
```

2차원 배열을 할당받기 위해서는 malloc( ) 함수를 여러번 호출해야한다. 이를 위해서 2중 포인터를 사용해야한다.

```
int height = 6, width = 8;
int **array;
array = (int**) malloc ( sizeof(int*) * height );
for(int i=0; i<height; i++){
    array[i] = (int*) malloc ( sizeof(int) * width );
}
```

위와 같은 방식의 동적 메모리 할당 방법이 잘 이해되지 않는다면, 다음의 그림을 같이 보면서 이해해보자. 행(row)의 개수만큼 메모리를 할당 받고, 각 행에 대해서 열(column)에 해당하는 메모리를 할당받는 구조이다.

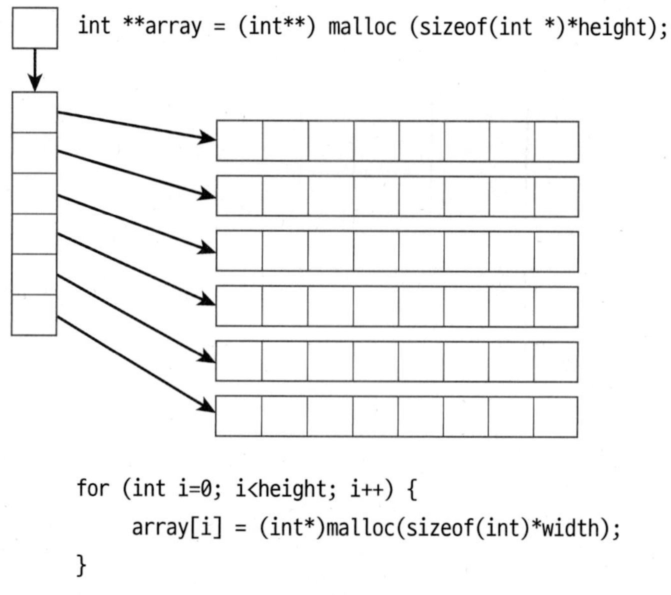
int **array = (int**) malloc (sizeof(int *)*height);
for (int i=0; i<height; i++) {
array[i] = (int*)malloc(sizeof(int)*width);
}

〈이중 포인터를 이용해서 2차원 배열을 동적 메모리 할당 받는 구조〉

이렇게 할당받은 2차원 배열은 일반적인 2차원 배열과 같이 사용할 수 있다. 그러나 일반적인 2차원 배열과 다른 점은 동적으로 할당받은 메모리이기 때문에, 사용한 후, 메모리를 해제해야 한다. for문을 이용해서 여러번 malloc( )로 메모리 공간을 할당 받았기 때문에, 해제할 때도, for문을을 이용해서 여러번 해제해야 한다(메모리를 할당 받는 역순으로 해제해야한다).

```
for(int i=0; i<height; i++){
    free(array[i]);
}
free(array);
```

이제까지 배운 동적 메모리 할당 방법을 통해서 희소 행렬을 구현해보자. 바로 앞의 프로그램과 달라지는 부분을 음영으로 표시하였다. 변경된 부분을 참고하자.

```
/**************************************************************************
' 파일명    : sparseMatrixSimpleMalloc.c
' 내용      : 동적 메모리 할당을 이용한 sparse Matrix 구현
' 제한사항  :
' 오류처리  :
'/**************************************************************************/

#include <stdio.h>

int main()
{
    // 원래의 희소 행렬
    int matrix[4][5] =
    {
        { 0 , 0 , 3 , 0 , 4 },
        { 0 , 0 , 5 , 7 , 0 },
        { 0 , 0 , 0 , 0 , 0 },
        { 0 , 2 , 6 , 0 , 0 }
    };

    // 동적 할당 받은 메모리의 양을 계산하기 위해서
    // 행렬의 0이 아닌 항목의 갯수 측정
    int size = 0;
    for (int i = 0; i < 4; i++)
        for (int j = 0; j < 5; j++)
                if (matrix[i][j] != 0)
                        size++;

    // Visual Studio 환경에서는 VLA가 지원되지 않아서, malloc( )를 이용해서 구현함
    // 실제로는 VLA를 이용하면 아래와 같이 가변 길이 배열 변수를 선언해서 사용하면 됨.
    // int sparseMatrix[size][3];
    int **sparseMatrix;
    sparseMatrix = (int**)malloc(sizeof(int*) * size);
    for (int i = 0; i<size; i++) {
        sparseMatrix[i] = (int*)malloc(sizeof(int) * 3);
    }

    // 일반 행렬을 sparse Matrix로의 변환
    int k = 0;
    for (int i = 0; i < 4; i++)
        for (int j = 0; j < 5; j++)
                if (matrix[i][j] != 0)
                {
                        sparseMatrix[k][0] = i;
                        sparseMatrix[k][1] = j;
                        sparseMatrix[k][2] = matrix[i][j];
                        k++;
                }
```

```
    // 원 행렬 출력
    printf("Original 2-D matrix\n");
    for (int i = 0; i < 4; i++) {
        for (int j = 0; j < 5; j++)
                printf("%2d", matrix[i][j]);
        printf("\n");
    }

    // sparseMatrix 출력
    printf("Sparse Matrix Form\n");
    for (int i = 0; i<size; i++) {
        for (int j = 0; j<3; j++)
                printf("%d ", sparseMatrix[i][j]);

        printf("\n");
    }

    // 동적으로 할당받은 메모리 해제

    for (int i = 0; i<size; i++) {
        free(sparseMatrix[i]);
    }
    free(sparseMatrix);

    return 0;
}
```

```
Original 2-D matrix
 0 0 3 0 4
 0 0 5 7 0
 0 0 0 0 0
 0 2 6 0 0

Sparse Matrix Form
0 2 3
0 4 4
1 2 5
1 3 7
3 1 2
3 2 6
```

<일반 행렬의 희소 행렬 형태로의 변환: malloc()을 이용>

위의 내용만으로도 충분하게 희소 행렬인 경우를 효과적으로 처리할 수도 있다. 실제 2차원 행렬들간의 연산(덧셈, 곱셉 등)을 희소 행렬 형태로 연산을 하면 더욱 느려질 수도 있다. 그만큼 고려해야하는 사항이 많기 때문이다. 희소 행렬 형태로 검색 등의 처리만을 할 것이라면 아래의 (심화) 내용은 볼 필요가 없다.

예제 코드: sparseMatrixAdvanced

4.4.3 심화 희소 행렬 구현

앞의 방법으로도 충분히 희소 행렬을 사용할 수 있다. 아래에서는 조금 더 체계적인 방법을 사용해보자.

희소 행렬을 저장하는 첫 행에는 행렬의 행의 개수, 열의 개수, 항목의 개수를 표시하고, 그 다음의 행부터는 각 항목의 행 번호, 열 번호, 값을 기록하는 방식을 구현해보자.

$$\begin{bmatrix} 0 & 0 & 0 & 0 & 9 & 0 \\ 0 & 8 & 0 & 0 & 0 & 0 \\ 4 & 0 & 0 & 2 & 0 & 0 \\ 0 & 0 & 0 & 0 & 0 & 5 \\ 0 & 0 & 0 & 0 & 0 & 0 \end{bmatrix} \rightarrow$$

Rows	Columns	Values
5	6	6
0	4	9
1	1	8
2	0	4
2	2	2
3	5	5

〈희소 행렬의 예〉

위의 오른쪽은 0이 아닌 값들의 '행'과 '열' 번호 그리고 '실제 값'을 항목으로 가지는 구조체 배열이라고 생각하면 된다. 즉, 희소 행렬인 경우, 위와 같은 구조체 형식으로 저장하자.

아래가 2차원 배열의 희소 행렬의 ADT다. 희소 행렬을 정의하고 출력하는 연산과, 희소 행렬 표현 상에서 행번호와 열번호로 값을 검색 또는 수정하는 함수를 정의하였다.

희소 행렬 ADT

객체 〈인덱스, 원소〉 쌍의 집합

연산

```
create(n)             : 최대 n개의 원소를 가질 수 있는 희소 행렬 생성 및 반환
void print(A)         : 희소 행렬 A를 일반적인 2차원 행렬 형태로 출력
void printOriginal(A) : 희소 행렬 A의 모든 요소 출력(희소 행렬 형태로)
get(A, a, b)          : 희소 행렬 A의 a행, b열 요소 반환
set(A, a, b, value)   : 희소 행열 A의 a행, b열에 value 저장
```

아래에서 희소 행렬을 표현하기 위해서 구조체를 사용하고 있다. 먼저 아래의 2개의 구조체 표현을 잘 이해해야한다. 2개의 구조체 자료형을 사용할 것이다. 이렇게 2개의 구조체로 표현하는 방법은, 이 책의 다른 자료구조 표현에서도 계속적으로 반복되는 표현이다.

- 배열의 항목 하나를 위한 구조체
- 희소 행렬 전체를 위한 구조체

다음은 '배열의 항목 하나'를 위한 구조체로써, 항목의 '행 번호', '열 번호', '값'으로 구성된다.

```
typedef struct {
     int row;
     int col;
     int value;
} Element;
```

다음은 희소 행렬 전체를 위한 구조체로써, 행렬 전체를 표현하기 위한 구조체이다. 각 멤버 변수를 살펴보자.

```
typedef struct {
     int rowNo;    // 행렬의 행의 개수
     int colNo;    // 행렬의 열의 개수
     int valueNo;  // 행렬의 0이 아닌 항목의 개수
     Element* data; // Element 구조체 항목들의 포인터
} SparseMatrix;
```

위와 같은 자료형을 사용하면 일반적인 2차원 행렬은 아래와 같이 변환된다.

일반 2차원 행렬의 모양

				9	
	8				
4			2		
					5
					10

희소 행렬의 모양

row	col	value
0	4	9
1	1	8
2	0	4
2	3	2
3	5	5
4	5	10

희소 행렬에 적응하기 위해서 희소 행렬의 출력 방법을 생각해보자. 2가지 출력 방법을 생각해볼 수 있다. 아래의 2가지 방법은 코드에 설명이 있다. 참고하자.

- 리스트 형태로 그대로 출력하는 방법(위의 오른쪽 형태)
- 2차원 배열 형태로 출력하는 방법(위의 왼쪽 형태)

희소 행렬을 위한 함수들의 기능을 정리해보자. 앞의 희소 행렬 표현을 이해했으면 아래의 코드를 살펴보자.

- **create(n)**: 최대 n개의 원소를 가질 수 있는 희소 행렬 생성. 이 기능은 SparseMatrix A와 같은 형식으로 구조체 변수 선언으로 대체된다.
- **get(A, a, b)**: 배열 A의 [a][b] 위치의 요소 반환. 희소 행렬을 순차적으로 검색해서 값을 반환. 해당하는 요소가 없는 경우는 0을 반환.
- **set(A, a, b, value)**: 배열 A의 [a][b] 위치에 새로운 값 value를 추가. 행-우선(row_major) 순서로 정해진 위치에 추가해야 함. 이미 [a][b]에 값이 있으면 새로운 값으로 변경.

  이 부분은 조금의 설명이 더 필요하다. 아래의 희소 행렬 A에 [2][2] 위치에 새로운 값 5를 추가하는 경우를 생각해보자.

Rows	Cols	Values
0	4	9
1	1	8
2	0	4
2	3	2
3	5	5
4	5	10

즉, Set(A, 2, 2, 5); 라는 함수를 호출하는 경우에 어떤 일을 해야할까?

- if (기존의 희소 행렬에서 [2][2]의 위치에 항목이 이미 존재한다면)
  새로운 값으로 대체한다.
- else :
  화살표로 표시된 곳에 새로운 항목을 추가한다.

왜, 위와 같은 방식으로 추가해야할까? 행-우선(row-major) 방식으로 데이터들을 저장하고 있어야, 향후에 검색이 효율적이기 때문이다. 아래와 같이 헤더 파일과 소스 파일로 나누어서 구현할 수 있다.

```
#ifndef _SPARSE_MATRIX_H
#define _SPARSE_MATRIX_H

#define MAX_SIZE 20

// 희소 행렬의 하나의 항목을 위한 구조체
typedef struct {
	int row;
	int col;
	int value;
} Element;

//희소 행렬 전체를 위한 구조체
typedef struct {
	int rowNo;    // 행렬의 행의 개수
	int colNo;    // 행렬의 열의 개수
	int valueNo;  // 행렬의 0이 아닌 항목의 개수
```

```
    Element* data; // Element 구조체 항목들의 포인터
} SparseMatrix;

SparseMatrix* create(int row, int col, int* array);
void print(const SparseMatrix* sp);
void printOriginal(const SparseMatrix* sp);

// 희소 행열에서 행번호와 열번호로 항목을 검색하거나 수정하는 함수
int get(const SparseMatrix* sp, int r, int c);
void set(SparseMatrix* sp, int r, int c, int value);

#endif
```

<sparseMatrixAdvance.h>

```
/****************************************************************************
' 파일명    : sparseMatrixAdvance.c
' 내용      : sparse Matrix의 체계적인 자료구조 구현
' 제한사항  :
' 오류처리  :
'/****************************************************************************/
#include <stdio.h>
#include <stdbool.h>
#include <stdlib.h>
#include "sparseMatrixAdvanced.h"

/****************************************************************************
' 함수명  : SparseMatrix* create(int row, int col, int* array)
' 설명    : 희소 행렬 초기화: 희소 행렬의 행의 수, 열의 수를 초기화하고,
            아이템의 개수를 0으로 초기화
' 리턴값  : void
' 매개변수: SparseMatrix* sp, row, col
'/****************************************************************************/
SparseMatrix* create(int row, int col, int* array) {
    // sparse Matrix 표현을 위한 동적 메모리 할당
    int size = 0;
    for (int i = 0; i < row; i++)
        for (int j = 0; j < col; j++)
            if (array[i*col+j] != 0)
                size++;

    SparseMatrix* sp = (SparseMatrix *)malloc(sizeof(SparseMatrix));
    sp->data = (Element*)malloc(sizeof(Element) * size);

    // 일반 행렬을 sparse Matrix로의 변환
    sp->rowNo = row;
```

```
    sp->colNo = col;
    sp->valueNo = size;

    int k = 0;
    for (int i = 0; i < 4; i++)
        for (int j = 0; j < 5; j++)
                if (array[i*col+j] != 0)
                {
                        sp->data[k].row = i;
                        sp->data[k].col = j;
                        sp->data[k].value = array[i*col+j];
                        k++;
                }

    return sp;
}

/*****************************************************************************
' 함수명  : void print(const SparseMatrix* sp)
' 설명    : 희소 행렬을 2차원 행렬 모양으로 화면에 출력하는 함수
'           3중 반복문을 사용한다. 주의하자.
'           화면에 데이터들을 2차원 모습으로 순차적으로 출력하기 위해서
'           일반적인 2차원 배열의 각 위치의 항목을 희소 행렬에서
'           하나씩 찾아서 출력해야하기 때문이다.
'           - 외부의 2개의 반복문은 2차원 행렬의 각각의 항목을 순차적으로 살펴보는 용도
'           - 가장 내부의 반복문은 희소 행렬을 순서대로 행과 열을 맞춰보는 용도
' 리턴값  : void
' 매개변수: const SparseMatrix* sp
'/*****************************************************************************/
void print(const SparseMatrix* sp) {
    printf("Original form.");
    for (int i = 0; i<sp->rowNo; i++) { // 각 행에 대하여
        for (int j = 0; j<sp->colNo; j++) { // 각 열에 대해서
                bool found = false;
                // 희소행렬의 모든 항목을 차례로 검색하면서 해당하는 위치의 항목을 찾아서 출력
                for (int k = 0; k < sp->valueNo; k++) {
                        if (i == sp->data[k].row && j == sp->data[k].col) {
                                printf("%2d ", sp->data[k].value);
                                found = true; // 찾았으면 중간에 검색 종료
                                break;
                        }
                }
                if (!found) printf("%2d ", 0);
        }
        printf("\n");
    }
    return;
}
```

```
/*************************************************************************
' 함수명  : void printOriginal(const SparseMatrix* sp)
' 설명    : 희소 행렬을 그대로 화면에 출력하는 함수, SparseMatrix를 순서대로 출력함
' 리턴값  :  void
' 매개변수:  const SparseMatrix* sp
'/*************************************************************************/
void printOriginal(const SparseMatrix* sp) {
     printf("Sparse matrix form.");
     for (int i = 0; i < sp->valueNo; i++) {
         printf("%2d %2d %2d"\n, sp->data[i].row, sp->data[i].col, sp->data[i].value);
     }
}

/*************************************************************************
' 함수명  : int get(const SparseMatrix* sp, int a, int b)
' 설명    : 배열의 [a][b]에 있는 원소를 반환
' 리턴값  :  int: 정수값, 반환값이 0이면 원소가 없음을 의미(희소 행렬의 정의에 따라서)
' 매개변수:  const SparseMatrix* sp, int row, int col
'/*************************************************************************/
int get(const SparseMatrix* sp, int a, int b) {
     for (int i = 0; i < sp->valueNo; i++) {
         if (a == sp->data[i].row && b == sp->data[i].col) {
                 return sp->data[i].value;
         }
     }
     return 0;
}

/*************************************************************************
' 함수명  : void set(SparseMatrix* sp, int a, int b, int value)
' 설명    : 배열의 [a][b]에 새로운 값 value를 추가, 이미 [a][b]에 값이 있으면
            이를 수정. 정렬해서 넣어야 함
' 리턴값  : void
' 매개변수: SparseMatrix* sp, int row, int col
'/*************************************************************************/
void set(SparseMatrix* sp, int a, int b, int value) {
     if (a >= sp->rowNo || b >= sp->colNo) return;
     if (value == 0) return;

     Element newElem = { a, b, value };
     int p, pNew;

     // 항목이 하나도 없으면 바로 0번째에 추가
     if (sp->valueNo == 0) {
         sp->data[sp->valueNo++] = newElem;
     }
     // 항목이 이미 하나라도 존재하면 row-major 순서에 따라 자신의 자리에 삽입
     else {
```

```
        // 끝에서 부터 자기 자리를 찾아서
        for (int i = sp->valueNo - 1; i >= 0; i--) {
                p = sp->data[i].row * sp->colNo + sp->data[i].col;
                pNew = a * sp->colNo + b;

                // 기존에 동일한 위치에 이미 항목이 있으면 변경
                if (pNew == p) {
                        sp->data[i].value = value;
                        return;
                }
                // 중간에 끼워 넣어야하는 경우에는...
                else if (pNew > p) {
                        // 배열이 가득찬 경우.추가할 수 없음.
                        if (sp->valueNo > MAX_SIZE - 1) return;
                        // 추가할 위치 이후의 항목을 한칸씩 뒤로 이동
                        for (int j = sp->valueNo - 1; j >= i + 1; j--)
                                sp->data[j + 1] = sp->data[j];
                        // 새로운 항목 삽입
                        sp->data[i + 1] = newElem;
                        sp->valueNo++;
                        return;
                }
        }
    }
}
```

<sparseMatrixAdvance.c>

```
#include <stdio.h>
#include "sparseMatrixAdvanced.h"

void main()
{
    // 배열을 초기화하고 set( ) 함수로 값을 대입하는
       예를 살펴보자.
    int data1[4][5] =
    {
        { 0 , 0 , 3 , 0 , 4 },
        { 0 , 0 , 5 , 7 , 0 },
        { 0 , 0 , 0 , 0 , 0 },
        { 0 , 2 , 6 , 0 , 0 }
    };

    int data2[4][5] =
    {
        { 1 , 0 , 0 , 0 , 4 },
```

```
0  2  3
0  4  4
1  2  5
1  3  7
3  1  2
3  2  6
[0][2]: value: 3
after changing Array[0][2] into 10
Original form.
 0  0 10  0  4
 0  0  5  7  0
 0  0  0  0  0
 0  2  6  0  0
```

```
        { 0 , 3 , 0 , 7 , 0 },
        { 0 , 0 , 2 , 2 , 0 },
        { 0 , 2 , 0 , 0 , 0 }
    };

    SparseMatrix* sp1 = create(4, 5, (int *)data1);
    print(sp1);
    printOriginal(sp1);

    printf("[%d][%d]: value: %d\n", 0, 2, get(sp1, 0, 2));

    printf("after changing Array[0][2] into 10\n");
    set(sp1, 0, 2, 10);
    print(sp1);
    printOriginal(sp1);

    printf("after inserting Array[2][1] as 20\n");
    set(sp1, 2, 1, 20);
    print(sp1);
    printOriginal(sp1);
}
```

```
Sparse matrix form.
 0  2 10
 0  4  4
 1  2  5
 1  3  7
 3  1  2
 3  2  6
after inserting Array[2][1] as 20
Original form.
 0  0 10  0  4
 0  0  5  7  0
 0 20  0  0  0
 0  2  6  0  0
Sparse matrix form.
 0  2 10
 0  4  4
 1  2  5
 1  3  7
 2  1 20
 3  1  2
 3  2  6
```

<test.c>

심화 내용

이외에도 희소 행렬 간의 곱셈 및 곱셈 등의 연산 등 몇 개의 기능을 추가하는 것을 생각해볼 수 있다.

4.5 파일 입출력

많은 자료 구조 관련 서적들이 있지만, 저자가 자료 구조에 관련된 책을 쓰게 된 가장 중요한 동기는, 대부분의 책에서 자료 구조의 실제적인 특성을 코드로 보여주는 내용이 부족하다는 점이다.

자료 구조를 다루는 주된 이유는 다량의 데이터를 다루는 경우이다. 소량의 데이터를 다루는 경우라면 어떠한 자료 구조를 선택하더라도 무방한 경우가 많기 때문이다. 그러나, 대부분의 자료 구조 서적에서는 소량의 데이터를 이용한 자료 구조 개념 전달이 주된 내용이다. 그러나 각 자료 구조의 동작 특성은 대량의 데이터를 아주 빈번하게 사용하는 과정에서 확연하게 드러난다.

이 교재에서 파일을 이용한 대용량 데이터 실습을 위해서, C 언어를 이용한 '파일 입출력' 방법을 부가적으로 설명한다. 따라서 이 교재에서는 10~20개의 데이터를 사용하는 것이 아니라, 수 천, 수 만개 이상의 데이터를 사용하는 경우를 고려하여 파일로부터 데이터를 입력 받을 것이다. 이를 위해서 파일 입출력을 먼저 공부하자.

파일 입출력과 관련한 자세한 내용은 C 언어 책을 참고하자.

4.5.1 표준 입·출력 정리

프로그래밍할 때는 기본적으로 데이터의 입·출력 기능이 필요하다. 이제까지 보았던 예제들은 소량의 데이터라서 키보드로 값을 입력받고, 모니터 화면으로 출력하는 프로그램이었지만, 실제는 파일로부터 한꺼번에 데이터를 입력받아 처리 및 출력하게 된다.

프로그램이 입·출력을 수행하게 되는 장치는 모니터, 키보드, 파일, 프린터 등 다양하다. 다양한 입·출력 장치들마다 별도의 입·출력 방식을 사용한다면 불편할 것이다. 그래서 C 언어에서는 스트림(stream)이라는 개념을 사용하여 장치의 종류에 상관없이 동일한 방법으로 입·출력을 할 수 있게 해준다.

스트림(stream)

'스트림(stream)'이란 것은, 단어 뜻 그대로 "연속된 바이트(bytes)의 흐름"으로써 입·출력 장치와 프로그램을 연결하는 통로(channel)이라고 생각하면 된다. 스트림이라는 개념을 사용하는 이유는 컴퓨터의 주변 장치가 아주 다양하기 때문에, 모든 주변 장치에 대해서 일관된 하나의 논리적 개념으로 스트림을 정의함으로써 보다 간결하고 쉽게 처리하기 위해서이다.

다양한 스트림 중에서 "표준 입·출력 스트림(standard input/output

stream: stdio stream)"은 프로그램이 시작될 때 자동으로 만들어지고 프로그램이 종료될 때 자동으로 소멸된다. 우리가 printf( ) 함수를 사용하면 표준 출력 스트림(stdout stream)을 사용하는 것이다.

stdin: 표준 입력 스트림
stdout: 표준 출력 스트림
stderr: 표준 에러 스트림, 에러 메시지 출력 스트림

아래의 스트림들은 C 언어를 처음 배울 때 〈stdio.h〉 헤더 파일을 사용해서 printf( ) 함수를 사용했던 것과 같이 프로그램이 시작되면 자동으로 개방되는 스트림들이다. 따라서 이러한 스트림들을 이용한 입 · 출력은 별도로 스트림 사용을 개시하는 일을 할 필요없이 바로 사용하면 된다.

프로그램이 시작되면 자동으로 개방되는 파일 스트림

스트림 이름	입·출력 장치	입·출력 모드	스트림의 기능	윈도우 운영체제의 파일명
stdin	키보드 입력	텍스트	표준 입력	CON
stdout	모니터 출력	텍스트	표준 출력	CON
stderr	모니터 출력	텍스트	표준 에러	CON
stdprn	프린터 출력	이진(binary)	프린터 출력	PRN, LPT
stdaux	표준 보조입·출력	이진(binary)	보조 입·출력	AUX, COM

표준 입 · 출력 함수 중에서 printf( ) 함수와 scanf( ) 함수는 많이 사용해 보았다. 이외에도 '문자 단위의 입 · 출력 함수'와 '문자열 단위의 입 · 출력 함수'들이 있다. 아래를 참고하자. 간단한 예를 통해서 함수의 사용법을 알 수 있을 것 이다. 자세한 내용은 C 언어 교재를 참고하자.

표준 입·출력 함수

종류	입력 함수	출력 함수
문자 단위	int getchar() 예) char ch; ch = getchar();	int putchar(int c) 예) putchar('A');
문자열 단위	char *gets(char *buf) 예) char buf[100]; gets(buf);	int *puts(const char *buf) 예) char buf="Hello"; puts(buf);
포맷 입·출력	int scanf(const char *format[, argument] …)	int printf(const char *format [, argument]…)

4.5.2 텍스트 파일 입·출력 함수

파일에는 '텍스트 파일'과 '이진 파일' 2가지 종류가 있고, 이 두 가지 파일의 입·출력 방법은 조금 다르다. 이 교재에서는 텍스트 파일 입·출력 방법만 살펴보자.

- **텍스트 파일**(text file): 인쇄가 가능한 문자들로 구성된 파일이다. 텍스트 파일은 줄 바꿈 문자('₩n')로 줄의 끝을 표현한다.
- 이진 파일(binary file): 일반 문서 편집기로는 볼 수 없는 형식의 데이터로 구성된 파일이며, 파일의 처음부터 끝까지 데이터가 연속적으로 연결되어 있다. 실행 파일(*.exe), 이미지, 동영상 등의 파일이 이진 파일이다.

이진 파일 입·출력에는 fread( ) 함수와 fwrite( ) 함수를 사용한다. 실행 파일(exe)이나 그림 파일 등이 이에 해당한다.

텍스트 파일 입·출력 함수는 다음과 같다. 표준 입·출력 함수와 유사한데, 이름이 조금씩 다르다(함수의 이름에 파일 입출력을 의미하는 'f' 글자가 붙어있다).

함수들의 이름은 표준 입출력 함수와 유사하다. 제일 앞에 file을 의미하는 f가 붙고, 각 함수의 파라미터에 'FILE 포인터 변수'가 추가되는 것이 다르다. 자세한 사용법은 바로 이어진다.

텍스트 파일 입·출력 함수

종류	입력 함수	출력 함수
문자 단위	int fgetc(FILE *fp) 반환값: - success: 읽은 문자 개수 (파일 끝을 읽으면 EOF(End Of File) 반환) - fail: 0	int fputc(int ch, FILE *fp) 반환값: - success: 쓴 문자 개수 - fail: 0
문자열 단위	char *fgets(char *buf, int n, FILE *fp) 반환값: - 파일의 끝에 도달하거나 오류가 발생하면 NULL	char *fputs(const char *buf, int n, FILE *fp)
포맷 입·출력	int fscanf(FILE *fp, …)	int fprintf(FILE *fp, …)

4.5.3 새 파일 만들어서 문자 쓰기

자료 구조에서는 입력을 위하여 기존의 파일을 읽는 부분과, 출력을 위해서 새로운 파일을 만들어서 출력하는 기능이 필요하다. 이들을 차례로 살펴보자.

이제부터 파일 입출력을 해보자. 파일 입·출력을 위해서는 아래의 절차를 따라야한다.

표준 입출력 스트림(printf와 scanf 가 해당)은 프로그램 시작과 동시에 자동 개방되지만, 파일을 이용한 입출력은 사용하기 전에 스트림을 생성해야하고, 다 사용한 후에는 스트림을 닫아야한다.

- 파일을 열기 위해서 스트림을 열고(fopen),
- 파일에 입·출력 작업을 한 다음,
- 모든 입·출력이 끝나면 파일을 닫는다(fclose).

입력 스트림을 여는(생성하는) 방법은 아래와 같이 fopen( ) 함수를 사용한다. fopen( ) 함수는 파라미터로 넘겨 받는 파일 이름(name)을 mode에 따라 파일을 오픈한다. 두번째 파라미터인 mode라는 것은 파일을 읽을 것인지 또는 쓸 것인지 등을 설정하는 기능을 한다. 아래 표를 참고하자.

mode: 파일 입출력 모드이다. 파일을 읽을지 쓸지 등을 결정한다.

```
FILE *fopen(const char *name, const char *mode);
```

파일 입·출력 모드

모드	기능	파일이 없을 경우
r	읽기 모드(read mode): 파일의 처음부터 읽기	에러
w	쓰기 모드(write mode): 파일의 처음부터 쓰기. 기존 파일이 있으면 기존의 내용은 지워짐.	생성
a	추가 모드(append mode): 기존 파일의 끝에 쓰기	생성
r+	읽기/쓰기 가능: 파일의 처음부터 읽기와 쓰기	에러
w+	읽기/쓰기 가능	생성
a+	읽기/추가 가능: 기존 파일이 있으면 쓰기는 파일의 끝에 추가, 읽기는 rewind( ) 함수를 이용하여 파일의 처음부터 읽기	생성

모드의 +기호는 읽기와 쓰기가 가능한 스트림을 형성함을 의미한다. 읽기와 쓰기가 모두 가능해서 편할 수도 있지만 권장하지 않는다. 읽거나 쓰는 위치가 헷갈릴수도 있고 메모리 버퍼를 비워줘야하는 등의 작업이 필요하기 때문이다.

이제 본격적으로 파일 입출력을 시도해보자. 아래와 같이 사용할 수 있다. 아래는 sample.txt 파일을 쓰기 모드(w)로 개방하는 것을 의미한다.

```
FILE *fp = NULL;

fp = fopen("sample.txt", "w");
…
…
…
fclose(fp);
```

FILE *fp = NULL:

fp를 파일 포인터라고 한다. 파일 스트림을 가리키는 포인터 변수다. 파일 구조체 포인터 변수 fp를 선언하고 NULL로 초기화한다.

fopen( ): 스트림을 생성하는 함수

"w" 모드로 열었기 때문에 "sample.txt" 파일이 존재하지 않는다면 새로운 파일을 생성해준다.

fclose( ): 스트림을 닫는 함수

아래의 코드는 새로운 파일을 생성하고, 파일에 문자를 출력하는 프로그램이다. 다음과 같이 프로그래밍을 하고 실행한 후에, sample.txt 파일을 파일 탐색기에서 열어보자. 파일에 문자 ab가 적혀 있어야 한다.

```
#include <stdio.h>

int main( ) {
     FILE* fp = NULL;

     fp = fopen("sample.txt", "w");
     if (fp == NULL) {
         printf("파일 열기 실패");
         return 1;
     }
     fputc('a', fp);
     fputc('b', fp);
     fclose(fp);
     return 0;
}
```

- fp = fopen("sample.txt", "w"); — 파일을 오픈한다. 새로 스트림을 생성하는 의미.
- if (fp == NULL) { — 파일 오픈 실패. 파일 생성이 실패할 경우를 대비하는 코드.
- fputc('a', fp); — 하나의 문자를 fp 스트림으로 출력한다.
- fclose(fp); — 스트림 닫기

4.5.4 기존 파일 읽기

아래는 기존 파일을 읽기("r") 모드로 오픈하고, 하나의 문자씩 읽어서 화면에 출력하고, 그 이후에도 다양한 방법으로 파일을 읽어들이는 예제이다. 잘 살펴보자.

```
#include <stdio.h>

int main() {
    FILE *fp = NULL;
    int c;
    int no;
    char line[100];

    fp = fopen("sample.txt", "r");
    if (fp == NULL) {
        printf("파일 열기 실패");
        return 1;
    }
    no = 0;
    while ((c = fgetc(fp)) != EOF) {
        putchar(c);
        no++;
    }
    fclose(fp);
    printf("The number of characters which are read is %d", no);

    fp = fopen("sample.txt", "a");
    fputs("This is fputs test 1.\n", fp);
    fputs("This is fputs test 2.\n", fp);
    fputs("This is fputs test 3.\n", fp);
    fclose(fp);

    fp = fopen("sample.txt", "r");
    while (fgets(line, 100, fp) != NULL) {
        puts(line);
    }
```

파일로부터 입력받는 문자를 저장할 변수. fgetc( ) 함수는 문자를 문자형이 아닌 정수형으로 반환한다.

fgetc( ) 함수는 int 형을 반환한다.

EOF: End of File, 즉 파일 끝을 의미한다. 즉, 이 반복문은 파일 끝까지 하나의 문자씩 읽어서 화면에 출력한다.

표준 출력 장치에 문자 출력.

읽은 문자 수 카운트

다시 해당 파일을 추가 모드(a)로 오픈한다. 파일의 끝에 문자열을 추가한다.

파일에 문자열을 출력하는 함수

다시 해당 파일을 읽기 모드(r)로 오픈해서 문자열 단위로 읽어서 화면에 출력한다.

fgets( )와 fputs( )는 파일을 이용한 문자열(string) 입·출력 함수.

표준 출력 장치에 문자열을 출력하는 함수

```
    fclose(fp);

    return 0;
}
```

4.5.5 Visual Stduio에서 파일 사용하기

지금 부터는 Visual Studio에서 파일 입출력을 해보자. 랜덤하게 100개의 숫자를 만들어서 파일에 저장하고, 이를 정렬한 결과를 다른 파일에 저장하는 프로그램을 작성해보자.

1. Visual Studio에서 텍스트 파일을 추가해보자. 2개의 파일을 만들 것이다: [솔루션 탐색기] → [소스 파일] → [오른쪽 마우스 클릭] → [추가] → [새 항목] → [Visual C++] → [유틸리티] → [텍스트 파일(.txt)] → [이름: input.txt] → [추가 버튼 클릭]

   이렇게 하면 솔루션 탐색기 창에 아래와 같이 input.txt와 output.txt라는 이름의 파일이 생성된 것을 확인할 수 있다.

컴퓨터의 파일 탐색기를 이용해서 방금 만든 2개의 txt 파일이 어느 폴더에 저장되는지 찾아보자.

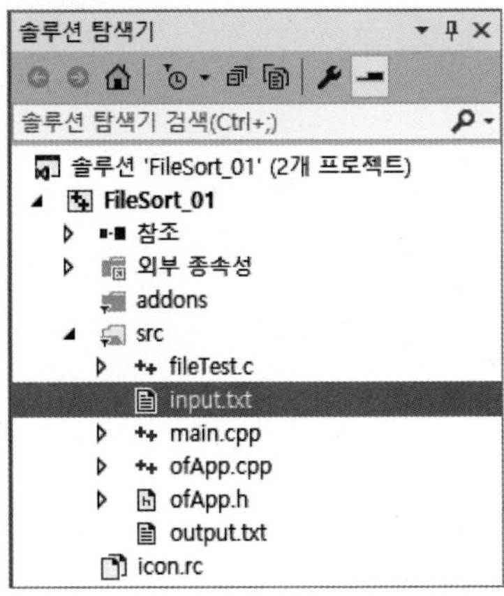

2. 이제 랜덤하게 100개의 숫자를 만들어서 input.txt 파일에 저장하고, 이 숫자들을 읽어서 정렬한 후 output.txt 파일에 저장해보자.

```
#include <stdio.h>
#include <stdlib.h>
#include <time.h>

// 데이터 교환
void swap(int *a, int *b) {
    int temp;

    temp = *a;
    *a = *b;
    *b = temp;
}

// 삽입 정렬
void selectionSort(int data[], int n) {
    int smallest;

    for (int i = 0; i<n - 1; i++) {
        smallest = i;
        for (int j = i + 1; j<n; j++) {
            if (data[j] < data[smallest]) smallest = j;
        }
        swap(&data[i], &data[smallest]);
    }
}

// 파일 입력 받기
int fileInput(char *inputFile, int data[], int no) {
    FILE *fp = NULL;
    int i;

    fopen_s(&fp, inputFile, "r");

    if (fp == NULL) {
        printf("파일 열기 실패");
        return 1;
    }

    for (i = 0; i < no; i++) {
        fscanf(fp, "%d ", &data[i]);
    }
    fclose(fp);
```

정렬(sorting) 알고리즘을 배우지 않았으면 이 부분을 무시해도 된다. '정렬(sorting)'이란 데이터들을 값을 크기 순서로 재배치하는 것을 의미한다.

파일 이름과 입력받은 문자를 저장할 정수형 1차원 배열 변수, 배열의 크기를 파라미터로 받는다.

```
    return 0;
}

// 파일 출력 하기
int fileOutput(char *inputFile, int data[], int no) {
    FILE *fp = NULL;
    int i;
    fopen_s(&fp, inputFile, "w");

    if (fp == NULL) {
        printf("파일 쓰기 실패");
        return 1;
    }

    for (int i = 0;; i < no; i++) {
        fprintf(fp, "%d ", data[i]);
    }
    fclose(fp);

    return 0;
}

int main() {
    int i;
    int data[100];
    srand((unsigned)time(NULL));

     // 랜덤하게 0~99의 숫자를 100개 생성
    for (int i = 0; i < 100; i++) {
        data[i] = rand() % 100;
    }
    fileOutput("input.txt", data, 100);

    fileInput("input.txt", data, 100);
    selectionSort(data, 100);
    fileOutput("output.txt", data, 100);
}
```

3. Visual Studio에서 input.txt 또는 output.txt를 클릭하면 Visual Studio 에서도 편집 및 저장이 가능하다.

외부에서 메모장 등의 프로그램을 이용해서 파일을 수정해도 된다.

예제 코드: dictionary_01 (폴더 안에 영한 단어장 파일 있음)

4.6 응용 영한 단어장

영한(English-Korean) 단어장을 만들어 보자. 영한 단어 사전 파일을 만들고, 이 파일을 이용해서 단어장 프로그램을 만들 것이다. 이 주제를 통해서 조금은 실용적인 프로그램을 작성하는 경험을 할 수 있었으면 한다.

먼저 우리가 사용할 단어장 형식을 살펴보자. 아래는 인터넷에서 다운받은 단어장의 일부다. 영어 단어 1개당 여러 개의 한국어 뜻이 콤마(,)로 나열되어 있다. 영어 단어 1개에 한국어 단어 1개만 있다면 단어 사전을 구현하기 쉽겠지만, 우리가 사용할 단어장은 총 단어 개수가 5522개라서 일일이 이 파일을 수작업으로 수정하기는 너무 어려워서 그냥 사용하기로 하였다.

단어장 파일은 교재의 웹 사이트를 참고하자. 우리는 한글 단어의 첫 단어만을 사용할것이다.

```
the  그, 그럴수록, 더욱더
of   ~의, ~으로부터, ~을
and  그리고, ~ 및 ~, ~하고, 또
to   ~에, ~까지, ~에 대하여
in   ~안에, ~으로, ~에
I    나, 나는, 내가
that 저것, 것, 그, 다른
was  be의 직설법·과거·1인칭 및 3인칭·단수형
his  그의, 그 사람의, 그의 것, 신의
he   그는, 그것은, 남자, 그 사람은, 신
it   그것, 이것, 그런
with 함께, ~때문에
…
…
…
```

이제 만들어볼 영어 단어 사전의 실행 화면은 다음과 같다. 프로그램을 실행하면…

- 먼저 단어장 파일로부터 영어 단어와 한국어 뜻을 단체로 입력 받고,
- 사용자로부터 영어 단어 1개를 입력받고,
- 이 영어 단어의 한글 뜻을 출력한다.

```
C:₩Keechul₩Researches₩books₩Doing₩__OpenFrameworks₩apps₩myApps₩DataStructure₩dictionary_01₩Debug₩...
5529: steed 말
5530: width 폭
5531: sweden 스웨덴
5532: transaction 거래
5533: devout 독실한
5534: outrage ~을
5535: vary 다양하다
5536: attorney 변호사
5537: rouse 깨우쳐서
5538: sidney 남자
5539: schooner 스쿠너
5540: flaming 타는
5541: offend 기분이
5542: sheriff 보안관
5543: magnificence 장엄
5544: vent 분출하다
5545: politely 정중하게
5546: vines 옷
5547: austin 오스틴

Enter English word : (To quit, Just Press Enter)width
width --> 폭
Enter English word : (To quit, Just Press Enter)employer
employer --> 고용주
Enter English word : (To quit, Just Press Enter)_
```

〈실행 화면〉

이 단어장을 이용해서 간단한 영어 단어 사전 프로그램을 구현해보자. 이를 위해서 영한 단어장을 위한 구조체 배열을 만들어야 한다. 영어 단어와 그와 연결된 한글 단어를 함께 보관하면 편하기 때문이다. 먼저 영어 사전을 구조체 배열에 담아보자.

아래의 코드는 영어 사전 파일로부터 사전 정보를 구조체에 입력 받고, 그 이후에 사용자가 입력한 영어 단어에 대한 한국어 단어를 검색해서 출력한다.

```
/*******************************************************************************
' 파일명    : dictionary.c
' 내용      : 영어 단어 프로그램
'/*******************************************************************************/

#include <stdio.h>
#include <stdbool.h>
#include <string.h>

// 단어 사전을 위한 구조체
// 영어 단어와 한글 단어의 크기가 각각 20, 100 바이트로 제한되어있다.
// 한글 글자 하나는 2바이트
```

```
typedef struct {
     char eng[20];
     char kor[100];
} EngKorDic;

// 영한 사전 파일에서 읽어들임
// 파일의 한글 단어 중에 첫번째 단어만 사용하고 나머지 한글 단어는 무시하기 위해서
// 약간의 트릭을 사용함
int dicRead(char *inputFile, EngKorDic dic[], int *no) {
     FILE *fp = NULL;
     fp = fopen(inputFile, "r");
     if (fp == NULL) {
         printf("파일 열기 실패");
         return 1;
     }

     for (int i = 0; true; i++) {
         if (fscanf(fp, "%s %s", dic[i].eng, dic[i].kor) == EOF) {
                 *no = i;
                 return 0;
         }
         while (getc(fp) != '\n'); // 이 부분이 남은 한글 단어를 건너 뛰는 부분

         int len = strlen(dic[i].kor) - 1; // 한글 단어 끝에 강제로 문자열의 끝을 의미하는 '\0'를 저장함
         if (dic[i].kor[len] == ',')
                 dic[i].kor[len] = '\0';

         printf("%d: %s %s\n", i, dic[i].eng, dic[i].kor);
     }
     fclose(fp);
     return 0;
}

// 영한 사전에서 query를 검색
// 존재하면, 한글 단어 문자열을 char *로 반환
// 존재하지 않으면, NULL을 반환
char *search(EngKorDic dic[], int no, char *query) {
     int count = 0;
     bool find = false;

     while (count < no && find == false) {
         if (strcmp(dic[count].eng, query) == 0) return dic[count].kor;
         else count++;
     }
     return NULL;
}
```

```
int main() {
    EngKorDic dic[6000];
    int totalWords;
    char query[20];
    char *translated;
    // 사전 읽기
    dicRead("engkordic.txt", dic, &totalWords);

    // 사용자가 그냥 Enter를 입력 할때까지
    // 사용자가 입력한 단어의 매칭된 한글 단어 출력
    do {
        printf("\nEnter English word : (To quit, Just Press Enter)");
        gets(query);

        translated = search(dic, totalWords, query);
        if (translated == NULL) printf("Sorry, I don't know the word %s\n", query);
        else printf("%s --> %s", query, translated);
    } while (strlen(query) != 0);

    return 0;
}
```

```
…
…
5537: rouse 깨우쳐서
5538: sidney 남자
5539: schooner 스쿠너
5540: flaming 타는
5541: offend 기분이
5542: sheriff 보안관
5543: magnificence 장엄
5544: vent 분출하다
5545: politely 정중하게
5546: vines 옷
5547: austin 오스틴

Enter English word : (To quit, Just Press Enter)test
test --> 시험
Enter English word : (To quit, Just Press Enter)house
house --> 집
Enter English word : (To quit, Just Press Enter)
```

<영어 사전 프로그램>

1. 아래와 같이 1차원 배열 변수를 선언하였다. 각 배열 변수들의 시작 주소를 100이라고 할 때, 각 경우에 10번째 항목의 주소는?

```
char data[20];
int data[20];
float data[20];
```

2. 행 우선(row-major)으로 저장되는 2차원 배열 int data[5][3]이 있을 때, 이 배열의 첫번째 항목인 data[0][0]의 주소가 100이라고 할 때, data[2][3]의 주소는 얼마인가?

3. 배열 사용은 향후의 다른 자료 구조에 필수적이다. 아래의 1차원 배열과 관련된 연습 문제를 통해서 배열 사용에 익숙해지자. 아래의 순서에 따라 프로그래밍 해보자.

- 정수(integer) 10개를 가지는 1차원 배열을 1개 만드시오. 그리고 그 배열을 아래와 같이 배열 원소의 값들을 임의의 값으로 초기화하시오.

```
int numbers[ ] = { -90, 150, 30, 100, -20, 55, 200, 1, 2, 30 }
```

- 이 배열의 값들을 반복문을 이용하여 출력하시오.
- 배열의 값이 음수이면 양수로 바꾸어서(예, −90은 90으로 바꾸어서 출력) 출력하시오.
- 배열의 값을 모두 더한 값을 sum이라는 이름의 변수에 저장, 평균을 average라는 이름의 변수에 저장하고, 이 값을 printf( ) 함수를 이용하여 출력하시오.
- 배열의 값들 중 '가장 큰 값'을 찾아서 이 값을 max라는 변수에 저장하고 이 값을 출력하시오.
- 배열의 값들 중 '두번째 큰 값'을 찾아서 이 값을 secondMax라는 변수에 저장하고, 이 값을 출력하시오.

4. 다음은 희소 행렬에 관한 설명이다. 틀린 것을 모두 고르시오.

1) 행렬의 대부분의 값이 0이다.
2) 2차원 배열로 표현하면 접근이 빠르다.
3) 희소 행렬을 항목의 (행, 열, 값)을 저장하는 방식은 저장 용량 관점에서 유리하다.
4) 희소 행렬을 2차원 배열로 저장하는 방식은 저장 용량 관점에서 유리하다.

5. 학생 정보로는 학번, 이름, 나이, 학과 등의 정보가 필요하다. 이를 위한 구조체를 C 언어를 이용하여 표현하시오.

CHAPTER 5

배열 리스트(array list)

CHAPTER 5

이제부터 리스트(list)라는 자료 구조를 배워보자. 리스트는 순서가 있는 데이터 목록을 의미한다. 리스트를 구현하는 기본적인 방법은 2가지다.

- 배열 리스트(array list): 1차원 배열을 이용하여 구현한 리스트
- 연결 리스트(linked list): 포인터를 이용해서 각 항목을 연결해서 구현한 리스트

> 배열과 리스트는 무엇이 다를까? 배열은 프로그래밍 언어에서 기본적으로 제공되는 자료형이며, 리스트는 1차원 배열의 조금 더 추상화된 자료 구조라고 생각하면 된다.
>
> 리스트는 집합(set)이라는 자료 구조와는 다르다. 리스트에는 순서라는 개념이 있지만 집합에는 순서 개념이 없다. 또한 리스트에는 동일한 데이터가 중복 저장될 수 있지만, 집합에는 그럴수 없다.

> 연결 리스트는 6장에서 설명된다.

지금부터 소개할 배열 리스트는 4장에서 배운 배열을 조금 더 추상화 시킨 자료 구조라고 생각하면 된다. 기본적인 사항은 동일하다. 배열 리스트에서의 항목의 추가와 삭제는 조금 번거롭다. 아래와 같이 새로운 항목을 추가하려면, 추가된 위치 이후의 데이터들은 모두 자리 이동을 해야한다.

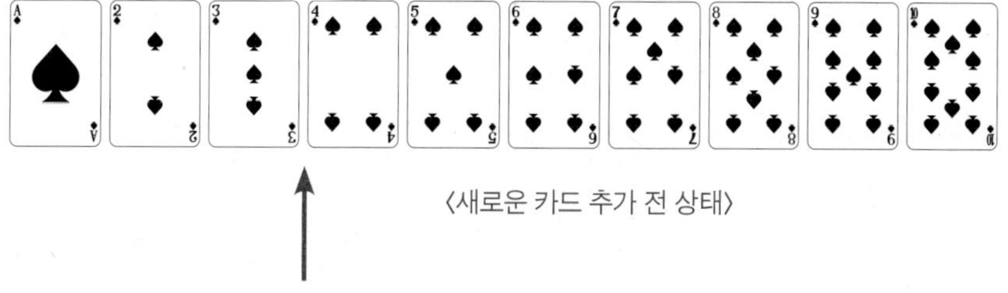

〈새로운 카드 추가 전 상태〉

아래와 같이 새로운 카드가 추가되면 그 이후의 모든 카드들이 뒤로 밀려나야 한다.

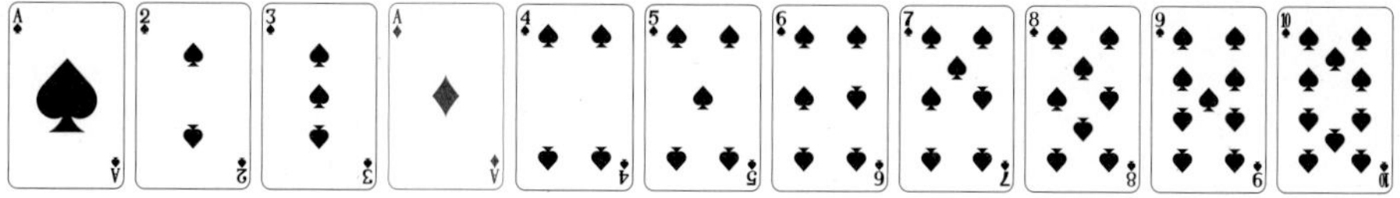

〈새로운 카드 추가 후 상태〉

아래는 리스트의 ADT이다. 이를 통해서 리스트에서 필요한 기본적인 연산들을 생각해보자. 리스트에는 항목의 추가/삭제 등의 연산이 가장 기본적인 연산이다. 아래의 표에서 각 기능들을 하나씩 살펴보면서 어떤 기능들이 필요한지 살펴보자.

> 리스트의 ADT는 뒷 챕터의 연결 리스트에도 동일하게 적용된다. 다만 구현 방법 만이 달라질 뿐이다. 당연하게도 ADT는 구현 내용을 숨기는 것이 목표라서 배열 리스트와 연결 리스트의 ADT는 동일하다.

배열 리스트 ADT

객체 <인덱스, 원소> 쌍의 집합

연산

```
void init()               : 리스트의 초기화(모든 항목 삭제)
bool isEmpty()            : 리스트가 비어 있으면 true
bool isFull()             : 리스트가 모두 차 있으면 true
void print()              : 리스트의 모든 요소 출력
bool isInList(item)       : 리스트에 item 이 있으면 true
int whereIsInList(item)   : 리스트에서의 item의 위치
int getSize()             : 리스트의 항목 개수
void addLast(item)        : 리스트의 끝에 item 추가
void addPos(pos, item)    : 리스트의 pos 위치에 item 추가
void remove(item)         : 리스트에서 item 삭제
```

리스트는 동일한 항목을 2개 이상 가질수 있는데, 본 교재에서는 중복된 항목이 있더라도 하나만 검색하는 것으로 구현하였다.

삭제 연산에서도 동일한 항목이 2개 이상인 경우에는 첫번째 항목만 삭제하는 것으로 구현하였다.

5.1 배열 리스트 의사 코드

본격적인 자료 구조의 시작이다. 세세한 구현 내용을 설명하기 전에, 1차원 배열을 이용한 배열 리스트의 의사 코드(pseudo-code)를 먼저 살펴보자. 실제로 C 언어로 어떻게 구현하면 좋을지를 생각해보는 기회가 될 것이다.

```
void init()
    리스트 항목의 개수를 0으로 초기화;

bool isEmpty()
    if ( 항목이 0개 이면) return true;
    else return false;

bool isFull()
    if ( 항목이 MAX개 이면) return true;
    else return false;
```

```
bool isInList(Element elem)
     if ( 리스트에 elem 항목이 있으면) return true;
     else return false;

int whereIsInList(Element elem)
     if ( 리스트에 elem 항목이 있으면) return 위치;
     else return -1;

void print()
     리스트의 모든 항목 출력;

int getSize()
     리스트의 항목 개수 반환;

void addLast(Element elem)
     if ( 리스트가 가득 차지 않았으면 ) 리스트의 끝에 추가;

void addPos(int pos, Element elem)
     if ( 리스트가 가득 차지 않고, pos가 리스트 범위 안에 있으면 )
          pos 위치부터 항목들을 뒤로 한칸씩 옮기고;
          pos 위치에 elem 항목 추가;

void remove(Element elem)
     if ( elem 항목이 리스트에 없으면 ) 에러 출력;
     else if ( 리스트가 비어 있지 않으면 )
          elem 항목을 찾아서 그 뒤의 항목들을 한칸씩 앞으로 옮긴다;
```

5.2 배열 리스트 구현

예제 코드: arrayList

실제 구현된 헤더 파일과 소스 파일을 순차적으로 보자. 아래와 같이 소스 파일(*.c) 2개와 헤더 파일(*.h) 1개를 생성하자.

파일	설명
arrayList.h	헤더 파일(함수 선언(declaration)과 구조체 정의 등)
arrayList.c	소스 파일(실제 함수의 구현)
test.c	테스트 파일

코드의 주석을 통해서 개략적인 설명을 하였다. 보다 설명이 필요한 부분은 바로 다음 섹션에서 설명을 추가하였다. 코드에서 이해가 되지 않는다면 향후 이어지는 설명을 참고하자.

```
#ifndef _ARRAY_LIST_H
#define _ARRAY_LIST_H

// 리스트의 최대 크기
// 현재는 배열 리스트의 동작을 점검하기 위해서 리스트의 크기를
   아주 작게 10개로 하였다.
// 필요에 따라서 이 숫자를 변경해서 사용하자.
#define MAX_LIST_SIZE (10)

// 리스트의 항목의 자료형을 int로 설정
typedef int Element;

// 배열 리스트를 위한 구조체. 배열과 배열의 크기를 가진다.
typedef struct {
     Element buf[MAX_LIST_SIZE];
     int size;
} ArrayList;

void init();
bool isEmpty();
bool isFull();
void print();
bool isInList(Element elem);
int whereIsInList(Element elem);
int getSize();
void addLast(Element elem);
void addPos(int pos, Element elem);
void remove(Element elem);

#endif
```

헤더 파일의 처음의 2줄과 끝의 1줄은 헤더 파일 arrayList.h이 전체 코드에 중복 포함(include)되지 않게 하는 기능이다.

첫줄의 #ifndef와 마지막 줄의 #endif가 쌍을 이룬다.

이렇게 하면 arrayList.h 파일을 여러 소스 파일에서 include하는 경우 중복 삽입 되지 않는다.

지금의 코드는 int 형을 저장하는 배열 리스트이지만, 이 문장을 아래와 같이 바꾸면 char 형의 배열 리스트로 사용할 수 있는 장점을 준다.

typedef char Element;

<배열 리스트 헤더 파일: arrayList.h>

```
/******************************************************************************
' 파일명    : linkedList.c
' 내용      : 자료구조의 linked list를 포인터를 이용해서 구현
' 제한사항  :
' 오류처리  :
'/******************************************************************************/

#include <stdio.h>
#include <stdbool.h> // bool 자료형을 사용하기 위해서
#include "arrayList.h"

// 배열 리스트 변수
ArrayList list;

/******************************************************************************
' 함수명  : void init()
' 설명    : 배열 리스트 초기화, 항목의 개수를 0으로 초기화
'/******************************************************************************/
void init() {
    list.size = 0;
}

/******************************************************************************
' 함수명  : bool isEmpty()
' 설명    : 리스트가 Empty인지를 반환
'           - 항목이 0개(list.size==0)이면 true 반환
'           - 아니면 false를 반환
'/******************************************************************************/
bool isEmpty() {
    return (list.size == 0);
    // 위의 문장은 아래와 동일한 의미이다.
    // if (list.size == 0) return true;
    // else return false;
}

/******************************************************************************
' 함수명  : bool isFull()
' 설명    : 리스트가 Full인지를 반환
'           - 항목이 최대 개수(MAX_LIST_SIZE)이면 true 반환
'           - 아니면 false를 반환
'/******************************************************************************/
bool isFull() {
    return (list.size == MAX_LIST_SIZE);
}
```

```
/***************************************************************************
' 함수명  : void print()
' 설명    : 리스트의 모든 항목을 순서대로 출력
'           - 항목을 출력하는 부분은 element type에 따라 수정해야함.
'           - 현재는 기본 자료형 중에서 정수형 데이터를 출력함.
'/***************************************************************************/
void print() {
    for (int i = 0; i < list.size; i++) {
        printf("%d ", list.buf[i]);
    }
    printf("\n");
}

/***************************************************************************
' 함수명  : bool isInList(Element elem)
' 설명    : 리스트에 원하는 값이 있는지 검사
'           - 있으면 true 반환
'           - 없으면 false 반환
'/***************************************************************************/
bool isInList(Element elem) {
    for (int i = 0; i < list.size; i++) {
        if (list.buf[i] == elem) return true;
    }
    return false;
}

/***************************************************************************
' 함수명  : int whereIsInList(Element elem)
' 설명    : 리스트에 파라미터로 넘겨받은 항목의 위치를 반환
'           - 파라미터로 받은 elem이 리스트에 있으면 그 위치를 반환
'           - 없으면 -1을 반환
'/***************************************************************************/
int whereIsInList(Element elem) {
    for (int i = 0; i < list.size; i++) {
        if (list.buf[i] == elem) return i;
    }
    return -1;
}

/***************************************************************************
' 함수명  : int getSize()
' 설명    : 리스트의 항목 개수를 반환
'/***************************************************************************/
int getSize() {
    return list.size;
}
```

```
/******************************************************************************
' 함수명  : void addLast(Element elem)
' 설명    : 리스트의 끝에 파라미터로 받은 elem을 추가
'           - 항목을 추가할 여유 공간이 있으면, 항목을 추가하고 리스트의 크기(list.size)를 1 증가
'           - 추가할 공간이 없으면, error 출력
'/******************************************************************************/
void addLast(Element elem) {
    if (!isFull()) {
        list.buf[list.size] = elem;
        list.size++;
    }
    else printf("Error: List Full\n");
}

/******************************************************************************
' 함수명  : void addPos(int pos, Element elem)
' 설명    : 리스트의 pos 위치에 파라미터로 받은 elem을 추가
'           - pos 위치 이후의 항목들을 한칸씩 뒤로 이동시켜야함
'           - pos 위치에 elem 항목을 추가하면 리스트의 크기(list.size)를 1 증가
'/******************************************************************************/
void addPos(int pos, Element elem) {
    // Full이 아니고, 파라미터로 받은 pos 위치가 리스트의 내부이면 추가
    if (!isFull() && pos >= 0 && pos <= list.size) {
        // pos 위치 이후의 항목을 한칸씩 뒤로 옮기고
        for (int i = list.size - 1; i >= pos; i--) {
                list.buf[i + 1] = list.buf[i];
        }
        // pos 위치에 항목 추가
        list.buf[pos] = elem;
        list.size++;
    }
    else printf("Error: List Full or Position Error\n");
}

/******************************************************************************
' 함수명  : void remove(Element elem)
' 설명    : 파라미터로 받은 elem을 삭제
'           - 존재하지 않으면 에러 출력
'           - 리스트가 비어있으면 return
'           - 삭제된 항목 이후의 항목들은 한 칸씩 앞으로 이동 시켜야 함
'           - 항목을 삭제하면 리스트의 크기(list.size)를 1 감소
'/******************************************************************************/
void remove(Element elem) {
    // 삭제한 elem이 없으면 에러 출력
    if (!isInList(elem)) {
        printf("Error: not exists\n");
        return;
    }
```

```
    if (!isEmpty()) {
        // 삭제할 항목을 찾아서
        for (int i = 0; i < list.size; i++) {
                if (list.buf[i] == elem) {
                        // 삭제할 항목 이후의 데이터를 한칸씩 앞으로 이동
                        for (int j = i + 1; j < list.size; j++) {
                                list.buf[j - 1] = list.buf[j];
                        }
                        list.size--;
                        return;
                }
        }
    }
    else
        printf("Error: List Empty\n");
}
```

<배열 리스트 소스 파일: arrayList.c>

아래의 테스트 코드를 보면서 결과가 정확한지 눈으로 확인해보자.

```
#include <stdio.h>
#include "arrayList.h"

void test() {
    init();
    print();

    for (int i = 0; i < 10; i++)
        addLast(i);
    print();                                    0 1 2 3 4 5 6 7 8 9

    remove(3);
    print();                                    0 1 2 4 5 6 7 8 9

    addLast(10);
    print();                                    0 1 2 4 5 6 7 8 9 10
```

```
    remove(3);                                              Error: not exists
    remove(5);
    remove(7);
    print();                                                0 1 2 4 6 8 9 10

    addPos(0, 8);
    print();                                                8 0 1 2 4 6 8 9 10

    addPos(1, 20);
    print();                                                8 20 0 1 2 4 6 8 9 10

    remove(1);
    print();                                                8 20 0 2 4 6 8 9 10

    printf("the number of elements: %d\n", getSize());      the number of elements: 9
    printf("%d is %d-th item\n", 4, whereIsInList(4));      4 is 4-th item
}
```

<arrayList 사용 실제 예: test.c>

위의 코드에서 볼 수 있듯이, 리스트에 항목을 추가하는 방법은 크게 2가지다. 이 2가지 방법의 차이를 잘 이해하자.

- 리스트의 마지막에 추가하는 방법
- 리스트의 임의의 위치에 추가하는 방법

참고

이제 자료 구조의 첫 문을 열었다. 배열로 구현한 배열 리스트라는 자료 구조를 만들어보았는데, 이제 뭔가를 생각해볼 시간이다.

1차원 배열을 이용해서 항목들을 검색, 추가, 삭제하는 프로그램을 작성하는 것과 배열 리스트라는 자료 구조를 이용하는 방법 중에서 어떤 방법이 더 편리할까? 한번 자료 구조를 만들어 두면, 이제는 ADT에 따라서 사용하기만 하면 된다. 훨씬 코드의 재 사용성이 높아질 수 있다.

예제 코드: arrayListSecond

5.3 보다 실용적인 리스트 구현 방법

앞의 코드를 이용하여 배열 리스트를 사용할 수 있었다. 그러면 2개 이상의 배열 리스트를 사용하려면 어떻게 하면 될까? 지금 현재는 배열 리스트의 다양한 함수들이 구조체로 정의된 ArrayList 자료형의 변수를 '전역 변수'로 사용하기 때문에 2개 이상의 배열 리스트를 사용할 수 없다! 이 문제를 해결하자!

향후에 C++나 Java와 같은 객체 지향 언어를 배우면, 데이터와 이를 사용할 알고리즘이 클래스라는 형식으로 뭉쳐지기 때문에 보다 체계적으로 자료 구조를 구현할 수 있다.

그러나 지금은 C 언어로 구현하고 있기 때문에 아래와 같은 방법으로, 각 자료 구조의 함수들은 데이터를 파라미터로 받아서 연산하는 형식으로 정의할 것이다.

따라서 아래와 같이 ADT를 수정할 필요가 있다. 앞의 ADT와 다른 점은 모든 함수에 ArrayList 변수를 파라미터로 전달한다는 점이다. 즉, 전역 변수를 사용하지 않는다는 점이 다르다. 그 외의 세부 구현은 동일하다.

리스트 ADT

객체 <인덱스, 원소> 쌍의 집합

ArrayList 변수를 각 함수의 파라미터로 전달한다.

연산

```
void init(A)                          : 리스트 A의 초기화
bool isEmpty(A)                       : 리스트 A가 비어 있으면 true
bool isFull(A)                        : 리스트 A가 모두 차 있으면 true
void print(A)                         : 리스트 A의 모든 항목 출력
bool isInList(A, item)                : 리스트 A에 item 이 있으면 true
int getSize(A)                        : 리스트 A의 항목 개수 반환
void addLast(A, item)                 : 리스트 A의 끝에 item 추가
void addPos(A, pos, item)             : 리스트 A의 pos 위치에 item 추가
void remove(A, item)                  : 리스트 A에서 item 삭제

int searchLinear(A, item)             : 순차 검색으로 리스트 A에서 item의 위치 반환
int searchLinearOnSorted(A, item)     : 정렬된 리스트에서 순차 검색으로 리스트 A에서
                                        item의 위치 반환
int searchBinaryOnSorted(A, item)     : 정렬된 리스트에서 이진 검색으로 리스트 A에서
                                        item의 위치 반환
bool searchByC(A, item)               : C 언어의 검색 함수를 이용해서 리스트 A에서
                                        item을 찾으면 true를 반환

void sort(A)                          : 리스트 A 정렬
void sortByC(A)                       : C 언어의 정렬 함수를 이용하여 리스트 A 정렬
```

따라서 아래와 같은 형식으로 변경해야한다. 헤더 파일과 소스 파일을 순차적으로 보자. 앞의 코드와 달라지는 부분은 모든 함수들에 ArrayList 형 변수가 파라미터로 전달되는 점만 달라진다.

```
#ifndef _ARRAY_LIST_H
#define _ARRAY_LIST_H

#define MAX_LIST_SIZE (10)

typedef int Element;

typedef struct {
     Element buf[MAX_LIST_SIZE];
     int size;
} ArrayList;

void init(ArrayList *l);
bool isEmpty(const ArrayList *l);
bool isFull(const ArrayList *l);
void print(const ArrayList *l);
bool isInList(const ArrayList *l, Element elem);
void addLast(ArrayList *l, Element elem);
void addPos(ArrayList *l, int pos, Element elem);
void remove(ArrayList *l, Element elem);

// 검색 함수
int searchLinear(const ArrayList *list, Element elem);
int searchLinearOnSorted(const ArrayList *list, Element elem);
int searchBinaryOnSorted(const ArrayList *list, Element elem);
int searchBinaryOnSortedRecursively(const ArrayList *list, Element elem, int first, int last);
bool searchByC(const ArrayList *list, Element elem);

// 정렬 함수
void sort(ArrayList *l);
void sortByC(ArrayList *list);

#endif
```

ArrayList 자료형을 포인터로 넘겨준다. 파라미터를 call-by-pointer로 전달함으로써 파라미터 전달 시간과 메모리를 절약하는 장점이 있다.

const형 포인터 변수로 전달함으로써 각 함수에서 ArrayList 자료형의 변수를 수정하지 않을 것이라는 것을 명확히 한다.

함수에서 파라미터로 넘겨받은 값을 수정하지 않는 경우에는, 안전을 위해서 파라미터를 상수형 변수(const 형 변수)로 선언한다. 왜냐하면 지금 포인터 변수로 파라미터를 전달하기 때문에 callee 함수에서 수정을 가할수도 있기 때문이다.

검색과 정렬 함수를 추가하였다.

<arrayList.h>

아래의 구현 코드에서 주의할 부분은 파라미터를 ArrayList 포인터(ArrayList *) 변수로 넘겨준다는 점이다. 앞에서도 이야기했지만 함수의 파라미터로 포인터를 넘겨주면 시간과 공간적인 면에서 유리하고, 수정된 값을 반영 받을 수도 있다는 장점이 있기 때문이다. 따라서 callee 함수에서 구조체로 된 파라미터의 멤버 값을 사용하기 위해서 -> 연산자를 사용한다는 점에 주의하자.

```
#include <stdio.h>
#include <stdlib.h>
#include <stdbool.h>
#include <math.h> // sorting 함수의 구현에서 floor() 함수를 위해서
#include "arrayList.h"

void init(ArrayList *list) {
    list->size = 0;
}

bool isEmpty(const ArrayList *list) {
    return (list->size == 0);
}

bool isFull(const ArrayList *list) {
    return (list->size == MAX_LIST_SIZE);
}

void print(const ArrayList *list) {
    for (int i = 0; i < list->size; i++) {
        printf("%d ", list->buf[i]);
    }
    printf("\n");
}

bool isInList(const ArrayList *list, Element elem) {
    for (int i = 0; i < list->size; i++) {
        if (list->buf[i] == elem) return true;
    }
    return false;
}

int getSize(const ArrayList *list) {
    return list->size;
}

void addLast(ArrayList *list, Element elem) {
```

```
    if (!isFull(list)) {
        list->buf[list->size] = elem;
        list->size++;
    }
    else printf("Error: List Full\n");
}

void addPos(ArrayList *list, int pos, Element elem) {
    if (!isFull(list) && pos>=0 && pos<=list->size) {
        for (int i = list->size - 1; i >= pos; i--) {
                list->buf[i + 1] = list->buf[i];
        }
        list->buf[pos] = elem;
        list->size++;
    }
    else printf("Error: List Full or Position Error\n");
}

void remove(ArrayList *list, Element elem) {
    if (!isInList(list, elem)) {
        printf("not exists\n");
        return;
    }

    if (!isEmpty(list)) {
        for (int i = 0; i < list->size; i++) {
                if (list->buf[i] == elem) {
                        for (int j = i + 1; j < list->size; j++) {
                                list->buf[j - 1] = list->buf[j];
                        }
                        list->size--;
                        return;
                }
        }
    }
    else
        printf("Error: List Empty\n");
}

/************************************************************
 아래에 검색 방법을 5가지로 구현하였다.
 자세한 설명은 교재를 참고하자.
*************************************************************/

// 정렬 안 된 배열에서의 순차 검색
int searchLinear(const ArrayList *list, Element elem) {
    for (int i = 0; i < list->size; i++) {
        if (list->buf[i] == elem) return i;
    }
```

```
    return -1;
}

// 정렬된 배열에서의 순차 검색
int searchLinearOnSorted(const ArrayList *list, Element elem) {
    for (int i = 0; i < list->size; i++) {
        if (list->buf[i] == elem) return i;
        else if (list->buf[i] > elem) return -1;  // 이 부분이 추가된 부분
    }
    return -1;
}

// 정렬된 배열에서의 이진 검색
int searchBinaryOnSorted(const ArrayList *list, Element elem) {
    int first = 0;
    int last = list->size - 1;

    while (first <= last) {
        int middle = (int)floor((first + last) / 2);

        if (list->buf[middle] == elem)
                return middle;
        else if (list->buf[middle] < elem)
                first = middle + 1;
        else
                last = middle - 1;
    }

    return -1;
}

// 정렬된 배열에서의 재귀 함수를 이용한 이진 검색
int searchBinaryOnSortedRecursively(const ArrayList *list, Element elem, int first, int last) {
    if (last >= first) {
        int middle = (int)floor((first + last) / 2);

        if (list->buf[middle] == elem)
                return middle;
        else if (list->buf[middle] < elem)
                return searchBinaryOnSortedRecursively(list, elem, middle + 1, last);
        else
                return searchBinaryOnSortedRecursively(list, elem, first, middle - 1);
    }
    return -1;
}

// C 언어에서 제공하는 이진 검색
int cmpfunc4Search(const void * a, const void * b) {
```

```
    return (*(int*)a - *(int*)b);
}

bool searchByC(const ArrayList *list, Element elem) {
    int *result = (int*)bsearch(&elem, list->buf, list->size, sizeof(int), cmpfunc4Search);

    if (result)  return true;
    else return false;
}

/**********************************************************
아래에 정렬 방법을 2가지로 구현하였다.
자세한 설명은 교재를 참고하자.
**********************************************************/

// 직접 구현한 선택 정렬 함수
void sort(ArrayList *list) {
    Element temp;

    // 리스트가 비어있으면 정렬할 필요가 없으니 return
    if (isEmpty(list)) return;

    for (int i = 0; i < list->size - 1; i++) {
        int jmin = i;
        for (int j = i + 1; j < list->size; j++) {
                if (list->buf[j] < list->buf[jmin]) {
                        jmin = j;
                }
        }
        if (jmin != i){
                temp = list->buf[i];
                list->buf[i] = list->buf[jmin];
                list->buf[jmin] = temp;
        }
    }
    return;
}


// C 언어에서 제공하는 Quick Sorting 함수 사용
int cmpfunc4Sort(const void* a, const void* b) {
    return (*(int*)a > *(int *)b);
}

void SortByC(ArrayList *list) {
    qsort(list->buf, list->size, sizeof(int), cmpfunc4Sort);
}
```

<1차원 배열을 이용한 배열 리스트 코드: arrayList.c>

```c
#include <stdio.h>
#include "arrayList.h"

void test() {
    ArrayList data;

    init(&data);
    print(&data);

    addLast(&data, 1);
    addLast(&data, 2);
    addLast(&data, 3);
    print(&data);

    remove(&data, 3);
    print(&data);

    addPos(&data, 0, 8);
    print(&data);

    remove(&data, 1);
    addLast(&data, 13);
    addLast(&data, 33);
    addLast(&data, 37);
    addLast(&data, 5);
    addLast(&data, 21);
    print(&data);

    printf("%d is %d-th item.", 2, searchLinear(&data, 2));
    // sort(&data);
    sortByC(&data);
    print(&data);
    printf("%d is %d-th item.\n", 2, searchLinearOnSorted(&data, 2));
    printf("%d is %d-th item.\n", 2, searchBinaryOnSorted(&data, 2));
    printf("%d is %d-th item.\n", 2,
       searchBinaryOnSortedRecursively(&data, 2, 0, data.size));

    printf("%d is %d-th item.\n", 37, searchLinearOnSorted(&data, 37));
    printf("%d is %d-th item.\n", 37, searchBinaryOnSorted(&data, 37));
    printf("%d is %d-th item.\n", 37,
       searchBinaryOnSortedRecursively(&data, 37, 0, data.size));

    printf("%d is %d-th item.\n", 32, searchLinearOnSorted(&data, 32));
    printf("%d is %d-th item.\n", 32, searchBinaryOnSorted(&data, 32));
    printf("%d is %d-th item.\n", 32,
      searchBinaryOnSortedRecursively(&data, 32, 0, data.size));

    if (searchByC(&data, 2)) printf("%d exist.\n", 2);
    else printf("%d no exist.\n", 2);
}
```

```
1 2 3
1 2
8 1 2
8 2 13 33 37 5 21
2 is 1-th item.
2 5 8 13 21 33 37
2 is 0-th item.
2 is 0-th item.
2 is 0-th item.
37 is 6-th item.
37 is 6-th item.
37 is 6-th item.
32 is -1-th item.
32 is -1-th item.
32 is -1-th item.
2 exist.
```

< arrayList 사용 실제 예: test.c>

5.4 배열 리스트 관련 알고리즘 보충 설명

앞에서 소개한 배열 리스트와 관련된 함수들 중에 조금 더 자세한 설명을 정리하였다. 앞의 코드의 주석으로 이해가 되지 않으면 아래를 참고하자.

5.4.1 검색

검색이란 특정 데이터 집합에서 원하는 자료의 유무를 결정하거나 원하는 자료의 위치를 찾는다는 의미이다. 이와 같은 검색 알고리즘은 새로운 데이터를 추가하거나 기존의 데이터를 삭제하기 위해서, 또는 그 전에 이미 해당하는 데이터가 있는지를 찾아보는 작업 등에서 꼭 필요한 알고리즘이다.

다양한 자료 구조(배열, 연결 리스트, 트리, 그래프 등)에서 각각의 다양한 검색 알고리즘이 있지만 여기서는 선형 구조 중에서도 배열에서의 검색 알고리즘만을 고려한다.

즉, 연결 리스트에서의 검색 기법, 트리 구조에서의 검색 기법, 그래프 구조에서의 검색 기법 등 각종 자료 구조마다 별도의 검색 기법들이 필요하다.

배열에서의 검색 알고리즘은 크게 '정렬 않 된 배열에서의 검색 기법'과 '정렬된 배열에서의 검색 기법'으로 나눌 수 있다.

- 정렬 않 된 배열에서의 검색
- 정렬된 배열에서의 검색
  - 순차 검색(sequential search)
  - 이진 검색(binary search)

(1) 정렬 안 된 배열에서의 순차 검색(sequential search)

아래의 코드는 찾고자 하는 elem이 존재하지 않을 경우 -1을 반환한다. 따라서 반환 값을 확인해야한다.

순차 검색 알고리즘은 배열 리스트에서 특정한 값을 순차적인 방법으로 찾는 방법을 말한다. 배열 리스트의 처음부터 끝까지 순차적으로 elem과 동일한지 비교하면서, 찾으면 그 위치를 반환한다.

```
int searchLinear(const ArrayList *list, Element elem) {
    for (int i = 0; i < list->size; i++) {
        if (list->buf[i] == elem) return i;
    }
    return -1;
}
```

<정렬 안 된 배열에서의 순차 검색>

위의 순차 검색 알고리즘의 시간 복잡도(time complexity)를 생각해보자. 배열 리스트의 항목들의 개수가 n개라면, 검색 항목이 배열의 1번째에 있을 경우부터 마지막 n번째 있을 경우까지의 평균적인 비교 횟수를 계산하면 아래와 같다.

$$\frac{1+2+3+\cdots+\mathrm{n}}{\mathrm{n}} = \frac{\frac{n(n+1)}{2}}{n}\ \frac{n+1}{2}$$

Big-O 표현법에서는 평균적으로 (n+1)/2을 비교하지만 상수 1/2는 데이터가 커질 경우에는 영향도가 미비해서 상수를 제외한 n 값만을 표시한다.

그래서 평균 시간 복잡도는 O(n)이다. 이와 같이 정렬 안 된 배열에서의 검색은 모든 데이터를 일일이 검색해보는 방법밖에 없다.

(2) 정렬된 배열에서의 순차 검색

우리가 사용하는 배열 리스트의 항목들이 크기가 커지는 순으로 정렬(오름 차순 정렬)되어 있다면, 순차 검색 기법을 조금 수정할 수 있다. 동일한 순차 검색 알고리즘이라 하더라도 자료의 형태가 달라지면 알고리즘도 달라질 수 있다. 즉, 아래와 같이 데이터가 정렬되어 있다면 이를 활용해서 알고리즘이 조금 달라질 수 있다.

아래에 앞에서 소개한 순차 검색 알고리즘을 약간 수정한 코드를 보였다.

```
int searchLinearOnSorted(const ArrayList *list, Element elem) {
    for (int i = 0; i < list->size; i++) {
        if (list->buf[i] == elem) return i;
        else if (list->buf[i] > elem) return -1;   // 이 부분이 추가된 부분
    }
    return -1;
}
```

<정렬된 배열에서의 순차 검색>

이 방법은 찾고자 하는 아이템이 없어서 검색을 도중에 종료하는 경우에는 정렬되지 않는 자료에서 순차 검색하는 방법에 비해서 평균 비교 횟수가 반으로 줄어들지만, 평균 시간 복잡도는 동일하게 O(n) 이다.

(3) 정렬된 배열에서의 이진 검색

바로 위의 검색 알고리즘은 일반적인 순차 검색(정렬되지 않는 자료)과 비교해서 조금의 성능 향상은 있지만, 평균 시간 복잡도는 동일하고 또한 자료가 정렬되어 있다는 정보를 충분히 사용하지 못한다는 단점이 있다.

정렬된 데이터에서는 이진 검색(binary search)이라는 보다 효율적인 알고리즘이 있다. 아래의 그림을 통해서 예를 들어 설명하자. 아래의 그림에서는 음영 표시된 부분이 검색 대상 영역이며, 지금은 숫자 52를 찾는 중이라고 하자. 먼저, 정렬된 데이터라는 가정 하에 middle의 값과 비교한다. middle의 값이 내가 찾고자 하는 값보다 작으면 우측 1/2을 다음 검색 대상으로 하고, 크다면 좌측의 1/2을 다음 검색 대상으로 한다. 이처럼 검색 대상을 1/2씩 줄여 가기 때문에 이진 검색(binary search)이라고 한다.

이러한 방법은 우리가 일상 생활에서 자주 하는 게임인 '스무 고개'와 비슷하다. 한 사람이 숫자를 생각하고 이 숫자를 다른 사람이 스무 고개 방식으로 맞히는 경우에 가장 효과적인 방법이 무엇일까?

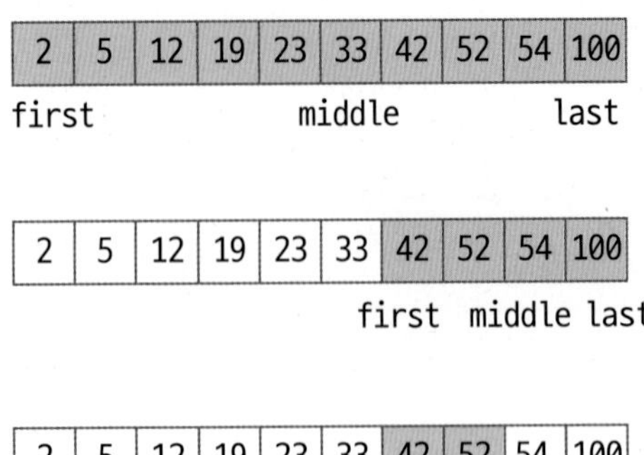

이진 검색의 수행 속도는 순차 검색에 비해서 대규모의 데이터에 적합한 방법이다. 그러나 순차 검색에 비해서 코드가 복잡하기 때문에 데이터의 개수가 '적다면' 순차 검색이 더욱 빠를 수도 있다.

위와 같이 이진 검색은 평균적으로 검색 대상의 데이터의 개수가 1/2씩 줄어드는 효과가 있기 때문에 대규모의 데이터에서 더욱 빠른 속도를 보이며 시간 복잡도는 log(n)이다.

아래에서는 이진 검색을 1) 반복문을 사용하는 방법과 2) 재귀 함수를 사용하는 방법을 설명한다.

```
int searchBinaryOnSorted(const ArrayList *list, Element elem) {
    int first = 0;
    int middle;
    int last = list->size;

    bool find = false;

    while (first <= last && find == false) {
        middle = floor((first + last) / 2);

        if (list->buf[middle] == elem) find = true;
        else if (list->buf[middle] < elem) first = middle + 1;
        else if (list->buf[middle] > elem) last = middle - 1;
    }

    if (find == true) return middle;
    else return -1;
}
```

<정렬된 배열에서의 이진 검색: 반복문 이용>

```
int searchBinaryOnSortedRecursively(const ArrayList *list, Element elem, int first, int last) {
    if (last >= first) {
        int middle = (int)floor((first + last) / 2);

        if (list->buf[middle] == elem)
                return middle;
        else if (list->buf[middle] < elem)
                return searchBinaryOnSortedRecursively(list, elem, middle + 1, last);
        else
                return searchBinaryOnSortedRecursively(list, elem, first, middle - 1);
    }
    return -1;
}
```

<정렬된 배열에서의 이진 검색: 재귀 함수 이용>

▪ C 언어에서 제공해주는 검색 함수

C 언어에서는 언어 자체에서 제공해주지 않는 기능들을 별도의 라이브러리로 제공하고 있다. 〈stdlib.h〉 헤더 파일에는 요긴하게 사용할 수 있는 많은 기능들이 제공되고 있다. 이 기회에 C 언어에서 제공하는 검색 함수를 사용해보자.

아래의 페이지에서 〈stdlib.h〉 헤더 파일을 전체적으로 각자 살펴보자.

https://www.tutorialspoint.com/c_standard_library/stdlib_h.htm

stdlib.h 헤더 파일에는 Binary Search 함수가 제공된다. 자세한 내용은 아래의 페이지를 참고하자.

https://www.tutorialspoint.com/c_standard_library/_function_bsearch.htm

함수의 선언 형식은 아래와 같다. C 언어의 포인터와 함수 포인터에 익숙하지 않으면 위의 함수 선언 형식을 이해하기는 쉽지 않을 것이다. 아래의 예를 통해서 알아보자.

아래의 코드를 이용하기 위해서는 함수 포인터를 알아야한다.

```
void *bsearch(const void *key, const void *base, size_t nitems, size_t size, int (*compare)(const
void *, const void *))
```

아래에서 주의하자. 우리가 직접 구현한 검색 함수들은 항목을 찾았을 때는 그 항목의 위치를 반환하고, 찾지 못했을 때는 −1을 반환했지만, 위의 함수는 찾은 항목의 포인터를 반환한다.

```
#include <stdio.h>
#include <stdlib.h>

int cmpfunc(const void * a, const void * b) {
    return (*(int*)a - *(int*)b);
}

int values[] = { 5, 20, 29, 32, 63 };

int main() {
    int *item;
    int key = 32;

    item = (int*)bsearch(&key, values, 5, sizeof(int), cmpfunc);
    if (item != NULL) {
        printf("Found item = %d\n", *item);
    }
    else {
        printf("Item = %d could not be found\n", *item);
    }

    return(0);
}
```

```
Found item = 32
```

위의 내용을 이해하였으면, 아래에 실제로 구현된 내용을 살펴보자.

```
int cmpfunc4Search(const void * a, const void * b) {
    return (*(int*)a - *(int*)b);
}

bool searchByC(const ArrayList *list, Element elem) {
    int *result = (int*)bsearch(&elem, list->buf, list->size, sizeof(int), cmpfunc4Search);

    if (result)  return true;
    else return false;
}
```

<정렬된 배열에서의 C 언어에서 제공하는 이진 검색 이용>

5.4.2 추가

배열 리스트에서 항목의 검색은 쉬운 반면에, 데이터의 추가나 삭제는 쉽지 않다. 예를 들어 아래의 2번째 카드 뒤에 다른 카드를 추가하려면 3번째 카드부터 뒤의 모든 카드를 한 칸씩 뒤로 옮겨야 하는 시간적인 부담이 있다(아래의 그림 참고). 따라서, 이러한 배열 구조는 데이터의 "추가나 삭제를 빈번하게 많이 하는 상황"에서는 잘 사용하지 않는다.

배열은 인덱스를 통한 접근은 빠른 반면 자료의 추가나 삭제는 쉽지 않다. 즉, 배열을 이용한 순차 선형 구조는 특정 위치의 원소를 찾아갈 때는 배열의 인덱스를 이용하여 접근하기 쉽다는 장점이 있지만, 삽입이나 삭제 시에는 추가적인 시간이 소요된다는 단점이 있다. 이런 단점으로 인해서 추가, 삭제가 많은 경우에는 다음 장의 '연결 리스트'를 많이 사용한다.

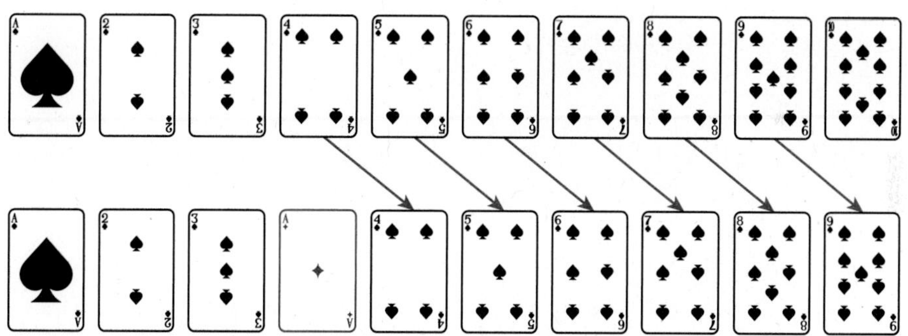

〈배열에서의 자료 추가 예(3번째 위치에 다이아몬드 A를 추가하는 경우)〉

배열 리스트에서의 항목 추가는 2가지 경우가 있을 수 있다.

> 다음 장에서 공부할 연결 리스트와는 다르게 배열 리스트에서는 리스트의 처음에 추가하는 함수를 별도로 만들지 않았다.
>
> 배열 리스트의 처음에 추가하려면 아래와 같이 하면된다.
>
> addPos(0, elem)

- **배열 리스트의 끝에 추가**: addLast( )
- **배열 리스트의 중간에 추가**: addPos( )

아래는 배열 리스트의 끝에 항목을 추가하는 코드다. isFull( ) 함수를 통해 빈자리가 있는지를 먼저 검사한다. 빈자리가 있으면 끝에 추가하고 size를 1 증가한다.

```
void addLast(ArrayList *list, Element elem) {
    if (!isFull(list)) {
        list->buf[list->size] = elem;
        list->size++;
    }
    else printf("Error: List Full\n");
}
```

아래는 배열 리스트의 pos 위치에 elem을 추가하는 함수이다. 리스트의 끝에 추가하는 것과 유사하지만 중간에 추가하기 위해서, 추가된 위치 이후의 항목을 한칸씩 뒤로 이동해야한다. 또한 pos 위치가 배열 리스트 크기 안의 위치인지도 확인해야한다.

```
void addPos(ArrayList *list, int pos, Element elem) {
    if (!isFull(list) && pos>=0 && pos<=list->size) {
        for (int i = list->size - 1; i >= pos; i--) {
                list->buf[i + 1] = list->buf[i];
        }
        list->buf[pos] = elem;
        list->size++;
    }
    else printf("Error: List Full or Position Error\n");
}
```

5.4.3 삭제

배열 리스트에서 elem을 삭제하는 함수다. 리스트에 해당하는 항목이 있는지, 리스트가 비어 있지는 않은지 등을 먼저 검사해야한다. 삭제하면 삭제된 위치 다음의 항목들을 한칸씩 앞으로 이동하고, 리스트의 크기(list->size)를 1 감소시킨다.

```
void remove(ArrayList *list, Element elem) {
     if (!isInList(list, elem)) {
         printf("not exists\n");
         return;
     }

     if (!isEmpty(list)) {
         for (int i = 0; i < list->size; i++) {
                  if (list->buf[i] == elem) {
                           for (int j = i + 1; j < list->size; j++) {
                                    list->buf[j - 1] = list->buf[j];
                           }
                           list->size--;
                           return;
                  }
         }
     }
     else
         printf("Error: List Empty\n");
}
```

5.4.4 정렬

알고리즘 분야에서 가장 기본적으로 다루는 문제가 정렬(sorting) 알고리즘이다. 정렬 알고리즘이란 자료를 특정한 순서대로 재배열하는 알고리즘을 말하는데, 주어진 자료를 어떤 기준에 따라 정렬하면 향후에 효과적인 자료의 사용이 가능하기 때문에 정렬 알고리즘은 아주 중요하다. 이 책에서는 그 중에 기본적인 선택 정렬(selection sort)을 소개하자.

실제로 자료 구조(data structure)나 알고리즘(algorithm)등의 과목 교재를 살펴보면 정말로 다양하게 많은 정렬 알고리즘이 소개된다.

선택 정렬 알고리즘은 "정렬 되지 않은 데이터에서 가장 작은 데이터를 선택하여 가장 앞의 데이터와 위치를 바꾸는 것"이 주된 아이디어이다.

'정렬' 알고리즘에서는 데이터를 오름 차순(즉, 데이터의 값이 커지는 순서로)으로 정렬할지, 내림 차순으로 정렬할지에 따라 달라지겠지만, 이 교재에서는 오름 차순으로 정렬하는 것을 가정한다.

따라서 이 경우에는 매 순간에 '가장 작은' 데이터를 '앞으로' 이동함으로써 오름차순 정렬이 가능하다.

즉, 여기서 '선택'이라는 의미는 정렬되지 않는 부분에서 가장 작은 값(최소값)을 선택해서 맨 앞으로 옮긴다는 의미이다.

조금 더 구체적으로 아래와 같이 설명할 수 있다.

1. 정렬되지 않은 데이터에서 최소값을 찾는다.
2. 이 최소값과 정렬되지 않은 데이터에서의 첫번째 데이터와 위치를 바꾼다(swap).
3. 위의 작업을 다음 데이터부터 계속적으로 반복한다.

아래의 예제를 통해서 알고리즘의 수행 절차를 살펴보자. 입력 데이터에서 각 단계마다 이미 정렬된 부분은 음영으로 표시하였다.

초기 데이터는 다음과 같다고 가정하자. 모두 정렬되지 않은 데이터이다. 여기에서 가장 작은 데이터인 '2'를 가장 앞의 데이터 '6'과 교환(swap)한다.

6	5	3	11	8	7	2	4

아래에서 정렬되지 않은 부분(2번째부터 끝까지의 데이터) 중에 가장 작은 데이터는 '3'이다. '3'과 정렬되지 않는 부분의 가장 첫번째 데이터인 '5'를 교환한다.

2	5	3	11	8	7	6	4

정렬되지 않는 부분(흰색 셀 부분) 중에서만 선택 정렬을 계속적으로 수행한다.

2	3	5	11	8	7	6	4

2	3	4	11	8	7	6	5

2	3	4	5	8	7	6	11

2	3	4	5	6	7	8	11

2	3	4	5	6	7	8	11

2	3	4	5	6	7	8	11

최종적으로 오름차순으로 정렬된 결과를 얻을 수 있다.

2	3	4	5	6	7	8	11

위의 선택 정렬 알고리즘을 배열을 이용한 배열 리스트 자료 구조에 추가해보자. 아래의 함수를 추가하면 된다. 2중 반복문을 이용해서 배열을 정렬한다.

```
void sort(ArrayList *list) {
    Element temp;

    // 리스트가 비어있으면 정렬할 필요가 없으니 return
    if (isEmpty(list)) return;

    for (int i = 0; i < list->size - 1; i++) {
        int jmin = i;
        for (int j = i + 1; j < list->size; j++) {
                if (list->buf[j] < list->buf[jmin]) {
                        jmin = j;
                }
        }
        if (jmin != i){
                temp = list->buf[i];
                list->buf[i] = list->buf[jmin];
                list->buf[jmin] = temp;
        }
    }
    return;
}
```

<1차원 배열을 이용한 선형 리스트에 추가된 정렬 함수>

▪ C 언어에서 제공해주는 정렬 함수

C 언어에서 제공하는 정렬 함수를 사용해보자. stdlib.h 헤더 파일에는 Quick Sorting 함수가 제공된다. 자세한 내용은 아래의 페이지를 참고하자.

https://www.tutorialspoint.com/c_standard_library/_function_qsort.htm

함수의 선언 형식은 아래와 같다.

```
void qsort(void *base, size_t nitems, size_t size, int (*compar)(const void *, const void*))
```

아래의 코드를 이용하기 위해서는 함수 포인터를 알아야한다.

C 언어의 포인터와 함수 포인터에 익숙하지 않으면 위의 함수 선언 형식을 이해하기는 쉽지 않을 것이다. 아래의 예를 통해서 알아보자.

```
#include <stdio.h>
#include <stdlib.h>

int data[] = { 88, 56, 100, 2, 25 };

// 아래의 함수는 qsort( ) 함수에 파라미터로 전해지는
// 함수 포인터에 의해서  qsort( )의 항목 사이의 비교를 수행하는 함수다.
int cmpfunc(const void* a, const void* b) {
     return (*(int*)a > *(int *)b);
}


int main() {
     printf("Before sorting.\n");
     for (int i = 0; i < 5; i++) {
         printf("%d ", data[i]);
     }

     qsort(data, 5, sizeof(int), cmpfunc);

     printf("\nAfter sorting.\n");
     for (int i = 0; i < 5; i++) {
         printf("%d ", data[i]);
     }

     return(0);
}
```

```
Before sorting.
88 56 100 2 25
After sorting.
2 25 56 88 100
```

아래의 코드는 C 언어에서 제공되는 Quick Sorting 함수를 이용한 배열 리스트의 정렬 함수이다.

```
int cmpfunc4Sort(const void* a, const void* b) {
    return (*(int*)a > *(int *)b);
}

void sortByC(ArrayList *list) {
    qsort(list->buf, list->size, sizeof(int), cmpfunc4Sort);
}
```

<C 언어에서 제공되는 정렬 함수 이용 >

5.5 오픈프레임웍스 벽돌 깨기 게임 총알 기능

예제 코드: arrayListBrickBullet

배열 리스트는 아주 많은 경우에 사용될 수 있다. 이 책에서는 '2차원 배열' 부분에서 구현하였던 '벽돌 깨기 게임'에 총알 기능을 추가하면서 배열 리스트를 사용해보자. 총알의 좌표 저장을 위해서 배열 리스트를 사용할 것이다.

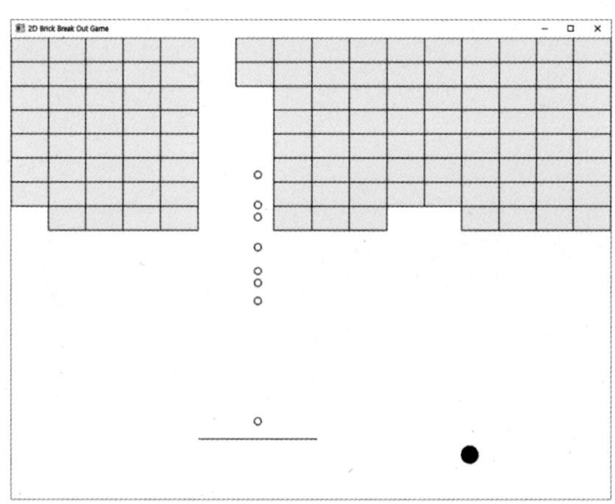

〈총알 기능을 추가한 실행 장면〉

벽돌 깨기 게임에서의 총알의 동작을 생각해보자. 키보드가 눌리면 현재의 라켓 위치에서 총알이 발사되고, 매 프레임마다 총알은 위로 움직이면서, 벽돌에 닿거나 상단 벽에 닿으면 사라져야 한다.

사용하는 소스 파일은 아래와 같다. 음영으로 표시한 파일만 새로 만들거나 수정해주면 된다.

파일	설명
arrayList.h arrayList.c	앞에서 만든 배열 리스트 파일 사용 수정 사항 있음
breakOut.h breakOut.c ofApp.h main.cpp	기존 파일 그대로도 사용함
bullet.h bullet.c	새로 만들어야 하는 총알 관련 파일
ofApp.cpp	배열 부분에서 사용한 벽돌 깨기 게임의 호출 부분 코딩해야 함

arrayList.h 파일에서 배열 리스트의 Element 자료형을 아래와 같이 수정해야한다. 총알은 x, y 좌표를 담고 있기 때문이다.

```
#ifndef _ARRAY_LIST_H
#define _ARRAY_LIST_H

#define MAX_LIST_SIZE 100

//typedef int Element;
typedef struct {
    int x;
    int y;
} Element;

typedef struct {
    Element buf[MAX_LIST_SIZE];
    int size;
} ArrayList;
…
…

…

#endif
```

<arrayList.h 수정 사항>

※ 주의 사항: 아래의 arrayList.c 파일에서는 구조체 변수 사이에는 비교 연산자를 사용할 수 없기 때문에 아래와 같은 수정 사항이 필요하다. 자료 구조를 사용하면서 자료 구조의 한 항목으로 구조체를 사용하는 경우에 비교 연산자를 사용하기 번거로운 경우가 있다. 따라서 아래와 같이 2개의 항목의 비교를 하는 부분을 매크로로 선언하는 것이 편할 때가 많다.

이런 부분이 C 언어의 불편한 부분이다. C++와 같은 객체 지향 언어에서는 이런 불편함이 없다.

```
#define IS_EQUAL(a, b)      ( (a.x == b.x) && (a.y == b.y) )
```

그리고 실제로는 여러 함수들이(print, whereIsInList, Sort 등) 총알 구현을 위해서는 필요하지 않아서 삭제했다.

```
#include <stdio.h>
#include <stdlib.h>
#include <stdbool.h>
#include "arrayList.h"

#define IS_EQUAL(a, b)      ( (a.x == b.x) && (a.y==b.y) )

void init(ArrayList *list) {
    list->size = 0;
}

bool isEmpty(const ArrayList *list) {
    return (list->size == 0);
}

bool isFull(const ArrayList *list) {
    return (list->size == MAX_LIST_SIZE);
}

bool isInList(const ArrayList *list, Element elem) {
    for (int i = 0; i < list->size; i++) {
        if ( IS_EQUAL(list->buf[i], elem) ) return true;
    }
    return false;
}
```

```
void addLast(ArrayList *list, Element elem) {
     if (!isFull(list)) {
         list->buf[list->size] = elem;
         list->size++;
     }
     else printf("Error: List Full\n");
}

void remove(ArrayList *list, Element elem) {
     if (!isInList(list, elem)) {
         printf("not exists\n");
         return;
     }

     if (!isEmpty(list)) {
         for (int i = 0; i < list->size; i++) {
                  if (IS_EQUAL(list->buf[i], elem) ) {
                           for (int j = i + 1; j < list->size; j++) {
                                    list->buf[j - 1] = list->buf[j];
                           }
                           list->size--;
                           return;
                  }
         }
     }
     else
         printf("Error: List Empty\n");
}
```

<arrayList.c 수정 사항>

총알을 위한 bullet.h와 bullet.c 코드를 살펴보자. 아래는 bullet.h 파일이다. 이 파일에서 총알을 배열 리스트에 저장하기 위해서 arrayList.h를 포함해야한다. 아래에 선언된 함수 이름을 보고 필요한 기능이 무엇이 있는지 생각해보자.

```
#ifndef _BULLET_H
#define _BULLET_H

// 총알 리스트 초기화 함수
void initBullet();

// 총알을 위로 움직이는 함수
void moveBullet();
```

```
// 키가 눌리면 총알을 리스트에 추가하는 함수
void addBullet(int x, int y);

// 오픈프레임웍스를 이용해서 총알을 그려주는 함수
void drawBullet();

#endif
```

<bullet.h >

아래는 bullet.c 파일이다. ArrayList 자료 구조를 사용하는 위치에 유의하면서 코드를 보자.

```
#include "ofApp.h"
#include "arrayList.h"
#include "breakOut.h"
#include "bullet.h"

ArrayList bullet;

// 총알 배열 변수 초기화
void initBullet() {
     init(&bullet); // 배열 리스트 초기화
}

// 총알의 좌표 변경 및 벽이나 벽돌과의 충돌 감지
void moveBullet() {
     for (int i = 0; i<bullet.size; i++) {
         bullet.buf[i].y -= 10;
         int x = bullet.buf[i].x;
         int y = bullet.buf[i].y;

         // 벽돌과 충돌 또는 상단 벽에 충돌
         if ( checkCollisionWithSomething(x, y) == true || y < 0) {
                 remove(&bullet, bullet.buf[i]);
                 break;
         }
     }
}

// 키보드가 눌리면 총알 발사
void addBullet(int x, int y) {
     Element elem;
```

```
    elem.x = x;
    elem.y = y;
    addLast(&bullet, elem); // 배열 리스트에 아이템 추가
}

// 모든 총알 중에서 활성화된 총알을 그린다.
void drawBullet() {
    ofNoFill();
    for (int i = 0; i<bullet.size; i++) {
        ofCircle(bullet.buf[i].x, bullet.buf[i].y, 6);
    }
}
```

<bullet.c >

아래의 오픈프레임웍스의 중요한 파일인 ofApp.cpp 파일이다. 코드에서 음영으로 표시된 부분을 추가하면 되는데, 모두 총알과 관련된 기능이다.

```
#include "ofApp.h"
#include "breakOut.h"
#include "bullet.h"

void ofApp::setup() {
    ofSetWindowTitle("2D Brick Break Out Game");
    ofSetWindowShape(1024, 768);
    ofSetFrameRate(40);
    ofBackground(ofColor::white);
    ofSetColor(ofColor::black);
    ofSetLineWidth(1);
    ofFill();

    initBrick();
    initBullet();
}

//--------------------------------------------------------------
void ofApp::update() {
    moveBall();
    movePad();
    moveBullet();
}

//--------------------------------------------------------------
void ofApp::draw() {
    drawBrick();
```

```
    drawBall();
    drawPad();
    drawBullet();
}

//---------------------------------------------------------------
// 오픈프레임웍스의 keyPressed( )라는 함수는 프로그램 실행 중에 키가 눌리면
// 해당하는 key를 파라미터로 넘겨주면서 원하는 처리를 함수 바디에 구현할 수 있는 기능이다.
// 우리는 아무 키나 눌리면 그 자리에서 총알을 발사한다.
void ofApp::keyPressed(int key) {
    addBullet( mouseX, ofGetHeight() - 100);
}
```

<ofApp.cpp>

위의 프로그램을 실행해서 마우스로 라켓을 움직이고, 키보드를 이용해서 총알을 발사해서 기능들이 정상적으로 작동하는지 체크해보자.

벽돌 깨기 게임 구현은 여기서 마칠 것이다. 아직 기능이 완벽하지 않다. 스테이지 종료 체크, 스테이지 구현, 점수 출력(오픈프레임웍스에서 글자 출력은 5장의 숫자 인식 부분을 참고하자), 다양한 아이템 기능 등 보다 게임의 완성도를 높이려면 고려해야하는 사항들이 많이 남아 있다. 이러한 부분들은 독자들에게 맡기려고 한다.

CHAPTER 6

연결 리스트(linked list)

CHAPTER 6

앞 장에서는 1차원 배열로 구현한 배열 리스트를 배웠다. 여기서는 리스트를 구현하는 또 다른 방법을 살펴보자.

리스트를 링크(link, 포인터)를 이용해서 구현할 수도 있는데, 아래 그림과 같이 각 항목들이 링크(화살표)에 의해서 연결된 구조를 연결 리스트(linked list)라고 한다. 연결 리스트에서는 항목들이 배열처럼 물리적으로 연속하여 배치될 필요가 없고 링크로 연결되어 있기만 하면 된다.

linked list: '링크트(링ㅋ드) 리스트'라고 발음한다.

링크로 연결해야하기 때문에 C 언어의 포인터 기능을 사용한다.

이 구조의 가장 큰 장점은 새로운 항목을 추가/삭제할 때, 추가/삭제된 위치 뒤의 항목들을 이동할 필요가 없이, 아래의 그림처럼 순서에 따라 연결된 화살표만 수정해주면 된다는 점이다. 즉, 각 데이터들이 물리적으로는 연속적으로 배치해 있지 않더라도 링크로 연결되어 있기만 하면 되기 때문에, 새로운 데이터의 추가 또는 기존의 데이터 삭제 시에 편하다.

배열 리스트에서는 항목을 추가/삭제되는 곳 이후의 항목들을 일일이 이동해야 하는 단점이 있었다. 그렇지만, 장점이 있으면 단점이 있는 법이다. 연결 리스트의 단점이 무엇일지를 생각해보자.

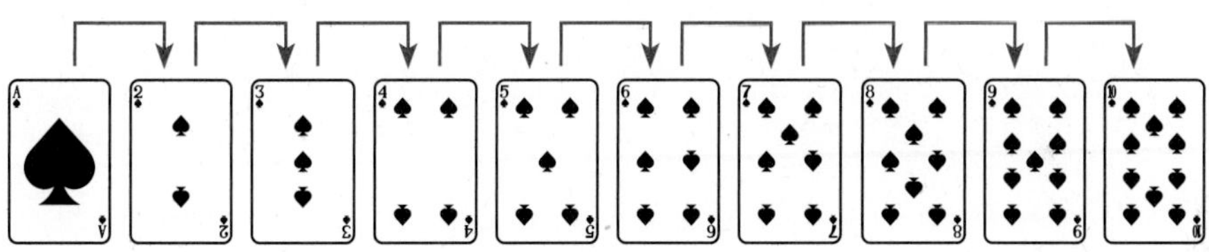

〈새로운 카드 추가 전 상태〉

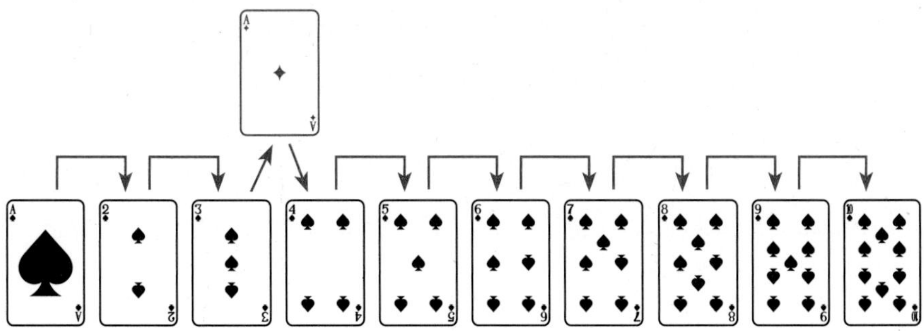

〈새로운 카드 추가 후 상태〉

6.1 연결 리스트 기본

연결 리스트를 구현하기 위해서 다음 항목을 가리키는 링크를 저장하는 부분이 부가적으로 필요하다. 아래 그림처럼 〈데이터 항목(data), 다음 주소(next)〉를 포함하는 하나의 단위 구조를 노드(node)라고 하는데, data 필드는 저장할 항목을 위한 공간, next 필드는 다음 노드의 주소를 위한 공간이다.

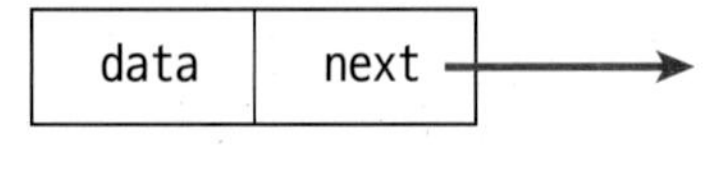

〈연결 리스트의 노드의 일반적 구조〉

이러한 노드 구조를 C 언어에서는 아래와 같이 구조체와 포인터 변수를 이용해서 표현할 수 있다.

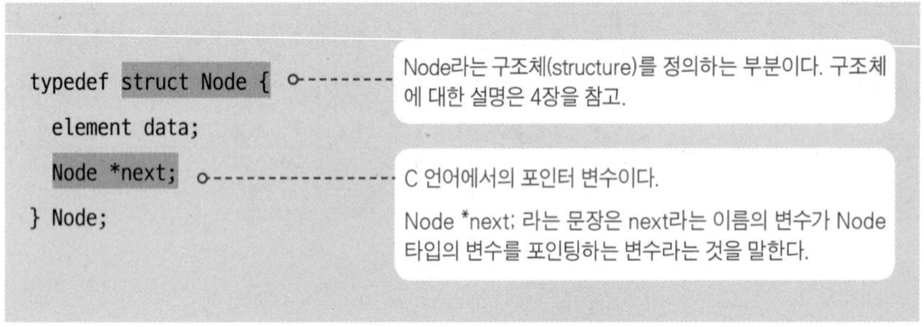

```
typedef struct Node {
  element data;
  Node *next;
} Node;
```

Node라는 구조체(structure)를 정의하는 부분이다. 구조체에 대한 설명은 4장을 참고.
C 언어에서의 포인터 변수이다.
Node *next; 라는 문장은 next라는 이름의 변수가 Node 타입의 변수를 포인팅하는 변수라는 것을 말한다.

C 언어에서 배열의 크기는 컴파일할 때 고정되기 때문에, 배열 리스트는 크기가 고정된다는 단점이 있다. 그러나 연결 리스트는 필요할 때마다 동적으로 노드를 할당 받을 수 있기 때문에 리스트의 크기를 알 수 없는 경우에 적합하다.

실제로 C99 표준에서는 '지역 변수'에 한하여 동적으로 배열의 크기를 변경할 수 (가변 길이 배열: variable length array) 있기는 하다.

그래서 배열을 이용한 배열 리스트는 고정된 크기의 메모리(정적 메모리 할당: static allocation)를 사용하기 때문에, 미리 최대의 자료 개수를 예상할 수 있는 경우에 적합하다. 그러나 이 방법은 프로그램이 실행될 때 불필요하게 많은 메모리를 여유있도록 할당받도록 함으로써 메모리의 낭비를 초래할 수 있다. 그러나 연결 리스트는 프로그램 실행 중에 노드 단위로 동적으로 메모리를 할당받을 수 있어서 메모리를 효율적으로 사용할 수 있다.

배열 리스트와 연결 리스트의 장단점을 염두에 두고 선형 리스트를 구현해야할 때 어떤 것을 사용하는 것이 좋을 지 선택의 기준을 정리해 보자.

- 데이터의 최대 개수를 예상할 수 있다면 배열을 고려할 수 있다.
- 프로그램에서 검색이 많을지 삽입/삭제가 많을지를 고려해야한다.

그러나, 연결 리스트는 자료를 위한 메모리 공간 이외에도 연결을 위한 포인터를 위한 공간이 추가로 필요하다는 단점이 있다.

데이터 검색 면에서는 배열 리스트를 사용할 경우는 원하는 위치의 항목에 배열 인덱스를 이용해서 즉시 접근(random access)할 수 있지만, 연결 리스트는 첫 노드부터 하나씩 포인터를 따라가야 한다. 즉, 연결 리스트의 첫 노드부터 하나씩 따라가면서 몇 번째 데이터인지를 세면서 나아가야 한다는 말이다.

이처럼 연결 리스트는 배열 구조에 비해 특정한 위치의 항목을 찾아갈 때는 바로 갈 수 없고 처음부터 찾아가야 한다는 단점이 있는 반면, 새로운 데이터를 추가하거나 기존의 데이터를 삭제할 때는 연관된 포인터만 변경하면 되는 장점이 있다.

이처럼 다양한 모양의 자료구조들은 나름의 장단점을 가지고 있다. 적재 적소에 장점을 잘 살릴 수 있는 자료 구조를 선택하는 것이 프로그래밍의 관건이다.

위에서 정적 메모리 할당(static allocation)이라는 말은 컴파일할 때 메모리의 크기가 확정되어서, 프로그램이 메인 메모리에 로드될 때 한꺼번에 모든 메모리를 할당받는 경우를 말한다. 이렇게 정적으로 할당받은 메모리는 프로그램 종료 후에 반납된다. 동적 메모리 할당(dynamic memory allocation)이라는 말은 프로그램 수행 중에 메모리가 필요할 때 그때 그때 할당받고, 필요 없을 때는 그 즉시 메모리를 돌려주는 것을 말한다. 정적 메모리 할당에 비해서 메모리를 더 효율적으로 사용할 수 있는 방법이다.

동적 메모리 할당을 위해서는 malloc( ) 함수를 사용하고, 메모리 해제를 위해서는 free( ) 함수를 사용한다.

아래와 같은 모양을 연결 리스트 구조라고 한다. 리스트의 하나의 항목을 노드(node)라고 하고, 여러 개의 노드들이 화살표에 의해서 순차적으로 연결된 구조라는 의미이다. 아래는 2개의 노드가 있는 연결 리스트이고, start라는 포인터 변수로 리스트의 시작을 표시하고 있다.

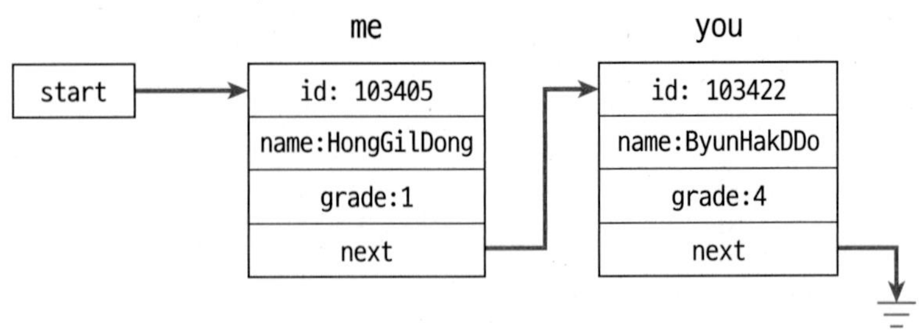

연결 리스트를 본격적으로 배우기 전에, 구조체를 이용해서 간단한 연결 구조를 만들어보자.

```
#include <stdio.h>

// 노드를 위한 구조체 형식 정의
struct student {
    int id;
    char name[20];
    int grade;
    struct student *next; //구조체 포인터 변수로써 다음 노드를 가리킴
};

// 구조체를 포인터 변수로 파라미터로 받아서 출력하는 함수
void printStudent(struct student* s) {
    while (s!= NULL) {
        printf("%d %20s %d", s->id, s->name, s->grade);
        s = s->next; //다음 노드로 포인터를 옮긴다.
    }
}

int main() {
    // 2개의 구조체 변수 정의 및 초기화
    struct student me = { 103405, "HongGilDong", 1, NULL };
    struct student you = { 103422, "ByunHakDDo", 4, NULL };

    // 아래가 포인터에 노드의 주소를 대입함으로써 연결 리스트를 만드는 과정이다.
    me.next = &you;
```

이 구조체를 보면서 노드의 구조를 생각해보자.

printStudent( ) 함수는 연결 리스트를 따라가면서 처음부터 마지막 항목까지 모두 출력하는 함수다.

구조체 포인터 변수 s가 가르키는 것이 없으면(즉, 마지막 노드 출력을 마치면) 반복문을 종료한다.

s가 구조체 포인터 변수이니까 '간접 멤버 참조 연산자' ->를 사용한다.

포인터에서의 NULL 값은 가르키는 대상이 없음을 의미한다.

이로써 구조체 포인터 변수 me 변수는 you 변수를 가르키게 된다. 위의 그림과 같은 형태를 띠게 된다.

```
    struct student* start = &me;

    printStudent(start);

    return 0;
}
```

student 구조체 타입을 가리키는 구조체 포인터 변수 start는 연결 리스트의 시작 노드를 가리킨다.

```
103405          HongGilDong 1
103422          ByunHakDDo 4
```

이러한 연결 리스트는 세부적으로는 여러 종류가 있다. 차례로 살펴보자.

- 단 방향으로만 연결된 '단일 연결 리스트(singly linked list)'
- 양 방향으로 연결된 '이중 연결 리스트(doubly linked list)'
- 시작 노드와 끝 노드가 연결된 '원형 연결 리스트(circular linked list)'

6.2 C 언어에서의 포인터

실제로 C 언어에서 포인터(pointer)가 차지하는 비중이 상당히 크다. 그만큼 중요하면서도 잘못 사용하면 오류의 근원이라는 비난을 받기도한다. 그렇지만 C 언어를 이용한 자료 구조에서는 없어서는 않되는 것이 바로 포인터다.

포인터는 설명하기도 쉽지 않고, 이해하기도 쉽지 않다. 포인터의 핵심 개념을 꼭 이해해야만 자료 구조를 더 배울 수 있다.

A **pointer** is a value that designates the address (i.e., the location in memory) of some value, in other words, pointers are variables that hold a memory location.

6.2.1 포인터 고찰

변수가 주기억 장치의 주소라면, 아래의 사실로 무엇을 알 수 있을까? 아래 예제는 전역 변수와 지역 변수의 주소값을 출력하는데, 전역 변수 2개와 지역 변수 2개의 주소가 서로 확연하게 다른 것을 볼 수 있다. 즉, 전역 변수와 지역 변수는 프로그램 실행 시에 분리된 다른 영역에 위치하는 것으로 추정할 수 있다.

프로그램이 컴파일된 오브젝트 파일에서는 전역 변수는 데이터 영역에, 지역 변수는 스택 영역에 할당된다.

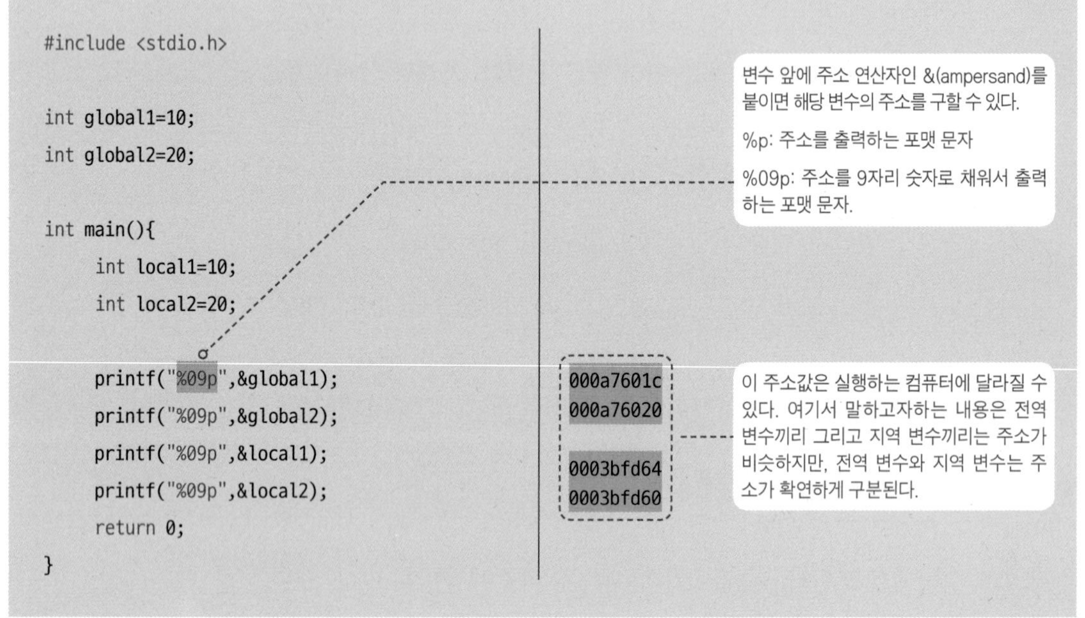

#include <stdio.h>
int global1=10;
int global2=20;
int main(){
int local1=10;
int local2=20;
printf("%09p",&global1);
printf("%09p",&global2);
printf("%09p",&local1);
printf("%09p",&local2);
return 0;
}
변수 앞에 주소 연산자인 &(ampersand)를 붙이면 해당 변수의 주소를 구할 수 있다.
%p: 주소를 출력하는 포맷 문자
%09p: 주소를 9자리 숫자로 채워서 출력하는 포맷 문자.
000a7601c
000a76020
0003bfd64
0003bfd60
이 주소값은 실행하는 컴퓨터에 달라질 수 있다. 여기서 말하고자하는 내용은 전역 변수끼리 그리고 지역 변수끼리는 주소가 비슷하지만, 전역 변수와 지역 변수는 주소가 확연하게 구분된다.

C 언어에서 별표(*)는 곱셈 연산자이기도 하지만, 주소 앞에서 사용되면 별표(*)는 해당 주소의 '내용물'을 의미한다. 이 경우에 *를 "간접 참조 연산자(indirection operator)"라고 하는데, * 다음의 주소가 가리키는 내용물을 접근할 때 사용한다. 그래서 아래와 같이 사용할 수 있다.

간접 참조 연산자: 변수의 이름을 이용해서 직접 참조하는 것이라니라, 주소를 통해서 간접적으로 참조하게 하는 연산자라는 의미

```
#include <stdio.h>

int main() {
    int i = 10;

    *(&i) = 100;

    printf("%d", i);
    return 0;
}
```

100

별표(*)는 해당 주소의 내용물을 의미한다.

즉, *(&i)는 "변수 i의 주소값의 내용물"이라는 뜻으로써, 변수 i와 동일한 의미이다.

즉, *(&i)=100은 i=100과 동일한 의미다.

포인터 변수는 메모리의 주소값을 저장하는 변수이다. 다른 기존의 변수들은 특정한 값을 가지는데, 포인터 변수는 저장되는 값이 '주소'라는 점이 다르다.

포인터 변수는 주소를 저장하는 변수

포인터 변수는 아래와 같이 선언할 수 있다. 아래 3가지 경우는 공백의 위치가 다를 뿐, 모두 동일한 포인터 변수의 선언이다.

```
int* p;
int *p;
int*p;
```

저자는 이 표현을 선호한다. int*라고 붙여서 사용하면 정수형 포인터 변수라는 것이 명확히 보이기 때문이다.

아래는 포인터 변수를 선언하면서 초기화를 하는 부분이다. 아래와 같이 하면 포인터 변수 p는 변수 i를 가리키는 포인터 변수이다.

```
int* p = &i;
```

변수 i의 주소값을 포인터 변수 p에 대입한다.

이 문장을 아래와 같이 쓸 수도 있다.

```
int* p;
p = &i;
```

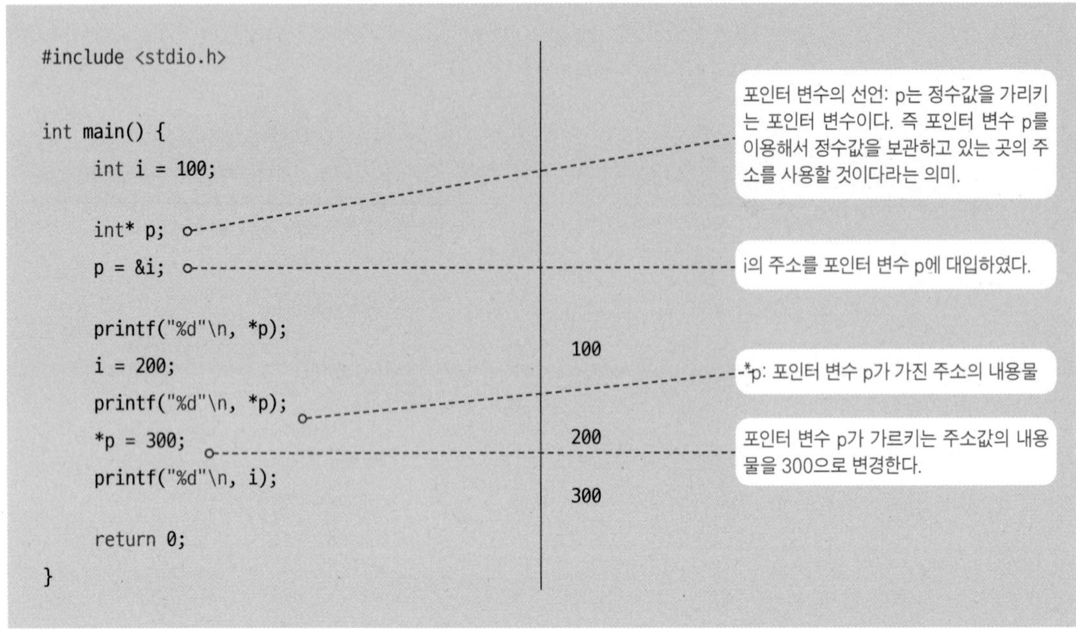

#include <stdio.h>
int main() {
int i = 100;
int* p;
p = &i;
printf("%d"\n, *p);
i = 200;
printf("%d"\n, *p);
*p = 300;
printf("%d"\n, i);
return 0;
}
100
200
300
포인터 변수의 선언: p는 정수값을 가리키는 포인터 변수이다. 즉 포인터 변수 p를 이용해서 정수값을 보관하고 있는 곳의 주소를 사용할 것이다라는 의미.
i의 주소를 포인터 변수 p에 대입하였다.
*p: 포인터 변수 p가 가진 주소의 내용물
포인터 변수 p가 가르키는 주소값의 내용물을 300으로 변경한다.

"포인터 변수는 주소를 가지는 변수다"라는 말을 다시 한번 반복하자.

```
#include <stdio.h>

int main() {
    int i = 100;
    int* p = &i;

    printf("%p"\n, &i);
    printf("%p"\n, p);
    printf("%p"\n, &p);

    return 0;
}
```

```
0xbf91b498
0xbf91b498
0xbf91b49c
```

포인터 변수 p는 현재 변수 i를 가르킨다. 즉, 이 문장은 변수 i의 주소를 출력하라는 말이다.

이 문장은 포인터 변수 p의 주소를 출력하라는 말이다. 여기서는 포인터 변수 p의 주소는 별 의미없다. 단지 포인터 변수도 변수라서 메모리에 위치하며 또한 포인터 변수도 주소가 있다는 점을 확실히 하기 위함이다.

위의 코드를 이해하기 위해서 p, i 두 변수의 주소와 값(내용물)을 표로 정리해보았다.

포인터 변수도 변수이니까 메모리에 저장되고 자신이 저장된 곳의 주소가 있다.

이 코드에서는 포인터 변수 p가 변수 i의 주소를 가지고 있다.

변수 이름	주소	값
p	0xbf91b49c	0xbf91b498
i	0xbf91b498	100

아래에서 포인터 변수 사용을 연습해보자. 포인터 변수는 동일한 타입의 변수만 가리킬 수 있다. 즉, 정수형 포인터 변수는 정수만 가리킬 수 있다.

```
#include <stdio.h>

int main() {
    int* intp;
    char* charp;
    double* doublep;

    int i = 10;
    char ch = 'a';
    double x = 3.14;

    intp = &i;
    charp = &ch;
    doublep = &x;

    printf("%d"\n, i);
    i++;
    printf("%d"\n, *intp);
    (*intp)++;
    printf("%d"\n, *intp);
    printf("%d"\n, i);

    printf("%c"\n, ch);
    (*charp)++;
    printf("%c"\n, *charp);

    printf("%f"\n, x);
    x += 10.0;
    printf("%f"\n, *doublep);

    return 0;
}
```

```
10
11
12
12

a
b

3.140000
13.140000
```

변수 i와 이를 가르키는 포인터 변수 intp를 이용하여 값을 변경하는 예제이다.

아래의 예를 보자. 포인터를 사용하면 이렇게 하나의 메모리 영역을 서로 다른 이름으로 사용할 수도 있다. 그래서 포인터 변수를 사용하면 프로그램의 서로 다른 부분에서 서로 다른 이름으로 특정 변수의 값을 공유할 수 있다는 장점이 있는 반면, 실수(mistake)를 하는 경우 프로그램 오동작의 원인이 될 수 있다.

```
#include <stdio.h>

int main() {
     int *p1;
     int *p2;
     int i = 100;


     p1 = &i;
     p2 = &i;

     *(p1) = 200;

     printf("i: %d, *p1: %d, *p2: %d", i, *p1, *p2);

     return 0;
}
```

이 2 문장은 아래의 1문장으로 대체할 수도 있다.

p1 = p2 = &i;

이로써 포인터 변수 p1가 p2는 동일한 변수 i를 가르킨다.

*(p1)의 값을 변경하였는데 *(p2)의 값도 변경된다. p1과 p2가 동일하게 변수 i를 가르키고 있기 때문이다.

```
i: 200, *p1: 200, *p2: 200
```

포인터 변수의 크기는 몇 바이트일까? 아래에서 모든 포인터 변수의 크기가 4 바이트임을 알 수 있다. 지금 사용하고 있는 컴퓨터가 32비트(4바이트) 시스템이면 모든 바이트의 주소를 표현하기 위해서는 32비트로 주소를 표현해야하기 때문이다.

32비트 운영체제에서는 포인터 변수가 32비트(4바이트), 64비트 운영체제에서는 64비트(8바이트)가 된다.

저자는 32비트 운영체제에서 테스트하였다.

```
#include <stdio.h>

int main() {
     char ch;
     int i;
     double d;
     char* charp = &ch;
     int* intp = &i;
     double* doublep = &d;;
```

```
    printf("%d\n", sizeof(charp));          4
    printf("%d\n", sizeof(char*));          4
    printf("%d\n", sizeof(intp));           4
    printf("%d\n", sizeof(int*));           4
    printf("%d\n", sizeof(doublep));        4
    printf("%d\n", sizeof(double*));        4

    return 0;
}
```

어떤 자료형을 가르키는 포인터 변수든지 모두 포인터 변수는 4바이트이다.

포인터 변수의 크기는 포인터 변수가 가리키는 대상의 데이터 형에 상관없이 항상 4바이트로 일정하다. 아래의 그림과 같이 가리키는 대상은 데이터 형에 따라 크기가 달라지지만, 이들을 가리키는 포인터 변수는 모두 4바이트이다.

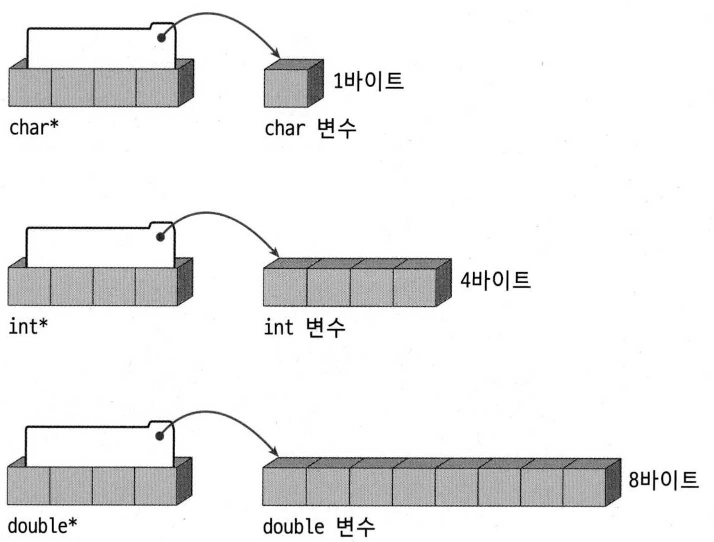

아래는 결과값이 이상하다. 포인터 변수는 동일한 타입의 변수만 가리킬 수 있는데, 아래와 같이 double * 포인터 변수가 int 변수를 가리키면 안 된다.

포인터 변수와 포인터 변수가 가리키는 변수의 데이터형이 일치해야한다.

```
#include <stdio.h>

int main() {
     int i = 100;

     double* p = &i;
     printf("%f"\n, *p);
     
     return 0;
}
```

엉뚱한 값이 출력된다.

```
-0.000000
```

포인터를 사용할 때 주의할 사항이 있다. 아래는 컴파일 에러가 발생한다. 그 이유는 포인터 변수 p가 현재 아무 곳도 가리키지 않는데, 포인터 변수가 가리키는 곳에 값을 대입하려고 하기 때문이다.

포인터 변수도 꼭 초기화해야 한다.

```
#include <stdio.h>

int main() {
     int* p;

     *p = 300;
     printf("%d\n", *p);
     return 0;
}
```

```
uninitialized local variable 'p' used
```

따라서 아래와 같이 포인터 변수를 사용하는 것이 안전하다.

```
#include <stdio.h>

int main() {
     int i;
     int* p = NULL;

     p = &i;
```

NULL은 포인터 변수가 가리키는 것이 없다는 것을 의미한다.

```
    if (p != NULL) *p = 100;
    printf("%d %d"\n, i, *p);

    if (p) *p = 200;
    printf("%d %d"\n, i, *p);

    return 0;
}
```

100 100

200 200

포인터 변수 p가 NULL이 아니면(즉, 안전하게 특정 변수를 가리키면) 대입

if(p) 라는 표현은 if (p !=NULL) 과 동일한 의미이다. 포인터 변수 p가 NULL이 아니면 대입

6.2.2 포인터 변수의 연산

그런데 여기서 의문점이 있다. 왜? 포인터 변수라는 것을 사용할까? 메모리의 주소를 저장할 목적이라면 동일하게 4바이트인 int 형 변수를 사용하면 되지 않을까?

왜 포인터 변수를 사용할까?

아래와 같이 해보자. 포인터 변수를 사용하지 않고 일반 정수형 변수에 주소를 저장해보려고 한다. 그러나 아래의 코드는 컴파일 시점에서 에러 메시지가 출력된다. 32비트(4바이트) 컴퓨터에서 C 언어에서는 int와 포인터 변수는 동일하게 4바이트이지만 서로 다른 타입이기 때문이다.

아래의 코드는 이해하기 조금 어렵다.

```
#include <stdio.h>

int main() {
    int i = 10;
    int address;

    *(&i) = 100;
    printf("%d\n", i);

    address = &i;
    *(address) = 200;

    printf("%d\n", i);

    return 0;
}
```

컴파일 시점에 경고 메시지가 나온다. 주소를 일반 정수형 변수에 넣을 수 없다는 의미이다.

```
warning: assignment makes integer from pointer without a cast
 address = &i;
         ^
```

아래의 에러 메시지가 나온다. 정수형 값에 * 연산자를 사용할 수 없다는 의미이다.

```
error: invalid type argument of unary '*' (have 'int')
 *(address) = 200;
```

굳이 이렇게 정수형 변수를 이용해서 주소를 저장하려면 아래와 같이 형 변환(type conversion)을 해주어야 한다. 아래는 정상적으로 작동하기는 하지만 주소를 저장하기 위해서 정수형 변수를 사용하는 것은 너무 불편하다.

```
#include <stdio.h>

int main() {
    int i = 10;
    int address;

    *(&i) = 100;
    printf("%d\n", i);                    100

    address = (int)&i;
    *((int *)address) = 200;              200

    printf("%d\n", i);

    return 0;
}
```

address 변수가 int 형 변수이기 때문에 주소값(address)을 int 값으로 형 변환

이 문장을 이해하기는 쉽지 않다. address라는 정수값을 int * 값으로 형 변환하는 부분이다.

이러한 방식으로 굳이 주소를 저장하고 사용할 수 있지만, C 언어에서는 포인터 변수를 사용함으로써 더욱 편하게 프로그래밍 할 수 있다.

이제 포인터 변수가 필요한 이유를 알아보자. 배열의 이름은 배열의 시작 주소를 의미한다. 즉, 아래와 같이 '배열 이름'은 '배열의 첫번째 항목의 주소'와 동일하다.

```
data == &(data[0])
```

배열의 이름이 배열의 시작 주소를 가지기 때문에, 이와 같이 배열의 이름을 포인터 변수처럼 사용할 수 있다. 아래에서 주소값을 가지는 data에 1을 더하면 실제 주소는 4가 증가한다.

```
data[1] == *(data+1)
```

```
#include <stdio.h>

int main() {
    int data[] = { 10, 60, 20 };

    printf("%p\n", data);          // 0xbfd6f10c
    printf("%p\n", data + 1);      // 0xbfd6f110
    printf("%p\n", data + 2);      // 0xbfd6f114

    printf("%d\n", data[0]);       // 10
    printf("%d\n", *(data));       // 10

    printf("%d\n", data[1]);       // 60
    printf("%d\n", *(data + 1));   // 60

    printf("%d\n", data[2]);       // 20
    printf("%d\n", *(data + 2));   // 20

    return 0;
}
```

배열의 이름은 배열이 저장되어 있는 메모리 상의 위치(주소)이다.

주소의 출력값을 보면 data +1과 같이 data에 1을 더했을뿐인데, 출력된 주소는 4가 차이나는 것을 알 수 있다. 즉, 포인터에 1을 더하면 바로 다음 항목의 주소를 의미한다.

'*' 연산자는 해당 주소의 내용물을 의미한다(여기서는 곱셈 연산자가 아니다).

즉, data[0]의 값과 data 번지의 내용물(*data)는 동일한 것이다.

배열의 이름이 배열의 시작 주소라고 하였고, data+1은 data보다 4가 큰 주소값이라는 것을 알 수 있다. 1을 더했는데 4가 더해진다. 즉, 포인터 변수와 상수의 덧셈은 특이하게 작동한다. 이것이 포인터 변수의 특징이다.

그에 반해서 정수형 변수에 주소를 저장하고 여기에 1을 더하면 단순히 바로 다음 주소를 의미한다.

위의 프로그램을 아래와 같이 수정해보자. 아래는 배열을 가리키는 포인터 변수를 사용한다. 포인터 변수는 포인터 변수를 증감 연산자로 증가시키거나, 상수 값을 더하는 '포인터 연산'을 할 수 있다.

포인터 변수에의 연산은 포인터 변수의 증감 연산과 포인터 변수에 상수값을 더하는 연산, 포인터 변수 끼리의 뺄셈 연산만 할 수 있다. 포인터 변수끼리의 덧셈이나 곱셈 등의 연산은 불가하다.

왜 이런지는 차차 설명된다.

```
#include <stdio.h>

int main() {
    int data[3] = { 10, 60, 20 };
    int* datap = data;

    printf("%p\n", datap);        // 0xbffeaf94
    printf("%p\n", datap + 1);    // 0xbffeaf98
    printf("%p\n", datap + 2);    // 0xbffeaf9c
```

포인터 변수 datap는 data 주소를 가진다.

```
    printf("%d  %d\n", data[0], *(datap));          10  10
    printf("%d  %d\n", data[1], *(datap + 1));      60  60
    printf("%d  %d\n", data[2], *(datap + 2));      20  20

    return 0;
}
```

data[i]와 *(datap+i)는 동일한 값이다.

위의 코드를 그림으로 그려보자.

```
int data[3];
int* datap = data;
```

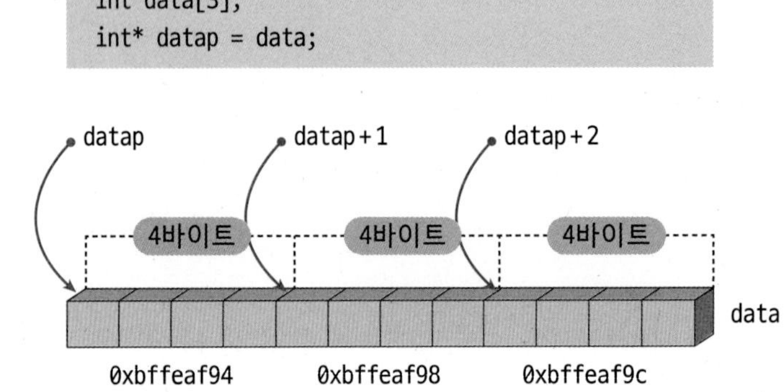

중요하다. 일반적으로 포인터 변수 두 개를 서로 더할 필요가 없다. 주소값 2개를 서로 더해서 나오는 주소값은 일반적으로 의미가 없기 때문이다. 그리고 원천적으로 그러한 연산은 허락하지 않는다.

포인터 변수는 상수 값과의 덧셈, 뺄셈, 포인터 끼리의 뺄셈 또는 증감 연산자만을 사용할 수 있다는 의미와 이유를 이해해야 한다.

포인터 변수끼리는 더할 수 없다. 포인터 변수는 증감 연산자(++또는 --)를 사용하거나, 포인터끼리의 뺄셈, 그리고 포인터 변수에 상수값을 더하거나 뺄 수 만 있다. 즉 아래와 같은 두개의 포인터 변수끼리의 덧셈은 불가하다.

```
#include <stdio.h>

int main() {
    int data1, data2;
    int* data1p = &data1;
    int* data2p = &data2;

    printf("%p\n", data1p + data2p);

    return 0;
}
```

```
error: invalid operands to binary + (have 'int *' and 'int *')
  printf("%p\n", data1p+data2p);
```

그러나 포인터 끼리는 뺄셈 연산은 가능하다. 포인터 끼리의 뺄셈은 두 주소 사이의 항목 사이의 거리이다.

포인터 변수끼리의 뺄셈은 두 포인터 변수 사이의 데이터 개수로써의 거리를 의미한다.

```
#include <stdio.h>

int main() {
    int data[] = { 10, 20, 30, 40, 50 };

    printf("%d"\n, &data[4] - &data[1]);

    return 0;
}
```

```
3
```

이 두개의 주소값의 차이는 두 주소값 사이의 항목의 개수(항목 사이의 거리)다. 즉 정수값 3개 만큼 떨어져 있다는 의미이다.

포인터 변수를 ++, -- 연산자를 이용하여 사용할 수도 있다.

```
#include <stdio.h>

int main() {
    int data[] = { 10, 20, 30, 40, 50 };
    int i;
    int* datap = data;

    for (i = 0; i<5; i++, datap++) {
        printf("%d %d\n", data[i], *datap);
    }
    return 0;
}
```

```
10 10
20 20
30 30
40 40
50 50
```

포인터 변수의 증감 연산자 사용. 포인터가 다음 항목을 가르키게 한다.

6.2.3 포인터 변수의 장점

C 에서 포인터가 차지하는 비중은 아주 크다. 포인터 변수의 연산, 이중 포인터(double pointer), 포인터 배열, 함수 포인터 등 다양하고 복잡하게 포인터를 활용할 수 있다.

이런 막강한 포인터 기능이 포인터가 어렵다고 느끼게 하는 이유일 수도 있다.

구체적으로 포인터 변수가 필요한 경우를 적어보자(아래의 문장은 이해하기 쉽지 않다. 일단은 읽어두고, 차차 알아가도록 하자).

- 하나의 포인터 변수는 포인터가 아닌 배열 개체 하나를 대치할 수 있다. 또한 포인터는 하나로 2차, 3차, n차 배열까지 자유롭게 할당이 가능하다.

포인터 변수는 배열의 시작 주소를 가지기 때문에 포인터 변수 하나로 개체 전체를 사용할 수 있게 한다.

- 포인터를 사용하면 어떤 함수에서 값을 배열로 반환해야할 때 구조체(struct), 공용체(union) 따위로 의미없이 포장할 필요가 없다. 즉, 코딩도 편해지고, 메모리 소모도 줄이고 성능도 향상시킬 수 있다.
- 함수가 반환할 값이 함수가 끝나고 나면 없어져야 할 값이 아니라면 포인터로 반환해서 계속 사용할 수 있다.
- 프로그램의 입력값이나 조건에 따라서 적정한 용량의 배열을 동적으로 할당하는 것은 포인터만이 가능하다.

C, C++ 등의 언어에서는 포인터를 사용하지만, Java에서는 원천적으로 포인터를 사용할 수 없다. 포인터의 장점이 있는 대신 그만큼 단점도 존재하기 때문이다. 그래서 이 책에서는 포인터의 깊은 내용은 설명을 생략한다. C 언어를 더 깊이 공부하고 싶은 독자는 따로 공부를 하기 바란다.

6.2.4 배열과 포인터의 차이점

배열의 이름이 배열의 시작 주소를 가지고 있어서 포인터 변수처럼 사용할 수는 있지만, 배열의 시작 주소를 변경할 수는 없다. 이점이 배열과 포인터 변수의 차이점이다.

```
#include <stdio.h>

int main() {
    int data[] = { 10, 20, 30, 40, 50 };
    int* datap = data;
```

```
    datap++;
    printf("%d", datap[0]);

    // data++;
    return 0;
}
```

```
20
```

- datap++; : 포인터 변수는 변경할 수 있다.
- printf("%d", datap[0]); : datap++로 인해서 datap는 data[1] 위치의 숫자 20을 가르키게 된다.
- // data++; : 배열의 이름이 주소값이기는 하지만, 배열의 이름을 변경할 수 없다. 이 부분의 주석을 삭제하면 아래와 같은 에러가 발생한다.
  error: lvalue required as increment operand data++;
  ^

아래의 코드를 보자. 아래는 문자형 배열과 문자형 포인터 변수를 사용하는 차이점을 보인다. 좌측은 에러없이 수행되지만, 우측은 Run-time Error가 발생한다.

char 배열을 사용	char * 사용

#include <stdio.h>
 	
char buf[] = "abcdefg";
 	
int main() {
        (buf) = '';
        printf("%s", buf);
 	
        return 0;
}
	#include <stdio.h>
	
	char *buf = "abcdefg";
	
	int main() {
	        (buf) = '';
	        printf("%s\n", buf);
	
	        return 0;
	}

*bcdefg	Run-time Error

- buf 라는 단어는 buffer라는 단어를 줄여서 사용한 것이다. 프로그래밍에서 많이 사용하는 이름이다.
- 이 부분에서 run-time error가 난다.

그 이유는 무엇일까?

좌측의 문자형 배열은 문자형 배열을 선언하고 그 배열의 값을 “abcdefg”라는 값으로 순차적으로 ‘대입’한 것이고, 우측은 “abcdefg”라는 상수(문자열 상수)를 만들고 이를 문자형 포인터 변수로 ‘가리키고’ 있는 것이다.

따라서, 우측은 문자열 상수값을 일부를 바꾸려는 것이라서 에러가 발행하는 것이다.

우측의 코드에서 문자열인 “abcdefg”는 상수(literal)이다. 상수값은 변경할 수 없다.

위의 2개의 코드의 차이점을 꼭 이해해야한다. 문자열을 사용할 때, 배열을 이용해서 배열에 문자열을 '대입'해서 사용하는 것은 변수를 사용하는 것이다. 그렇지 않고 오른쪽의 2번째 코드는 문자열 상수를 포인터 변수를 이용해서 가르키면서 사용하는 것이다.

6.2.5 포인터와 문자열

문자열과 포인터 변수는 아주 밀접한 관련이 있다. 문자열을 포인터가 가리키게 하고, 포인터 연산으로 문자열을 사용하는 것은 아주 일반적이다.

```
#include <stdio.h>

int main() {
    char data[] = "Hello World!";
    char* p;

    p = data;
    printf("%s\n", p);
    printf("%s\n", data);

    data[0] = '*';
    printf("%s\n", p);

    *(p) = '+';
    printf("%s\n", p);

    return 0;
}
```

```
Hello World!
Hello World!

*ello World!

+ello World!
```

문자형 포인터 변수 p가 문자열 배열 data를 가르킨다.

아래의 예제를 보자. 문자열을 포인터 변수를 이용해서 문자를 하나씩 출력하는 코드이다.

```
#include <stdio.h>

int main() {
    char data[] = "Hello World!";
    char* p;
    int i;
```

```
    p = data;
    for (i = 0; i<sizeof(data); i++) {
        printf("%c", *(p + i));
    }
    return 0;
}
```

```
Hello World!
```

포인터의 강력한 능력을 아래의 예를 통해서 보자. const로 선언된 변수 값을 포인터를 통해서 수정할 수도 있다. 이렇기 때문에 포인터 사용에 더 조심해야한다.

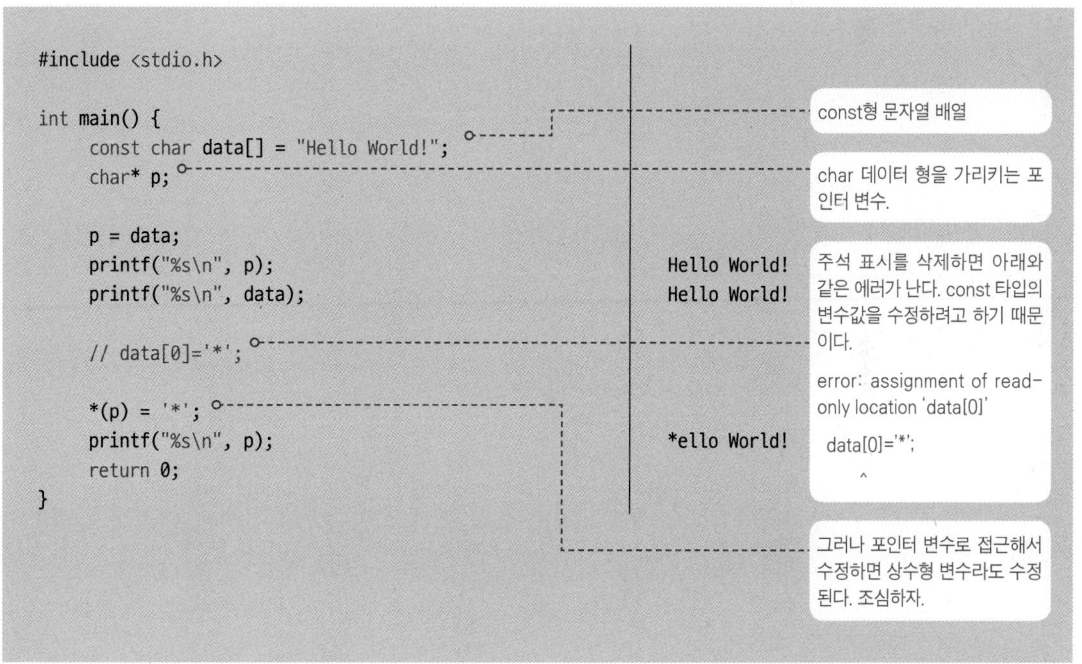

```
#include <stdio.h>

int main() {
    const char data[] = "Hello World!";
    char* p;

    p = data;
    printf("%s\n", p);
    printf("%s\n", data);

    // data[0]='*';

    *(p) = '*';
    printf("%s\n", p);
    return 0;
}
```

```
Hello World!
Hello World!
*ello World!
```

const형 문자열 배열
char 데이터 형을 가리키는 포인터 변수.
주석 표시를 삭제하면 아래와 같은 에러가 난다. const 타입의 변수값을 수정하려고 하기 때문이다.
error: assignment of read-only location 'data[0]'
data[0]='*';
^
그러나 포인터 변수로 접근해서 수정하면 상수형 변수라도 수정된다. 조심하자.

위의 프로그램은 안정성을 위해서 아래와 같이 포인터 변수를 선언해야한다.

```
const char *p;
```

이렇게 포인터 변수를 선언하면, 포인터 변수 p는 const char 배열을 가리키는 포인터 변수이다. 따라서 p가 가리키는 값을 수정할 수 없게 된다.

이렇게 수정하면 아래의 문장을 컴파일할 때, 컴파일 시점에 아래와 같은 에러가 발생한다.

```
error: assignment of read-only location '*p'
  *(p) = '*';
       ^
```

또한 '문자열 상수'를 포인터 변수로 변경하려는 경우는 실행 중에 에러가 발생한다. 상수(문자열, 숫자, 문자 등)는 컴퓨터에서 별도의 공간에 보관하고 수정할 수 없게 되어있다.

> 상수값은 포인터 변수를 통해서 수정하려고 하더라고 당연히 불가하다. 상수값이기 때문이다.

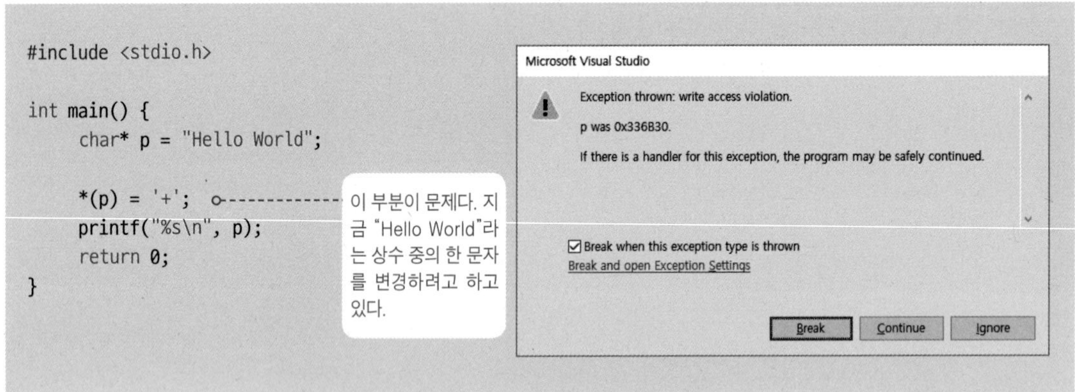

```
#include <stdio.h>

int main() {
     char* p = "Hello World";

     *(p) = '+';
     printf("%s\n", p);
     return 0;
}
```


아래와 같은 상수 값의 주소를 포인터 변수에 저장하면 어떻게 될까? 아래와 같이 에러가 출력된다. & 기호는 상수에 사용할 수 없다.

```
#include <stdio.h>

int main() {
     int* p;

     p = &10;

     printf("%d\n", *p);

     return 0;
}
```

```
error: lvalue required as unary '&' operand
  p = &10;
      ^
```

lvalue:
a value that points to a storage location, potentially allowing new values to be assigned(예:프로그래밍 언어에서의 변수)

rvalue:
a value considered independently of its storage location (예:프로그래밍 언어에서의 상수)

6.2.6 포인터를 이용한 동적 메모리 할당

프로그램이 사용하는 메모리 구조에 대해 알아보자.

오른쪽 그림을 보면, 이제까지 배운 내용에서 우리가 사용하지 않은 메모리 영역이 있다. 바로 힙(heap) 영역이다. 이 영역은 프로그램 실행 시점에 동적으로 할당받아 사용하는 메모리 구간이다.

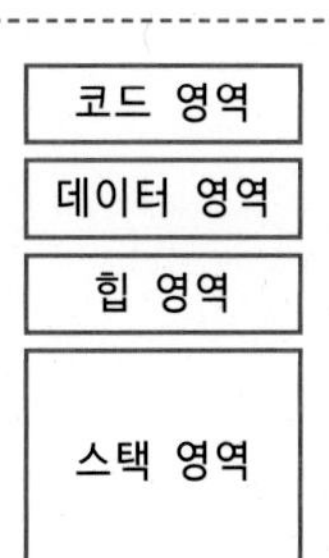

동적 할당: '동적'이라는 말은 '프로그램 실행 중'을 말하는 것이고, '할당'이라는 말은 운영 체제로부터 필요한 메모리를 제공받는다는 의미이다.

우리는 여기서 malloc(), free() 함수의 사용법만을 배울 것이다. 동적 메모리 할당을 위해서는 calloc(), realloc() 함수도 있다. 필요하다면 이것들은 각자 공부해보자.

이제부터 힙 메모리 사용 방법에 간단하게 알아보자.

```
void* malloc (size_t size);
allocates a block of size bytes of memory, returning a pointer to the beginning of the block.

void free(void *ptr);
deallocates the memory previously allocated by a call to calloc, malloc, or realloc.
```

size_t 형은 unsigned int 형이다.

아래의 프로그램은 정수형 데이터(4바이트) 10개를 위한 메모리 공간을 동적으로 할당받아 사용하는 코드이다.

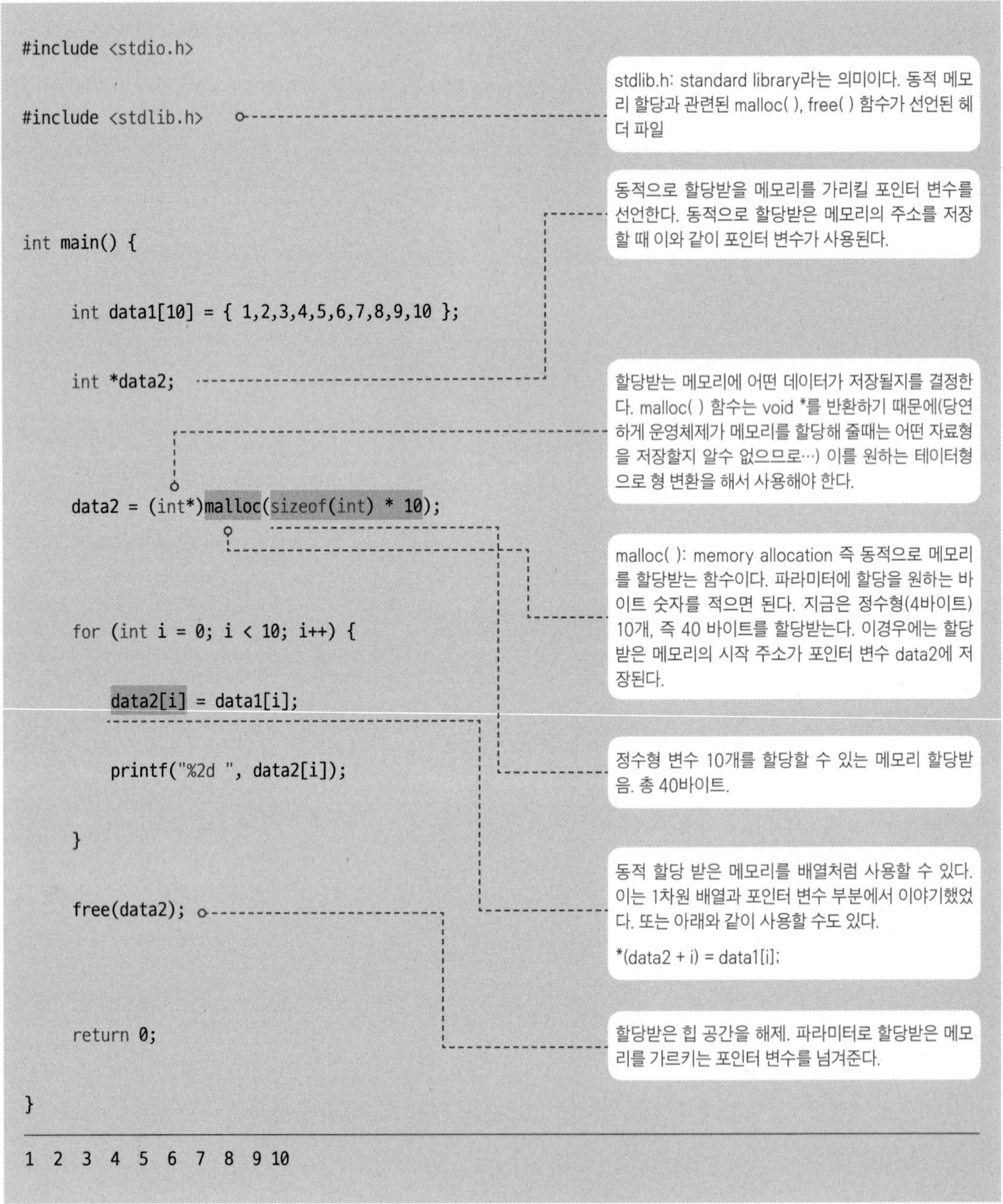

```c
#include <stdio.h>

#include <stdlib.h>

int main() {

    int data1[10] = { 1,2,3,4,5,6,7,8,9,10 };

    int *data2;

    data2 = (int*)malloc(sizeof(int) * 10);

    for (int i = 0; i < 10; i++) {

        data2[i] = data1[i];

        printf("%2d ", data2[i]);

    }

    free(data2);

    return 0;

}
```

```
1 2 3 4 5 6 7 8 9 10
```

stdlib.h: standard library라는 의미이다. 동적 메모리 할당과 관련된 malloc( ), free( ) 함수가 선언된 헤더 파일
동적으로 할당받을 메모리를 가리킬 포인터 변수를 선언한다. 동적으로 할당받은 메모리의 주소를 저장할 때 이와 같이 포인터 변수가 사용된다.
할당받는 메모리에 어떤 데이터가 저장될지를 결정한다. malloc( ) 함수는 void *를 반환하기 때문에(당연하게 운영체제가 메모리를 할당해 줄때는 어떤 자료형을 저장할지 알수 없으므로…) 이를 원하는 테이터형으로 형 변환을 해서 사용해야 한다.
malloc( ): memory allocation 즉 동적으로 메모리를 할당받는 함수이다. 파라미터에 할당을 원하는 바이트 숫자를 적으면 된다. 지금은 정수형(4바이트) 10개, 즉 40 바이트를 할당받는다. 이경우에는 할당받은 메모리의 시작 주소가 포인터 변수 data2에 저장된다.
정수형 변수 10개를 할당할 수 있는 메모리 할당받음. 총 40바이트.
동적 할당 받은 메모리를 배열처럼 사용할 수 있다. 이는 1차원 배열과 포인터 변수 부분에서 이야기했었다. 또는 아래와 같이 사용할 수도 있다.
*(data2 + i) = data1[i];
할당받은 힙 공간을 해제. 파라미터로 할당받은 메모리를 가리키는 포인터 변수를 넘겨준다.

어떤 경우에 이와 같은 동적 메모리 할당 기법을 사용하면 좋은지 알아보자. 아래의 프로그램을 보자. inputName( ) 함수에서 문자열을 입력받고 이를 반환받아서 main( ) 함수에서 출력하는 프로그램이다. 그러나 결과가 이상하다.

```
#include <stdio.h>

char* inputName() {
    char name[100];

    scanf("%s", name);

    return name;
}

int main() {
    char* name;

    name = inputName();
    printf("%s", name);

    return 0;
}
```

```
입력: Hello
출력: (null)
```

문자열 출력에서 null이 출력된 것은 문자열이 아무것도 가르키지 않는 상황을 의미한다.

왜 이런 결과가 나올까? 입력받은 문자열을 저장한 name[ ] 배열은 inputName( ) 함수의 지역 변수이다. 그러나 이 지역 변수는 inputName( ) 함수가 종료되면 메모리에서 삭제되어 버린다. 지역변수이기 때문이다.

따라서 이 지역 변수의 주소를 반환받더라도 그 주소는 더 이상 유효한 주소가 아니다. 그래서 결과가 이상하게 나온것이다.

그러나 아래의 프로그램은 정상적으로 동작한다. 위의 프로그램과 아래의 프로그램의 차이점은 무엇일까?

```
#include <stdio.h>

int inputNumber() {
    int number;

    scanf("%d", &number);

    return number;
}

int main() {
    int number;

    number = inputNumber();
    printf("%d", number);

    return 0;
}
```

```
입력: 100
출력: 100
```

함수 내에서 malloc( )를 통해서 할당 받은 메모리는 heap( )에 저장되기 때문에, 이 할당된 메모리를 함수 종류 후에도 계속 사용할 수 있다.

이와 같이 지역 변수로 사용하던 데이터의 주소를 반환받을 때는 동적 메모리 할당을 받아서 사용하는 것이 일반적이다.

위의 프로그램은 inputNumber( ) 함수가 정수값을 반환(정수값을 복사해서 반환)한다. 즉, 위 프로그램은 입력받은 정수값을 반환하고 그 값을 사용하기 때문에, 값을 반환받을 때(주소를 반환받는 것이 아니다)는 이와 같이 별 문제가 없다.

따라서 위에서 오동작하는 프로그램은 아래와 같이 수정해야 한다. 즉, 이와 같은 경우에 동적 메모리 할당이 필요하다.

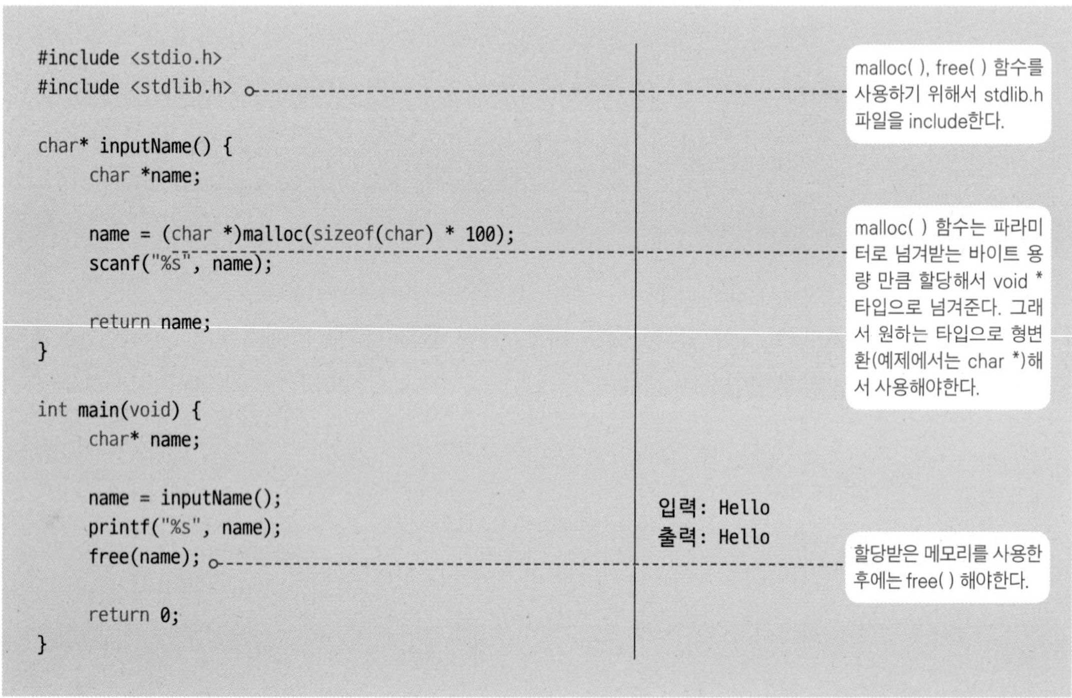

```
#include <stdio.h>
#include <stdlib.h>

char* inputName() {
    char *name;

    name = (char *)malloc(sizeof(char) * 100);
    scanf("%s", name);

    return name;
}

int main(void) {
    char* name;

    name = inputName();
    printf("%s", name);
    free(name);

    return 0;
}
```

malloc( ), free( ) 함수를 사용하기 위해서 stdlib.h 파일을 include한다.
malloc( ) 함수는 파라미터로 넘겨받는 바이트 용량 만큼 할당해서 void * 타입으로 넘겨준다. 그래서 원하는 타입으로 형변환(예제에서는 char *)해서 사용해야한다.
입력: Hello
출력: Hello
할당받은 메모리를 사용한 후에는 free( ) 해야한다.

동적 메모리 할당이 필요한 또 다른 경우를 보자.

사용할 데이터의 개수를 미리 알 수 있다면 정적으로 배열을 선언해서 사용하면 된다. 그렇지만 사용자로부터 데이터를 입력받거나 파일에서 데이터를 읽어들이는 경우는 데이터의 개수를 미리 알 수 없는 경우가 많다.

```
#include <stdio.h>
#include <stdlib.h>

int main() {
     int size;
     int* inputData = NULL;

     printf("How name numbers do you want to enter?\n");
     scanf("%d", &size);

     // 사용자가 입력할 개수만큼 메모리 할당
     inputData = (int *)malloc(sizeof(int)*size);

     // 메모리 할당이 정상적으로 이루어졌는지 확인하는 것이 안전하다.
     if (inputData == NULL) {
         printf("memory allocation failed.\n");
         return -1;
     }

     // 동적으로 할당받은 메모리를 이용하여 입력받는다.
     printf("Enter %d numbers.\n", size);
     for (int i = 0; i<size; i++) {
         scanf("%d", &inputData[i]);
     }

     printf("You have entered %d numbers.\n", size);
     for (int i = 0; i<size; i++) {
         printf("%d ", inputData[i]);
     }

     // 메모리 해제
     free(inputData);

     return 0;
}
```

```
How name numbers do you want to enter?
Enter 10 numbers.
You have entered 10 numbers.
4 3 2 6 7 9 3 1 6 4
```

6.2.7 포인터 배열

포인터 배열은 용어 그대로 포인터(즉, 주소)를 저장하는 배열이다. 포인터 배열(즉, 포인터의 배열)은 처음에 이해하기 까다롭기는 하지만, 이해가 되면 요긴하게 사용되는 기능이다.

포인터의 배열(array of pointer variables)은 처음에는 이해하기 쉽지 않다. 배열의 각 항목이 포인터 변수이다.

아래의 예제는 3개의 포인터 변수가 각각의 문자열을 가리키는 상황이다. 그리고 그 포인터 변수는 배열에 담겨있다.

```
char* classes[3] = {
        "Introduction to Computers",
        "Artificial Intelligence",
        "Computer Programming"
    };
```

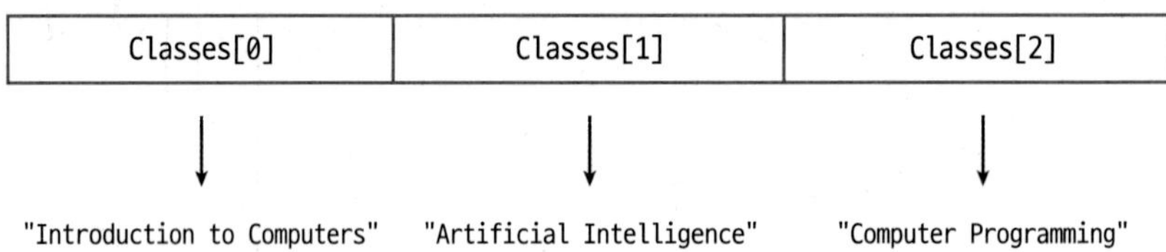

이 내용을 코드로 살펴보자.

```
#include <stdio.h>

int main() {
    char* classes[3] = {
        "Introduction to Computers",
        "Artificial Intelligence",
        "Computer Programming"
    };

    for (int i = 0; i<3; i++) {
        printf("%s"\n, classes[i]);
    }

    return 0;
}
```

char* classes[3]: char * 변수의 배열 선언이다. 배열의 각 항목이 char 포인터 변수이다.

즉, classes[0]은 "Introduction to Computers"라는 문자열의 시작 주소를 가진다.

포인터 배열은 위와 같이 많은 문자열을 사용하는 경우에 많이 사용된다. 또한 구조체 배열을 사용할 필요가 있는 경우에도 많이 사용된다. 구조체 포인터 배열은 나중에 알아보자.

```
Introduction to Computers
Artificial Intelligence
Computer Programming
```

6.2.8 이중 포인터

이중 포인터(double pointer)도 사용할 수 있다. 이중 포인터란 포인터 변수를 가리키는 포인터 변수를 의미하는데, 아래의 샘플을 보자.

이중, 삼중 포인터는 C를 배우는 사람들의 머리를 정말 아프게하는 요소이다.

프로그램 초보자에게는 별로 사용할 기회는 없다. 그러나 의미는 알아두자.

```
#include <stdio.h>

int main() {
    int i;
    int* p = &i;
    int** pp = &p;

    i = 100;
    printf("%d %d %d\n", i, *p, **pp);

    *p = 200;
    printf("%d %d %d\n", i, *p, **pp);

    **pp = 300;
    printf("%d %d %d\n", i, *p, **pp);

    return 0;
}
```

```
100 100 100

200 200 200

300 300 300
```

pp라는 변수는 이중 포인터이다. 즉, 포인터 변수를 가리키는 포인터 변수라는 의미이다.

이 예제에서는 포인터 변수 pp는 포인터 변수 p를 가리킨다.

pp라는 변수는 이중 포인터이다. 즉, 포인터 변수를 가리키는 포인터 변수라는 의미이다.

이 예제에서는 포인터 변수 pp는 포인터 변수 p를 가리킨다.

위의 프로그램은 아래와 같은 형식으로 가리킨다.

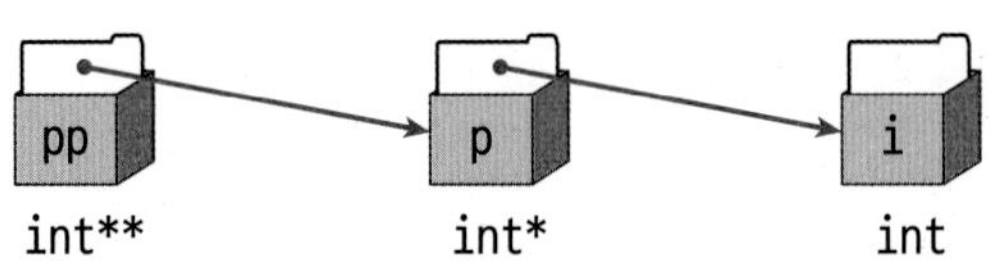

이러한 이중 포인터는 2차원 배열을 함수의 파라미터로 넘기거나 할 때 많이 사용된다.

6.3 단일 연결 리스트(singly linked list) ADT

먼저 단일 연결 리스트를 먼저 살펴보자. 앞에서 배운 배열 리스트와 프로그램의 구조는 비슷하다. ADT가 동일하기 때문이다. 각 함수의 세부 구현이 링크를 이용하는 부분에 따라서 달라진다.

ADT 표의 설명 칼럼에 배열 리스트와 다른 점을 적어두었다. 이를 통해서 배열 리스트와 연결 리스트의 다른 점과, 각각의 장단점을 발휘할 수 있는 함수들을 비교해보자.

연결 리스트 ADT

객체 <인덱스, 원소> 쌍의 집합

연산

```
void init()            : 리스트의 초기화(모든 항목 삭제)
void dispose()         : 동적으로 할당 받은 모든 노드 해제
bool isEmpty()         : 리스트가 비어 있으면 true
bool isFull()          : // 필요 없다.
void print()           : 리스트의 모든 요소 출력
bool isInList(item)    : 리스트에 item 이 있으면 true
void addFirst(item)    : 리스트의 처음에 item 추가
void addLast(item)     : 리스트의 끝에 item 추가
void addPos(pos, item) : 리스트의 pos 위치에 item 추가
void remove(item)      : 리스트에서 item 삭제
void sort()            : // 연결 리스트에서는 정렬 작업을
                         잘 하지 않는다.
```

- dispose(): 연결 리스트는 동적으로 메모리를 할당받아서 노드를 생성하기 때문에, 사용을 마치면 할당받은 노드를 모두 해제해야한다.
- isFull(): 동적으로 메모리를 할당받기 때문에 isFull( )을 검사할 필요없다. 컴퓨터의 메모리를 초과하지 않는 이상은…
- addFirst(item): 연결 리스트는 리스트의 처음에 추가하는 것이 가장 시간적으로 빠른 방법이기 때문에 별도의 함수로 만들었다.
- sort(): 배열 리스트와는 다르게 연결 리스트는 보통 정렬하지 않는다. 정렬을 하기 위해서 해야하는 검색과 포인터 수정 작업 등이 힘들기 때문이다. 연결 리스트에서 정렬을 하려면 항목을 추가하면서 정렬하는 삽입 정렬(insertion sorting)을 주로 많이 한다.

6.4 단일 연결 리스트 구현

단일 연결 리스트(single linked list)를 구체적으로 코드 설명하기 전에 그림을 통해서 이해하자. 이 부분을 반드시 이해하고 넘어가야한다. 그렇지 않으면 설명될 코드를 이해하기 어렵다.

아래는 연결 리스트의 초기 상태이다. 변수 head는 연결 리스트의 첫 항목을 가리킨다. 현재는 NULL로 초기화되어 있다. 아직 항목이 하나도 없는 상태이다.

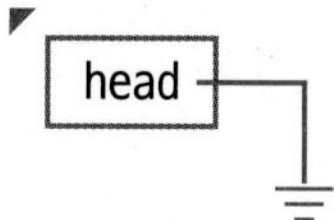

보통 전기의 접지(ground)와 같은 표시로 NULL을 표시해서 현재 아무 것도 가르키지 않음을 표현한다.

여기에 항목을 하나 추가하면 아래와 같이 된다. 이 과정에서 어떤 일을 해줘야 하는 걸까? NULL을 가리키던 head가 추가되는 새로운 노드를 가리키게 하고, 새로운 노드는 NULL을 가르켜야한다.

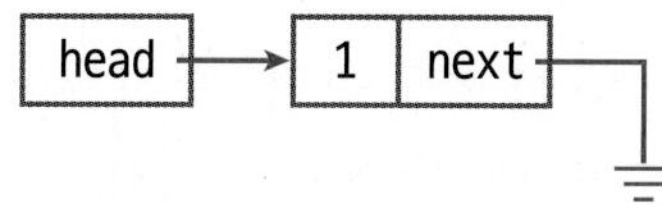

이제 노드를 몇 개 더 추가해보자. 먼저 리스트의 처음에 노드를 추가해보자. 이를 위해 어떤 일을 해야할까? head가 추가되는 새로운 노드를 가리키게 하고, 새로운 노드는 head가 가리키던 노드를 가르켜야한다. 실제로는 위와 동일하다.

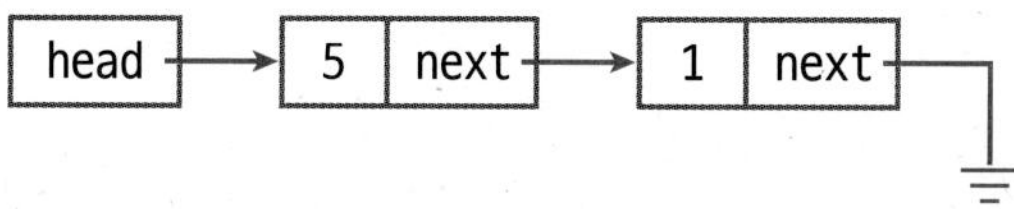

그러면 이제 조금 다르게 리스트의 중간(처음이 아닌)에 노드를 추가해보자. 이를 위해서는 추가되는 노드의 앞에 있는 노드가 추가되는 노드 자신을 가르켜야하고, 추가되는 노드는 앞의 노드가 가리키던 노드를 가리키게 해야한다.

이와 같이 리스트의 처음에 추가하는 부분과 그 외의 부분으로 별도로 나누어서 구현해야한다.

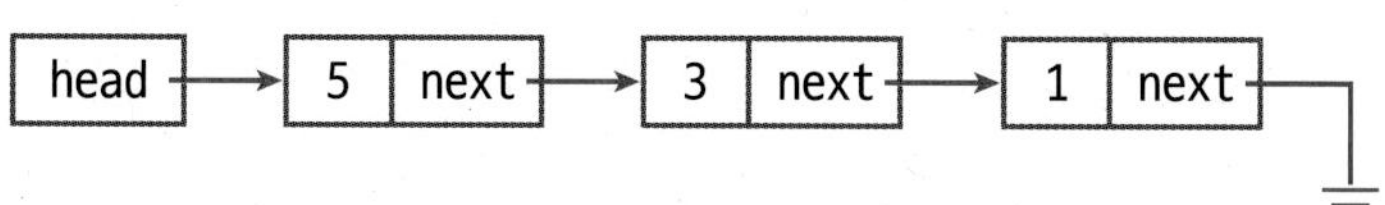

리스트의 특정 노드를 삭제하는 과정은 추가하는 과정의 역순이라고 생각하면 된다. 앞의 그림을 역순으로 살펴보자. 리스트의 중간의 노드를

삭제하려면, 자신의 앞의 노드가 자신이 가리키던 노드를 가리키게 하고, 자신 노드를 해제해야한다. 만약 첫 노드라면 head가 자신이 가리키던 노드를 가르켜야한다.

참고로, 단일 연결 리스트의 모든 노드들의 메모리를 해제하는 함수인 dispose() 함수는 모든 노드들의 메모리를 반환하기 위해서 head 노드부터 순차적으로 탐방하면서 삭제해야한다. 아래의 예를 살펴보자.

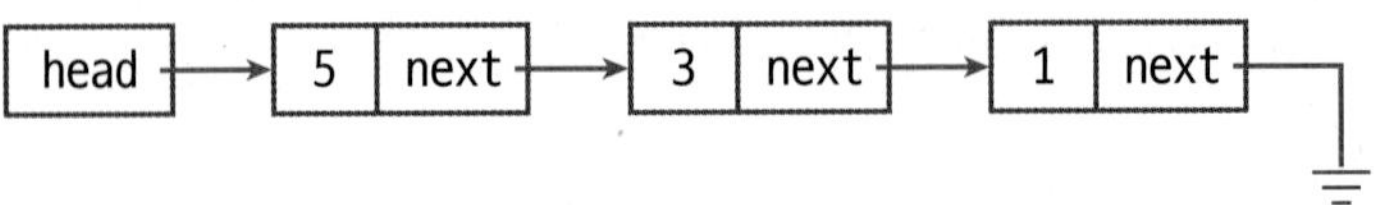

이 리스트에서 cursor 변수를 별도로 만들어서, cursor가 리스트를 순차적으로 따라가면서 해당 노드를 삭제하는 역할을 한다.

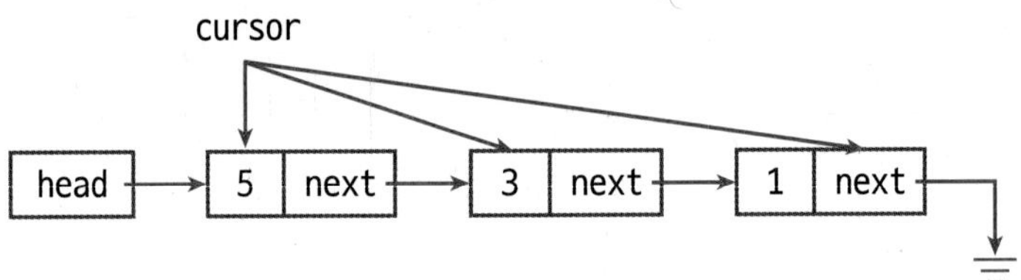

참고

자료 구조를 구현하면서 많은 경우에 오류나 특수한 경우를 대비해야하는 경우가 생길 수 있다. 이러한 경우에 아래와 같이 처리하면 오류 메시지의 확인이 편리하다.

아래의 코드를 살펴보자.

```
#include <stdio.h>
#include <stdlib.h>

void beforeExit() {
    printf("exit() is called\n");
}


int main() {
    printf("Hello, World!\n");
    atexit(beforeExit);
    return 0;
}
```

```
Hello, World!
exit() is called
```

아래와 같이 atexit(void (*func)(void)) 함수는 프로그램이 종료될 때 자동으로 호출될 함수를 설정할 수 있다. 이 함수는 stdlib.h에 선언되어 있다.

C 언어에서의 atexit( ) 함수는 제목 그대로 at exit할 때, 즉 프로그램이 종료 될 때 자동으로 실행할 함수를 설정하는 기능을 한다.

```
int atexit(void (*func)(void))
```

우리는 이 함수를 사용하여 자료 구조를 사용하는 중에 에러가 발생하는 경우에 잠시 중지해서 에러 메시지를 화면에서 확인할 수 있도록 기다리는 용도로 사용한다.

이제 실제 구현된 코드를 볼 순서다. 아래와 같이 3개의 파일로 구성된다.

예제 코드: linkedList

파일	설명
linkedList.h	헤더 파일
linkedList.c	소스 파일
test.c	테스트 파일

linkedList.h 헤더 파일을 먼저 살펴보자. 코드의 전체적인 구조를 배열 리스트와 비교하면서 살펴보자. 아래에는 불필요한 코드이지만 배열 리스트와의 비교를 위해서 주석으로 표시한 부분이 있다.

```
#ifndef _LINKED_LIST_H
#define _LINKED_LIST_H

// 노드의 데이터 항목의 자료형
typedef int Element;

// 노드의 구조체
typedef struct Node{
    Element data;
    struct Node* next;
} Node;

// 단일 연결 리스트 구조체이다.
// 연결 리스트의 첫 항목을 가리키는 포인터 변수와, 리스트의 노드 개수를 가지고 있다.
// 단일 연결 리스트를 구조체로 정의하면서 코드를 이해하기 조금 복잡해질 수 있지만,
```

```
// 향후의 다른 자료 구조와의 모양의 일관성을 위해서 구조체로 정의하였다.
// 필요할 때 마다 리스트 항목의 개수를 세아려도 되지만, 항목 개수는 자주 사용될 수 있기 때문에,
변수로 항목의 개수를 보관한다.
typedef struct {
    Node *head; // 리스트의 첫 항목을 가르키는 포인터 변수
    int size;  // 노드의 갯수
} LinkedList;


// 전체적인 함수의 이름은 유사하지만, 실제 구현은 배열 리스트의 함수와 조금씩 다른 점이 있을 수
있다.
void init(LinkedList *list);   // 리스트 생성 및 초기화
int getSize(LinkedList *list); // 리스트의 크기
void addPos(LinkedList *list, int pos, Element data); // 리스트의 원하는 위치에 항목 추가
void addFirst(LinkedList *list, Element data); // 리스트의 처음에 항목 추가
void addLast(LinkedList *list, Element data); // 리스트의 끝에 항목 추가
Node* create(Element e, Node* next);//노드를 동적으로 생성(할당)하는 함수가 필요하다.

void remove(LinkedList *list, Element data); // 리스트에서 항목 삭제
void print(LinkedList *list); // 리스트 출력
void dispose(LinkedList *list); // 리스트의 모든 항목 삭제

bool isEmpty(LinkedList *list); // 리스트가 비어있는지 체크
// bool isFull(LinkedList *list); // 노드를 동적으로 늘릴 수 있기 때문에 Full 검사가 의미없다.
bool isInList(LinkedList *list, Element elem); // 리스트에 원하는 항목이 있는지 체크
// int whereIsInList(LinkedList *list, Element elem); // 연결 리스트에서는 항목의 위치가 의미없다.

#endif
```

<linkedList.h>

C 언어의 포인터에 익숙하지 않으면 코드를 읽기가 어려울 수도있다.

아래는 연결 리스트의 전체 소스 코드이다. 코드가 길어보이지만 주석을 참조해서 하나씩 정복해보자.

```
/******************************************************************************
' 파일명    : linkedList.c
' 사용방식  : 자료구조의 linked list를 포인터를 이용해서 구현
' 제한사항  :
' 오류처리  :
'/******************************************************************************/
```

```
#include <stdio.h>
#include <stdlib.h> // 동적 메모리 할당(malloc, free)을 위해
#include "linkedlist.h"

/*
이 함수는 자료 구조를 사용하는 중에 에러가 발생하는 경우에
잠시 중지해서 에러 메시지를 화면에서 확인할 수 있도록 기다려 주기 위함
*/
void beforeExit() {
     getchar();
}

/*
자료 구조를 사용하면서 자료 구조의 한 항목으로 구조체를 사용하는 경우에
비교 연산자를 사용하기 번거로운 경우가 있다.
따라서 아래와 같이 2개의 항목의 비교를 하는 부분을 매크로로 선언하는 것이 편할 때가 많다.
*/
#define IS_EQUAL(a, b)     (a == b)

/*****************************************************************************
' 설명     : 단일 연결 리스트를 초기화한다. head 노드를 NULL, size를 0으로 설정
' 리턴값   : void
' 매개변수 : LinkedList* list : 연결 리시트의 헤더 노드
'/*****************************************************************************/
void init(LinkedList *list) {
     list->head = NULL;
     list->size = 0;
     atexit(beforeExit);
}

/*****************************************************************************
' 설명     : 연결 리스트의 노드 개수 반환
' 리턴값   : int(리스트의 크기)
' 매개변수 : LinkedList* list : 연결 리시트의 헤더 노드
'/*****************************************************************************/
int getSize(LinkedList *list) {
     return list->size;
}

/*****************************************************************************
' 설명     : 리스트의 정해진 위치에 노드를 추가한다.
' 리턴값   : void
' 매개변수 : LinkedList* list : 연결 리시트의 헤더 노드
'            int pos: 항목이 추가될 위치
             Element data: 추가될 항목
' 비고     : pos 위치가 리스트 내부의 위치인지 점검 필요
'            리스트의 첫번째 항목으로 추가하는지에 따라 다르게 처리해야한다.
'/*****************************************************************************/
```

```
void addPos(LinkedList *list, int pos, Element data) {
    if (pos > (list->size)+1 || pos < 1) {
        printf("Error: Position is out of range !\n");
        exit(1);
    }
    else {
        // 노드를 생성하고
        Node* newNode = create(data, NULL);

        // 리스트의 처음에 추가하려면...
        if (pos == 1) {
                // head가 가르키던 노드를 추가될 새로운 노드가 가르키게 하고
                newNode->next = list->head;

                // head가 새로운 노드를 가르키게 한다.
                list->head = newNode;
        }
        // 리스트의 처음이 아닌 곳에 추가하려면...
        else {
                // pos 이전 위치까지 탐색해서 추가될 위치를 찾아간 후에...
                Node* temp = list->head;
                for (int i = 1; i < pos - 1; i++)
                        temp = temp->next;

                // temp 노드 다음에 추가될 것이라서, 새로운 노드가 temp가 가르키는 노드를 가르키게하고
                newNode->next = temp->next;

                // temp가 새로운 노드를 가르키게 한다.
                temp->next = newNode;
        }
        (list->size)++; // 항목의 개수를 1 증가
    }
}

/*****************************************************************************
' 설명      : 리스트의 가장 앞에 노드를 추가한다.
' 리턴값    : void
' 매개변수  : LinkedList* list : 연결 리시트의 헤더 노드
'             Element data: 추가될 항목
'/*****************************************************************************/
void addFirst(LinkedList *list, Element data) {
    // 별도의 코드를 사용할 수도 있겠지만, 이미 구현된 addPos() 함수를 사용하였다.
    addPos(list, 1, data);

    // 아래와 같이 별도의 코드를 사용할 수도 있다.
    /*
    Node* newNode = create(data, list->head->next);
    list->head = newNode;
```

```
    */
}

/******************************************************************************
' 설명      : 리스트의 가장 뒤에 노드를 추가한다.
' 리턴값    : void
' 매개변수  : LinkedList* list : 연결 리시트의 헤더 노드
'             Element data: 추가될 항목
'/******************************************************************************/
void addLast(LinkedList *list, Element data) {
    // 별도의 코드를 사용할 수도 있겠지만, 이미 구현된 addPos( ) 함수를 사용하였다.
    addPos(list, (list->size)+1, data);

    // 아래와 같이 별도의 코드로 대체해도 된다.
    /*
    Node* current = list;
    while (current->next != NULL) {
        current = current->next;
    }
    Node* newNode = create(data, NULL);
    current->next = newNode;
    */
}

/******************************************************************************
' 설명      : 새로운 노드를 생성한다.
' 리턴값    : Node *
' 매개변수  : Element e: 추가될 데이터
'             Node *: 생성된 노드가 가르킬 포인터 값(보통은 NULL)
'/******************************************************************************/
Node* create(Element e, Node* next)
{
    Node* newNode = (Node*)malloc(sizeof(Node));
    if (newNode == NULL)
    {
        printf("Error: creating a new node.\n");
        exit(1);
    }
    newNode->data = e;
    newNode->next = next;

    return newNode;
}

/******************************************************************************
' 설명    : 리스트에서 원하는 항목 1개를 찾아서 삭제한다.
' 리턴값  : void
' 매개변수: LinkedList* list : 연결 리시트의 헤더 노드
```

```
' 비고     : 리스트의 첫 노드는 조금 특수하게 처리해야한다.
'            리스트가 empty이거나 elem이 없으면 아무 일도 일어나지 않는다.
'/*******************************************************************************/
void remove(LinkedList *list, Element elem) {
    Node* cursor = list->head;
    Node* prev = NULL;

    if ( IS_EQUAL(cursor->data, elem) ) { // 삭제할 노드가 첫 노드이면
        list->head = cursor->next; // head가 삭제될 노드의 다음 노드를 가르키게 한다.
        free(cursor); // 삭제할 노드를 해제한다.
        (list->size)--; // 개수를 1 줄인다.
    }
    else {
        // 삭제할 노드를 찾아서 cursor가 가르키게 한다.
        while (cursor != NULL) {
                if ( IS_EQUAL(cursor->data, elem) ) break;
                prev = cursor;
                cursor = cursor->next;
        }
        // 삭제할 노드가 있으면, 해당 노드를 삭제한다.
        if (cursor != NULL) {
                prev->next = cursor->next;
                free(cursor);
                (list->size)--;
        }
    }
}

/*******************************************************************************
' 설명      : 단일 연결 리스트의 모든 노드들의 메모리를 해제한다.
' 리턴값    : void
' 매개변수  : LinkedList* list : 연결 리시트의 헤더 노드
' 비고      : 이제 연결 리스트의 거의 마지막 관문이다.
'             항목을 삭제하는 함수는 항목을 추가하는 함수와 아주 비슷하다.
'/*******************************************************************************/
void dispose(LinkedList *list) {
    Node *temp;
    Node *cursor = list->head; // cursor은 head 노드부터 NULL이 될때까지 리스트를 순서대로 탐방
    list->head = NULL;

    while (cursor != NULL) {
        temp = cursor->next; // 아래 줄에서 cursor가 가리키는 노드를 해제할 것이라서, temp에 보관
        free(cursor);
        cursor = temp;
    }
    list->size = 0;
}
```

```
/*****************************************************************************
' 설명      : 단일 연결 리스트가 Empty인지 반환
'             - 단일 연결 리스트가 비어있으면 true를 반환
'             - 그렇지 않으면 false를 반환
' 리턴값    : bool
' 매개변수 : LinkedList* list : 연결 리시트의 헤더 노드
' 비고      : 리스트 헤드노드의 size 멤버 변수의 값을 보고 판단할 수도 있다.
'/*****************************************************************************/
bool isEmpty(LinkedList *list) {
     return (list->head == NULL);
}

/*****************************************************************************
' 설명       : 단일 연결 리스트에서 원하는 항목을 검색
' 리턴값     : bool
' 매개변수   : LinkedList* list:     연결 리시트의 헤더 노드
'              Element elem:         검색을 원하는 값
'/*****************************************************************************/
bool isInList(LinkedList *list, Element elem) {
     Node *cursor = list->head;
     while (cursor != NULL) {
         if (IS_EQUAL(cursor->data, elem)) return true;
         cursor = cursor->next;
     }
     return false;
}

/*****************************************************************************
' 설명       : 연결 리스트 출력
' 리턴값     : void
' 매개변수   : LinkedList* list: 연결 리시트의 헤더 노드
' 비고       : 아래의 코드는 C 언어를 이용한 연결 리스트 사용의 가장 기본적인 형식이다.
'              익숙해지도록 하자.
'/*****************************************************************************/
void print(LinkedList *list) {
     Node *current = list->head;
     while (current != NULL) {
         printf("--> %d ", current->data);
         current = current->next;
     }
     printf("\");
}
```

<linkedList.c>

테스트 함수를 가지고 있는 test.c 파일이다. 출력된 결과를 참고하자.

```
#include "linkedList.h"

// 연결 리스트 테스트 용 함수
void testLinkedList() {
    LinkedList list;

    init(&list);
    print(&list);

    addFirst(&list, 10);
    print(&list);                          --> 10

    addFirst(&list, 20);
    print(&list);                          --> 20 --> 10

    addPos(&list, 1, 30);
    print(&list);                          --> 30 --> 20 --> 10

    addPos(&list, 2, 40);
    print(&list);                          --> 30 --> 40 --> 20 --> 10

    addLast(&list, 50);
    print(&list);                          --> 30 --> 40 --> 20 --> 10 --> 50

    remove(&list, 20);
    print(&list);                          --> 30 --> 40 --> 10 --> 50

    remove(&list, 10);
    print(&list);                          --> 30 --> 40 --> 50

    remove(&list, 50);
    print(&list);                          --> 30 --> 40

    remove(&list, 30);
    print(&list);
                                           --> 40
    addFirst(&list, 90);
    print(&list);
                                           --> 90 --> 40
    addPos(&list, 10, 80);
    print(&list);
                                           Error: Position is out of range !
    dispose(&list);
    print(&list);
}
```

<test.c>

6.5 배열 리스트와 연결 리스트의 비교

배열 리스트와 연결 리스트를 모두 배웠다. 이 둘을 아래와 같이 요약해서 비교해보자.

특성		배열 리스트	연결 리스트
메모리	할당 시기	컴파일 시점에 모든 항목을 위한 공간을 일괄적으로 정적 할당	프로그램 실행 시점에 노드 생성 시에 동적 할당
	해제 시기	프로그램 종료 시에 일괄 해제	노드 삭제 시에 해제
	할당	연속 할당(모든 항목들이 주기억 장치에 연속 할당된다)	동적 할당(malloc과 free는 운영체제와 관련되어 있기 때문에 실제 실행 시에는 많은 비용이 발생할 수 있다. 따라서 성능을 위해서는 동적 할당을 줄일 수 있는 방법을 고민해야한다)
	메모리 사용량	여유분을 생각하여 충분한 메모리를 확보해야 하기 때문에 메모리의 낭비가 있을 수 있다.	다음 항목을 위한 포인터를 위한 메모리가 필요하다.
리스트 사용	접근	랜덤 접근(인덱스 이용)	순차 접근
	순회/탐색	빠르다	느리다
	삽입/ 삭제	느리다(마지막 요소를 삽입/삭제하는 경우에는 더 빠를 수도 있다)	빠르다(그러나 해당하는 항목을 순서대로 찾아가야하는 시간이 필요하다. 그러므로 리스트의 처음에 추가하는 것이 가장 효과적이다)

6.6 오픈프레임웍스 파티클 효과 구현

예제 코드: linkedListParticles

연결 리스트를 이용하여 파티클 효과를 구현해보자. 사용하는 소스 파일은 아래와 같다. openFrameworks 프로젝트를 새로 만들고, 음영으로 표시한 파일만 새로 만들거나 수정해주면 된다.

여기에서 소개하는 파티클 효과는 아래의 사이트에서 자바로 구현된 코드를 수정해서 사용하였다.

https://processing.org/examples/simpleparticlesystem.html

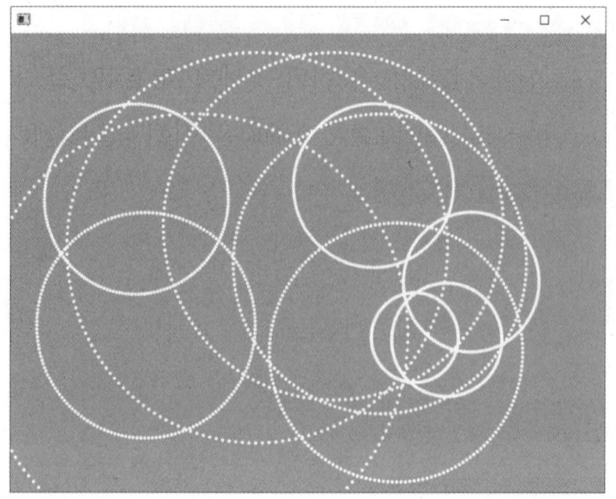

〈마우스 클릭을 통해서 파티클 효과를 구현한 화면〉

파일	설명
linkedList.h linkedList.c	앞에서 만든 연결 리스트 파일 사용(수정 사항 있음. Element 자료형을 총알을 위한 자료형으로 변경해야한다.)
particles.c	새로 작성해야함.
ofApp.h main.cpp	기존 파일 그대로도 사용함.
ofApp.cpp	마우스 클릭을 통한 파티클 생성 부분 추가해야함.

위의 파일은 다운로드한 소스 코드에서 확인하자. 아래에서는 수정된 부분만 표시하였다.

```
#ifndef _LINKED_LIST_H
#define _LINKED_LIST_H

/********************************/
// 노드의 데이터 항목의 자료형
// 총알 구조를 위해서 수정해야함
/********************************/

typedef struct {
    float x, y;
} Vector;
```

```
typedef struct {
     Vector loc, vel;
     int life;
} Particle;

// 노드의 데이터 항목의 자료형
typedef Particle Element;

// 노드의 구조체
typedef struct Node{
     Element data;
     struct Node* next;
} Node;
…
…
```

<linkedList.h>

```
/************************수정된 내용***************************/
/*
자료 구조를 사용하면서 자료 구조의 한 항목으로 구조체를 사용하는 경우에
비교 연산자를 사용하기 번거로운 경우가 있다.
따라서 아래와 같이 2개의 항목의 비교를 하는 부분을 매크로로 선언하는 것이 편할때가 많다.
*/
#define IS_EQUAL(a, b)     ( (a.x == b.x) && (a.y == b.y) )
…
…
```

<linkedList.c>

```
#include <math.h>
#include "ofApp.h"
#include "linkedlist.h"

/***************************************************************************
' 함수명  : void newParticle(LinkedList *particles, float originX, float originY)
' 설명    : 마우스 클릭한 곳을 중심으로 파티클들을 생성해서 리스트에 삽입한다.
' 리턴값  : void
' 매개변수: LinkedList* particles : 연결 리시트의 헤더 노드
'          originX, originY: 마우스가 클릭한 곳의 좌표
'/***************************************************************************/
```

```
void newParticle(LinkedList *particles, float originX, float originY){
    int numParticles = 180; // 생성할 파티클의 갯수
    //360도로 퍼지는 입자를 만들기 위해서 각도 증가량을 조정
    float numParticlesInc = 2 * 3.141592 / numParticles;
    float particleMagnitude = 5;
    float theta = 0.0;
    Vector l, v;
    Element p;
    // 클릭된 지점에서 360도 돌아가면서 파티클의 방향과 거리가 계산된다.
    for (int i = 0; i < numParticles; i++)  {
        // 아래의 x, y는 원점을 중심으로 하는 원주 상의 좌표이다.
        float x = particleMagnitude * cos(theta);
        float y = particleMagnitude * sin(theta);

        // 파티클이 날아가는 거리가 랜덤하게 만든다.
        //x *= random(1);
        //y *= random(1);

        // 각 파티클의 위치를 마우스 위치부터 시작하도록 마우스 위치를 더해준다.
        l.x = x + originX;
        l.y = y + originY;

        // 파티클의 속도를 원의 중심에서 파티클 위치까지의 거리에 비례하도록 설정
        v.x = 0.4*(l.x - originX);
        v.y = 0.4*(l.y - originY);

        // 새로운 파티클 생성
        // 위에서 계산한 위치와 속도를 사용
        p.loc = l;
        p.vel = v;
        p.life = 200;

        // 연결 리스트에 파티클 추가
        addFirst(particles, p);

        theta += numParticlesInc;
    }
}

/******************************************************************************
' 함수명  : void renderParticle(LinkedList *particles)
' 설명    : 연결 리스트를 파라미터로 받아서 화면에 모든 파티클을 그려주는 함수.
' 리턴값  : void
' 매개변수: LinkedList* l : 연결 리시트의 헤더 노드
'/******************************************************************************/
void renderParticle(LinkedList *particles){
    Node *node = particles->head; // 연결리스트의 헤드 노드부터 시작
```

```
    while (node != NULL) {
        // 파티클을 움직여줌
        node->data.loc.x += node->data.vel.x;
        node->data.loc.y += node->data.vel.y;
        node->data.life--;

        // 화면을 벗어난 파티클 삭제
        if (node->data.loc.x<0 || node->data.loc.x>ofGetWidth() ||
                node->data.loc.y<0 || node->data.loc.y>ofGetHeight() ||
                node->data.life<0) {

                Node *temp = node;
                node = node->next;
                remove(particles, temp->data); // 파티클을 위한 노드 삭제
        }
        else {
                ofCircle(node->data.loc.x, node->data.loc.y, 3);
                node = node->next;
        }
    }
}
```

<particles.c>

```
#include "ofApp.h"
#include "linkedlist.h"

extern void newParticle(LinkedList *particles, float x, float y);
extern void renderParticle(LinkedList *particles);

LinkedList particles;

//--------------------------------------------------------------
void ofApp::setup() {
    init(&particles);
}

//--------------------------------------------------------------
void ofApp::update() {
}

//--------------------------------------------------------------
void ofApp::draw() {
    renderParticle(&particles);
}
```

```
//--------------------------------------------------------------
void ofApp::mousePressed(int x, int y, int button) {
    newParticle(&particles, ofGetMouseX(), ofGetMouseY());
}
…
```

<ofApp.cpp>

참고

위의 코드는 파티클 리스트를 순회하면서 삭제할 파티클이 발견되면 그때 아래의 함수로 해당 노드를 삭제한다.

```
void remove(LinkedList *list, Element elem);
```

그러나 조금 더 효율적으로 동일한 작업을 수행하기 위해서 아래와 같이 renderParticle 함수를 수정할 수 있다.

```
void renderParticleEnhanced(LinkedList *particles) {
    Node* node = particles->head; // 연결리스트의 헤드 노드부터 시작
    Node* prev = NULL;
    int index = 0; // 삭제할 노드가 첫 노드인지를 판별하기 위해서

    while (node != NULL) {
        // 파티클을 움직여줌
        node->data.loc.x += node->data.vel.x;
        node->data.loc.y += node->data.vel.y;
        node->data.life--;

        // 삭제할 노드라면
        if (node->data.loc.x<0 || node->data.loc.x>ofGetWidth() ||
                node->data.loc.y<0 || node->data.loc.y>ofGetHeight() ||
                node->data.life<0) {

                // 삭제할 노드라 첫 노드이면...
                if (index == 0) {
                        particles->head = node->next;
                        free(node);
                        node = particles->head;
                        (particles->size)--;
                }
                else {
                        prev->next = node->next;
                        free(node);
                        node = prev->next;
                        index++;
                        (particles->size)--;
```

```
                }
            }
            // 삭제할 노드가 아니면
            else {
                ofCircle(node->data.loc.x, node->data.loc.y, 3);
                prev = node;
                node = node->next;
                index++;
            }
        }
}
```

6.7 원형(환형) 연결 리스트(circular linked list)

지금까지 배운 단순 연결 리스트의 가장 큰 단점은 자신의 앞(previous) 노드를 찾아가기 불편하다는 점이다. 각 노드가 다음(next) 노드를 가리키고 있기 때문이다.

아래의 그림을 참고하자. 원형 연결 리스트란 리스트의 마지막 노드가 리스트의 첫번째 노드를 가리키는 리스트를 말한다. 따라서 원형 연결 리스트는 하나의 노드에서 링크를 따라서 어떤 노드로도 갈 수 있는 장점이 있다.

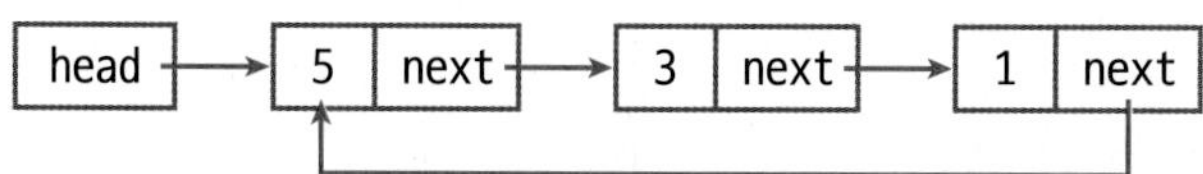

위와 다르게 head 포인터가 리스트의 끝을 가리키게 할 수도 있다(아래 그림 참고). 이렇게 하면 리스트의 끝에 노드를 추가할 때 편해진다. 이 교재에서는 아래의 형식으로 원형 연결 리스트를 사용한다.

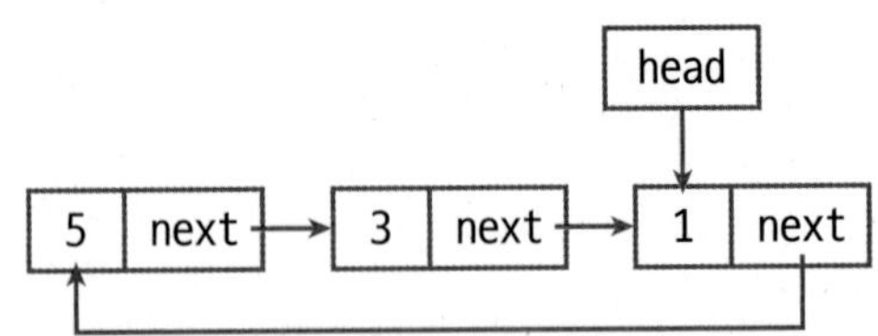

원형 연결 리스트가 어떤 것인가는 알았다. 이제 어떤 경우에 이런 원형 연결 리스트를 사용할 필요가 있을지를 생각해보자.

여러 명의 플레이어가 게임을 하는 경우를 생각해보자. 아래와 같이 모든 플레이어가 순번대로 자신의 역할을 하는 상황은 많은 경우에 일어난다.

Player1 → Player2 → Player3 → Player4 → Player1 → Player2 → ...

이와 같은 경우에 원형 연결 리스트로 사용자들의 정보를 보관하면 편하게 프로그래밍할 수 있다.

원형 연결 리스트에서의 노드의 추가와 삭제는 조금 더 많은 고민이 필요하다. 여러 다양한 경우가 있을 수 있지만, 아래의 2가지 경우를 고려해보자.

- Empty 리스트에 새롭게 첫 노드가 추가되는 경우
- 리스트의 끝에 새로운 노드가 추가되는 경우

아래는 Empty 리스트에 노드가 추가되는 경우이다. 이 경우에는 아래와 같이 2가지 작업을 해주면 된다.

- head = newNode;
- newNode → next = newNode

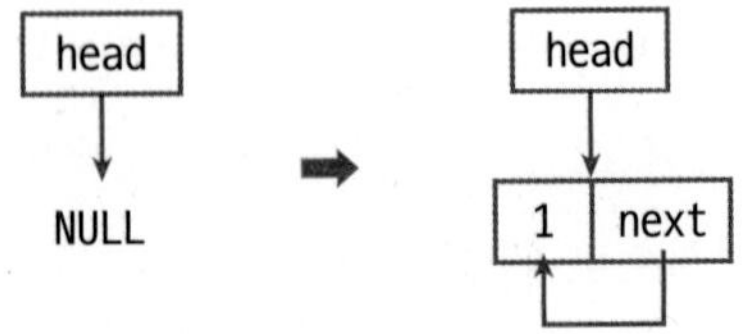

다른 경우로, 리스트의 끝에 새로운 노드가 추가되는 경우는 아래와 같다. 이 경우는 조금 더 복잡하다. 아래의 2가지 경우에 대해서 생각을 해보자.

- newNode → next = head → next
- head → next = newNode
- head = next

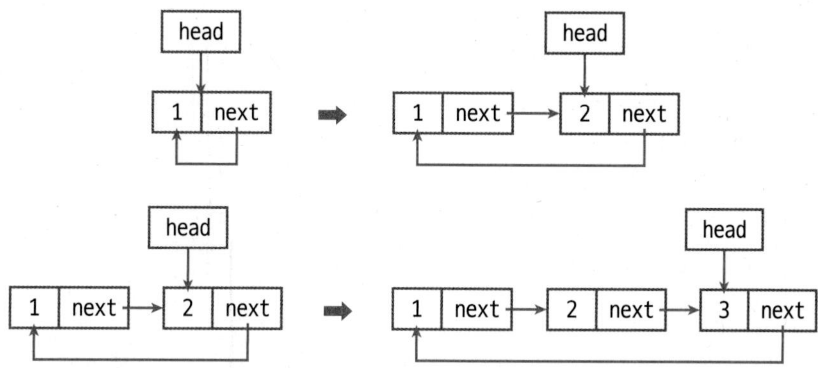

이외의 경우로 리스트의 처음에 노드를 추가하거나, 리스트의 특정한 위치에 노드를 추가하는 등 여러 가지 변형이 있을수 있지만, 본 교재에서는 리스트의 마지막에 노드를 추가하는 것만 소개하자.

리스트에서 특정한 항목을 삭제하는 경우도 있을 수 있다. 이 경우는 상당히 복잡하다. 실제로 원형 연결 리스트에서는 항목을 삭제하는 경우가 그리 많이 있지 않아서 본 교재에서는 소개하지 않기로 한다.

예제 코드: linkedListCircular

```
#ifndef _CIRCULAR_LINKED_LIST_H
#define _CIRCULAR_LINKED_LIST_H

#define IS_EQUAL(a, b)      (a == b)

typedef int Element;

typedef struct Node{
     Element data;
```

```
    struct Node* next;
} Node;

typedef struct {
    Node *head;
    int size;
} LinkedList;

void init(LinkedList *list);
bool isEmpty(const LinkedList *list);
void print(const LinkedList *list);
Node* create(Element e, Node* next);
void add(LinkedList *list, Element data);

#endif
```

<linkedListCircular.h>

```
#include <math.h>
#include <stdlib.h>
#include <stdio.h>
#include "linkedlistCircular.h"

void beforeExit() {
    getchar();
}

void init( LinkedList *list) {
    list->size = 0;
    list->head = NULL;
    atexit(beforeExit);
}

bool isEmpty(const LinkedList *list) {
    if (list->head == NULL) return true;
    else return false;
}

/******************************************************************************
' 함수명  : void print(const LinkedList *list)
' 설명    : 원형 리스트를 출력하는 함수
' 리턴값  : void
' 매개변수: const LinkedList* list : 연결 리스트의 헤더 노드
'/******************************************************************************/
void print(const LinkedList *list) {
    if (list->head == NULL) {
```

```
        printf("List is empty\n");
        return;
    }

    Node *cursor = list->head;
    do {
        printf("--> %d ", cursor->next->data);
        cursor = cursor->next;
    } while (cursor != list->head); // 원형 리스트의 끝을 판별하기 위해서
    printf("\n");
}

/****************************************************************************
' 함수명  : bool isInList(LinkedList *list, Element elem)
' 설명    : 리스트에 원하는 항목이 있는지 검색
' 리턴값  : bool
' 매개변수: LinkedList* list : 연결 리시트의 헤더 노드
'           Element elem: 찾고자 하는 값
'/****************************************************************************/
bool isInList(LinkedList *list, Element elem) {
    if (list->head == NULL) {
        return false;
    }

    Node *cursor = list->head;
    do {
        if (IS_EQUAL(cursor->next->data, elem)) return true;
        cursor = cursor->next;
    } while (cursor != list->head);
    return false;
}

/****************************************************************************
' 설명      : 새로운 노드를 생성한다.
' 리턴값    : Node *
' 매개변수  : Element e: 추가될 데이터
'             Node *: 생성된 노드가 가르킬 포인터 값(보통은 NULL)
'/****************************************************************************/
Node* create(Element e, Node* next) {
    Node* newNode = (Node*)malloc(sizeof(Node));
    if (newNode == NULL) {
        printf("Error: creating a new node.\n");
        exit(1);
    }
    newNode->data = e;
    newNode->next = next;
    return newNode;
}
```

```
/*************************************************************************
' 함수명  : void add(LinkedList *list, Element data)
' 설명    : 마지막에 새로운 노드를 추가하는 함수
' 리턴값  : void
' 매개변수: LinkedList* list : 연결 리시트의 헤더 노드
'           Element data: 추가하고자 하는 값
'/*************************************************************************/
void add(LinkedList *list, Element data) {
    Node *newNode = (Node*)malloc(sizeof(Node));
    if (newNode == NULL) {
        printf("Error: Memory Allocation Error\n");
        exit(0);
    }
    newNode->data = data;

    if (list->head == NULL) {
        list->head = newNode;
        newNode->next = newNode;
    }
    else {
        newNode->next = list->head->next;
        list->head->next = newNode;
        list->head = newNode;
    }
    (list->size)++;
}
```

<linkedListCircular.c>

```
#include "linkedListCircular.h"

void test() {
    int data[] = {1,2,3,4,5,6,7,8,9,10};

    LinkedList list;
    init(&list);
    print(&list);
    for (int i = 0; i < sizeof(data) / sizeof(int); i++) {
        add(&list, data[i]);
        print(&list);
    }
}
```

```
List is empty
--> 1
--> 1 --> 2
--> 1 --> 2 --> 3
--> 1 --> 2 --> 3 --> 4
--> 1 --> 2 --> 3 --> 4 --> 5
--> 1 --> 2 --> 3 --> 4 --> 5 --> 6
--> 1 --> 2 --> 3 --> 4 --> 5 --> 6 --> 7
--> 1 --> 2 --> 3 --> 4 --> 5 --> 6 --> 7 --> 8
--> 1 --> 2 --> 3 --> 4 --> 5 --> 6 --> 7 --> 8 --> 9
--> 1 --> 2 --> 3 --> 4 --> 5 --> 6 --> 7 --> 8 --> 9 --> 10
```

<ofApp.cpp>

6.8 이중 연결 리스트(doubly linked lists)

예제 코드: linkedListDoubly

리스트의 특정 노드에서 앞/뒤 양 방향으로 노드를 움직일 필요가 있을 때를 생각해보자. 단순 연결 리스트에서는 앞에 배치된 노드를 찾기는 쉽지 않다. 원형 연결 리스트도 노드들을 한바퀴 돌아야 찾을 수 있기 때문에 시간이 많이 소요된다.

그래서 이중 연결 리스트를 사용한다. 이중 연결 리스트는 노드의 앞 뒤 노드로의 링크를 가지는 리스트다. 이중 연결 리스트의 가장 큰 장점은 앞/뒤 양방향으로 링크가 있어서 양방향으로의 검색이 가능하다는 점이다. 그에 반해서 링크를 위한 메모리가 많이 들고, 코드가 복잡해지는 단점이 있다.

이중 연결 리스트의 노드의 형식은 아래와 같다.

```
typedef struct Node{
    Element data;
    struct Node* prev;
    struct Node* next;
} Node;
```

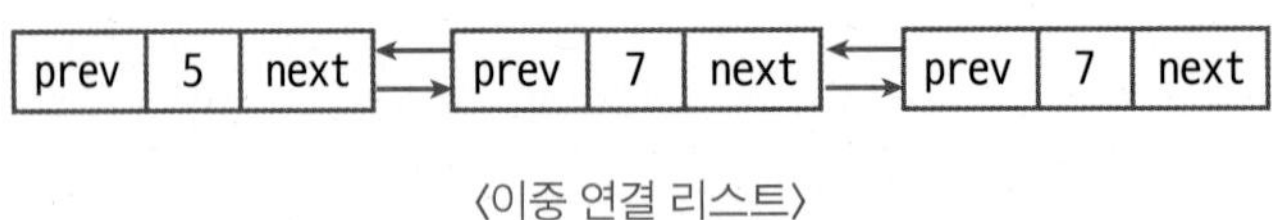

〈이중 연결 리스트〉

아래와 같이 이중 연결 리스트와 원형 리스트를 결합해서 '원형 이중 연결 리스트'를 사용하기도 한다.

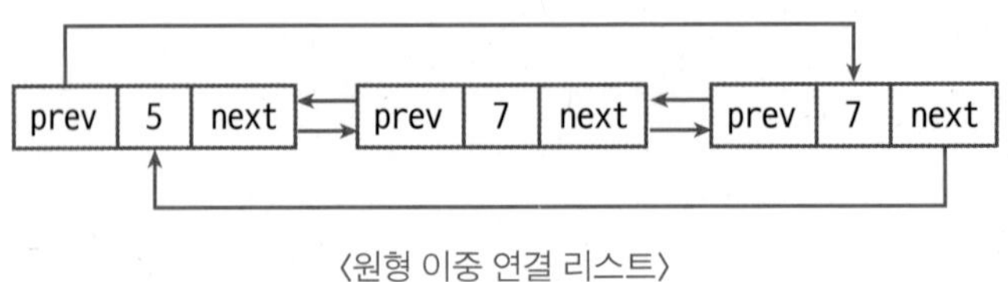

〈원형 이중 연결 리스트〉

이제 부터는 이중 연결 리스트에 집중하자.

아래는 Empty 리스트에 노드가 추가되는 경우이다. 이 경우에는 아래와 같이 2가지 작업을 해주면 된다.

- head = newNode;
- last = newNode

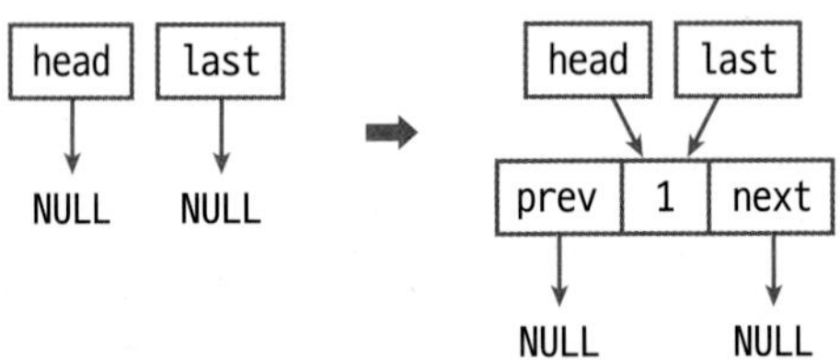

다른 경우로, 리스트의 처음에 새로운 노드가 추가되는 경우는 아래와 같다. 이 경우는 조금 더 복잡하다. 아래의 2가지 경우에 대해서 생각을 해보자.

- head → prev = newNode
- newNode → next = head
- head = newNode

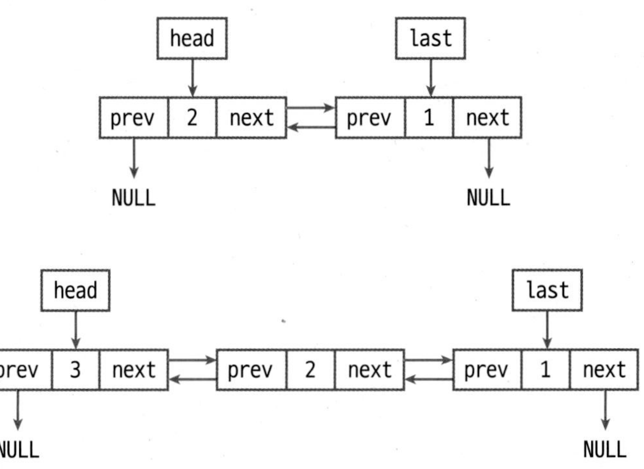


```c
#ifndef _LINKED_LIST_DOUBLY_H
#define _LINKED_LIST_DOUBLY_H
#include <stdbool.h>

#define FORWARD 1
#define BACKWARD 2

typedef int Element;

typedef struct Node {
     Element data;
     struct Node* prev;
     struct Node* next;
} Node;

typedef struct {
     struct Node* head;
     struct Node* last;
     int size;
} LinkedListDoubly;

void init(LinkedListDoubly *list);
bool isEmpty(const LinkedListDoubly *list);
void print(const LinkedListDoubly *list, int direction);
Node* create(Element e, Node* prev, Node* next);
void addFirst(LinkedListDoubly *list, Element data);

#endif
```

<linkedListDoubly.h>

```
//#include <math.h>
#include <stdio.h>
#include <stdlib.h>
#include "linkedListDoubly.h"

void beforeExit() {
     getchar();
}

void init(LinkedListDoubly *list) {
     list->size = 0;
     list->head = NULL;
     list->last = NULL;
     atexit(beforeExit);
}

bool isEmpty(const LinkedListDoubly *list) {
     if (list->head == NULL) return true;
     else return false;
}

Node* create(Element e, Node* prev, Node* next) {
     Node* newNode = (Node*)malloc(sizeof(Node));
     if (newNode == NULL) {
         printf("Error: creating a new node.\n");
         exit(1);
     }

     newNode->data = e;
     newNode->prev = NULL;
     newNode->next = NULL;
     return newNode;
}

void addFirst(LinkedListDoubly *list, Element data) {
     Node *newNode = create(data, NULL, NULL);

     if (list->head == NULL) {
         list->head = newNode;
         list->last = newNode;
         return;
     }
     else {
         list->head->prev = newNode;
         newNode->next = list->head;
         list->head = newNode;
     }
}
```

```
void print(const LinkedListDoubly *list, int direction) {
     if ( direction == FORWARD ) {
         Node *temp = list->head;
         while (temp != NULL) {
                  printf("--> %d ", temp->data);
                  temp = temp->next;
         }
         printf("\n");
     }
     else if (direction == BACKWARD ) {
         Node *temp = list->last;
         while (temp != NULL) {
                  printf("--> %d ", temp->data);
                  temp = temp->prev;
         }
         printf("\n");
     }
}
```

<linkedListDoubly.c>

```
#include "linkedListDoubly.h"

int main() {
     int data[] = { 1,2,3,4,5,6,7,8,9,10 };

     LinkedListDoubly list;
     init(&list);

     print(&list, 1);
     for (int i = 0; i < sizeof(data) / sizeof(int); i++) {
         addFirst(&list, data[i]);
         print(&list, FORWARD);
     }
     print(&list, BACKWARD);
     return 0;
}
```

<test.c>

1. 배열 리스트는 삽입과 삭제 시에 실행 시간이 많이 걸리는 단점이 있다. 그러면 배열 리스트의 장점은 무엇인가?

2. 10개의 항목이 저장된 배열 리스트에 3번째 자리에 새로운 항목을 추가하려면 몇 개의 항목을 이동해야 하나?(항목의 순번은 0번부터 시작함)

3. C 언어를 이용한 연결 리스트 구현에서는 포인터에 대한 이해가 필수적이다. 다음 프로그램의 실행 결과를 쓰시오. 첫번째 printf( ) 문의 출력값은 이미 표시되어 있다.

```
#include <stdio.h>

int main(void){
    char a[] = "Hello";
    char *p;
    p = a;

    printf("%u\n", a);                    100
    printf("%u\n", p);                    (               )
    printf("%c\n", *a);                   (               )
    printf("%c\n", *p);                   (               )
    printf("%c\n", *(p+1));               (               )
    printf("%c\n", (*p)+1);               (               )

    return 0;
}
```

4. 다음과 같은 배열로 포인터 변수가 정의되어 있을 때, 아래의 값을 우측에 적으시오, 만약 식이 잘못되었다면 그 이유를 적으시오. 단, 배열 a는 시작 주소가 10진수 $200_{(10)}$이라고 가정한다.

```
int a[5] = { 10, 20, 30, 40, 50};
int *ap = a;

a++                 (               )
&a[2]               (               )
&ap[3]              (               )
ap+2                (               )
*ap                 (               )
a+2                 (               )
*a+2                (               )
&a[0]+2             (               )
&*a+2               (               )
&*(a+2)             (               )
```

5. 아래는 '배열 리스트'와 '연결 리스트'의 장단점을 비교하는 문장들이다. 빈 칸을 메우시오.

- ( )는 포인터를 가지고 있어서 상대적으로 하나의 항목을 표현하기 위한 메모리를 많이 사용한다.
- ( )는 항목들이 모두 메모리 상에 연속적으로 배치된다.
- ( )는 데이터의 개수를 예측할 수 없을 때 유용한 방법이다.
- ( )는 임의의 항목의 접근 시간이 상대적으로 많이 걸린다.
- ( )는 항목의 추가/ 삭제가 용이하다.

6. 단일 연결 리스트의 각 노드가 정수값을 가지고 있다고 할 때, 리스트의 모든 항목들의 값을 더하는 함수를 아래에 작성하시오.

```
int listSum(LinkedList *list) {
    int sum = 0;




    return sum;
}
```

7. 아래에서 연결 리스트를 사용하기에 적합한 경우를 모두 고르시오.

1) 자료의 정렬
2) 자료의 삽입과 삭제
3) 자료의 순차 탐색
4) 임의의 자료의 탐색

8. 아래의 연결 리스트에 대한 설명 중에서 틀린 것을 모두 고르시오.

1) 동일한 개수의 항목을 저장하는 경우에 배열 리스트에 비해 메모리가 절약된다.
2) 항목의 추가/삭제가 빠르다
3) 노드들이 포인터로 연결되어 있어서 항목 전체의 탐색이 빠르다.
4) 연결 리스트의 중간 노드가 끊어지면 다음 노드를 찾기 어렵다.
5) 포인터를 위한 추가 메모리 공간이 필요하다.
6) 이중 연결 리스트는 모든 면에서 단일 연결 리스트에 비해 우수하다.
7) 단일 연결 리스트는 한 방향으로만 탐색이 가능하다.

9. 단일 연결 리스트, 원형 연결 리스트, 이중 연결 리스트 각각의 특성과 장점을 발휘할 수 있는 응용 분야를 설명하시오.

10. 단일 연결 원형 리스트에 대한 아래의 설명 중 틀린 것을 모두 고르시오.

1) 단일 연결 리스트의 단점을 보완한 것이다.
2) 순 방향과 역 방향 모두 이동할 수 있다.
3) 마지막 노드의 링크 값은 NULL이다.
4) 리스트의 마지막에 노드를 추가하기 쉽다.

11. [심화] 단일 연결 원형 리스트에서 역순으로 탐색하는 함수를 작성하시오.

CHAPTER 7

스택(stacks)

CHAPTER 7

스택은 실제 일상 생활에서도 아주 많이 사용되는 자료 구조일 뿐만 아니라, 프로그래밍에서도 아주 많이 사용되며, 응용할 수 있는 분야가 가장 많은 자료 구조이기도 하다. 스택이라는 자료 구조를 설명할 때 많이 사용하는 '하노이 타워'라는 유명한 문제를 보자.

■ 하노이 타워 문제

3개의 기둥에 지름이 다른 디스크가 크기 순으로 놓여있다. 이때 한 기둥에 있는 모든 디스크를 다음의 2가지 조건을 만족하면서 다른 기둥으로 옮기는 문제이다:

- **조건 1**: 한 번에 가장 위에 있는 하나의 디스크만 옮길 수 있고
- **조건 2**: 작은 디스크는 언제나 큰 디스크 위에 위치해야 한다는 것이다.

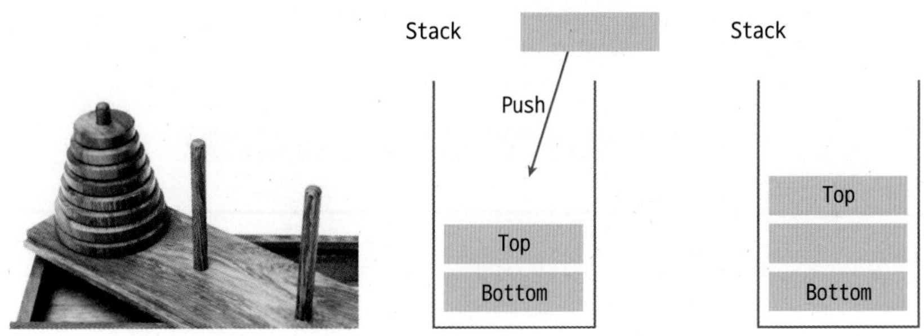

〈하노이 타워〉 〈스택의 push 동작 방식〉

위의 조건에 따라서 각 기둥의 "가장 위"에서만 디스크를 빼거나 새로운 디스크를 끼울 수 있는데, 이와 같이 작용하는 구조를 스택이라고 한다. 이러한 사용 방식에 의해서 스택 구조를 LIFO(Last In First Out) 구조라고도 한다. 즉, 스택의 가장 top에서만 입출력이 일어나는 구조이다. 스택에 데이터를 추가하는 동작을 push라고 하고, 데이터를 빼는 동작을 pop이라고 한다. 그래서 스택에 가장 최근에 push된 데이터가 가장 먼저 pop된다.

push와 pop이 일어나는 장소를 스택의 top이라고 한다. 즉, 다르게 말하면 스택이라는 자료 구조는 top에서 push와 pop이 진행되는 구조라고 할 수 있다.

참고

어떻게 보면 이렇게 불편한 자료 구조를 왜 사용할까? 쌓여있는 데이터들 중에서 원하는 자료를 마음대로 빼낼 수 있는 연결 리스트와 같은 자료 구조가 더 편하지 않을까?

비유적으로 설명하자. 태권도를 배울 때 '태극1장' 처럼 정해진 품새를 배우게 된다. 왜 팔과 다리를 자유롭게 움직이게 하지 않을까? 골프 동작, 야구 동작 모든 것이 그렇다. 그렇게 동작을 제한하는 것이 '그 문제를 푸는 데 더 효율적'이기 때문일 것이다.

스택이라는 자료 구조도 동일하다. 스택의 top에서만 자료의 입출력이 일어나는 구조라서, 어디에 자료를 입출력하라고 지시하지 않아도 알아서 입출력이 진행되고, 그러한 자료 구조가 적합한 응용 분야에서는 자연스럽게 알고리즘이 간단해지는 효과가 있는 장점이 있다.

우리나라의 모든 사람들은 라면 끓이는 방법은 모두 알고 있으리라고 생각한다. 그럼 라면 끓이는 상황에서의 알고리즘과 이에 필요한 자료 구조를 한번 생각해보자. 아래의 알고리즘에 적힌 명령들을 순서대로 실행하면 제한된 시간 안에 라면 요리가 완성되기 때문에, 알고리즘의 정의에 적합한 구조이다.

어떤 시스템을 만들기 위해서 필요로 하는 재료를 '자료 구조'라고 할 수 있다. 그리고 시스템 구현, 실행하는 순서, 방법을 체계으로 표현한 것을 '알고리즘'이라고 한다.

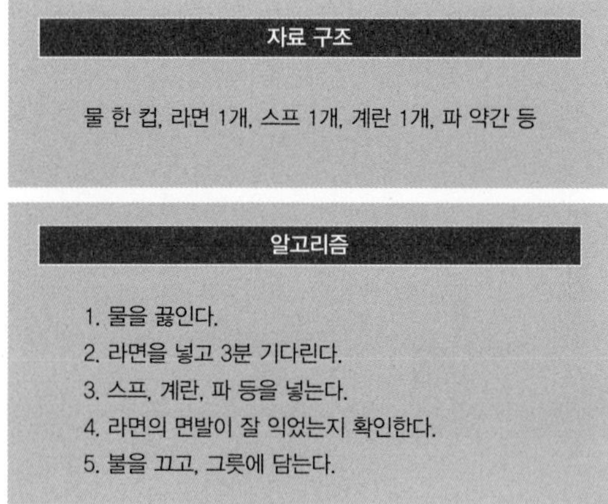

자료 구조
물 한 컵, 라면 1개, 스프 1개, 계란 1개, 파 약간 등
알고리즘
1. 물을 끓인다.
2. 라면을 넣고 3분 기다린다.
3. 스프, 계란, 파 등을 넣는다.
4. 라면의 면발이 잘 익었는지 확인한다.
5. 불을 끄고, 그릇에 담는다.

위와 같은 라면을 끓이는 상황에서 자료 구조의 중요성을 생각해보자. 아래의 그림에서 라면을 편하게 끓이려면 어떤 자료 구조를 사용하는 것이 좋을까?

오른쪽과 같이 알고리즘에서 필요로 하는 순서대로 재료들이 정리된 자료 구조가 알고리즘을 단순하게 할 수 있을 것이다. 아래와 같은 자료 구조를 스택(stack)이라고 한다. 스택은 시간에 맞추어서 스택의 top에 있는 재료를 사용하면 된다.

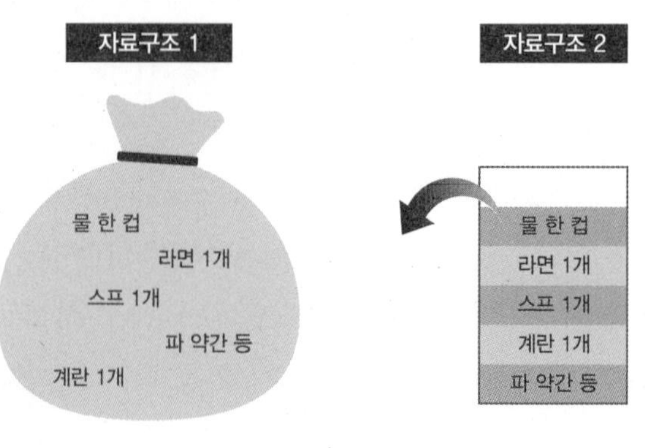

참고

함수 호출과 시스템 스택

C로 작성된 프로그램은 함수의 호출 과정이라고 해도 과언이 아니다. 운영 체제가 main( ) 함수를 호출하고, main( ) 함수가 printf( )나 기타 다른 함수를 호출하면서 프로그램이 실행되기 때문이다.

프로세스(process)는 컴퓨터 상에서 실행 중인 프로그램을 말하며, 사용자 프로그램이나 운영 체제 프로그램 등 하드웨어 상에서 수행되는 모든 작업들을 말하는데, 프로세스는 운영 체제에 의해서 운영되는 시스템 작업의 기본 단위다.

컴파일된 프로그램은 프로그램의 각 부분들(코드, 데이터 등)이 영역 별로 나누어서 메모리에 자리잡게 된다. 따라서 프로세스는 프로그램 코드 뿐만 아니라 데이터를 저장하는 영역도 포함한다. 즉, 프로그램이 운영되기 위해 필요한 모든 정보들을 모두 통틀어 말하는 것이다. 따라서 프로그램 코드에 더해서, 데이터 부분은 세부적으로 메소드(또는 함수)의 매개변수, 복귀 주소와 로컬 변수와 같은 임시 자료를 가지는 스택과 전역 변수들을 수록하는 데이터 섹션을 포함한다.

	영역	내용
컴파일시 크기가 결정	CODE	함수, 제어문, 상수
	DATA	초기화된 전역변수
	BSS (Blocked Stated Symbol)	초기화 안된 전역변수
실행 중 메모리 할당	HEAP	동적할당 malloc()
	STACK	지역변수

〈메모리에 적재된 프로세스 구조〉

아래는 프로그램이 사용하는 메모리 영역에 대한 설명이다.

- 코드 영역(code segment): 프로그램의 인스트럭션(명령어)들이 위치.
- 데이터 영역(data segment): 전역 변수와 정적(static) 변수들이 위치. 이 영역에 할당되는 변수들은 프로그램 시작과 동시에 메모리 공간에 할당되어 프로그램 종료 시까지 메모리에 남아있다.
- 힙 영역(heap segment): 프로그램 실행 도중에 동적으로 할당되는 메모리.
- 스택 영역(stack segment): 지역 변수와 매개 변수들이 위치. 함수(블록)가 실행될 때 메모리를 할당 받음.

아래의 코드를 보자.

```
#include <stdio.h>

int add(int a, int b) {
     return a + b;
}

int subtract(int a, int b) {
     return a - b;
}

void arithmeticOperation(int a, int b) {
     add(a, b);
     subtract(a, b);
}

int main() {
     int i = 1, j = 2;
     int result;

     arithmeticOperation(i, j);

     return 0;
}
```

이 프로그램이 수행되는 순서는 아래와 같다.

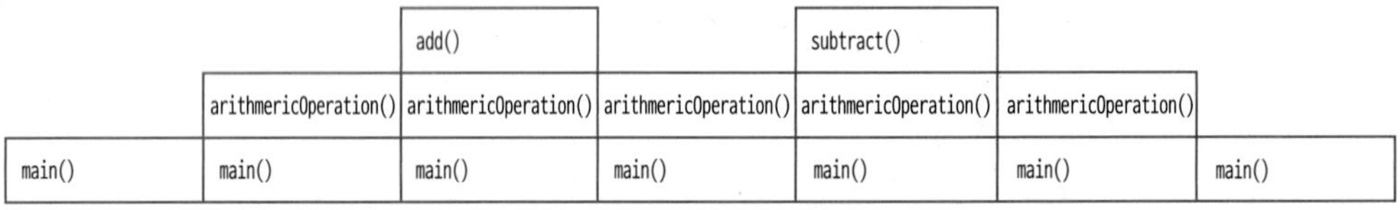

		add()		subtract()		
	arithmericOperation()	arithmericOperation()	arithmericOperation()	arithmericOperation()	arithmericOperation()	
main()	main()	main()	main()	main()	main()	main()

위의 과정에서 함수 호출 앞부분의 내용을 자세히 살펴보자.

main( )이라는 함수에서 시작해서 차례대로 다른 함수를 불러가며 프로그램이 진행된다. 이런 함수 내부에서는 또다시 다른 함수를 호출하여, 이전 함수가 리턴 하기 전에 다른 함수가 불리는 중첩 호출이 일어나는데, 이처럼 함수 호출 시 가장 중요한 이슈가 복귀 주소와 인자의 전달인데, 스택 프레임을 사용해서 매번 함수가 호출될 때마다 스택 프레임이 구성되도록 함으로써 인자 전달 및 복귀 주소를 전달하는 것이 중요하다.

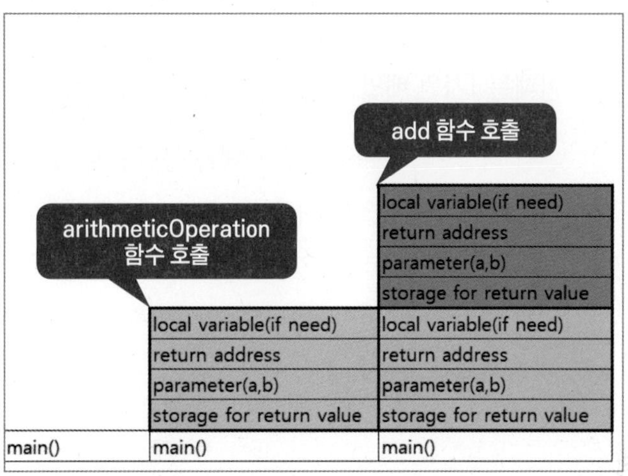

이와 같은 함수 호출 과정에서 스택이 생성되는 것을 설명하는 이유는, 지금부터 설명할 스택이라는 자료 구조와 재귀 함수의 호출과 밀접한 관련이 있기 때문이다.

아래 스택의 ADT를 살펴보자.

스택의 ADT

객체 n 개의 원소

연산

```
create()        : 빈 스택 생성
isEmpty(A)      : 스택 A가 비어있는지 검사
isFull(A)       : 스택 A가 모두 차있는지 검사
push(A, item) : 스택 A에 item 추가
item = pop(A) : 스택에서 item 삭제
item = top(A) : 스택에서 item 반환(스택에서 꺼내지는 않음)
```

예제 코드: stack_basic

7.1 1차원 배열을 이용한 스택 구현

아래는 1차원 배열을 이용하여 스택을 구현하였다.

연결 리스트를 이용해서도 스택을 구현할 수 있다. 이 사항은 배열과 연결 리스트의 장단점을 그대로 물려받는데, 연결 리스트를 이용한 스택은 스택의 크기가 제한되지 않는다는 점이다. 그러나 삽입이나 삭제 시에는 스택의 탑(top)에서만 삽입/삭제가 이루어지기 때문에 연결 리스트의 장점이 발휘되지 못하고 조금 더 느려질 수 있는 단점이 있다.

```
#ifndef _STACK_H
#define _STACK_H
#include <stdbool.h>
#define MAX_STACK_SIZE (5)

typedef int Element;

typedef struct {
     Element stack[MAX_STACK_SIZE];
     int top;
} Stack;

void init(Stack *s);
bool isEmpty(const Stack *s);
bool isFull(const Stack *s);
void push(Stack *s, Element item);
Element pop(Stack *s);
Element top(const Stack *s);
#endif
```

<stack.h>

```
#include <stdio.h>
#include <stdlib.h>
#include "stack.h"

/*
이 함수는 자료 구조를 사용하는 중에 에러가 발생하는 경우에
잠시 중지해서 에러 메시지를 화면에서 확인할 수 있도록 기다려 주기 위함
*/
```

```
void beforeExit() { getchar(); }

/*****************************************************************************
' 설명      : 스택을 초기화 한다.
' 리턴값    : void
' 매개변수  : Stack *s: 스택 포인터
'/*****************************************************************************/
void init(Stack *s) {
     s->top = -1;
     atexit(beforeExit);
}

/*****************************************************************************
' 설명      : 스택의 empty를 검사한다.
' 리턴값    : bool(스택이 empty이면 true)
' 매개변수  : Stack *s: 스택 포인터
'/*****************************************************************************/
bool isEmpty(const Stack *s) {
     return (s->top == -1);
}

/*****************************************************************************
' 설명      : 스택의 full을 검사한다.
' 리턴값    : bool(스택이 full이면 true)
' 매개변수  : Stack *s: 스택 포인터
'/*****************************************************************************/
bool isFull(const Stack *s) {
     return (s->top == (MAX_STACK_SIZE - 1) );
}

/*****************************************************************************
' 설명      : 스택에 새로운 항목을 추가한다.
' 리턴값    : void
' 매개변수  : Stack *s: 스택 포인터
'             Element item: 추가될 항목
' 비고      : exit() 함수는 에러 발생 시에 프로그램을 종료한다.stdlib.h 헤더 파일을 사용한다.
'/*****************************************************************************/
void push(Stack *s, Element item) {
     if (isFull(s)) {
         printf("Error: Stack Full\n");
         exit(1);
     }
     else {
         s->top++;
         s->stack[s->top] = item;
         /*
         위 두 문장을 아래와 같이 단항 연산자를 사용하여 1문장으로 변경할 수도 있다.
         s->stack[ ++(s->top) ];
```

```
        */
    }
}

/******************************************************************************
' 설명       : 스택의 top에서 항목 하나를 삭제하고 이를 반환한다.
' 리턴값     : Element
' 매개변수   : Stack *s: 스택 포인터
' 비고       : exit() 함수는 에러 발생 시에 프로그램을 종료한다.stdlib.h 헤더 파일을 사용한다.
'******************************************************************************/
Element pop(Stack *s) {
    if (isEmpty(s)) {
        printf("Error: Stack Empty\n");
        exit(1);
    }
    else {
        return s->stack[(s->top)--];
    }
}

/******************************************************************************
' 설명       : 스택의 top에 있는 항목을 반환한다.
' 리턴값     : Element
' 매개변수   : Stack *s: 스택 포인터
' 비고       : exit() 함수는 에러 발생 시에 프로그램을 종료한다.stdlib.h 헤더 파일을 사용한다.
'******************************************************************************/
Element top(const Stack *s) {
    if (isEmpty(s)) {
        printf("Error: Stack Empty\n");
        exit(1);
    }
    else {
        return s->stack[s->top];
    }
}
```

<stack.c>

```
#include <stdio.h>
#include <string.h>
#include <ctype.h>
#include "stack.h"

void test () {
    Stack s;
    int data[] = { 1,2,3,4,5 };
```

```
    init(&s);                                              

    for (int i = 0; i < 5; i++) {                          Top: 1
        push(&s, data[i]);                                 Top: 2
        printf("Top: %d\n", top(&s));                      Top: 3
    }                                                      Top: 4
                                                           Top: 5
    //아래는 주석을 제거하면 에러가 발생한다.
    //stack의 크기가 5라서, 현재 full이기 때문이다.
    //push(&s, 6);
    //printf("Top: %d\n", top(&s));

    printf("%d\n", pop(&s));                               5
    printf("%d\n", pop(&s));                               4
    printf("%d\n", pop(&s));                               3
    printf("%d\n", pop(&s));                               2
    printf("%d\n", pop(&s));                               1

    // 아래는 stack이 empty이기 때문에 에러가 발생한다.        Error: Stack Empty
    printf("%d\n", pop(&s));
}
```

<test.c>

7.2 응용 괄호 매칭 검사

예제 코드:
stack_parenthesis

컴파일러가 소스 코드의 문법을 검사하는 중요한 기능이 괄호들의 쌍이 맞는지를 검사하는 기능이다. 아래의 코드에서 괄호나 중괄호가 매칭되지 않으면 문법적인 오류임을 판단할 수 있기 때문이다.

```
int main( ) {


}
```

여러분이 지금 사용하는 C 언어의 여러 문장들을 생각해보면 ( ), { }, [ ] 등의 쌍이 맞아야 하는 것들이 많다. 이제부터 소괄호( )와 중괄호{ }의 쌍이 맞는지를 검사하는 프로그램을 구현할 것이다.

이를 스택을 이용해서 어떻게 해결할 수 있을까? 어렵지 않다. 아래의 예를 통해서 그 원리를 이해해보자. 다음 그림을 보자. 입력 문자들을 처음부터 살펴보면서 '닫는 괄호'가 나올 때 대응하는 '여는 괄호'가 있었는지를 점검하면 된다.

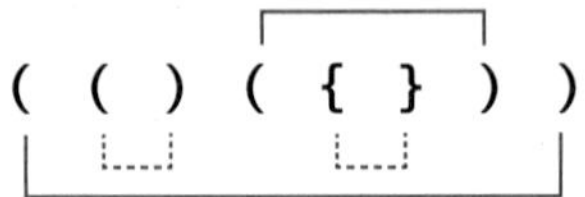

그러면 쌍이 맞지 않는 경우는 어떤 경우가 있을까?

- **여는 괄호와 닫는 괄호의 개수가 다른 경우:**
  (( )) (
- **개수가 동일하더라도 닫는 괄호가 먼저 나오는 경우:**
  ( )) (
- **여는 괄호와 닫는 괄호가 수도 일치하고 위치도 일치하더라도 서로 엉켜있는 경우:**
  { (})

이제 본격적인 알고리즘을 생각해보자.

1. 문자열을 처음부터 보면서
2. '여는 괄호'는 스택에 Push한다.
3. '닫는 괄호'가 보이면 스택의 TOP에 해당하는 '모양'의 여는 괄호가 있는지를 검사하고, 매칭되면 Pop한다.
4. 모든 문자열을 다 사용하고, 스택이 Empty이면 오류가 없는 것이다.

위에서 보인 예제를 통해서 아래에 스택의 변화 과정을 살펴보자. 그림의 오른쪽으로 가면서 스택이 변화하는 내용을 살펴보자.

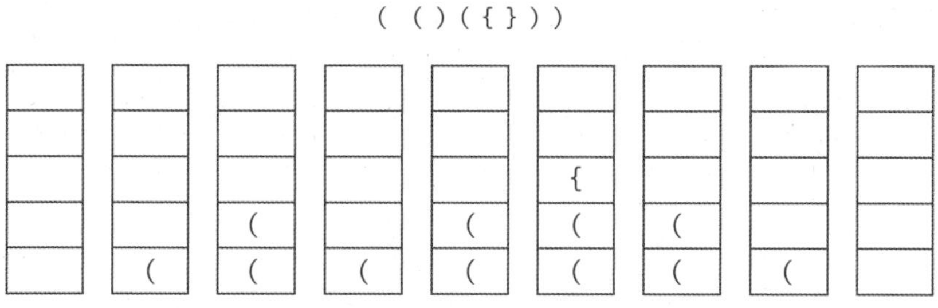

이제 이 알고리즘을 실제 코드로 변환할 차례이다. 아래와 같이 테스트하면 된다.

```
#include <stdio.h>
#include <string.h>
#include "stack.h"

bool checkParenthesis(char *str) {
     Stack s;

     init(&s);

     for (size_t i = 0; i < strlen(str); i++) { // 문자열의 처음부터 끝까지
         if (str[i] == '(' || str[i] == '{') { // 여는 괄호를 만나면 스택에 PUSH
                  push(&s, str[i]);
         }
         // 닫는 괄호가 나올 때,
         // 스택이 비어 있으면, 또는 괄호 개수의 쌍이 맞지 않으면 오류,
         // 즉, 스택의 TOP의 괄호가 모양이 다르면 오류
         else if (str[i] == ')') {
                  if (isEmpty(&s)) return false;
                  else if ( pop(&s) != '(' ) return false;
         }
         else if (str[i] == '}') {
                  if (isEmpty(&s)) return false;
                  else if (pop(&s) != '{') return false;
         }
     }
     // 모든 문자열을 다 사용하고나서
     // 스택이 비어있지 않으면 오류
```

```
    if (isEmpty(&s)) return true;
    else return false;
}

void test() {
    bool result;
    char *testMsg = " (  ( ) ( { } ) )";
    result = checkParenthesis(testMsg);
    printf("\"%s\" has ", testMsg);
    if (result) printf("correct pairs of parentheses.\n");
    else printf("in-correct pairs of parentheses.\n");

    testMsg = " (  ( ) ( {  ) )";
    result = checkParenthesis(testMsg);
    printf("\"%s\" has ", testMsg);
    if (result) printf("correct pairs of parentheses.\n");
    else printf("in-correct pairs of parentheses.\n");
}
```

```
" (  ( ) ( {  } ) )" has correct pairs of parentheses.
" (  ( ) ( {  ) )" has in-correct pairs of parentheses.
```

<스택을 이용환 괄호 매칭 검사: test.c>

고급

교재의 예제는 소괄호와 중괄호를 대상으로 하였다. 원한다면 꺽쇠(〈 〉) 또는 대괄호(C 언어에서 배열에 사용되는 [ ]) 까지 추가하는 코드로 변경해보자.

의외로 쌍이 맞아야 하는 문자들이 많다. 아래에서 가능하면 많은 대상을 고려해서 구현해보자. 실제 C 코드를 통해서 이를 체크하는 코드를 작성하는 일은, 컴파일러를 만드는 가장 초기 단계라고 생각할 수 있다. 실제로 C 언어 컴파일러가 수행하는 문법 체크 중에서 괄호가 매칭되지 않으면 발생하는 아래와 같은 에러 메시지를 자주 보곤 한다. 이 에러 메시지가 실제로는 닫는 중괄호 '}'를 하지 않아서 발생한 것이다.

( )   { }   [ ]   〈 〉   " "   ' '

코드	에러 메시지

<pre>#include <stdio.h>
 	
int main( ) {
    printf("Hello World\n");
    return 0;</pre>
	<pre>prog.c: In function 'main':
	prog.c:5:2: error: expected declaration or statement at end of input
	  return 0;
	  ^~~~~~</pre>

7.3 응용 후위 표기식(postfix) 계산

수식의 표현 방법 중에서 우리가 일반적으로 사용하는 표기법을 '중위 표기법(infix notation)'이라고 한다. 이러한 중위 표기법은 피연산자 '중간'에 연산자가 위치한다는 의미다.

```
3 + 4 * (5 + 1)
```

이를 '후위 표기법(postfix notation)'으로 바꿔서 적어보자. 후위 표기법은 연산자가 피 연산자 뒤에 오는 방식을 말한다. 아래와 같이 된다. 후위 표기법의 장점은 괄호가 필요 없다는 점이다. 그리고 수식을 앞에서부터 차례로 살펴보면서 연산자가 나타나면 연산자 앞의 피연산자를 이용해서 바로 계산할 수 있다는 장점이 있다.

```
3 4 5 1 + * +
```

먼저, 후위 표기법으로 변환하는 방법을 알아보기 전에, 위의 후위 표기법을 이용한 수식 계산 방법을 스택을 통해서 수행해보자. 계산 방법은 간단하다.

- 문자열을 처음부터 살펴보면서
  - 피 연산자는 스택에 PUSH 한다.
  - 연산자를 만나면 스택 TOP의 2개의 피 연산자를 연산한 결과를 PUSH한다.

스택을 이용한 계산 과정은 다음과 같다.

			1				
			5	6			
		4	4	4	24		
	3	3	3	3	3	27	

후위 표기법으로 식을 변환하면 식의 계산이 아주 간단해지는 것을 알았다. 그럼 중위 표기법의 식을 후위 표기법으로 변환하는 방법을 알아보자. 먼저, 아래의 예제를 통해서 알고리즘을 이해해보자.

1. 각 연산자에 대해서 계산의 우선 순위에 따라서 괄호를 사용하여 다시 표현한다.

```
3 + 4 * (5 + 1)  →  ( 3 + ( 4 * (5 + 1) ) )
```

2. 각 연산자를 그에 대응하는 오른쪽 괄호의 뒤로 이동한다.

피연산자의 앞에 연산자를 위치하는 전위 표기법(prefix notation)이라는 것도 있다. 중위 표기법에서 전위 표기법으로 변경할 때는, 이때 '왼쪽 괄호의 앞'으로 이동하면 된다.

```
( 3 + ( 4 * (5 + 1) ) )  →  ( 3 ( 4 (5 1) + ) * ) +
```

3. 괄호를 모두 삭제한다.

```
( 3 ( 4 (5 1) + ) * ) +  →  3 4 5 1 + * +
```

위의 변환 방법은 아주 간단하게 설명하기 위해서 '괄호'라는 개념을 사용했다. 변환하는 과정에서, 연산자 간의 우선 순위를 고려하지 않기 위해서 괄호라는 개념을 사용한 것인데, 이제 괄호라는 개념 대신 연산자의 우선 순위를 고려하여 변환하는 방식을 생각해보자.

여기서, 괄호를 사용한 이유가 연산자들의 우선 순위를 고려하지 않기 위함이라는 말을 이해하자. 우선 순위를 위해서 미리 괄호를 추가하였었다.

그럼, 어떻게 해야할까? 괄호 매칭 과정에 스택을 사용했던 것과 유사하게, 이 과정에서 스택을 사용하면 된다. 그 과정을 아래에서 배워보자.

1. 중위 표기법 문자열을 입력받으면서, 후위 표기법 문자열을 새롭게 생성하는데,
2. 입력 문자열을 스캔하면서
3. 연산자는 stack에 쌓는다. 그런데,
   A. 스택 TOP의 연산자의 우선 순위가 새로 추가되는 연산자의 우선 순위 보다 높거나 같다면 POP해서 후위 표기법 문자열로 출력하고, 현재의 연산자를 스택에 PUSH.
   B. '(' 는 가중치에 상관 없이 무조건 스택에 PUSH.
   C. ')' 를 만나는 순간, '(' 위에 있는 모든 연산자를 후위 표기법 문자열로 출력하고, '(' 는 없앤다.

이 조건에 대해서 많이 생각해봐야한다.

4. 피 연산자는 후위 표기법 문자열로 출력한다. 즉, 스택에는 연산자만이 저장된다.
5. 입력 문자열이 비었으면 스택에 남아 있는 모든 연산자를 POP해서 출력한다.

이 과정을 아래의 예로 살펴보자.

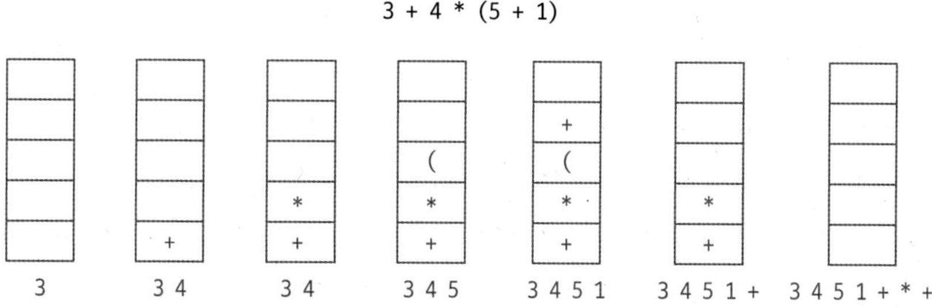

참고

다양한 예제에 대해서 중위 표기법에서 후위 표기법으로 변환하는 과정을 각자 실제 손으로 한번 해봐야한다. 그래야 실제 그 의미를 알 수 있기 때문이다. 이때 C 언어에서의 연산자 우선 순위에 대해서 많이 생각해봐야 한다. '+'와 '–' 연산자는 연산자의 우선 순위가 동일하다. 이 경우에는 좌측의 연산자를 먼저 계산한다. 그렇기 때문에 연산자의 우선 순위가 '동일'한 경우에는 스택의 TOP에 있는 연산자를 먼저 출력하는 것이다.

```
3 + 4 * 5
3 + 4 – 5
3 – 4 + 5
```

7.3.1 중위 표기법의 후위 표기법 변경 코드

예제 코드: stack_postfix

앞에서 설명한 알고리즘을 염두에두고, 먼저 중위 표기법을 후위 표기법으로 변경하는 코드를 살펴보자.

이제부터 별도의 소스 파일을 postfix.c라는 파일을 만들고 아래와 같이 구현한다.

```
include <stdio.h>
#include <ctype.h>
#include <string.h>
#include <stdbool.h>
#include "stack.h"

// 피연산자인지를 체크하는 함수.
// 식의 피연산자(operand)는 모두 1자리의 문자로 가정한다.
// 필요하다면 각자 이를 2자리 이상의 숫자 또는 문자로 확장해보자.
// 이 내용은 쉽지는 않다. 오토마타(automata) 또는 컴파일러(compiler) 등의 과목에서 비슷한 내용을
배우게 된다.
bool isOperand(char ch) {
    return (ch >= '0' && ch <= '9');
}

// 연산자인지를 체크하는 함수.
bool isOperator(char ch) {
    char operators[] = "+-*/";
    if (strchr(operators, ch)) return true;
    else return false;
}

// 연산자들의 우선 순위를 판정하는 코드.
// 숫자가 높을수록 우선 순위가 높다.
int Prec(char ch) {
    switch (ch) {
    case '+':
    case '-':
        return 1;

    case '*':
    case '/':
        return 2;
    }
    return -1;
}

// infix를 postfix로 바꾸는 함수
// 함수의 반환값은 bool 값으로, 변환 과정에서 오류가 발견되지 않으면 true를 반환.
// infix 문자열을 char *로 파라미터로 받아서 변환된 postfix 문자열을 동일한 포인터로 돌려준다.
bool infixToPostfix(char* exp) {
    Stack s;
    init(&s);

    // 최종적으로 반환한 postfix 문자열을 보관할 위치를 저장하는 변수
    int iPostfix = -1;
```

```
    // 문자열을 순서대로 스캔하면서...
    for (size_t i = 0; i < strlen(exp); i++) {
        // 피 연산자는 즉시 출력.
        if (isOperand(exp[i]))
                exp[++iPostfix] = exp[i];

        // '여는 괄호'는 스택에 PUSH
        else if (exp[i] == '(')
                push(&s, exp[i]);

        // '닫는 괄호'가 나타나면 스택에서 '여는 괄호'가 나타날 때까지 POP
        else if (exp[i] == ')') {
                while (!isEmpty(&s) && top(&s) != '(')
                        exp[++iPostfix] = pop(&s);
                if (!isEmpty(&s) && top(&s) != '(')
                        return false; // invalid expression
                else
                        pop(&s);
        }
        else if(isOperator(exp[i])) {  // 연산자를 만나면 스택의 TOP의 연산자와 우선 순위를 비교한다.
                while (!isEmpty(&s) && Prec(exp[i]) <= Prec(top(&s)))
                        exp[++iPostfix] = pop(&s);
                push(&s, exp[i]);
        }
    }

    // 스택에 남은 모든 연산자를 POP한다.
    while (!isEmpty(&s))
        exp[++iPostfix] = pop(&s);

    exp[++iPostfix] = '\0';
    return true;
}
```

<postfix.c>

7.3.2 후위 표기법 계산 코드

아래의 코드는 후위 표기법 수식을 입력 받아서 이의 계산 결과를 출력하는 함수다.

[가정 사항] 이 코드는 코딩의 편의상 피 연산자는 1자리 숫자라고 가정한다. 물론 계산 과정에서는 2, 3자릿수가 될 수 있지만, 입력 문자열 상에서는 한 자리수 숫자만 가능하고, +, -, *, / 연산자만 사용한다고 가정한다.

```
// postfix 식을 파라미터로 받아서 계산된 결과를 반환하는 함수
int evalPostfixExpression(char *exp) {
    Stack s;
    char ch;
    int operand1, operand2;

    init(&s);

    for (size_t i = 0; i < strlen(exp); i++) {
        ch = exp[i];

        if (isOperand(ch)) {
                push(&s, ch-'0');   // '문자'를 '숫자'로 변경해서 스택에 push
        }
        else if ( ch=='+' || ch == '-' || ch == '*' || ch == '/' ){
                operand2 = pop(&s);
                operand1 = pop(&s);

                switch (ch) {
                case '+': push(&s, operand1 + operand2); break;
                case '-': push(&s, operand1 - operand2); break;
                case '*': push(&s, operand1 * operand2); break;
                case '/': push(&s, operand1 / operand2); break;
                }
        }

    }
    return(pop(&s));
}
```

<postfix.c 파일에 추가할 내용>

```
#include <stdio.h>
#include <string.h>
#include <ctype.h>
#include "stack.h"

extern bool infixToPostfix(char* exp);
extern int evalPostfixExpression(char *exp);
// 후위 표기법 테스트 코드
void test () {
    int result;
    //char exp[] = "4*5+1";
    //char exp[] = "3+4*(5+1)";
    //char exp[] = "3+4-5";
```

```
    //char exp[] = "3-4+5";
    //char exp[] = "3 - (4 + 5 * 6)";
    //char exp[] = "3 * (4 + 5 ) / 6";
    char exp[] = "( 3 + (4 + 5) * 6)";
    // char exp[] = "3 * 4 * 5 * 6";


    printf("%s = ", exp);
    infixToPostfix(exp);
    printf("%s = ", exp);
    result = evalPostfixExpression(exp);
    printf("%d\n", result);
}
```

이 식은 결과가 정확하지 않다. 이유가 무엇일까?

```
( 3 + (4 + 5) * 6) = 345+6*+ = 57
```

<test.c>

심화

위의 코드는 코딩의 편의상 피 연산자는 1자리 숫자라고 가정한다. 물론 계산 과정에서는 2, 3자릿수가 될 수 있지만, 입력 문자열 상에서는 한 자릿수 숫자만 가능하고, +, −, *, / 연산자만 사용한다고 가정한다.

이 코드를 다양하게 확장할 수 있다.

- 연산자를 추가할 수 있다. % 연산자를 추가해보자.
- 피연산자의 자릿수에 제한을 두지 말고 2자리 이상의 숫자도 가능하게 해보자.

물론 위의 수정은 쉬운 일은 아니다.

7.4 응용 미로 탈출

스택을 이용하는 분야 중에 미로 탈출은 꼭 이야기해야하는 아이템이다. 미로를 탈출하려면 일정한 방향으로 움직이다가, 길이 막히면 왔던 길을 되돌아가야 한다. 이때 스택을 사용할 수 있다.

7.4.1 스택을 이용한 구현

먼저 한가지 언급할 사항이 있다. 스택을 이용하여 미로를 탈출할 수는 있다. 그러나 그렇게 찾은 경로는 최적의 경로가 아닐 수 있다. 실제로 이와 같은 '길 찾기' 문제는 인공 지능 분야에서 아주 활발하게 사용되는 알고리즘이다. 여기서 우리는 최적의 길은 아니지만, 길이 존재한다면 찾을 수 있는 가장 간편한 방법인 스택을 이용한 방법을 알아보자.

아래의 간단한 미로를 예로 살펴보자. 좌측 상단에서 출발해서 우측 하단 구석으로 탈출하는 경우이고, '0'이 길이고, '1'이 막힌 길이다. 아래 1번의 경우까지는 순조롭게 도달할 수 있다. 여기에서 2개의 갈래 길이 존재한다.

- 2번의 그림에서 목적지를 찾았다.
- 그러나 실제로는 3번의 경로가 더 짧은 길이다.

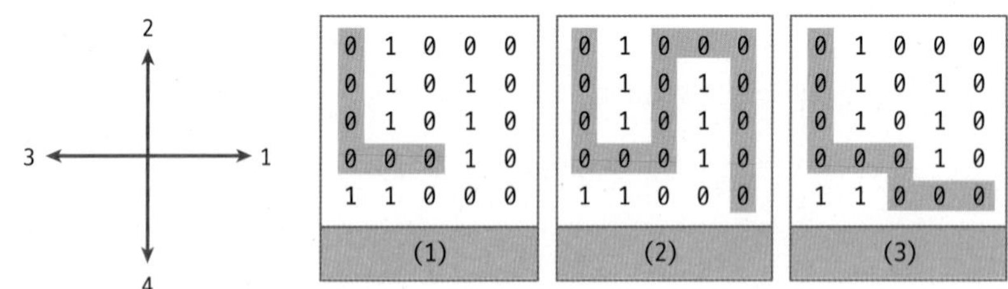

〈갈래 길에서 길을 찾는 순서〉

갈래 길이 있는 지점에서는 '동북서남' 순서로 길을 찾는다고 생각해보자. 그러면 위의 (2)번 길을 먼저 찾게 되고, 이 길은 결과적으로는 최적의 길은 아닌 셈이다.

7.4.2 재귀함수(recursive function)

앞에서 시스템 스택을 언급하면서 스택 프레임에 대한 이야기를 했었다. 자기 자신을 호출하는 함수를 재귀 함수라고 한다. 재귀 함수(recursive function)를 설명하자. 왜냐하면 함수를 호출하면 호출된 함수(callee)를 수행한 후에, 호출한 함수(caller)로 복귀할 수 있어야하기 때문에, 함수 호출 시에 내부적으로 스택이 생성되기 때문이다. 이와 같이 재귀 함수와 스택은 아주 밀접한 관련이 있는 항목이다.

재귀함수는 여러 분야에서 활용도가 아주 높은 개념이다. 혹시 수학 시간에 점화식(recurrence relation)을 배운적이 있는 사람은 같은 개념이니까 이해가 쉬울 수도 있다. 잘 이해해두도록 하자! 재귀 함수는 잘 익혀두면 아주 요긴하게 사용할 수 있다.

아래의 그림을 한번 보자. 이 그림을 손으로 그리라면 어떻게 그리는 것이 좋을까? 설명을 하려면 아주 길어질 것이다.

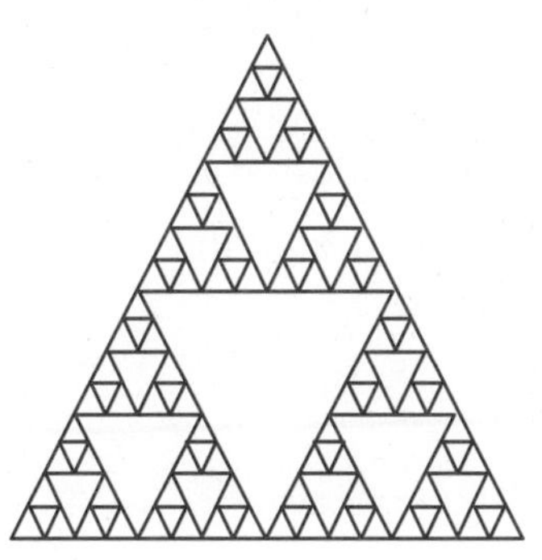

이제 재귀적(recursive)으로 설명해보자. 위와 같은 그림을 그리기 위해서, 출발은 삼각형 하나에서 시작한다. 지금부터 할 일은 삼각형 내부에 '역 삼각형'을 하나 그리는 일이다. 그러면 아래와 같이 삼각형이 3개 생긴다(역삼각형은 고려하지 말자). 이 각각의 3개의 삼각형에 대해서 동일한 일을 반복하면 된다. 여기서 '동일한 일을 반복'한다는 말이 재귀를 의미한다.

재귀(再歸, Recursion)라는 용어는 뜻 그대로 다시 돌아온다는 말이다.

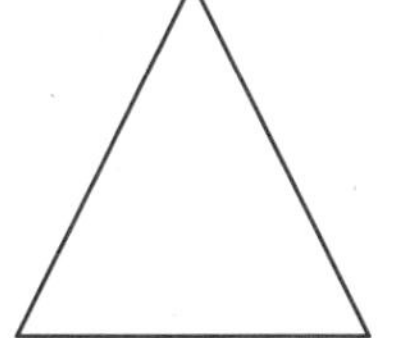

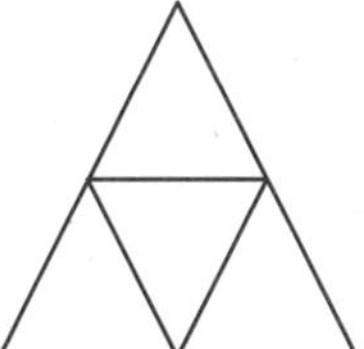

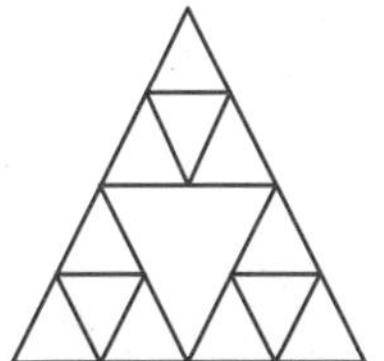

조금 더 구체적인 문제를 보자. 팩토리알(factorial)은 다음과 같이 정의할 수 있다.

n!은 1부터 n까지의 곱이다. 즉 4!은 4*3*2*1이다.

위와 같은 정의를 바탕으로 팩토리알을 계산하는 함수를 C 언어로 만들어보자. 먼저 아래와 같이 반복문을 사용하여 프로그래밍할 수 있다.

```
int factorial( int n)
{
    int f, i;
    for(i=f=1; i<=n; i++)   f *= i;
    return f;
}
```

대입 연산자(=)는 나란히 나오면 오른쪽부터 수행한다. 즉, i=f=1; 은 f=1; 다음에 i=f; 가 수행된다.

위와 같이 구현할 수도 있지만, 팩토리알의 정의를 다음과 같이 재귀적으로 정의할 수도 있다. 즉, 4! = 4 * 3! 이다.

```
n! = n * (n-1)!
```

이러한 정의를 바탕으로 아래와 같이 재귀함수를 이용하여 프로그래밍할 수 있다.

```
int factorial( int n) {
    if (n<=1 ) return 1;
    else return ( n* factorial(n-1) );

}
```

종료조건: 재귀함수의 호출을 종료하기 위한 조건이다.

재귀호출: 재귀함수를 호출하는 부분이다.

위의 재귀 함수를 파라미터를 '5'를 이용하여 호출하는 경우를 생각해보자.

```
factorial(5);
```

이런 경우에는 아래와 같이 계속적으로(파라미터를 달리하면서…) 본인 함수를 계속 호출하면서 수행하게 된다.

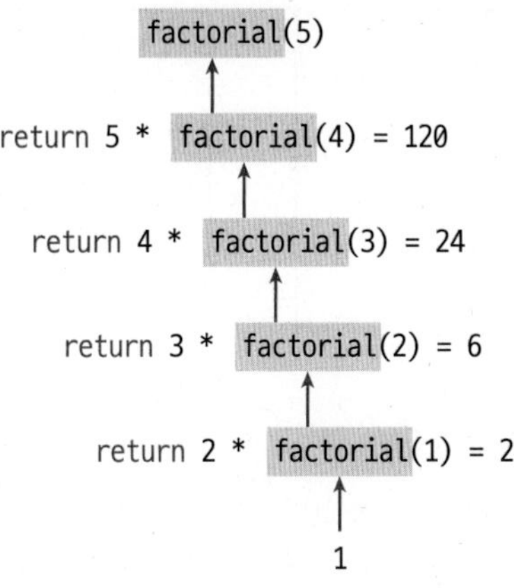

〈factorial 함수의 수행 동작 방식〉

숫자는 그 자체로서도 규칙성을 지니고 있지만, 연속된 수(수열)는 더욱 재미난 규칙을 가진 것들이 많다. 아래와 같은 패턴을 보이는 일련의 숫자열을 피보나치 수열(Fibonacci sequence)이라고 한다.

$$F_n = \begin{cases} 0, & if\ n = 0; \\ 1, & if\ n = 1; \\ F_{n-1} + F_{n-2}, & if\ n > 1. \end{cases}$$

즉, 피보나치 수는 0과 1로 시작하며, 다음 피보나치 수는 바로 앞의 두 피보나치 수의 합이 된다. 피보나치 수의 일부를 보면 다음과 같다.

0, 1, 1, 2, 3, 5, 8, 13, 21, 34, 55, 89, 144, 233, 377, 610, 987, 1597, 2584, 4181, 6765, 10946, ...

실제 자연계의 여러 부분에서 피보나치 수와 유사한 패턴을 보이는 부분들이 많다. 꽃잎의 모양, 솔방울의 모양, 해바라기 씨의 패턴 등 아주 다양한 부분에서 피보나치 수열의 패턴을 확인할 수 있다. 아래의 조개 모양은 동물들에게 가장 나선을 '등각 나선'이라고 부르는데, 나선의 중심에 이런 피보나치 수의 아름다움을 디자인, 그림 등 여러 부분에서 실제 많은 활용을 한다.

서 그려진 모든 반경은 정확하게 같은 각으로 나선과 만난다. 등각 나선의 가장 적당한 예는 아래와 같은 모양의 조개이다.

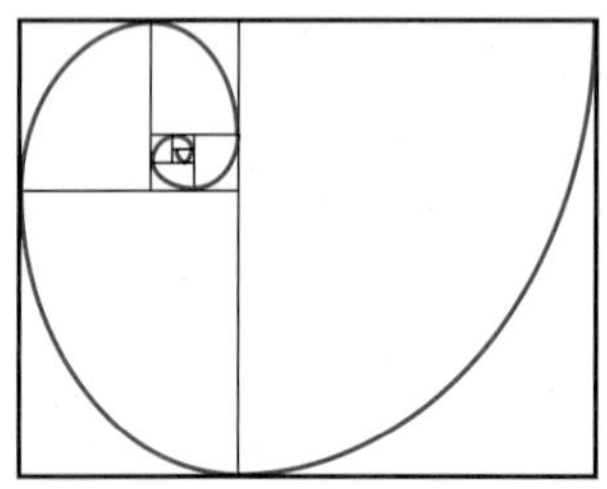

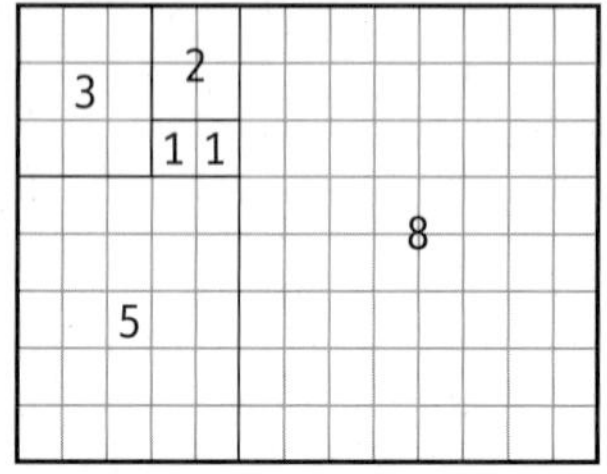

이런 부분들은 알고리즘 분야에서 아주 중요하게 다루는 부분들이다.

물론 구현하고자 하는 문제에 따라 어떤 알고리즘은 반복문으로 구성하는 것이 효율적일수도 있고, 어떤 알고리즘은 재귀함수로 구성하는 것이 더 좋을 수 있다. 재귀함수를 자주 사용하는 문제로는 문제 자체가 재귀적으로 정의되는 피보나치 수열, 하노이 타워, Quick 정렬, Merge 정렬, 이진 검색, 게임 트리 등이 있다.

예제 코드: stack_maze

7.4.3 오픈프레임웍스 미로 탈출: 스택 이용

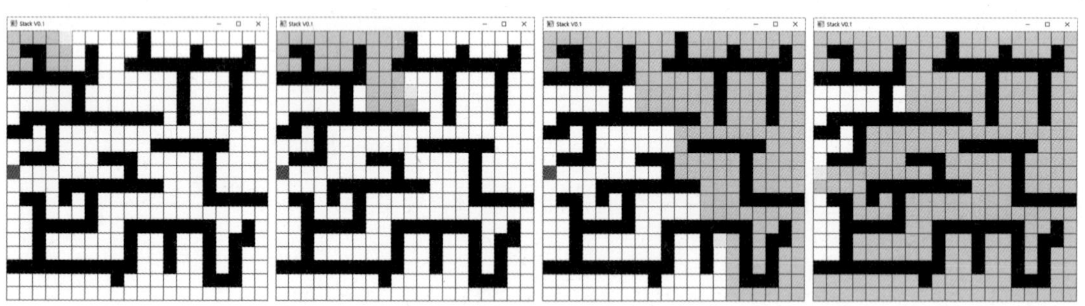

앞에서는 스택의 예시를 위해서 스택의 크기를 작게 잡았었는데 스택의 크기를 크게 해야한다. stack.h 파일 내부를 수정하자.

```
#define MAX_STACK_SIZE (100)
```

아래의 코드는 시각적으로 화면에 미로를 보이기 위해서 openFrameworks를 사용한다. 먼저 오픈프레임웍스를 이용한 아래의 코드 구조를 확인하자.

```
#include "ofApp.h"
#include "stack.h"

extern void initMaze();
extern void updateMaze();
extern void drawMaze();

void ofApp::setup() {
     ofSetWindowTitle("Stack V0.1");
     ofSetWindowShape(600, 600);
     ofSetFrameRate(10);
     ofBackground(ofColor::white);
     ofSetColor(ofColor::black);
     ofSetLineWidth(1);
     initMaze();
}

//--------------------------------------------------------------
void ofApp::update() {
     updateMaze();
}
//--------------------------------------------------------------
void ofApp::draw() {
     drawMaze();
}
```

<ofApp.cpp>

아래의 코드는 스택을 사용한 미로 찾기 코드이다.

```
#include "ofApp.h"
#include "stack.h"

#define MAZE_SIZE (20)
#define BRICK_SIZE (30)
```

```
int maze[MAZE_SIZE][MAZE_SIZE] =
{
    { 0,0,0,0,0,0,0,0,0,0,1,0,0,0,0,0,0,0,0,0 },
    { 0,1,1,0,0,0,1,0,0,0,1,0,0,0,1,0,0,0,1,0 },
    { 0,0,1,0,0,0,1,0,0,1,1,1,1,1,1,1,1,1,1,0 },
    { 1,1,1,1,1,1,0,0,0,0,0,0,1,0,0,0,1,0,0 },
    { 0,0,0,0,0,1,0,0,0,0,0,0,0,1,0,0,0,1,0,0 },
    { 0,0,0,0,0,1,0,0,0,0,0,0,0,1,0,0,0,1,0,0 },
    { 0,1,1,1,1,1,1,1,1,1,1,1,0,1,0,0,0,1,0,0 },
    { 1,1,0,1,0,0,0,0,0,0,0,0,0,0,0,0,0,0,0,0 },
    { 0,0,0,1,0,0,0,0,0,0,0,1,1,1,1,1,1,0,0,0 },
    { 0,1,1,1,0,0,0,1,1,1,0,0,0,0,0,1,0,0,0,0 },
    { 0,0,0,0,0,0,0,0,0,1,0,0,0,0,0,1,0,0,0,0 },
    { 0,0,0,0,1,1,1,1,1,1,1,1,0,0,0,1,0,0,0,0 },
    { 0,1,1,0,1,0,1,0,0,0,0,0,0,0,0,1,1,1,1,1 },
    { 0,0,1,0,0,0,1,0,0,0,0,0,0,0,0,0,0,0,0,0 },
    { 0,0,1,1,1,1,1,0,0,1,1,1,1,1,1,1,0,0,1,0 },
    { 0,0,1,0,0,0,0,0,0,1,0,0,1,0,0,1,0,1,1,0 },
    { 0,0,1,0,0,0,0,0,0,1,0,0,1,0,0,1,0,1,0,0 },
    { 1,1,1,1,1,1,1,1,1,1,0,0,1,0,0,1,0,1,0,0 },
    { 0,0,0,0,0,0,0,0,1,0,0,0,0,0,0,1,1,1,0,0 },
    { 0,0,0,0,0,0,0,0,0,0,0,0,0,0,0,0,0,0,0,0 }
};

int visited[MAZE_SIZE][MAZE_SIZE];
Vector step[4] = { { -1,0 },{ 1,0 },{ 0,1 },{ 0,-1 } };
Stack s;
Vector player;
Vector goal = { 0, 10 };
int isFinished;

void initMaze() {
    for (int j = 0; j < MAZE_SIZE; j++) {
        for (int i = 0; i < MAZE_SIZE; i++) {
                visited[j][i] = 0;
        }
    }
    player = { 0, 0 };
    visited[player.y][player.x] = 1;
    isFinished = 0;

    init(&s);

    if (player.x == goal.x && player.y == goal.y) {
        isEnd = 1;
    }
    else {
        push(&s, player);
```

```
    }
}

void updateMaze() {
    Vector move;

    if (player.x == goal.x && player.y == goal.y) {
        isFinished = 1;
    }
    else {
        if (!isEmpty(&s)) {
                player = pop(&s);
                visited[player.y][player.x] = 1;
        }
        for (int i = 0; i < 4; i++) {
                move.x = player.x + step[i].x;
                move.y = player.y + step[i].y;
                if (move.x >= 0 && move.y >= 0 && move.x < MAZE_SIZE &&
                        move.y < MAZE_SIZE && maze[move.y][move.x] != 1 &&
                        !visited[move.y][move.x]) {
                        push(&s, move);
                }
        }
    }
}

void drawMaze() {
    // maze display
    ofFill();
    for (int j = 0; j < MAZE_SIZE; j++) {
        for (int i = 0; i < MAZE_SIZE; i++) {
                if (maze[j][i] == 1) {
                        ofSetColor(ofColor::black);
                }
                else if (visited[j][i] == 1) {
                        ofSetColor(ofColor::aqua);
                }
                else {
                        ofSetColor(ofColor::white);
                }
                ofRect(i*BRICK_SIZE, j*BRICK_SIZE, BRICK_SIZE, BRICK_SIZE);
        }
    }

    //  cell boundary marking
    ofNoFill();
    ofSetColor(ofColor::black);
    for (int j = 0; j < MAZE_SIZE; j++) {
```

```
        for (int i = 0; i < MAZE_SIZE; i++) {
                ofRect(i*BRICK_SIZE, j*BRICK_SIZE, BRICK_SIZE, BRICK_SIZE);
        }
    }
    // draw goal
    ofSetColor(ofColor::red);
    ofFill();
    ofRect(goal.x*BRICK_SIZE, goal.y*BRICK_SIZE, BRICK_SIZE, BRICK_SIZE);

    // draw player
    ofSetColor(ofColor::yellow);
    ofFill();
    ofRect(player.x*BRICK_SIZE, player.y*BRICK_SIZE, BRICK_SIZE, BRICK_SIZE);
}
```

<test.c>

예제 코드: recursizeMaze

7.4.4 오픈프레임웍스 미로 탈출: 재귀함수 이용

앞으로 자료 구조를 하나씩 공부해가면서 재귀 함수를 이용한 기법을 많이 접할 것이다. 스택을 이용한 미로 탈출을 재귀 함수를 이용해서 작성해보자.

```
#include "ofApp.h"
#include <stdbool.h>

#define MAZE_SIZE (20)
#define BRICK_SIZE (30)

int maze[MAZE_SIZE][MAZE_SIZE] =
{
    { 0,0,0,0,0,0,0,0,0,1,0,0,0,0,0,0,0,0,0 },
    { 0,1,1,0,0,0,1,0,0,0,1,0,0,0,1,0,0,0,1,0 },
    { 0,0,1,0,0,0,1,0,0,1,1,1,1,1,1,1,1,1,1,0 },
    { 1,1,1,1,1,1,1,0,0,0,0,0,0,1,0,0,0,1,0,0 },
    { 0,0,0,0,0,1,0,0,0,0,0,0,0,1,0,0,0,1,0,0 },
    { 0,0,0,0,0,1,0,0,0,0,0,0,0,1,0,0,0,1,0,0 },
    { 0,1,1,1,1,1,1,1,1,1,1,1,0,1,0,0,0,1,0,0 },
    { 1,1,0,1,0,0,0,0,0,0,0,0,0,0,0,0,0,0,0,0 },
    { 0,0,0,1,0,0,0,0,0,0,0,1,1,1,1,1,1,0,0,0 },
```

```
    { 0,1,1,1,0,0,0,1,1,1,0,0,0,0,0,1,0,0,0,0 },
    { 0,0,0,0,0,0,0,0,0,1,0,0,0,0,0,1,0,0,0,0 },
    { 0,0,0,0,1,1,1,1,1,1,1,0,0,0,1,0,0,0,0,0 },
    { 0,1,1,0,1,0,1,0,0,0,0,0,0,0,0,1,1,1,1,1 },
    { 0,0,1,0,0,0,1,0,0,0,0,0,0,0,0,0,0,0,0,0 },
    { 0,0,1,1,1,1,1,0,0,1,1,1,1,1,1,1,0,0,1,0 },
    { 0,0,1,0,0,0,0,0,0,1,0,0,1,0,0,1,0,1,1,0 },
    { 0,0,1,0,0,0,0,0,0,1,0,0,1,0,0,1,0,1,0,0 },
    { 1,1,1,1,1,1,1,1,1,1,0,0,1,0,0,1,0,1,0,0 },
    { 0,0,0,0,0,0,0,0,1,0,0,0,0,0,0,1,1,1,0,0 },
    { 0,0,0,0,0,0,0,0,0,0,0,0,0,0,0,0,0,0,0,0 }
};

bool visited[MAZE_SIZE][MAZE_SIZE];
int goalX = 0, goalY = 10;
int playerX = 0, playerY = 0;

bool recursiveMove(int x, int y) {
    if (x < 0 || y < 0 || x >= MAZE_SIZE || y >= MAZE_SIZE || maze[y][x] == 1 || visited[y][x])
        return false;

    visited[y][x] = true;
    if (x== goalX && y == goalY) {
        return true;
    }
    else {
        return recursiveMove(x, y-1) || recursiveMove(x, y+1) ||
                    recursiveMove(x+1, y) || recursiveMove(x-1, y);
    }
}

void ofApp::setup() {
    ofSetWindowTitle("Maze V0.1");
    ofSetWindowShape(600, 600);
    ofSetFrameRate(10);
    ofBackground(ofColor::white);
    ofSetColor(ofColor::black);
    ofSetLineWidth(1);

    for (int j = 0; j < MAZE_SIZE; j++) {
        for (int i = 0; i < MAZE_SIZE; i++) {
                visited[j][i] = false;
        }
    }

    recursiveMove(playerX, playerY);
}

//--------------------------------------------------------------
void ofApp::update() {
}
```

```
//--------------------------------------------------------------
void ofApp::draw() {
	// Draw maze
	ofFill();
	for (int j = 0; j < MAZE_SIZE; j++) {
	    for (int i = 0; i < MAZE_SIZE; i++) {
			if (maze[j][i] == 1) {  // 벽
				ofSetColor(ofColor::black);
			}
			else if (visited[j][i]) { // 탐색한 영역
				ofSetColor(ofColor::aqua);
			}
			else {                    // 탐색하지 않은 영역
				ofSetColor(ofColor::white);
			}
			ofRect(i*BRICK_SIZE, j*BRICK_SIZE, BRICK_SIZE, BRICK_SIZE);
	    }
	}
	//  Draw cell boundary
	ofNoFill();
	ofSetColor(ofColor::black);
	for (int j = 0; j < MAZE_SIZE; j++) {
	    for (int i = 0; i < MAZE_SIZE; i++) {
			ofRect(i*BRICK_SIZE, j*BRICK_SIZE, BRICK_SIZE, BRICK_SIZE);
	    }
	}

	// Draw goal
	ofSetColor(ofColor::red);
	ofFill();
	ofRect(goalX*BRICK_SIZE, goalY*BRICK_SIZE, BRICK_SIZE, BRICK_SIZE);
}
```

참고

오픈프레임웍스에서는 재귀 함수를 사용하는 경우 재귀 함수의 중간 결과를 출력하기 어렵다. 따라서 재귀 함수 전체가 수행이 완료된 후의 결과만 출력하고 있다.

7.5 오픈프레임웍스 재귀함수의 응용

재귀 함수의 재귀 호출은 함수 호출 과정에서 내부적으로 스택을 사용한다. 따라서 스택을 사용해야하는 작업들은 재귀 함수를 호출하면 명시적인 스택 사용 없이도 구현할 수 있다. 물론 함수 호출 시에 내부적으로 발생하는 스택 관련 작업은 부하가 상대적으로 큰 것은 사실이다.

오픈프레임웍스에서는 update( )와 draw( ) 함수가 반복적으로 실행되고, 재귀 함수 move( )는 update( ) 함수에서 호출되기 때문에, 재귀 함수가 종료된 후에 draw( ) 함수가 실행되는 구조라서, 길 찾기 도중의 그림은 그릴 수 없는 단점이 있다. 종료된 마지막 상황만 그려볼 수 있었다.

7.5.1 프랙탈

프랙탈(fractal)은 자연계의 구조적 불규칙성을 기술하고 분석하는 분야로, 세부 구조가 끊임없이 전체 구조를 되풀이하는 현상을 말한다. 자연 속의 다양한 부분에서 프랙탈의 원리를 발견할 수 있다.

고사리

나뭇가지 창에 낀 서리

이제 가장 기본적인 프랙탈 도형을 만들어보자. 아래는 스웨덴의 수학자 코흐가 만든 '코흐 눈송이(Koch snowflake)'이다. 아래의 그림은 일련의 연속적인 단계로 그려지는 Koch snowflake 이다. 즉 매 번의 단계마다 직선의 가운데 부분이 삼각형 모양으로 변하는 과정을 거치는 것이다.

http://commons.wikimedia.org/wiki/Koch_snowflake

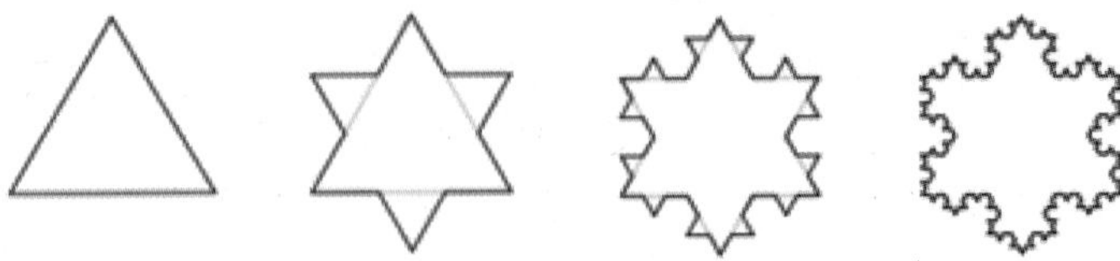

예제 코드:
recursizeMondrian

7.5.2 몬드리안 그림

이러한 재귀함수를 그림에 적용하는 예제를 한번 살펴보자. 아래의 그림은 몬드리안의 작품과 유사한 결과물을 생성하는 재귀함수 기반의 프로그램이다.

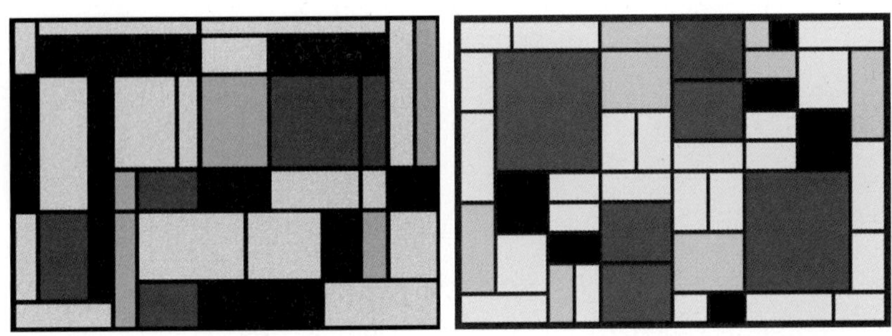

〈몬드리안의 그림〉

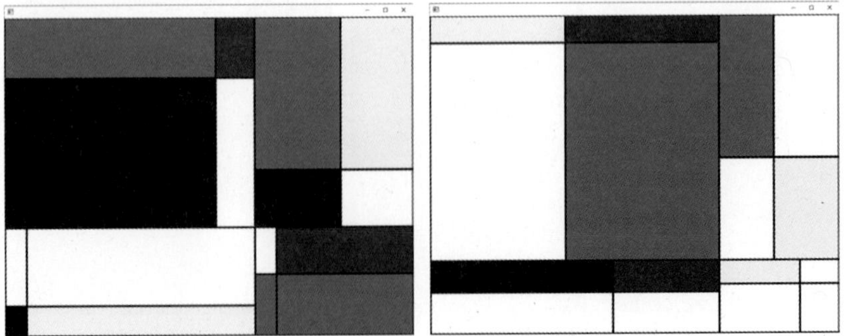

〈프로그램의 결과물〉

```
#include "ofApp.h"

void Mondrian(int x0, int y0, int x1, int y1, int N){
    if (N == 0)  {
        ofColor c[] = {ofColor::red, ofColor::white, ofColor::yellow,
                         ofColor::blue, ofColor::black };
        ofSetColor(ofColor::black);
        ofRect(x0, y0, x1 - x0 + 1, y1 - y0 + 1);
        ofSetColor( c[int(ofRandom(5))]);
        ofRect(x0+3, y0+3, x1-x0-5, y1-y0-5);
    }
    else {
        int i = int(ofRandom(x0+50, x1-50));
        int j = int(ofRandom(y0+50, y1-50));

        Mondrian(x0, y0, i, j, N - 1);
        Mondrian(i, y0, x1, j, N - 1);
        Mondrian(x0, j, i, y1, N - 1);
        Mondrian(i, j, x1, y1, N - 1);
    }
}

//--------------------------------------------------------------
void ofApp::setup(){
    ofSetFrameRate(1);
}

//--------------------------------------------------------------
void ofApp::update(){

}

//--------------------------------------------------------------
void ofApp::draw(){
    Mondrian(0, 0, ofGetWidth()-1, ofGetHeight()-1, 2);
}
```

재귀 함수의 깊이를 나타내는 파라미터

basis condition

몬드리안 작품의 주된 색상을 팔레트로 보관하고 있다.

재귀 호출 부분

오픈프레임웍스가 1초에 실행되는 속도를 조절한다. 초당 1프레임만 바뀌게 속도를 조절함으로써 그림이 1초마다 바뀌게 한다.

<ofApp.cpp>

참고

스택의 실제적인 활용

스택 자료구조는 본 교재 9장에서 소개되는 트리(tree) 자료 구조에서 긴요하게 사용된다.

1. 스택에 항목을 push하거나 pop하는 연산의 시간 복잡도는?

2. 스택의 항목 입출력 방식을 영어 약자로 줄여서 (   ) 라고 한다.

3. 스택 자료 구조를 활용하기에 부적합한 분야를 모두 고르시오.
   1) 수식 계산
   2) 재귀 함수 호출 과정의 내부적인 구현
   3) 운영 체제의 프로세스 관리
   4) 인터럽트 처리
   5) 프로세스 간의 통신

4. 재귀 함수의 호출 과정을 위해서 스택 자료 구조가 적당한 자료 구조인 이유를 설명하시오.

5. 다음의 중위 표기식을 후위 표기식으로 변환하시오.

```
(B - C) * D + E * F
(9 - (4 * 3 + 1)) * 5 * 3 + 2
(-A + B - C + D)
(A + B) * D + E / (F + A * D) + C
```

6. 다음의 수식을 후위 표기법으로 변환하였을 때 3번째의 연산자는 무엇인가?

```
1 + (2 + 3 * 4 / (5 - 6)) - 7
```

7. 다음의 후위 표기식을 계산하시오.

```
3 5 4 1 / - * 5 2 * +
```

8. 아래의 괄호 검사를 위한 문자열을 처리하면서 스택에 쌓이는 항목의 최대 개수는 몇 개가 될까?

```
( ( ) ( { } ) { () } )
```

9. 함수를 호출할 때 함수 호출에 사용되는 정보들을 저장하기 위해 생성되는 스택을 활성화 레코드(activation record)라고 한다. 활성화 레코드에 저장할 필요가 없는 정보는 다음 중 무엇인가?

1) 재귀 호출의 깊이
2) 지역 변수
3) 전달된 파라미터
4) 함수가 끝난 후 되돌아갈 주소

10. 다음의 함수는 1부터 n까지의 합을 구하는 재귀 함수이다. 화면에 출력되는 값들을 순서대로 적으시오.

```
#include <stdio.h>

int sum(int n) {
    printf("%d\n", n);

    if (n <= 1) return 1;
    else return (n + sum(n - 1));
}


int main() {
    printf("%d\n", sum(10) );
    return 0;
}
```

11. 위의 코드를 응용해서 아래를 계산하는 함수를 재귀 함수로 구현하시오.

$$\frac{1}{1}+\frac{1}{2}+\frac{1}{3}+\cdots+\frac{1}{n-2}+\frac{1}{n-1}+\frac{1}{n}$$

12. 아래의 기능을 수행하는 함수를 각각 재귀 함수로 구현하시오.

A. 1부터 파라미터 n까지의 값을 순서대로 출력하는 함수

B. 문자열을 파라미터로 받아서 역순으로 출력하는 함수

C. 파라미터로 받은 10진수 n을 2진수로 출력하는 함수

13. [심화] 본 교재에 소개된 후위 표기법 변환 방법에서 2자리수 이상의 피연산자를 사용할 수 있도록 코드를 수정해보자. 쉽지 않은 않은 작업이 될 수도 있다.

14. [심화] 중위 표기법 식을 전위 표기법 식으로 변환하는 방법을 생각해보자.

15. [심화] 스택 머신(stack machine): 컴퓨터의 CPU를 설계하는 기법 중에 스택 머신이라는 방법이 있다. 이 방법은 스택을 이용하여 기계어 명령어(machine instruction)를 실행하는 구조인데, 스택 머신의 장점을 그 밖의 다른 방법과 비교 설명하시오.

16. [심화] 교재에서 소개된 배열을 이용한 스택 자료 구조 구현은 스택이 용량을 넘쳐버리는 오버플로(over-flow) 상황이 발생할 수 있다. 이를 해결할 수 있는 방법을 제시하시오.

CHAPTER 8

큐(queues)

CHAPTER 8

아래의 그림은 큐의 예로써 무엇인가를 기다리는 사람들의 대기 줄이다. 이러한 줄은 새로 온 사람은 가장 '뒤'에 서야 하고, 가장 '앞'의 사람이 가장 먼저 서비스를 받는 구조이다. 즉, 맨 뒤에 데이터를 추가하고, 맨 앞에서 데이터를 삭제하는 구조로써 이러한 구조를 FIFO(First In First Out) 구조라고 한다.

상황에 따라서 FCFS(First Come First Served)라고 불리기도 한다.

앞에서 스택을 배웠었는데, 스택과 같은 구조는 스택의 상단(top)에서만 push와 pop이 이루어 지도록 제한하고, 큐는 앞(front)에서는 삭제(dequeue)가 뒤(rear)에서는 삽입(enqueue)이 이루어지도록 제한한다

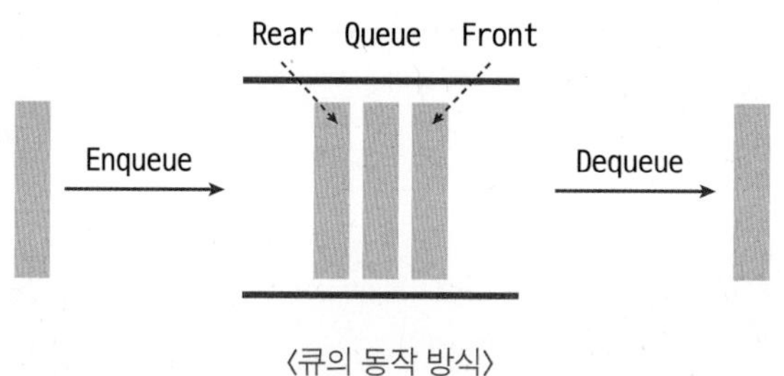

〈큐의 동작 방식〉

큐의 ADT

객체 n 개의 원소

연산

```
create()            : 빈 큐 생성
isEmpty(A)          : 큐 A가 비어있는지 검사
isFull(A)           : 큐 A가 모두 차있는지 검사
enqueue(A, item)    : 큐 A에 item 추가
item = dequeue(A)   : 큐에서 item 삭제
item = peep(A)      : 큐에서 item 반환
```

예제 코드: queue_basic

8.1 1차원 배열을 이용한 큐 구현

지금부터 1차원 배열을 이용해서 큐를 구현할 것이다. 이 때 발생할 수 있는 문제점을 생각해보자.

아래의 그림은 1차원 배열에 순차적으로 아이템이 추가되거나 삭제되는 그림이다. 큐의 **오른쪽**(rear)에서 추가하고 큐의 **왼쪽**(front)에서 삭제된다. front와 rear 변수 값은 −1에서 시작해서, 항목이 삽입될 때 마다, rear가 증가하고, 항목이 삭제될 때 마다, front가 증가한다.

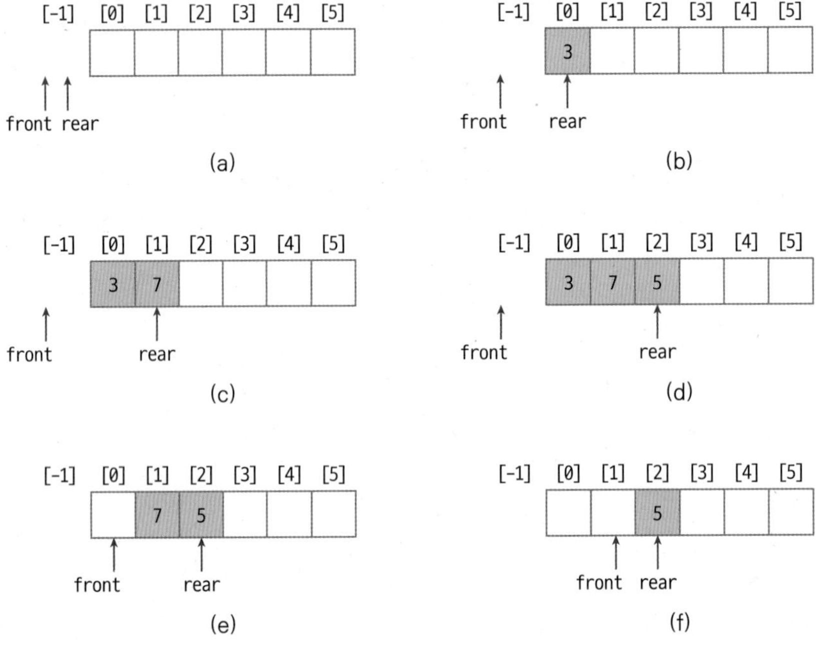

위의 그림과 같이 배열로 된 큐는 계속적으로 사용함에 따라 front와 rear 값이 계속적으로 증가하면서 큐의 끝에 도달하기 때문에, 큐를 사용하면서 주기적으로 큐 항목들을 앞으로 옮겨줘야 하는 불편함이 있다.

위의 그림을 보면서 큐의 Full과 Empty를 점검하는 방법을 생각해보자.

- **Full**: rear 변수의 배열이 오른쪽 끝이면 full.
- **Empty**: front와 rear 변수의 값이 동일하면 empty.

아래의 코드는 위와 같은 일반적인 큐에 대한 코드다. 단점으로 인해서 일반적으로 잘 사용되지는 않지만 참고로 살펴보자.

```
#ifndef _QUEUE_H
#define _QUEUE_H

#include <stdio.h>
#include <stdlib.h>
#include <stdbool.h>
#define MAX_SIZE (5)

typedef int Element;

typedef struct {
        Element queue[MAX_SIZE];
        int front, rear, size;
} Queue;

void init(Queue *q);
bool isFull(Queue *q);
bool isEmpty(Queue *q);
void enQueue(Queue *q, Element data);
Element deQueue(Queue *q);

#endif
```

<queue.h>

```
#include "queue.h"

/*
이 함수는 자료 구조를 사용하는 중에 에러가 발생하는 경우에
잠시 중지해서 에러 메시지를 화면에서 확인할 수 있도록 기다려 주기 위함
*/
void beforeExit() {
        getchar();
}
```

```
void init(Queue *q) {
        q->front = q->rear = -1;
        q->size = 0;
        // atexit() 함수는 exit() 이 수행되기 전에 자동으로 호출되는 함수
        atexit(beforeExit);
}

bool isFull(Queue *q) {
        return (q->rear == MAX_SIZE - 1);
}

bool isEmpty(Queue *q) {
        return (q->front == q->rear);
}

void enQueue(Queue *q, Element data) {
        if (isFull(q)) {
                printf("Error: Queue Full\n");
                exit(1);
        }
        q->rear = (q->rear + 1);
        q->queue[q->rear] = data;
        q->size++;
}

Element deQueue(Queue *q) {
        if (isEmpty(q)){
                printf("Error: Queue Empty\n");
                exit(1);
        }
        q->front = (q->front + 1);
        q->size--;
        return q->queue[q->front];
}
```

<queue.c>

```
#include <stdio.h>
#include "queue.h"

void test() {
        Queue q;

        init(&q);
```

```
    enQueue(&q, 1);
    enQueue(&q, 2);
    printf("%d"\n, deQueue(&q) );                        1
    printf("%d\n", deQueue(&q) );                        2

    enQueue(&q, 3);
    enQueue(&q, 4);
    printf("%d\n", deQueue(&q));                         3
    printf("%d\n", deQueue(&q));                         4

    enQueue(&q, 5);                                      5
    printf("%d\n", deQueue(&q));

    printf("No of Elements in Queue: %d\n", q.size);     No of Elements in Queue: 0

    enQueue(&q, 6);                                      Error: Queue Full
    printf("%d\n", deQueue(&q));
}
```

<test.c>

이 큐의 단점을 예를 들어보여 설명해보자. 위의 실행 결과를 살펴보자. 큐의 크기가 현재 5인 상황에서 5개의 항목을 enQuene, deQueue해서 지금 현재 항목의 개수가 0이 된 상황에서, 새롭게 항목을 추가하려는데 'Queue Full" 에러 메시지를 출력한다.

위에서 설명한 단점으로 이렇게 구현된 큐는 거의 사용되지 않는다. 이에 대한 해결책이 다음에 소개될 원형 큐(circular queue)다.

예제 코드: queue_circular_simple

8.2 1차원 배열을 이용한 원형 큐 구현

원형 큐는 아래의 그림과 같이 배열의 양 쪽 끝이 붙어있는 구조다.

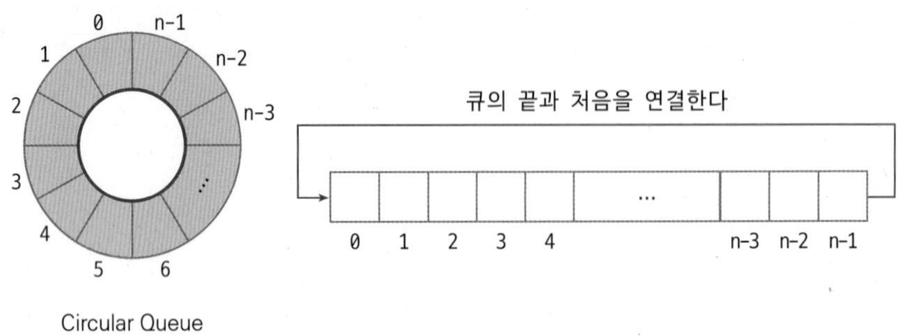

Circular Queue

따라서 원형 큐를 사용하는 중간에는 아래와 같은 상황이 되는 셈이다. front는 첫 데이터를, rear는 마지막 데이터의 위치를 의미한다.

각 자료 구조에서 사용하는 변수들의 의미를 정확히 기억하자! 원형 큐에서의 front, rear 변수의 위치와, 일반 큐에서의 두 변수의 위치는 조금 다르다.

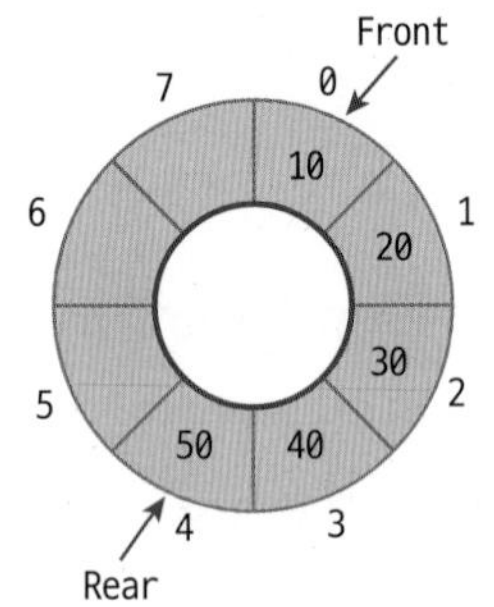

그런데, 실제 구현상에서는 큐의 full을 판단하는 것에 문제가 있을 수 있다. 아래 그림을 보자. 아래의 그림과 같이 두 가지 상황 모두 (rear + 1) % MAX_SIZE == front가 된다. 따라서 큐의 인덱스만으로는 판단하기 힘들다.

현재의 큐의 크기는 8이다.

Rear = -1

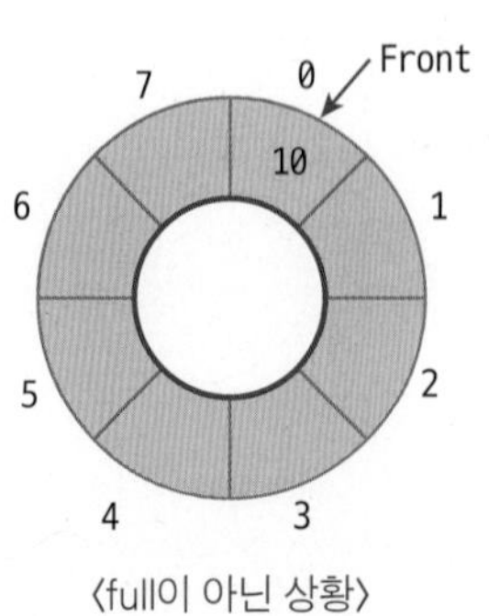

〈full이 아닌 상황〉

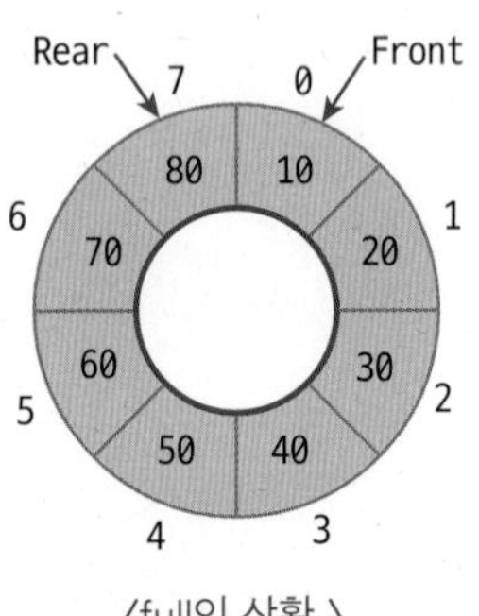

〈full인 상황 〉

이를 위해서 큐 내부의 항목의 개수를 카운트한다면 쉽게 해결할 수 있다. 이 내용은 잠시 후에 살펴보자. 그렇지만 아래의 구현에서는 조금 다르게 full 상황을 검사하는 방법을 소개한다. 이러한 경우를 위해서 큐의 [0] 번째 항목을 사용하지 않고 빈 공간으로 남겨두는 방식으로 해결한다.

아래는 원형 큐를 위한 코드이다. 2개의 파일(헤더 파일과 소스 파일)이다.

```
#ifndef _QUEUE_H
#define _QUEUE_H

#include <stdio.h>
#include <stdlib.h>
#include <stdbool.h>

#define MAX_SIZE (5)

typedef int Element;

typedef struct {
        Element queue[MAX_SIZE];
        int front, rear;
} Queue;

void init(Queue *q);
bool isFull(Queue *q);
bool isEmpty(Queue *q);
void enQueue(Queue *q, Element data);
Element deQueue(Queue *q);
Element peep(Queue *q);

#endif
```

<circularQueue.h>

```
#include "circularQueue.h"

/*
이 함수는 자료 구조를 사용하는 중에 에러가 발생하는 경우에
잠시 중지해서 에러 메시지를 화면에서 확인할 수 있도록 기다려 주기 위함
*/
void beforeExit() {
        getchar();
}
```

```
// front: 첫 항목(가장 먼저 enqueue 된 항목)
// end: 마지막 항목(가장 최근에 enqueue 된 항목)
// 아래와 같이 초기화함으로써 0번째의 항목은 사용하지 않는다.
// 이 부분이 일반 큐와 원형 큐의 다른 점이다.
void init(Queue *q) {
        q->front = q->rear = 0;
}

// 원 형 큐에서는 아래에서 많이 보이는 나머지 연산자 %를 사용한다. 그 이유를 생각해보자.
bool isFull(Queue * q) {
        return ((q->rear + 1) % MAX_SIZE == q->front);
}

bool isEmpty(Queue *q) {
        return ( q->front == q->rear );
}

// 이 구현에서는 내부 변수로 size 변수를 사용하지 않고 조금 다르게
// size( ) 함수를 선보이고 있다.
int size(Queue *q) {
        return (MAX_SIZE - q->front + q->rear) % MAX_SIZE;
}

void enQueue(Queue *q, Element data) {
        if (isFull(q)) {
                printf("Error: Queue Full\n");
                exit(1);
        }

        q->rear = (q->rear + 1) % MAX_SIZE;
        q->queue[q->rear] = data;
}

Element deQueue(Queue *q) {
        if (isEmpty(q)) {
                printf("Error: Queue Empty\n");
                exit(1);
        }

        q->front = (q->front + 1) % MAX_SIZE;
        return q->queue[q->front];
}

Element peep(Queue *q) {
        if (isEmpty(q)) {
                return NULL;
        }
        return q->queue[(q->front + 1) % MAX_SIZE];
}
```

<circularQueue.c>

```
#include <stdio.h>
#include "circularQueue.h"

void test() {
        Queue q;

        init(&q);
        printf("Queue Initialization\n");
        printf("Queue size: %d\n", size(&q));

        int i = 0;
        while (!isFull(&q)) {
                enQueue(&q, i);
                i++;
        }
        printf("Till now, we did EnQueue %d elements.\n", size(&q));
        printf("Queue size: %d\n", size(&q));
        printf("Full ?: %d\n", isFull(&q));


        printf("Now, we will DeQueue %d elements.\n", size(&q));
        Element e;
        while (!isEmpty(&q)) {
                e = deQueue(&q);
                printf("%d\n", e);
        }
        printf("Queue size: %d\n", size(&q));
        printf("Empty ?:%d\n", isEmpty(&q));

        i = 0;
        while (!isFull(&q)) {
                enQueue(&q, i);
                i++;
        }
}
```

```
Queue Initialization
Queue size: 0

Till now, we did EnQueue 4 elements.
Queue size: 4
Full ?: 1

Now, we will DeQueue 4 elements.
0
1
2
3

Queue size: 0
Empty ?:1
```

<test.c>

예제 코드: queue_circular

8.3 1차원 배열을 이용한 원형 큐 구현 (배열의 모든 원소 사용 가능)

앞에서 소개한 방법은 배열의 [0] 번째를 비워둔 채 사용하지 못하는 방법이었다. 이를 극복하기 위해서 큐의 항목 개수를 저장하는 size 변수를 사용하는 조금 수정된 방법을 소개하자.

아래의 코드에서 음영으로 표시된 변경된 부분에 집중하자.

```
…
typedef int Element;

typedef struct {
        Element queue[MAX_SIZE];
        int front, rear, size;
} Queue;
…
```

<circularQueue.h>

```
#include "circularQueue.h"

/*
이 함수는 자료 구조를 사용하는 중에 에러가 발생하는 경우에
잠시 중지해서 에러 메시지를 화면에서 확인할 수 있도록 기다려 주기 위함
*/
void beforeExit() {
        getchar();
}

// front: 첫 항목(가장 먼저 enqueue 된 항목)
// end: 마지막 항목(가장 최근에 enqueue 된 항목)
void init(Queue *q) {
        q->front = 0;
        q->rear = -1;
        q->size = 0;
}

bool isFull(Queue *q) {
        return ( q->size == MAX_SIZE );
}
```

```
bool isEmpty(Queue *q) {
        return ( q->size == 0 );
}

void enQueue(Queue *q, Element data) {
        if (isFull(q)) {
                printf("Error: Queue Full\n");
                exit(1);
        }
        q->rear = (q->rear + 1) % MAX_SIZE;
        q->queue[q->rear] = data;
        q->size++;
}

Element deQueue(Queue *q) {
        if (isEmpty(q)) {
                printf("Error: Queue Empty\n");
                exit(1);
        }

        Element e;
        e = q->queue[q->front];
        q->front = (q->front + 1) % MAX_SIZE;
        q->size--;
        return e;
}

Element peep(Queue *q) {
        if (isEmpty(q)) {
                return NULL;
        }
        return q->queue[(q->front + 1) % MAX_SIZE];
}
```

<circularqueue.c>

```
#include <stdio.h>
#include "circularQueue.h"

void test() {
     Queue q;

     init(&q);
     printf("Queue Initialization\n");
     printf("Queue size: %d"\n, q.size);
```

```
Queue Initialization
Queue size: 0
```

```
    int i = 0;
    while (!isFull(&q)) {
        enQueue(&q, i);
        i++;
    }
    printf("Till now, we did EnQueue %d elements.\n", q.size);
    printf("Queue size: %d\n", q.size);
    printf("Full ?: %d\n", isFull(&q));


    printf("Now, we will DeQueue %d elements.\n", q.size);
    Element e;
    while (!isEmpty(&q)) {
        e = deQueue(&q);
        printf("%d\n", e);
    }
    printf("Queue size: %d\n", q.size);
    printf("Empty ?:%d\n", isEmpty(&q));

    i = 0;
    while (!isFull(&q)) {
        enQueue(&q, i);
        i++;
    }
}
```

```
Till now, we did EnQueue 5 elements.
Queue size: 5
Full ?: 1


Now, we will DeQueue 5 elements.
0
1
2
3
4
Queue size: 0
Empty ?:1
```

<test.c>

8.4 심화 큐의 응용

8.4.1 생산자-소비자 문제(Producer and Consumer Problem)

"생산자 소비자 문제"는 두 개의 병행 프로세스가 수행될 때 발생할 수 있는 문제의 전형적인 예제이다. 생산자 소비자 문제는 실제 환경에서 아주 많이 발생한다. 웹 서버에서 웹 클라이언트로 데이터를 보내는 경우와 같은 프로세스들 사이의 통신이 일어나는 환경이 대표적인 경우이다.

이 문제는 아래와 같이 가정한다. 생산자와 소비자는 큐를 통해서 정보를 전달하며, 큐의 크기를 나타내는 counter 변수를 0으로 초기화한다. counter는 새로운 항목을 큐에 추가할 때마다 1씩 증가되며, 항목을 삭제할 때마다 1씩 감소한다.

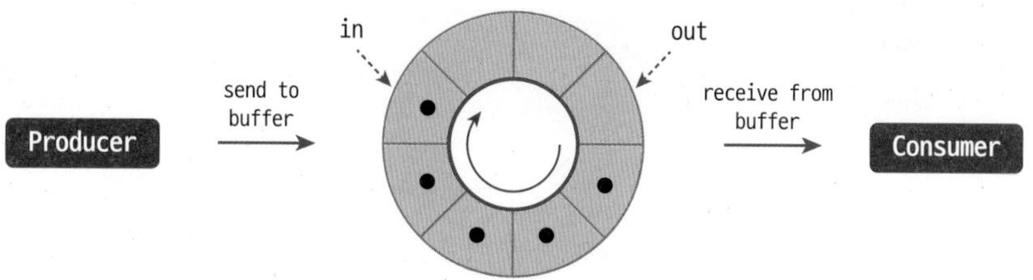

생산자 소비자 문제에서의 생산자에 해당하는 코드와 소비자를 위한 코드는 아래와 같다. 즉, 2개의 프로세스가 동시에 실행하면서 서로 데이터를 주고 받는 상황이다.

생산자 프로세스를 위한 코드	소비자 프로세스를 위한 코드

`while ( true ) {            // infinite loop`
`    while ( isFull() );      // do nothing`
`    enQueue();               // produce an item`
`}`
	`while ( true ) {            // infinite loop`
	`    while ( isEmpty() );     //do nothing`
	`    deQueue();               // consume an item`
	`}`

while 문 끝의 세미콜론을 유심히 보자.

while 문의 body가 없는 상황이다.

즉, isFull( )이면 while 문이 계속 반복되면서 isFull( ) 인지 계속 검사한다는 의미이다.

8.4.2 임계 영역(critical section)

이러한 상황을 운영체제에서는 병행 프로세스(con-current processes)라고 한다. 두 개 이상의 프로세스가 서로 영향을 주면서 수행되는 상황을 의미하는데, 이 경우에는 미묘한 문제가 발생할 수 있다. 이에 대한 설명을 잠깐 하고 넘어가자.

자료 구조와는 조금 별개의 내용이지만, 큐를 이용한 생산자-소비자 문자를 이야기하기 위해서는 이 설명이 필수적이다.

고급 언어로 작성된 아래와 같은 프로그램은 기계어로 번역이 되어서 실행된다(아래의 예제는 기계어와 유사한 어셈블리어로 표현하였다).

아래와 같이 프로세스 1, 프로세스 2로 이루어진 병행 프로세스를 가정하자. 그런데 2개의 프로세스가 동일한 변수(메모리 영역)인 number를 사용한다고 하자. 그런데 C 언어에서 보면 이 2개의 프로세스가 동시에(concurrent) 수행된다고 하더라도 별 문제가 없어 보인다.

C 언어 프로그램	
프로세스 1	프로세스 2
… number=number + 1; …	… number=number + 1; …

그런데 이 프로그램을 어셈블리 언어 레벨에서 보면 아래와 같다. 즉, 아래와 같이 2개의 프로세스가 동일한 변수의 값을 변경시키려고 하는 상황이다.

어셈블리 언어 프로그램	
프로세스 1	프로세스 2
… (P1-1) LDA number, d (P1-2) ADDA 1, i (P1-3) STA number, d …	… (P2-1) LDA number, d (P2-2) ADDA 1, i (P2-3) STA number, d …

세부적인 이해가 어렵더라도 이것만은 기억하자. 고급 언어에서는 하나의 명령어 같아 보여도 기계어 레벨에서는 여러 개의 명령어로 분할될 수 있다.

아직 어셈블리 언어를 배우지 않은 상태라면 위의 코드를 이해하기 쉽지 않을 것이다. 메인 메모리 상의 변수의 값을 변경하기 위해서는 최소 3 단계의 절차가 필요하다. 실제로 컴퓨터에서 메인 메모리의 한 위치의 값을 변경하려면 해당하는 값을 아래와 같이 3개의 세부 기계어로 나뉘어서 수행된다.

- CPU의 레지스터(예: A 레지스터)로 Load한 후에(LOAD_A),
- A 레지스터 값을 1 증가시키고(ADD_A),
- A 레지스터 값을 다시 메인 메모리에 저장해야한다(STORE_A)

그런데 위의 어셈블리어 프로그램 2개가 모두 수행을 마치면 number 변수가 최종적으로 2가 증가되어야 하는데, 실제로는 1 밖에 증가되지 않는 상황이 발생할 수도 있다. 예를 들면 명령어가 아래의 순서로 수행된다면, number 변수가 최종적으로는 1만 증가한다.

- **수행 순서 예**: P1−1/ P1−2/ P2−1/ P2−2/ P2−3/ P1−3

이러한 문제가 생기는 이유는 Process1과 Process2의 공유 변수인 number 변수를, 특정 프로세스가 사용하고 있는 중간에 다른 프로세스가 끼어들어서 사용하려는 상황에서 발생한다. 이처럼 number = number +1; 과 같은 영역은 프로세스 1번과 프로세스 2번에 의하여 상호 배제(mutual exclusive)로 수행되어야 한다. 이러한 상호 배제 조건 하에 수행되어야 하는 프로그램 영역을 임계 영역(critical section)이라고 한다. 다른 말로는 임계 영역은 아토믹(atomic)하게 수행되어야 한다고 말할 수 있다..

임계 영역이 상호 배제로 수행되게 하는 방법 중에 세마포(semaphore)라는 방법이 있다. 세마포는 병행 프로그래밍을 위해서 운영체제에 의해서 제공되는 공유 변수이다.

한 순간에는 하나의 프로세스만 사용할 수 있도록…

원자(atom)이 더 이상 분할되지 않는다는 의미에서 atomic이라고 한다. 즉, 깨어지지 않는, 분할되지 않는 수행을 보장해야하는 영역이 critical section 이다.

최근과 같이 멀티 프로세서 또는 멀티 코어 프로그래밍이 필요한 상황에서는 아주 중요한 부분이다. 병행 프로세스를 위한 다양한 동기화 기법이 있다. 관심있는 사람은 각자 조사해보자.

참고

윈도우 운영체제 에서는 CRITICAL_SECTION, MUTEX, SEMAPHORE 등의 객체를 지원한다. 여기서 CRITICAL_SECTION은 쓰레드 간의 동기화에 사용되는데 이를 실습해보자.

예제 코드: queue_producer_and_consumer

8.4.3 멀티 쓰레드 프로그래밍

생산자 소비자 문제를 멀티 쓰레드로 구현하기 위해서, 먼저 윈도우 운영체제에서 멀티 쓰레드 프로그램을 만들어보자. C++ 언어 최신 표준에는 언어 자체에 멀티 쓰레드 프로그래밍을 지원해주는 문법 기능이 있다. 그러나, C 언어에는 그러한 기능이 없기 때문에 운영체제에서 지원해주는 기능을 사용해야한다. 우리는 윈도우에서 제공하는 기능을 사용해보자.

```
#include <stdio.h>
#include <stdlib.h>
#include <Windows.h>
#include "circularQueue.h"

// 윈도우 운영체제에서 critical section 문제를 지원하는 자료형이 CRITICAL_SECTION이다.
CRITICAL_SECTION cs;

void initProducerConsumer();
void producer();
void consumer();

int producerSleep = 500;
int consumerSleep = 600;

Queue q;

// main( ) 함수에서 아래의 test( ) 함수를 실행하면 된다.
void test() {
    initProducerConsumer();
}

void initProducerConsumer() {
    init(&q);

    // 아래와 같이 producer함수와 consumer 함수를 실행하는 2개의 threads를 만든다.
    // 이렇게 설정하면...
    // 2개의 함수는 병렬 수행된다.
    InitializeCriticalSection(&cs);
    CreateThread(NULL, 0, (LPTHREAD_START_ROUTINE)producer, 0, 0, NULL);
    CreateThread(NULL, 0, (LPTHREAD_START_ROUTINE)consumer, 0, 0, NULL);
}
```

```
// Producer(생산자)
// 큐의 빈 자리가 있으면 계속적으로 항목을 추가한다.
void producer() {
    int no = 0;
    while (1) {
        // Atomic 수행을 지원하지 위해서
        // critical section에 진입할 수 있는지 검사
        EnterCriticalSection(&cs);

        if (isFull(&q)) {
                printf("Producer Waiting: Queue Full\n");
        }
        else {
                printf("[Produced]: %d__[Size]: %d\n", no, q.size);
                enQueue(&q, no++);
        }
        // critical section 수행을 마쳤음을 공지하는 함수
        LeaveCriticalSection(&cs);

        Sleep(producerSleep);
    }
}

// Consumer(소비자)
// 큐에 항목이 있으면 계속적으로 항목을 삭제한다.
void consumer() {
    while (1) {
        EnterCriticalSection(&cs);

        if (isEmpty(&q)) {
                printf("Consumer Waiting: Queue Empty\n");
        }
        else {
                printf("[Consumed]: %d__[Size]: %d\n", deQueue(&q), q.size);
        }

        LeaveCriticalSection(&cs);

        Sleep(consumerSleep);
    }
}
```

<멀티 쓰레드 프로그램 샘플>

아래는 위에서 설명한 생산자–소비자 문제를 윈도우 운영체제에서 실행한 결과다. 아래의 실행 결과에서는 큐의 크기(MAX_SIZE)는 5로 정했다. 아래의 코드는 consumer( )에 Sleep( )을 많이 주었기 때문에 상대적으로 producer( )보다 느리게 수행된다. 따라서 큐의 항목이 개수가 계속 증가할 것이다. 그래서 주기적으로 Queue Full이라는 메시지가 출력되게 된다.

```
…
…
…
[Produced]: 43__[Size]: 4
[Consumed]: 39__[Size]: 5
[Produced]: 44__[Size]: 4
[Consumed]: 40__[Size]: 5
[Produced]: 45__[Size]: 4
[Consumed]: 41__[Size]: 5
[Produced]: 46__[Size]: 4
[Consumed]: 42__[Size]: 5
[Produced]: 47__[Size]: 4
[Consumed]: 43__[Size]: 5
[Produced]: 48__[Size]: 4
Producer Waiting: Queue Full
[Consumed]: 44__[Size]: 5
[Produced]: 49__[Size]: 4
[Consumed]: 45__[Size]: 5
[Produced]: 50__[Size]: 4
[Consumed]: 46__[Size]: 5
[Produced]: 51__[Size]: 4
[Consumed]: 47__[Size]: 5
[Produced]: 52__[Size]: 4
[Consumed]: 48__[Size]: 5
[Produced]: 53__[Size]: 4
Producer Waiting: Queue Full
…
…
…
```

참고

덱(deque: double-ended queue)

덱이란 double-ended queue의 약자로써, 큐의 앞과 뒤 모두에서 삽입과 삭제가 가능한 큐를 의미한다. 이를 위한 자세한 구현 내용은 생략한다.

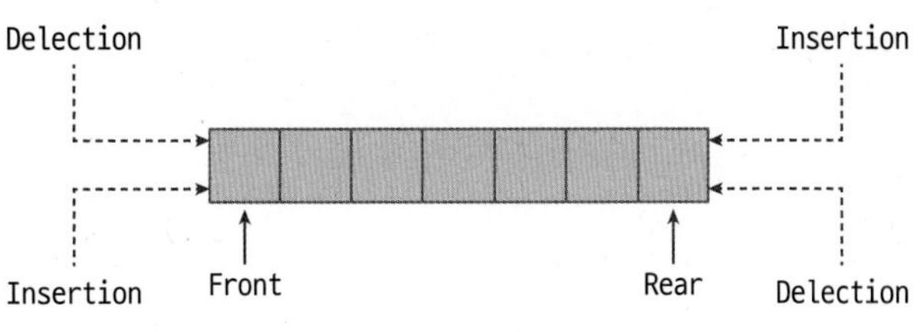

참고

큐의 실제적인 활용

큐 자료구조는 본 교재 9장에서 소개되는 트리(tree) 자료 구조에서 긴요하게 사용된다.

1. 다음의 큐에 대한 설명 중에서 틀린 것을 모두 고르시오.
   1) 큐는 First In First Out으로 수행된다.
   2) 큐의 크기는 항상 고정적이어야한다.
   3) 항목의 추가와 삭제가 모두 O(1) 시간에 수행된다.
   4) 큐는 운영 체제의 작업 스케쥴링 분야에 사용될 수 있다.
   5) 항목의 추가와 삭제는 동일한 장소에서 수행된다.

2. 크기가 10인 원형 큐에서 front가 2, rear가 7이라면, 현재 원형 큐에 저장된 항목은 몇 개인가?

3. 원형 큐의 full과 empty를 판단하는 조건은 어떻게 되나? 교재에서 소개된 2가지 방법이 조금씩 다르다. 이 2가지 구현 방법 각각의 장단점은 무엇인가?

4. [심화] 배열, 연결 리스트 등의 다른 자료 구조를 사용할 수 없고, 큐만 사용할 수 있다. 큐를 이용해서 스택을 구현하려면 몇 개의 큐가 필요한가?

5. [심화] 위의 문제와 반대의 경우로 스택만 사용할 수 있다. 큐를 구현하기 위해서 몇 개의 스택이 필요한가?

PART III

자료 구조 중급(비 선형 자료 구조)

지금까지는 선형 자료 구조를 공부했다. 생활에서의 많은 예가 위의 선형 구조로 표현될 수 있지만, 그렇지 않은 경우도 많다.

지금부터, Part III에서는 비 선형 자료 구조 중에서 트리(tree)와 그래프(graph)라는 자료 구조를 살펴본다. 이 2가지 자료 구조는 아주 많은 복잡한 내용이 있어서 이해하기 쉽지는 않지만, 실제로 아주 많이 사용되고 중요한 자료 구조다.

CHAPTER 9

트리(trees)

CHAPTER 9

트리 자료 구조가 일상 생활에서 어디에 사용될까? 아래의 촌수 가계도를 트리 구조라고 할 수 있다.

트리에서의 한 원소를 노드(node)라고 하고, 노드 간의 연결을 에지(edge)라고 한다. 즉, 트리는 '노드들의 집합'과 '에지들의 집합'으로 이루어진 구조이다. 트리 구조는 계층 관계(깊이에서의 순서 관계)를 가지는데, 가장 상위의 노드로부터의 깊이 정보가 표현된다는 의미이다. 이를 통해서 트리의 노드 간은 부모-자식과 같은 상하위 관계를 표현할 수 있다.

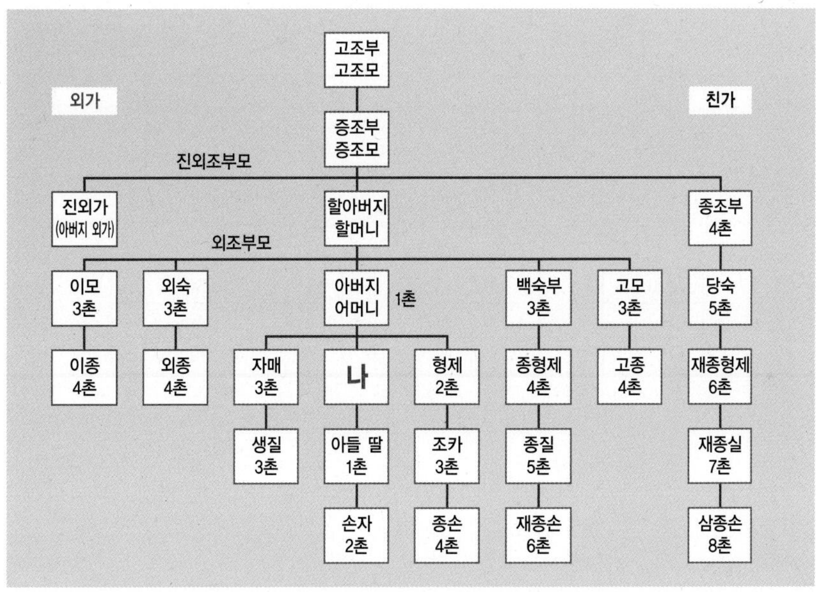

〈가계도〉

여러분이 사용하고 있는 컴퓨터의 디렉토리 구조를 한번 생각해보자. 디렉토리의 구조도 트리를 이용하여 구현할 수 있다.

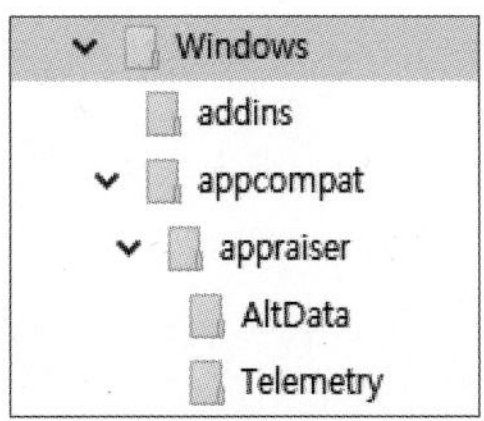

〈컴퓨터의 디렉토리 구조〉

아래는 '틱택토(TicTacToe)'라는 게임이다. 보드 게임의 '오목(5목)'과 유사한데, '삼목(3목)'을 먼저 만드는 게임이라고 볼 수 있다. 아래는 일종의 '수 읽기'에 해당하는 좋은 수를 찾는 과정을 그린 그림인데, 이와 같은 게임 인공 지능(Artificial Intelligence: AI)에도 트리 자료 구조를 사용할 수 있다.

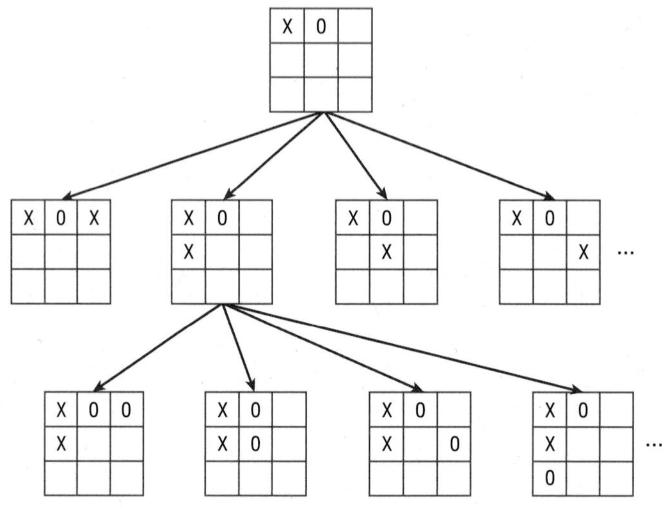

〈틱택토 게임의 수 읽기 과정을 보여주는 트리〉

9.1 트리 기초

정의

트리는 하나 이상의 유한개의 노드들의 집합으로써, 루트 노드(root node: 가장 상위 노드)를 가지며, 나머지 노드들은 $n \geq 0$인 분할된 T_1, … , T_n개의 서브 트리(sub tree)로 구성된다.

이 정의에 따르면 노드가 하나도 없는 공집합(empty set)은 트리가 아니다. 뒷 부분에서 배울 "이진 트리"에서는 조금 다르게 정의된다. 이 사항은 나중에 살펴보자.

9.1.1 트리에서 사용하는 용어 정리

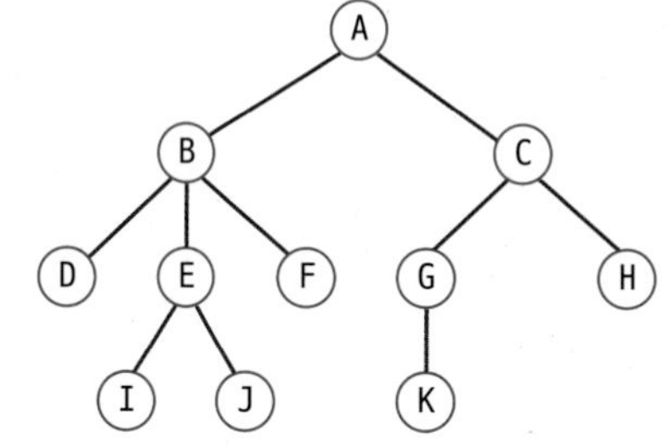

트리 구조를 공부하면서 새로운 용어를 많이 접하게 된다. 자주 사용할 단어들을 미리 정리하자(옆의 트리 예제를 보면서 정의를 살펴보자).

개념	정의	비고 (옆의 트리 예제에 대하여...)
노드(node)	트리의 각 구성 요소	'원'으로 표시한다.
에지(edge)	노드 사이의 연결선	'선'으로 표시한다.
루트 노드(root node)	트리의 가장 상단의 노드	노드 A
단말 노드 (leaf node/terminal node)	자식 노드가 없는 노드	노드 D, I, J, F, K, H
비 단말 노드 (non-terminal node)	자식 노드 이외의 노드(단말 노드를 제외한 모든 노드)	노드 A, B, E, C, G
부모 노드(parent node)	노드의 '한 단계' 상위의 노드	노드 A는 노드 B와 노드 C의 부모 노드
자식 노드(child node)	노드의 '한 단계' 하위의 노드	노드 B와 노드 C는 노드 A의 자식 노드
형제 노드(sibling node)	같은 부모를 가진 노드	노드 D, E, F는 노드 B를 부모 노드로 가지는 형제 노드
서브 트리(subtree)	자식 노드를 루트 노드로 가지는 트리	노드 B를 루트 노드로 가지는 트리는 전체 트리의 서브 트리
조상 노드(ancestor node)	루트 노드에서 부모 노드까지의 경로 상의 모든 노드	노드 I의 조상 노드는 노드 A, B, E
자손 노드(descent node)	한 노드의 모든 하위 노드	노드 B의 자손 노드는 D, E, F, I, J
노드의 차수 (degree of node)	노드의 자식 노드(child node)의 개수	노드 A의 차수는 2
노드의 레벨 (높이, level of node)	루트 노드로 부터의 거리 + 1(루트 노드는 레벨 1)	노드 E의 레벨은 3
트리의 높이 (height of tree)	트리의 노드들의 최대 레벨	예제 트리의 높이는 4
포리스트(forest)	트리들의 집합	

9.1.2 트리의 종류

트리는 각 노드가 가질 수 있는 자식 노드의 개수에 따라서 구분할 수 있다.

일반 트리(general tree): 일반적인 트리를 말한다. 가질 수 있는 자식 노드의 개수에 제한이 없다.

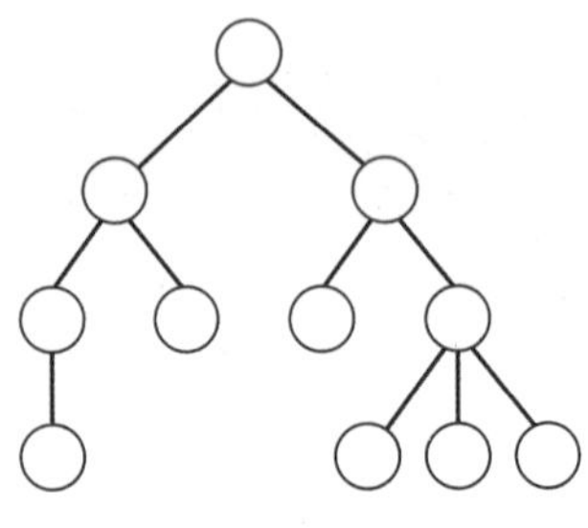

〈일반 트리〉

이진 트리(binary tree): 트리의 모든 노드가 "최대" 2개의 자식 노드를 가질 수 있는 트리

'최대'로 가질 수 있는 자식 노드의 개수가 2개라는 의미이다. 즉, 트리의 모든 모드가 0, 1, 또는 2개의 자식 노드를 가지는 트리를 이진 트리라고 한다.

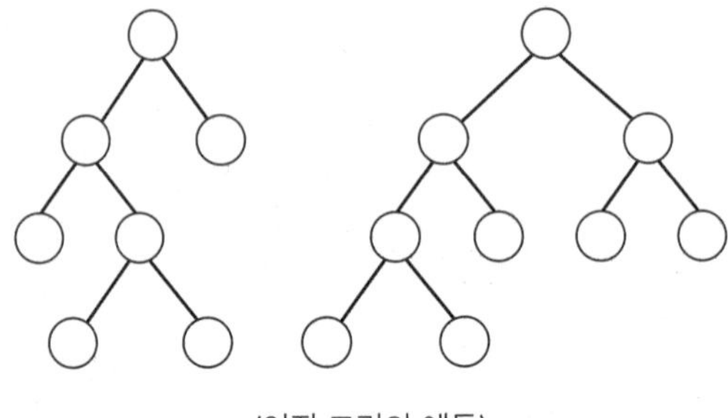

〈이진 트리의 예들〉

그래프라는 자료 구조는 바로 다음 장에서 배울 자료 구조이다.

실제로, 트리는 그래프의 부분 집합이다.

참고

이 교재에서의 트리나 그래프 등의 비 선형 자료 구조의 화면 출력 방식

이제까지의 선형 자료 구조는 콘솔(console) 화면에서 텍스트로 출력하더라도 자료 구조의 내용을 확인하기 어렵지 않았다. 모두 선형 자료 구조였기 때문이다. 그렇지만 지금부터의 '비 선형 자료 구조'들은 화면에 그래픽적으로 출력하는 것이 더 효율적일 수 있다.

이럴 때 사용할 수 있는 오픈 소스가 GraphViz이다. GraphViz는 그래프 자료 구조를 화면에 그래픽으로 출력할 수 있도록 해주는 소프트웨어로써, 이 교재에서는 이를 트리와 그래프 자료 구조의 출력을 위해서 사용해 보고자 한다.

참고

아래는 GraphViz의 공식 사이트이다.

https://graphviz.org/

GraphViz 라이브러리를 이용하여 C 언어를 사용하여 화면에 직접 그림을 그릴 수도 있지만, 여러 소프트웨어를 설치하는 등의 작업이 번거로운 면이 있다. 그래서 우리는 웹 브라우저 상에서 지원되는 기능을 사용하고자 한다.

아래의 사이트를 접속하자.

http://www.webgraphviz.com/

위 사이트에 접속하면 DOT이라고 하는 Graph Description Language(그래프 기술 언어)로 표현된 파일을 그래픽 그림으로 출력할 수 있다.

위의 사이트에 접속해서 [Generate Graph !] 버튼을 클릭했을 때의 실행 결과 그래프를 보자.

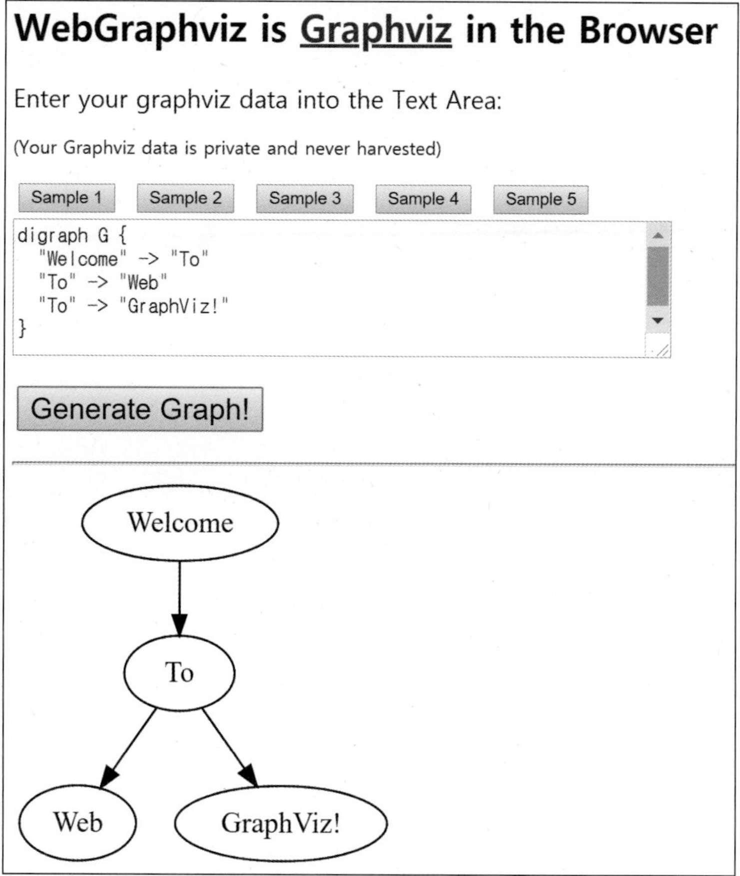

참고

아래의 예시를 통해서 방향성 그래프와 비 방향성 그래프 샘플의 DOT 파일의 의미를 살펴보자.

에지에 방향이 없는 '비 방향성 그래프(un-directed graph)'의 경우: 아래의 예제 DOT 파일에서의 형식을 눈여겨 보자.

〈비 방향성 그래프〉

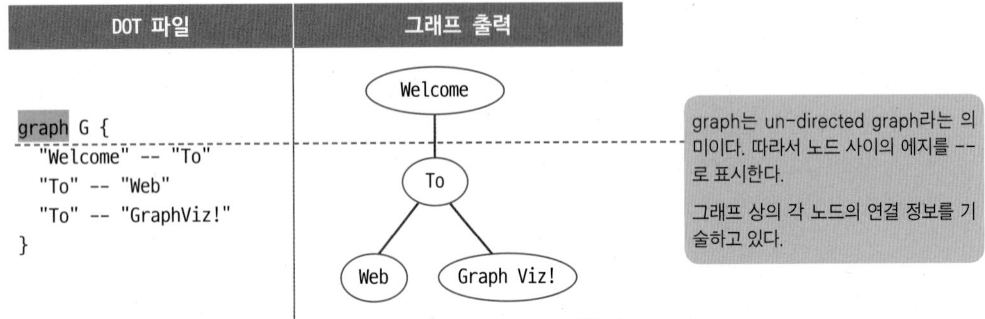

DOT 파일
그래프 출력
graph G {
"Welcome" -- "To"
"To" -- "Web"
"To" -- "GraphViz!"
}
Welcome
To
Web
Graph Viz!
graph는 un-directed graph라는 의미이다. 따라서 노드 사이의 에지를 --로 표시한다.
그래프 상의 각 노드의 연결 정보를 기술하고 있다.

에지에 방향이 없는 '방향성 그래프(directed graph)'의 경우는 아래와 같다.

〈방향성 그래프〉

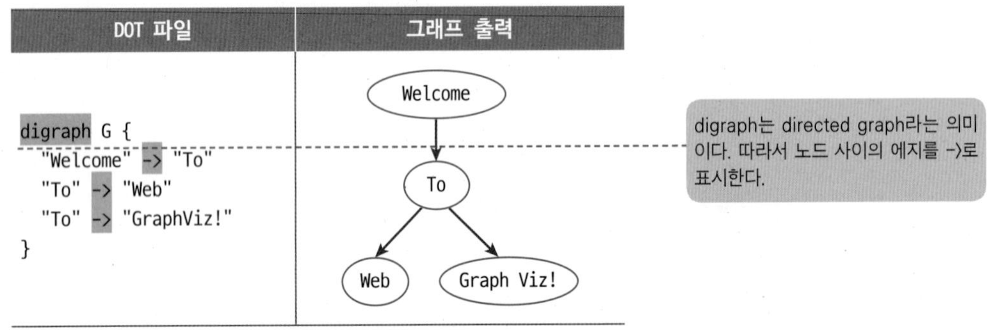

우리는 지금부터 GraphViz를 이용하여 트리 자료 구조의 출력을 화면에 그래픽으로 출력할 것이다. 차차 실제 사용하는 예제에서 공부하자.

GraphViz의 자세한 사용법이 궁금하면 아래의 페이지를 참고하자.

https://graphs.grevian.org/example

9.2 이진 트리(binary tree)

일반적인 트리는 자식 노드의 개수가 제한이 없기 때문에 구현하기 복잡하다. 이에 반해서 자식 노드의 개수가 '2개 이하' 만을 가질 수 있는 이진 트리(binary tree)는 구현이 쉽고, 이와 같은 특수한 형태의 이진 트리가 실제 응용에서 필요한 부분도 많아, 이 교재에서는 이진 트리만 살펴보자.

> 일반적인 트리를 이진 트리로 변환하는 방법을 사용해서 표현하기도 한다. 그래서 이진 트리는 아주 중요하다.

정의

이진 트리는 공집합(empty set)이거나 루트 노드와 두 개의 분할된 이진 트리로 구성되는데, 좌측의 트리를 왼쪽 서브 트리(left subtree), 오른쪽의 트리를 오른쪽 서브 트리(right subtree)라고 한다.

> 공집합, 즉 노드가 하나도 없는 것도 이진 트리이다. 그래야만 이 정의를 만족하게된다. 일반적인 트리는 공집합을 포함하지 않는데, 공집합을 이진 트리라고 하는 이유는, 이와 같이 이진 트리를 재귀적으로 간단하게 정의하기 위한 방책이다.

이진 트리는 세부적으로 아주 많은 특성이 있는 트리다. 이진 트리는 노드의 구성의 형태에 따라서 아래와 같이 분류할 수 있다.

- **포화 이진 트리(full binary tree)**: 높이 h인 포화 이진 트리는 2^h-1개의 노드를 가진다. 즉, 아래의 트리는 높이가 4로써 2^4-1개의 노드를 가지는 포화 이진 트리다.

> 여기서 '포화(full)'이라는 의미는 해당하는 레벨의 모든 노드가 '꽉 차있는(full)'이라는 의미다.

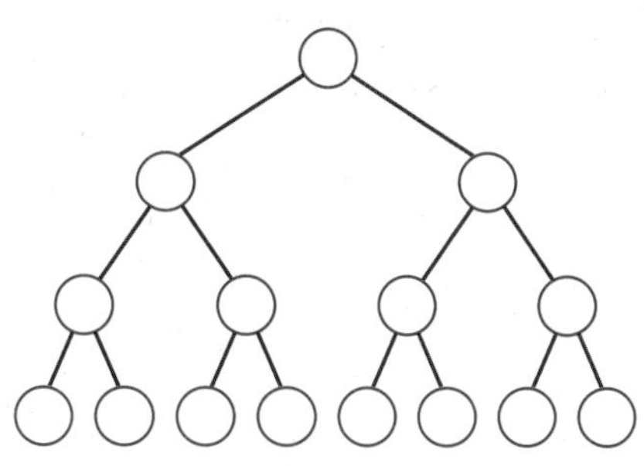

- **완전 이진 트리**(complete binary tree): 트리의 마지막 레벨을 제외한 레벨은 노드가 모두 차있고, 마지막 레벨의 노드는 왼쪽부터 순차적으로 차있는 트리를 말한다.

포화 이진 트리는 당연히 완전 이진 트리다.

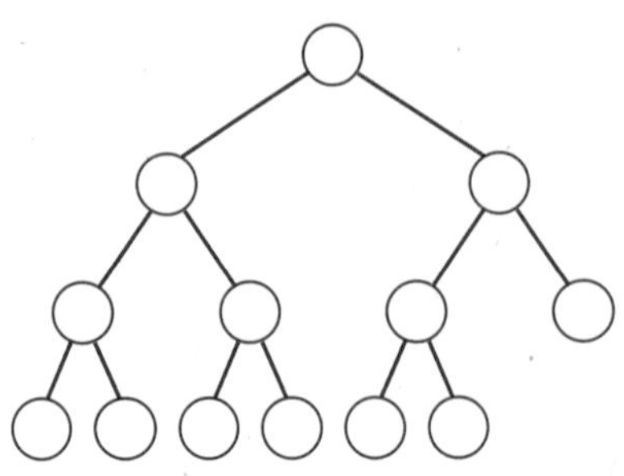

아래의 특성들을 한번 각자 생각해보자. 이론적으로 증명이 필요해서 이해하기 힘들 수 있지만, 아래의 특성들이 만족하는지 스스로 증명해보는것도 좋은 학습 방법이다. 증명할 수 없다고 하더라도 그 내용은 꼭 이해해야한다.

이진 트리는 많은 세부적인 특성이 있다고 했었다. 이진 트리의 구조적인 모양에 따라서 아래와 같은 특성을 가진다. 여기에서 이진 트리가 가지는 몇가지 특성들을 살펴보자.

증명 1

정리 1 **n개의 노드를 가진 이진 트리는 n-1개의 에지를 가진다.**

증명 이진 트리의 노드들 중에서 루트 노드를 제외한 모든 노드는 정확하게 하나의 부모 노드를 가지고 이 노드들은 1개의 에지로 연결되기 때문이다.

증명 2

정리 2 **레벨 i에서의 노드의 최대 개수는 2^{i-1}이다.**

증명 이 정리는 귀납에 의한 증명(proof by induction)으로 증명할 수 있다.

Induction base(기저): 루트 노드는 레벨 1의 유일한 노드이다. 따라서 레벨 1에서의 노드는 $2^{1-1}=2^0=1$개 성립한다.

Induction hypothesis(귀납 가설): $1 \leq j < i$ 인 모든 j에 대해서 레벨 j의 최대 노드 개수가 2^{j-1}개 라고 가정한다.

Induction step(귀납 유도 단계): 귀납 가설(induction hypothesis)에 의해서 레벨 i-1의 최대 노드 개수는 2^{i-2}개이다. 이진 트리의 모든 노드는 최대 degree가 2이기 때문에 레벨 i의 최대 노드 개수는 레벨 i-1의 2배가 된다. 따라서 레벨 i-1에서의 최대 노드 개수는 $2^{i-2} \times 2 = 2^{i-1}$개가 된다.

증명 3

정리 3 **레벨이 k인 이진 트리는 최소 k개의 노드를 가지며 최대 2^k−1개의 노드를 가진다.**

증명 최소 노드의 경우: 최소의 노드를 가지는 경우는 아래의 그림과 같이 선형으로 연결되는 구조다. 따라서 이러한 경우의 노드는 k개가 된다.

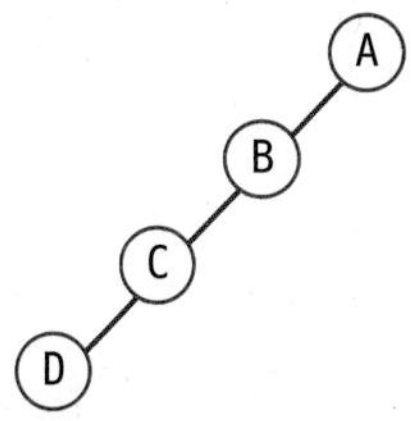

최대 노드의 경우: 높이가 k인 이진 트리의 최대 노드 개수는 $\sum_{i=1}^{k}$(*레벨 i에서의 최대 노드 개수*)= $\sum_{i=1}^{k} 2^{i-1} = 2^k - 1$이다.

왜냐하면, 위 식의 Sigma식을 풀어쓰면, $2^0+ 2^1+2^2+2^3+ \cdots + 2^{k-2}+2^{k-1}$이기 때문에, 공비가 2인 등비 수열의 합이된다.

$$1 \times (1 - 2^k) / (1 - 2) = 2^k - 1$$

증명 4

정리 4 **공집합이 아닌 이진 트리 T에 대해서 n_0가 터미널 노드(degree가 0인 노드), n_1이 degree가 1인 노드 n_2가 degree가 2인 노드의 개수라고 할 때, $n_0 = n_2 + 1$ 이다.**

증명 $n = n_0+ n_1+ n_2$이다. 그리고, 이진 트리의 노든 에지의 개수를 E라고 할 때, $E = n_1+ 2 \times n_2$이다(각 노드는 degree 만큼의 에지를 가지기 때문이다). 따라서 $n = E +1 = 1+ n_1+ 2 \times n_2$이다.

아래의 두 식으로부터

$$n = n_0 + n_1 + n_2$$
$$n = E + 1 = 1 + n_1 + 2 \times n_2$$

아래 식을 구할 수 있다.

$$n_0 = n_2 + 1$$

예제 코드: tree_binaryTree_usingArray

9.2.1 배열을 이용한 이진 트리 구현

아래의 이진 트리의 ADT를 보면서 이진 트리에서 어떤 연산이 필요할지 생각해보자.

이진 트리의 ADT

객체 n 개의 원소

연산

```
A = create( )         : 빈 이진 트리 생성
isEmpty(A)            : 이진 트리가 비어있는지 검사
leftChild(A, pos)     : 이진 트리 A의 pos 위치 노드의 좌측 자식 노드 위치
rightChild(A, pos)    : 이진 트리 A의 pos 위치 노드의 우측 자식 노드 위치
parent(A, pos)        : 이진 트리 A의 post 위치 노드의 부모 노드 위치
insert(A, item)       : 이진 트리 A의 마지막에 item 추가
value(A, pos)         : 이진 트리 A의 pos위치의 값 반환
```

이진 트리를 구현하는 방법은 주로 2가지 방법을 사용한다.

2가지 방법 중에서 배열을 이용하는 방법이 가장 간단한 방법이다. 이 교재에서는 순서대로 배워보자.

- 배열 이용
- 포인터(링크) 이용

그 이유를 생각해보자. 자식 노드가 최대 2개라는 이진 트리의 특성이 힘을 발휘한다.

배열을 이용한 이진 트리는 '포화 이진 트리'나 '완전 이진 트리'에 많이 사용되는 방법이다. 다음 그림은 포화 이진 트리의 노드를 루트 노드부터 번호를 순서대로 매겼다.

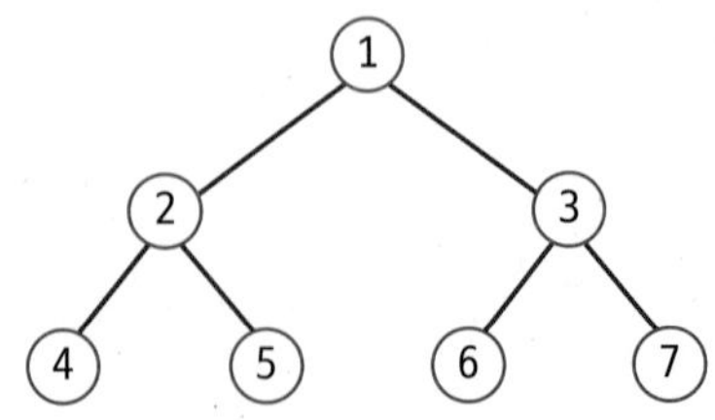

이와 같이 부여받은 번호를 배열의 인덱스라고 생각하면 아래와 같이 배열을 이용해서 이진 트리를 구현할 수 있다.

> 아래의 그림에서 인덱스 0번의 항목은 사용하지 않고 비워둔다는 점에 유의하자.
>
> 사용할 수도 있겠지만, 사용하지 않으면, 아래의 '증명 5'에서 사용하는 식들이 간소화되어서 편한 장점이 있다.

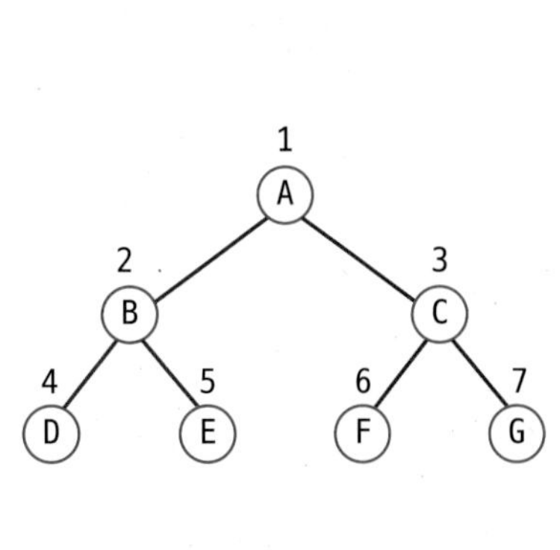

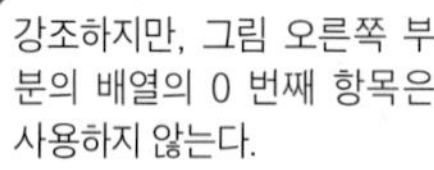

> 강조하지만, 그림 오른쪽 부분의 배열의 0 번째 항목은 사용하지 않는다.

증명 5

정리 5 **전체 노드의 개수가 n이라고 할 때, 부모 노드와 자식 노드 사이에 아래와 같은 규칙이 있다.**

> 이 정리의 의미는 이진 트리에서는 자식 노드와 부모 노드의 위치 관계가 2의 곱셈가 나눗셈 같은 간단한 연산으로 구할 수 있다는 점이다.

1. **노드 i의 부모 노드 인덱스:** $\begin{cases} \lfloor \frac{i}{2} \rfloor & if\ i \neq 1 \\ i\ is\ root\ node\ itself & if\ i = 1 \end{cases}$
2. **노드 i의 왼쪽 자식 노드 인덱스:** $\begin{cases} 2i & if\ 2i \leq n \\ i\ has\ no\ left\ child & if\ 2i > n \end{cases}$
3. **노드 i의 오른쪽 자식 노드 인덱스:** $\begin{cases} 2i+1 & if\ 2i+1 \leq n \\ i\ has\ no\ right\ child & if\ 2i+1 > n \end{cases}$

> $\lfloor \frac{i}{2} \rfloor$
>
> 여기에서의 특수한 모양의 기호는 floor(플로어)라고 한다.
>
> 실수를 정수로 변환하는 방법 중의 하나인데, floor(x)는 x를 넘지 않는 가장 큰 정수를 의미한다. 즉 floor(3.2)는 3을 의미한다.

증명 이 정리의 세부 3번은 2번을 증명하면 바로 결정된다(3번 노드는 2번 노드의 바로 오른쪽 노드이기 때문이다). 그리고, 1번은 2번과 3번에 의해서 결정될 수 있다.
그래서 2번을 먼저 귀납에 의한 증명(proof by Induction)으로 증명해보자.

1. i=1 인 경우: 이 경우는 루트 노드만 있는 경우(즉, 노드의 개수가 1인 경우)가 아니라면 leftChild(i) = 2로써 정리를 만족한다.
2. 1≤j≤i인 경우에 leftChild(j) = 2j를 만족한다면,
3. 이진 트리의 그림을 보면 배열에서 leftChild(i+1)의 왼쪽에 위치한 노드는 leftChild(i)와 rightChild(i)가 된다. 따라서 leftChild(i)=2i이고 leftChild(i+1)=leftChild(i)+2=2i+2=2(i+1)이 성립한다.

완전 이진 트리가 아닌 일반적인 트리에는 배열을 이용한 방법은 메모리 사용이 비효율적이기 때문에 거의 사용되지 않는다.

그림을 보듯이 경사 이진 트리에는 배열의 많은 항목이 사용되지 않는 채로 비워지는 단점이 있기 때문이다.

배열을 이용한 이진 트리의 표현은 포화 이진 트리, 완전 이진 트리 등에 유용한 방법이라고 설명했었다. 배열을 이용한 이진 트리의 구현은 아래와 같은 이진 트리인 경우에는 메모리의 낭비가 심할 수 있기 때문이다.

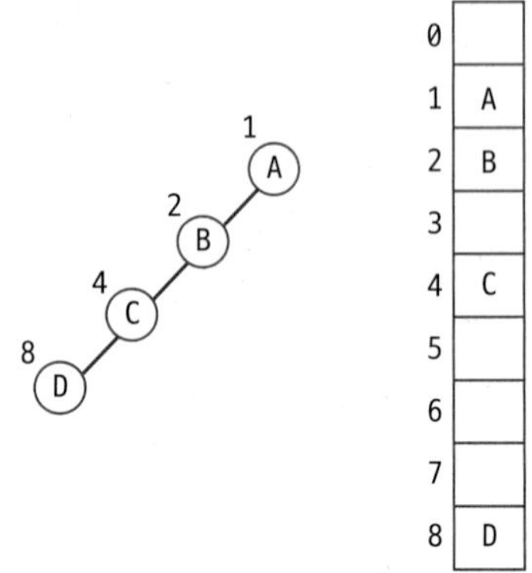

이제 배열을 이용해서 이진 트리를 구현해보자. 3개의 파일로 구성된다.

```
#ifndef _BINARY_TREE_ARRAY_
#define _BINARY_TREE_ARRAY_

#define MAX_SIZE (100)

typedef int Element;

typedef struct {
    Element data[MAX_SIZE];
    int size;
} BinaryTree;

void init(BinaryTree* bt);
int leftChild(const BinaryTree* bt,const int pos);
int rightChild(const BinaryTree* bt, const int pos);
int parent(const BinaryTree* bt, const int pos);
Element value(const BinaryTree* bt, const int pos);
void insert(BinaryTree *bt, const Element e);

#endif
```

<binaryTree.h>

```
/******************************************************************************
' 파일명     : binaryTree.c
' 내용       : 배열을 이용한 이진 트리 구현
' 제한사항   :
' 오류처리   :
'/******************************************************************************/

#include <stdio.h>
#include "binaryTree.h"

/******************************************************************************
' 함수명  : void init(BinaryTree* bt)
' 설명    : 초기화
'           배열의 0번째 항목은 실제로는 사용하지 않는다.
'           이 값을 0으로 초기화해서 Error인 경우를 대비한다.

' 리턴값  : void
' 매개변수: BinaryTree* bt
/******************************************************************************/
void init(BinaryTree* bt) {
    bt->size = 0;
    bt->data[0] = 0;
}

/******************************************************************************
' 함수명  : int leftChild(const BinaryTree* bt, const int pos)
' 설명    : 왼쪽 자식의 인덱스를 반환
'           왼쪽 자식이 없는 경우는 0을 반환
' 리턴값  : int
' 매개변수: BinaryTree* bt, const int pos
/******************************************************************************/
int leftChild(const BinaryTree* bt, const int pos){
    if (pos * 2 <= bt->size) return pos * 2;
    else return 0;
}

/******************************************************************************
' 함수명  : int rightChild(const BinaryTree* bt, const int pos)
' 설명    : 오른쪽 자식의 인덱스를 반환
'           오른쪽 자식이 없는 경우는 0을 반환
' 리턴값  : int
' 매개변수: BinaryTree* bt, const int pos
/******************************************************************************/
int rightChild(const BinaryTree* bt, const int pos) {
    if (pos * 2 + 1 <= bt->size) return pos * 2 + 1;
    else return 0;
}
```

```
/*****************************************************************************
' 함수명  : int parent(const BinaryTree* bt, const int pos)
' 설명    : 부모 노드의 인덱스를 반환
'          root 노드의 경우는 0을 반환
' 리턴값  : int
' 매개변수: BinaryTree* bt, const int pos
/*****************************************************************************/
int parent(const BinaryTree* bt, const int pos) {
    if (pos == 1) return 0;
    else return pos / 2;
}

/*****************************************************************************
' 함수명  : void insert(BinaryTree* bt, const Element e)
' 설명    : 새로운 항목을 배열의 끝에 추가한다.
' 리턴값  : void
' 매개변수: BinaryTree* bt, const Element e
/*****************************************************************************/
void insert(BinaryTree* bt, const Element e) {
    if (bt->size >= MAX_SIZE - 1) return;
    else {
        bt->size++;
        bt->data[bt->size] = e;
    }
}

/*****************************************************************************
' 함수명  : Element value(const BinaryTree* bt, const int pos)
' 설명    : 해당 인덱스의 데이터 값을 반환
'          pos가 0인 경우는 error인 경우인데, 여기서는 0을 반환하는 것으로 가정하였다.
' 리턴값  : Element
' 매개변수: BinaryTree* bt, const Element e
/*****************************************************************************/
Element value(const BinaryTree* bt, const int pos) {
    if (pos >= 0 && pos <= bt->size)
        return bt->data[pos];
}
```

여기서 생각해볼 사항이 있다. 이진 트리에서 노드를 추가할 때, 트리의 중간에 노드를 추가하지 않고 트리의 마지막에 노드를 추가한다.

잠시 후의 '이진 탐색 트리'에서는 조금 다른 내용을 볼 수 있다.

자료 구조를 구현할 때는 가능하면 체계적이고 발생 가능한 오류를 잘 관리할 수 있도록 하는 것이 중요하다.

이진 트리에서도 각 함수들이 오류 사항에 반환하는 값을 체계적으로 설정하는 것이 쉽지 않았다.

<binaryTree.c>

아래의 2개의 함수는 graphViz를 이용하여 트리를 출력하기 위한 함수이다. test.c 파일에 구현하였다. 아래의 함수는 graphViz를 위한 DOT 파일 형식으로 이진 트리를 출력하는 것이 목표다.

재귀 함수를 이용해서 출력하고 있다. 이 함수의 내용은 별도로 설명하지 않겠다. 그렇게 중요한 내용은 아니기 때문이다.

- void graphvizPrint(BinaryTree *bt, int node); 재귀 함수를 이용해서 이진 트리를 출력하는 함수
- void graphvizDriver(BinaryTree *bt); graphvivPrint( ) 함수를 실행하는 드라이브 함수

```
#include "binaryTree.h"
#include <stdio.h>

void graphvizPrint(BinaryTree *bt, int node) {
    if (node > bt->size) return;
    if (node != 1) printf("\t\"%d\" -> \"%d\"\n", bt->data[node / 2], bt->data[node]);

    graphvizPrint(bt, 2 * node);
    graphvizPrint(bt, 2 * node + 1);
}

void graphvizDriver(BinaryTree *bt) {
    printf("digraph G {\n");
    graphvizPrint(bt, 1);
    printf("}\n");
}

void test() {
    BinaryTree bt;

    init(&bt);
    for (int i = 1; i <= 8; i++) {
        insert(&bt, i);
    }

    printf("root is %d\n", value(&bt, 1) );

    printf("left: %d, right: %d of node 1.\n", value(&bt,leftChild(&bt, 1)), value(&bt,rightChild(&bt, 1)) );
    printf("left: %d, right: %d of node 2.\n", value(&bt,leftChild(&bt, 2)), value(&bt,rightChild(&bt, 2)) );
    printf("left: %d, right: %d of node 3.\n", value(&bt,leftChild(&bt, 3)), value(&bt,rightChild(&bt, 3)) );
    printf("left: %d, right: %d of node 4.\n", value(&bt,leftChild(&bt, 4)), value(&bt,rightChild(&bt, 4)) );
    printf("parent of %d is %d\n", 5, value(&bt,parent(&bt, 5)) );

    graphvizDriver(&bt);
}
```

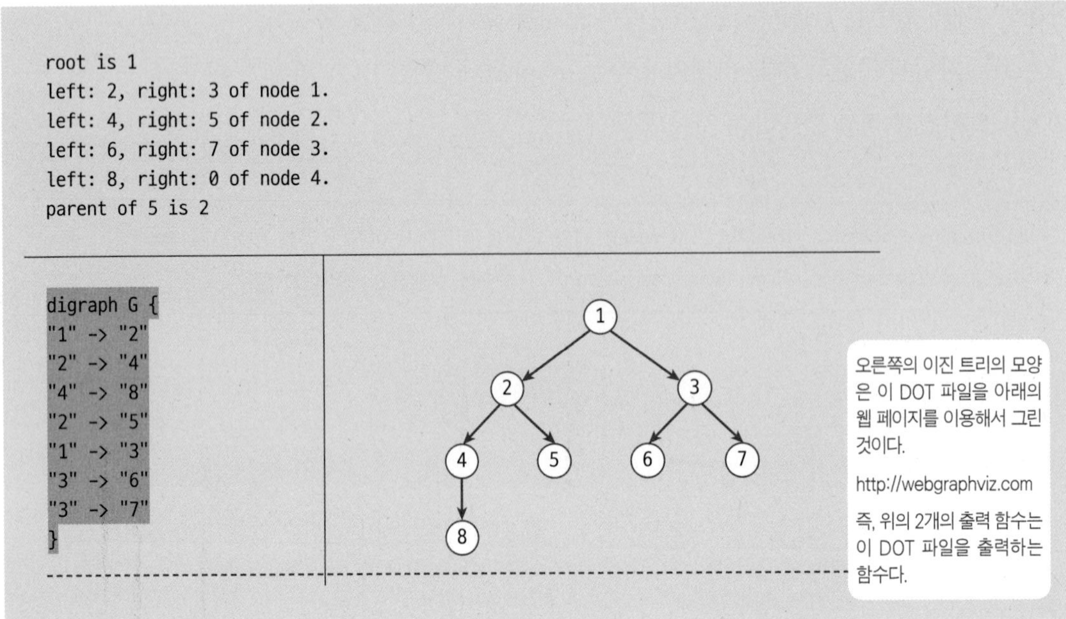

root is 1
left: 2, right: 3 of node 1.
left: 4, right: 5 of node 2.
left: 6, right: 7 of node 3.
left: 8, right: 0 of node 4.
parent of 5 is 2
digraph G {
"1" -> "2"
"2" -> "4"
"4" -> "8"
"2" -> "5"
"1" -> "3"
"3" -> "6"
"3" -> "7"
}
1
2
3
4
5
6
7
8
오른쪽의 이진 트리의 모양은 이 DOT 파일을 아래의 웹 페이지를 이용해서 그린 것이다.
http://webgraphviz.com
즉, 위의 2개의 출력 함수는 이 DOT 파일을 출력하는 함수다.

<test.c>

위의 예제는 이진 트리를 배열을 통해서 구현할 수 있다는 것을 보이는 정도이다. 이 정도의 기능 만으로는 유용한 쓰임새가 그렇게 많지 않다. 그러나 향후에는 이를 변경한 아주 많은 활용 분야가 있다. 지금은 이진 트리의 개념과 원리에 집중하자.

예제 코드: tree_binartTree_usingArray_DT

9.2.2 배열을 이용한 결정 트리(decision tree)

배열을 이용한 이진 트리 구현 방법은 노드의 추가/삭제가 아주 어렵다. 배열의 단점을 그대로 가지고 있기 때문이다. 그래서 일단 트리가 구성된 이후의 사용 방법에만 집중해보자. 이진 트리에서의 데이터 추가/삭제를 고려하지 말자는 말이다. 이제부터 이진 트리를 이용한 아주 실용적인 예를 들어보려고 한다.

일상 생활에서 '스무 고개' 게임을 생각해보자. 스무 고개 게임을 하면 아래와 같이 연속된 질문을 하면서 선택할 수 있는 후보들을 좁혀가면서 단말 노드에서는 정답을 찾게된다. 이와 같은 방식을 자료 구조/알고리즘/

인공 지능 등의 분야에서 결정 트리(decision tree)라고 한다.

결정 트리는 인공 지능 등의 분야에서 사용되는 개념으로써, 각 노드는 질문(question)을 담고 있고, 트리의 루트 노드부터 노드의 질문에 만족하는지에 따라서 이진 트리의 자식 노드 중 하나를 선택해서 차례로 내려가면서, 단말 노드에 도착하면 해답을 얻을 수 있는 방식을 의미한다.

아래의 이진 트리에서 각 노드에서 왼쪽으로의 에지는 'YES', 오른쪽으로의 에지는 'NO' 대답에 대한 분기라고 생각해보자. 따라서 스무 고개 게임은 이진 트리의 모양과 정확하게 일치하는 예제다.

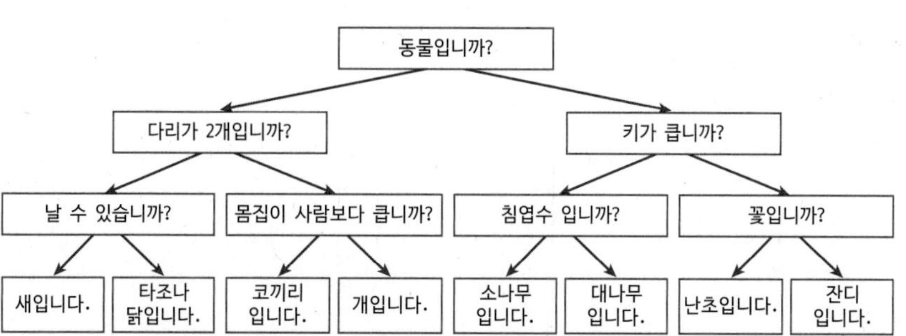

〈동·식물을 구분하는 간단한 경우의 결정 트리(decision tree)〉

위의 트리는 '포화 이진 트리'이다. 따라서 1차원 배열을 이용해서 구현할 수 있다. 앞에서 사용한 배열을 이용한 이진 트리의 프로그램을 조금 수정하자.

헤더 파일을 아래와 같이 수정한다. 헤더 파일에서는 각 노드가 가질 수 있는 값을 구조체로 정의한다.

```
…
…
// 결정 트리를 위한 트리 내부의 노드를 구조체로 정의한다.
typedef struct {
    bool isQuestion;  // true: 비 단말 노드(내부 노드)
    char msg[100];    // 내부 노드이면 질문, 단말 노드이면 결론
} Element;

typedef struct {
    Element data[MAX_SIZE];
    int size;
} BinaryTree;

…
…
```

<binaryTree.h>

지금부터 결정 트리를 반복문을 통해서 구현해보자. graphViz와 같은 출력 함수도 문자열을 출력해야하기 때문에 조금 수정해야한다. 결정 트리 생성은 아래에서 test( ) 함수를 살펴보자.

```
#include "binaryTree.h"
#include <stdio.h>
#include <string.h>

void graphvizPrint(BinaryTree *bt, int node) {
    if (node > bt->size) return;
    if (node != 1) printf("\t\"%s\" -> \"%s\"\n", bt->data[node / 2].msg, bt->data[node].msg);

    graphvizPrint(bt, 2 * node);
    graphvizPrint(bt, 2 * node + 1);
}

void graphvizDriver(BinaryTree *bt) {
    printf("digraph G {\n");
    graphvizPrint(bt, 1);
    printf("}\n");
}

void test() {
    BinaryTree bt;
    init(&bt);

    // 아래의 데이터를 이용해서 이진 트리를 생성한다.
    Element trainData[] = {
        {true, "is animal?"},
        {true, "has 2 legs?"},
        {true, "is tall?"},
        {true, "can fly?"},
        {true, "is larger than human?"},
        {true, "has needle leaf?"},
        {true, "is flower?"},
        {false, "It is a bird."},
        {false, "It is a chicken."},
        {false, "It is an elephant."},
        {false, "It is a dog."},
        {false, "It is a pine tree."},
        {false, "It is a bamboo."},
        {false, "It is an orchid."},
        {false, "It is grass."}
    };

    // 배열을 이용한 이진 트리 구성
    for (int i = 0; i < 15; i++) {
```

```
        insert(&bt, trainData[i]);
    }

    graphvizDriver(&bt);

    int question = 1;
    char answer;

    do {
        // 결정 트리의 루트 노드 부터 질문을 하고
        printf("%s ", bt.data[question].msg);
        printf("if YES, Enter 'y' or 'n': ");
        scanf("%c", &answer);

        // 답변에 따라서
        if (answer == 'y') {
            question = leftChild(&bt, question);
        }
        else {
            question = rightChild(&bt, question);
        }
        // C 언어에서 char를 입력받으면 Enter Key도 버퍼에 남아있기 때문에 이를 지워주기 위해서
        // 한번 더 입력받는다.
        scanf("%c", &answer);
    } while (bt.data[question].isQuestion); // 단말 노드에 도착할 때까지 반복한다.

    printf("%s\n", bt.data[question].msg);
}
```

```
is animal? if YES, Enter 'y' or 'n': y
has 2 legs? if YES, Enter 'y' or 'n': y
can fly? if YES, Enter 'y' or 'n': n
It is a chicken.
```

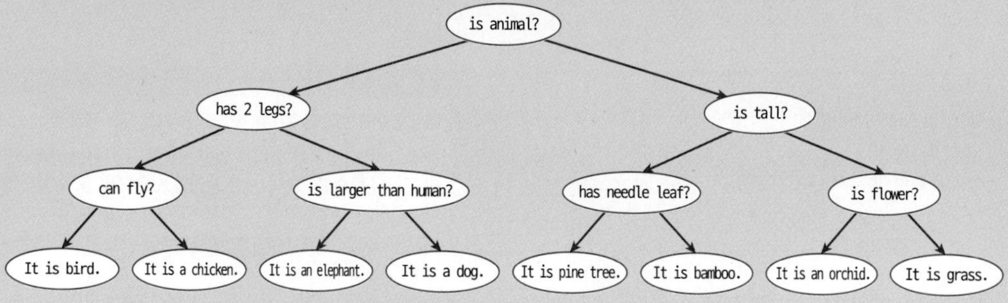

is animal?
has 2 legs?
is tall?
can fly?
is larger than human?
has needle leaf?
is flower?
It is bird.
It is a chicken.
It is an elephant.
It is a dog.
It is pine tree.
It is bamboo.
It is an orchid.
It is grass.

〈위에서 사용한 결정 트리 모습〉

<test.c>

참고

위에서 사용한 방법은 결정 트리(decision tree)를 배열 변수값을 일일이 직접 만들었다. 별로 효율성이 없는 방법이다.

실제로 인공 지능 분야에서 결정 트리를 많이 사용하는데, 이 경우에는 학습 데이터(training data)로부터 자동으로 결정 트리를 만드는 방법을 사용한다. 대표적인 방법이 ID3라는 알고리즘이다. 궁금한 사람은 각자 검색해보자.

9.2.3 포인터를 이용한 이진 트리 구현

예제 코드: tree_binaryTree_usingPointer

배열을 이용한 이진 트리의 구현은 간단함이라는 장점은 있지만, 배열의 크기가 동적으로 변경될 수 없고, 자료의 추가/삭제가 어렵다는 단점이 있다.

이 단점은 교재의 앞 부분에서의 배열 리스트와 연결 리스트의 장단점과 유사하다.

컴퓨터에서 디렉토리의 구조가 트리 구조라는 설명을 했었다. 컴퓨터를 사용하면서 하위 디텍토리(폴더)를 생성/삭제하는 경우를 생각해보면, 트리에서 노드의 추가/삭제하는 일은 빈번하게 일어난다는 점을 생각할 수 있다.

그래서, 이제부터는 동적으로 이진 트리를 구성하면서, 노드를 추가/삭제할 수 있는 '포인터를 이용한 이진 트리'를 구현해보자.

포인터 즉, 링크를 이용한 이진 트리의 구현은 아래와 같다. 먼저 노드의 자료 구조를 정의해보자.

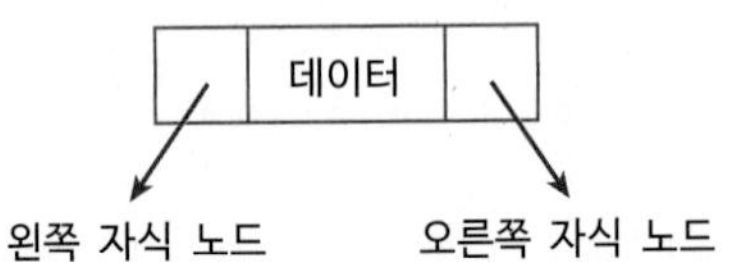


```
typedef struct Node{
    int data;
    struct Node *left, *right;
} Node;
```

이 2개의 포인터 변수가 하위 노드를 가르키는 포인터다.

향후에, 이진 트리가 아니라 일반 트리를 구현하는 경우라면 이 포인터 변수를 가변적으로 생성할 수있도록, 동적 할당 받아야한다.

이 구조체를 이용한 이진 트리의 구성은 다음 그림과 같다.

> 여러 번 강조하고 있지만, 배열을 이용한 구현과 포인터를 이용한 구현 방법의 메모리 사용량이라는 관점에서 포인터 변수를 위한 메모리 공간도 고려를 해야한다.
>
> 무조건 포인터를 이용한 방법이 메모리를 절약할 수 있는 방법은 아니라는 점이다.

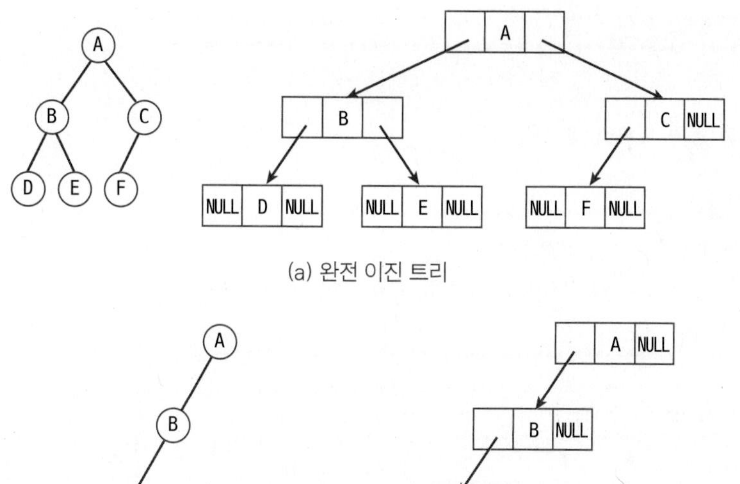

(a) 완전 이진 트리

(b) 경사 이진 트리

이제부터 아래의 구현 코드를 살펴보자.

```
#ifndef _TREE_LINK_H
#define _TREE_LINK_H

typedef int Element;

typedef struct Node {
    Element data;
    struct Node *left;
    struct Node *right;
} Node;

Node *create(Element e);
void dispose(Node *n);
void print(const Node* root);

#endif
```

<binaryTree.h>

```
/*************************************************************************
' 파일명    : binaryTree.c
' 내용      : 포인터를 이용한 이진 트리 구현
*************************************************************************/

#include <stdio.h>
#include <malloc.h> // 노드의 동적 메모리 할당을 위해서
#include "binaryTree.h"

/*************************************************************************
' 함수명  : Node *create(Element e)
' 설명    : 배열의 노드 생성
' 리턴값  : Node*
' 매개변수: Element e: 노드의 값
*************************************************************************/
Node *create(Element e){
    Node *n = (Node *)malloc(sizeof(Node));
    n->data = e;
    n->left = NULL;
    n->right = NULL;

    return n;
}

/*************************************************************************
' 함수명  : void dispose(Node *root)
' 설명    : 이진 트리 전체의 메모리 해제(root 노드 하위의 모든 노드를 해제한다)
' 리턴값  : void
' 매개변수: Node *root: 루트 노드
*************************************************************************/
void dispose(Node *root){
    if (root != NULL){
        dispose(root->left);
        dispose(root->right);
        free(root);
    }
}

/*************************************************************************
' 함수명  : void print(const Node* root)
' 설명    : 이진 트리를 출력하는 함수. 재귀 함수로 구현하였다.
' 리턴값  : void
' 매개변수: Node *root: 루트 노드
*************************************************************************/
void print(const Node* root) {
    if (root != NULL) {
        print(root->left);
        printf("%d ", root->data);
        print(root->right);
    }
}
```

이 함수는 이진 트리를 in-order 탐색하는 함수다. 자세한 내용은 곧 설명된다.

<biaryTree.c>

```
#include <stdio.h>
#include "binaryTree.h"

// GraphViz 출력을 위한 코드
void printGraphViz(const Node* root) {
    if (root != NULL) {
        if (root->left != NULL)    printf("\t%d->%d\n", root->data, root->left->data);
        printGraphViz(root->left);

        if (root->right != NULL) printf("\t%d->%d\n", root->data, root->right->data);
        printGraphViz( root->right);
    }
}

void printGraphVizDriver(const Node* root) {
    printf("\ndigraph g{ \n");
    printGraphViz(root);
    printf("}\n");
}

// 아래에서는 2가지 사용 방법을 보이고 있다.
// - 지역 변수를 이용한 노드 생성
// - 동적 할당을 통한 노드 생성
void test1() {

    Node n1 = { 2, NULL, NULL };
    Node n2 = { 3, NULL, NULL };
    Node n3 = { 1, &n1, &n2 };

    Node* root = &n3;

    printf("%d ", root->data);
    printf("%d ", root->left->data);
    printf("%d \n", root->right->data);
    printGraphVizDriver(root);
    // ADT에는 dispose( ) 함수가 있지만 여기서는 아래와 같이 사용할 수 없다.
    // 여기서의 모든 노드는 동적으로 할당 받지 않았기 때문이다.
    // dispose(root);
}

void test2() {

    Node* root = NULL;

    root = create(1);
    root->left = create(2);
    root->right = create(3);
```

1번째 방법은 지역 변수로 노드를 생성하는 것이고, 2번째 방법은 동적으로 노드를 생성하는 방법이다.

```
    Node* t = root->left;
    t->left = create(4);
    t->right = create(5);

    t = root->right;
    t->left = create(6);
    t->right = create(7);

    print(root);
    printGraphVizDriver(root);
    dispose(root);
}
```

```
1 2 3

digraph g{
        1->2
        1->3
}

4 2 5 1 6 3 7

digraph g{
        1->2
        2->4
        2->5
        1->3
        3->6
        3->7
}
```

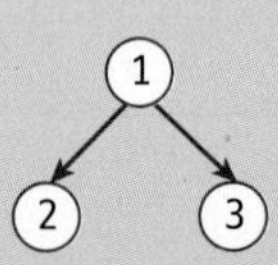

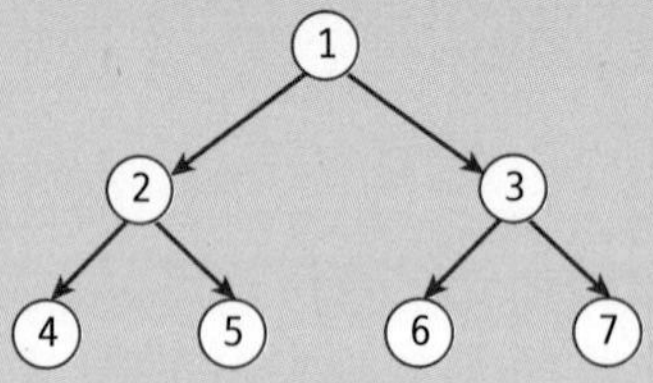

<test.c>

9.2.4 포인터를 이용한 이진 트리 구현(추가)

앞에서는 ADT에서 소개된 노드의 추가/삭제에 대한 함수를 구현하는 예를 보이지 않고 있다. 일일이 노드를 만들고, 이들을 포인터 변수를 이용해서 코드로 연결하여 주었다.

이제 이를 위한 함수를 구현하자. 아래의 코드를 통해서 C 언어에서의 포인터와 함수의 반환값으로써의 포인터에 대한 연습을 해보자.

다시 말하지만, 포인터 변수는 C 언어를 이용한 자료구조에서는 필수적이다.

```
…
…
Node* insertLeft(Node *root, int value);
Node* insertRight(Node *root, int value);

#endif
```

<binryTree.h 추가 사항>

```
/*************************************************************************
' 함수명  :    Node* insertLeft(Node *root, int value)
' 설명    :    왼쪽 자식 노드 반환
' 리턴값  :    Node*
' 매개변수:    Node *root: 부모 노드, int value: 항목 값
*************************************************************************/
Node* insertLeft(Node *root, int value) {
    root->left = create(value);
    return root->left;
}

/*************************************************************************
' 함수명  :    Node* insertRight(Node *root, int value)
' 설명    :    오른쪽 자식 노드 반환
' 리턴값  :    Node*
' 매개변수:    Node *root: 부모 노드, int value: 항목 값
*************************************************************************/
Node* insertRight(Node *root, int value) {
    root->right = create(value);
    return root->right;
}
```

<tree.c 추가 사항>

아래의 코드와 앞 부분에서의 test2( ) 함수와 비교하면서 공부해보자. 아래 좌측이 insertLeft( ) 함수를 사용하는 경우이고, 오른쪽이 insertLeft( ) 함수를 사용하지 않는 코드이다.

```
void test3() {                          void test2() {

    Node* root = NULL;                      Node* root = NULL;

    root = create(1);                       root = create(1);
    insertLeft(root, 2);                    root->left = create(2);
    insertRight(root, 3);                   root->right = create(3);

    Node* t = root->left;                   Node* t = root->left;
    insertLeft(t, 4);                       t->left = create(4);
    insertRight(t, 5);                      t->right = create(5);

    t = root->right;                        t = root->right;
    insertLeft(t, 6);                       t->left = create(6);
    insertRight(t, 7);                      t->right = create(7);

    print(root);                            print(root);
    printGraphVizDriver(root);              printGraphVizDriver(root);
    dispose(root);                          dispose(root);
}                                       }
```

<test.c 추가 사항>

9.2.5 이진 트리 순회(traversal)

예제 코드: tree_binaryTree_usingPointer_traversal

앞에서 이진 트리를 출력하는 함수를 간단하게 살펴봤었는데, 조금 더 자세하게 살펴보자.

이진 트리는 자식 노드가 "최대" 2개이기 때문에, 어느 루트 노드를 방문하는 지에 따라서 트리를 방문하는 방법이 3가지가 있다.

- **중위 방문(in-order traversal):**
  왼쪽 서브 트리 → 루트 노드 → 오른쪽 서브 트리
- **전위 방문(pre-order traversal):**
  루트 노드 → 왼쪽 서브 트리 → 오른쪽 서브 트리
- **후위 방문(post-order traversal):**
  왼쪽 서브 트리 → 오른쪽 서브 트리 → 루트 노드

루트 노드를 중간에 방문한다는 의미에서 '중위 방문'이라고 한다.

이 3가지 방문 방식이 '재귀적'으로 정의되고 있기 때문에 처음에는 이해하기 어려울 수도 있다.

이진 트리의 방문 순서 3가지 방법의 이름이 스택을 배울 때 들었던 infix, prefix, postfix notation과 비슷하다. 이 2가지 내용은 아주 비슷한 내용이다.

또한, 이와 더불어 노드들을 레벨(level) 순서로 방문하는 레벨 오더 방문(level-order traversal) 방법이 있다.

level-order 방법은 명확하기 때문에(그리고 10장 그래프에서 본격적으로 설명되기 때문에) 별도의 설명은 필요 없으리라 생각한다.

위의 4가지 방법의 의미를 시각적으로 확인할 수 있도록 다음 그림을 보자. 노드 아래 번호로 방문 순서를 표시하였다. 노드 아래의 숫자가 낮은 경우가 먼저 방문되는 노드다. 아래는 in-order 방문이다.

트리의 순회 방법이 재귀적이라는 것에 집중하자.

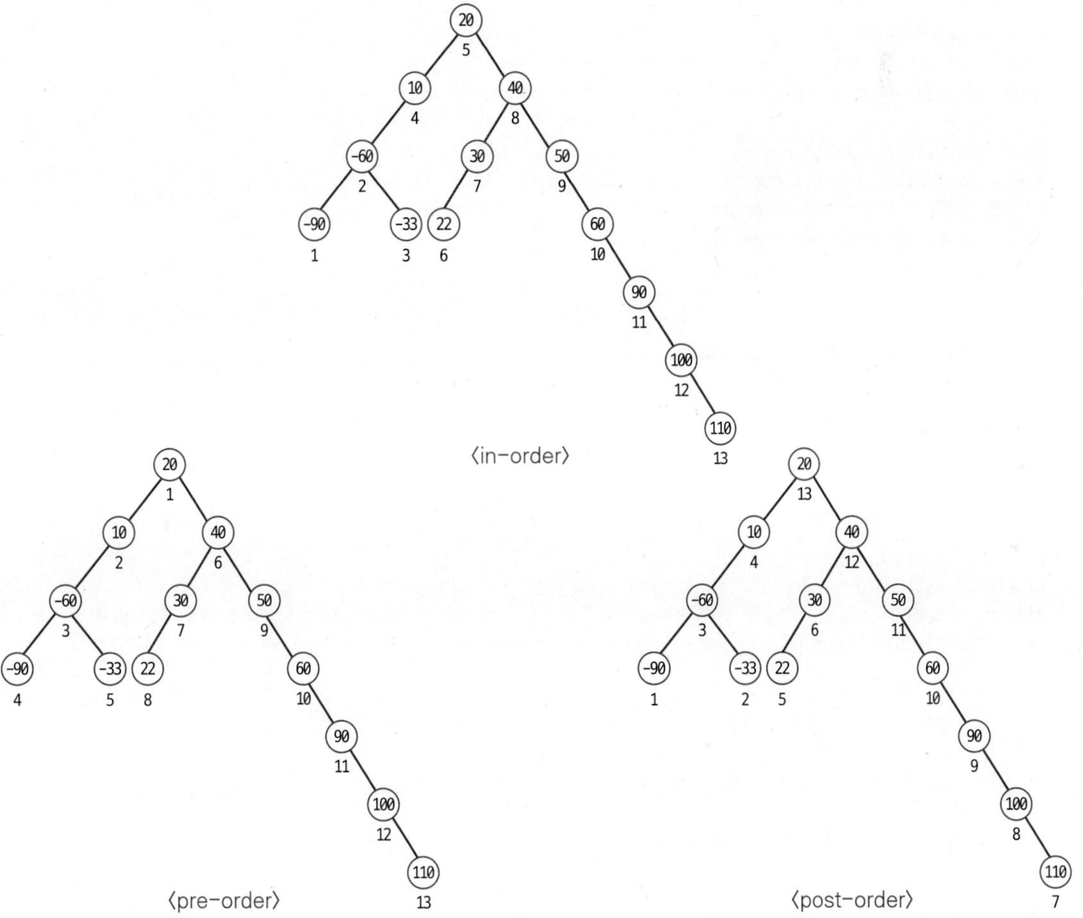

이를 위해서 이전의 이진 트리 코드의 binaryTree.h 파일을 아래와 같이 수정하자.

```
#ifndef _TREE_LINK_H
#define _TREE_LINK_H

typedef int Element;

typedef struct Node {
    Element data;
    struct Node *left;
    struct Node *right;
} Node;

Node *create(Element e);
void dispose(Node *n);
void print(const Node* root);

void inOrder(const Node* root);
void preOrder(const Node* root);
void postOrder(const Node* root);
void levelOrder(const Node* root);

#endif
```

음영으로 표시된 부분을 추가하면 된다.

<binaryTree.h >

아래와 같이 binaryTree.c 코드 수정하자.

```
#include <stdio.h>
#include <malloc.h>
#include "tree.h"
#include "circularQueue.h"
…
…
…

// 이진 트리 탐색 코드(콘솔 출력) 4가지
// in-Order
void inOrder(const Node* root) {
    if (root) {
        inOrder(root->left);
        printf("%d ", root->data);
        inOrder(root->right);
    }
}
```

레벨 순위 탐색(level-order traversal)을 위해서 큐가 필요하다. 큐 자료 구조를 위해서는 앞에서 사용한 환형 큐(circular queue) 프로그램을 사용하자.

스택 자료 구조에서 소개했었던 재귀 함수를 사용하고 있다. inOrder( ) 방식은 왼쪽의 서브 트리를 먼저 출력하고, root를 출력한 후, 오른쪽 서브 트리를 출력하는 방식이다.

```
// pre-Order
void preOrder(const Node* root) {
    if (root) {
        printf("%d ", root->data);
        preOrder(root->left);
        preOrder(root->right);
    }
}

// post-Order
void postOrder(const Node* root) {
    if (root) {
        postOrder(root->left);
        postOrder(root->right);
        printf("%d ", root->data);
    }
}

// level-order
void levelOrder(const Node* root) {
    Queue q;
    Node n;

    init(&q);
    enQueue(&q, *root);
    while (!isEmpty(&q)) {
        n = deQueue(&q);
        printf("%d ", n.data);
        if (n.left) enQueue(&q, *(n.left));
        if (n.right) enQueue(&q, *(n.right));
    }
}
```

아래의 함수들은 graph-Viz를 이용하여 4개의 순회 순서를 출력하기 위한 함수들이다.

자료 구조와는 별도의 내용이기 때문에 아래 함수들의 설명은 생략한다.

```
/*****************************    GraphViz 관련 코드(시작)  *********************************************/
// GraphViz 출력을 위한 코드
// 노드를 방문하는 순서를 표기하기 위해서, 앞에서 사용한 코드를 조금 수정하였다.
// 각 노드의 색상을 방문하는 순서에 따라서 노드에 번호를 표시하였다.
// 이를 위해서 DOT의 문법을 이해해야한다.
void printGraphVizPreOrder(const Node* root) {
    static int no = 0;

    if (root != NULL) {
        printf("\t\"%d\"[label = \"%d\"];\n", root->data, no++);
        if (root->left != NULL)    printf("\t%d->%d\n", root->data, root->left->data);
        printGraphVizPreOrder(root->left);

        if (root->right != NULL) printf("\t%d->%d\n", root->data, root->right->data);
```

```
        printGraphVizPreOrder(root->right);
    }
}


void printGraphVizInOrder(const Node* root) {
    static int no = 0;

    if (root != NULL) {
        if (root->left != NULL)    printf("\t%d->%d\n", root->data, root->left->data);
        printGraphVizInOrder(root->left);

        printf("\t\"%d\"[label = \"%d\"];\n", root->data, no++);

        if (root->right != NULL) printf("\t%d->%d\n", root->data, root->right->data);
        printGraphVizInOrder(root->right);
    }
}


void printGraphVizPostOrder(const Node* root) {
    static int no = 0;

    if (root != NULL) {
        if (root->left != NULL)    printf("\t%d->%d\n", root->data, root->left->data);
        printGraphVizPostOrder(root->left);

        if (root->right != NULL) printf("\t%d->%d\n", root->data, root->right->data);
        printGraphVizPostOrder(root->right);

        printf("\t\"%d\"[label = \"%d\"];\n", root->data, no++);
    }
}

void printGraphVizLevelOrder(const Node* root) {
    Queue q;
    Node n;
    init(&q);
    enQueue(&q, *root);

    int no = 0;

    while (!isEmpty(&q)) {
        n = deQueue(&q);
        printf("\t\"%d\"[label = \"%d\"];\n", n.data, no++);

        if (n.left) {
            enQueue(&q, *(n.left));
```

```
            printf("\t%d->%d\n", n.data, (n.left)->data);
        }
        if (n.right) {
            enQueue(&q, *(n.right));
            printf("\t%d->%d\n", n.data, (n.right)->data);
        }
    }
}

void printGraphVizDriver(const Node* root, int mode) {
    printf("\ndigraph g{ \n");

    if (mode == 0) printGraphVizPreOrder(root);
    else if (mode == 1) printGraphVizInOrder(root);
    else if (mode == 2) printGraphVizPostOrder(root);
    else if (mode == 3) printGraphVizLevelOrder(root);

    printf("}\n");
}
/****************************   GraphViz 관련 코드(끝)  *********************************************/
```

<binaryTree.c에 추가 사항>

레벨 별로 방문(level-order)하는 방법은 추가 설명이 필요하다. 이를 위해서는 큐를 사용하면 편하다. 위의 levelOrder( ) 함수는 큐를 사용하기 때문에, 지난 챕터에서 만든 원형 큐를 사용하고 있다. 큐에 추가되는 노드는 구조체로 선언된 Node 자료형이기 때문에, 예전에 사용했던 원형 큐 관련 circularQueue.h와 circularQueue.c 코드를 아래와 같이 수정해야 한다.

```
#ifndef _QUEUE_H
#define _QUEUE_H
#include <stdbool.h>
#include "tree.h"

#define MAX_SIZE (10)

typedef Node TreeElement;
```

이 문장에서 조심하자. 우리가 지금 이진 트리를 레벨 탐색을 하기 위해서 사용하는 원형 큐는 트리의 노드를 저장해야한다.

그래서 만약 여기서 typedef Node Element라고 선언한다면, tree.h에 선언된 typedef int Element라는 문장과 혼동될 수 있기 때문에 에러가 발생한다. 그래서 이름을 TreeElement로 정했다.

```
typedef struct {
    TreeElement queue[MAX_SIZE];
    int front, rear, size;
} Queue;

void init(Queue *q);
bool isFull(Queue *q);
bool isEmpty(Queue *q);
void enQueue(Queue *q, TreeElement data);
Node deQueue(Queue *q);

#endif
```

큐에 들어갈 데이터가 이진 트리의 노드이다.

큐에 들어갈 데이터가 이진 트리의 노드이다.

<circularQueue.h >

```
#include <stdio.h>
#include "circularQueue.h"
void beforeExit() {
    getchar();
}

void init(Queue *q) {
    q->front = 0;
    q->rear = -1;
    q->size = 0;
}

bool isFull(Queue *q) {
    return ( q->size == MAX_SIZE );
}

bool isEmpty(Queue *q) {
    return ( q->size == 0 );
}

void enQueue(Queue *q, TreeElement data) {
    if (isFull(q)) {
        printf("Error: Queue Full\n");
        exit(1);
    }

    q->rear = (q->rear + 1) % MAX_SIZE;
    q->queue[q->rear] = data;
    q->size++;
}
```

```
TreeElement deQueue(Queue *q) {
    if (isEmpty(q)) {
        printf("Error: Queue Empty\n");
        exit(1);
    }
    TreeElement n;
    n = q->queue[q->front];
    q->front = (q->front + 1) % MAX_SIZE;
    q->size--;
    return n;
}
```

<circularQueue.c >

위의 이진 트리 탐색 함수를 테스트해보자.

```
#include <stdio.h>
#include "tree.h"
#include "circularQueue.h"

void printGraphVizDriver(const Node* root, int mode);

int main() {
    Node n1 = { 20, NULL, NULL };
    Node n2 = { 30, NULL, NULL };
    Node n3 = { 10, &n1, &n2 };

    Node* root = &n3;

    Node n4 = { 40, NULL, NULL };
    Node n5 = { 50, NULL, NULL };

    n1.left = &n4;
    n1.right = &n5;

    inOrder(root); printf("\n");        40 20 50 10 30
    preOrder(root); printf("\n");       10 20 40 50 30
    postOrder(root); printf("\n");      40 50 20 30 10
    levelOrder(root); printf("\n");     10 20 30 40 50

    printGraphVizDriver(root, 0);
    printGraphVizDriver(root, 1);
    printGraphVizDriver(root, 2);
    printGraphVizDriver(root, 3);
}
```

<test.c>

위의 이진 트리의 그래픽 출력 결과는 아래와 같다. 원 내부의 숫자는 출력되는 순서를 의미한다.

Pre-order		In-order	

digraph g{
    "10"[label = "0"];
    10->20
    "20"[label = "1"];
    20->40
    "40"[label = "2"];
    20->50
    "50"[label = "3"];
    10->30
    "30"[label = "4"];
}
	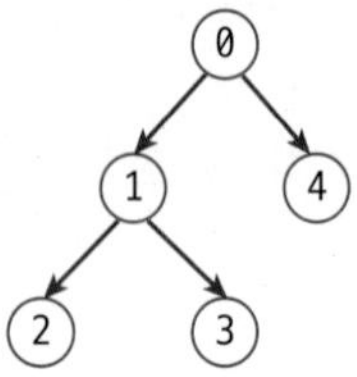 0 → 1, 4; 1 → 2, 3	digraph g{
		    10->20
		    20->40
		    "40"[label = "0"];
		    "20"[label = "1"];
		    20->50
		    "50"[label = "2"];
		    "10"[label = "3"];
		    10->30
		    "30"[label = "4"];
		}
			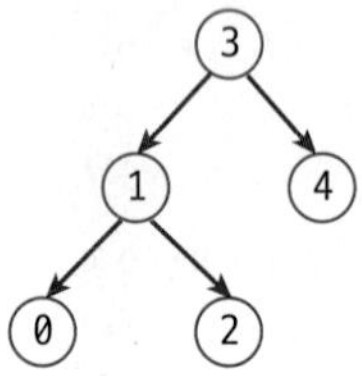 3 → 1, 4; 1 → 0, 2

Post-Order		Level-Order	

digraph g{
    10->20
    20->40
    "40"[label = "0"];
    20->50
    "50"[label = "1"];
    "20"[label = "2"];
    10->30
    "30"[label = "3"];
    "10"[label = "4"];
}
	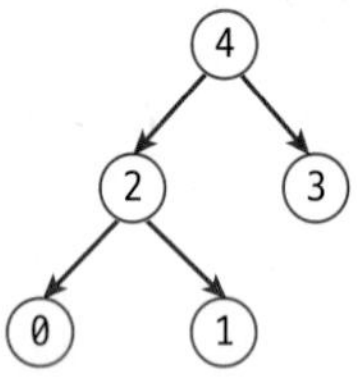 4 → 2, 3; 2 → 0, 1	digraph g{
		    "10"[label = "0"];
		    10->20
		    10->30
		    "20"[label = "1"];
		    20->40
		    20->50
		    "30"[label = "2"];
		    "40"[label = "3"];
		    "50"[label = "4"];
		}
			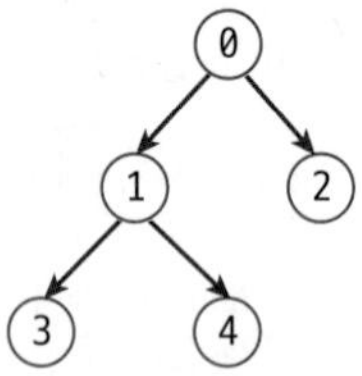 0 → 1, 2; 1 → 3, 4

9.2.6 이진 트리와 관련된 다양한 연산

이진 트리는 실제로 아주 많이 사용되는 자료 구조다. 이제 이진 트리에서 필요한 기능들 중 몇 가지 중요한 기능을 알아보자. 아래의 코드를 통해서 이진 트리 시작 부분에서 설명한 몇가지 정리(증명을 포함한)를 고찰하고, 이를 구현해보자.

아래의 코드는 대부분 재귀 함수로 구현되어 있다. 재귀 함수를 깊이 공부할 수 있는 좋은 기회로 삼자.

앞에서 증명을 포함한 '정리'에서 살펴본 내용이다. 이진 트리의 최소/최대 노드 개수에 관련된 기능이다.

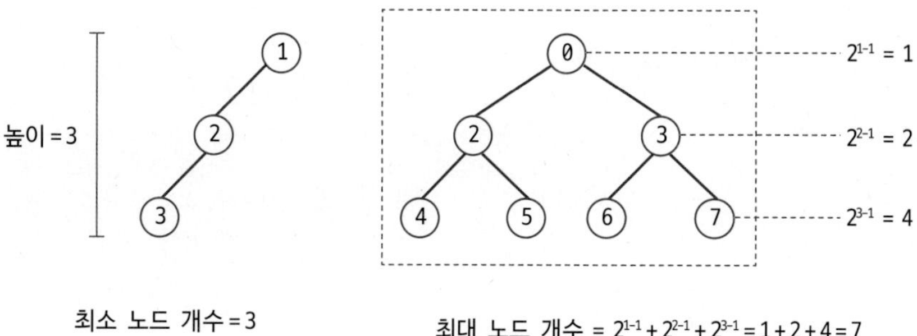

binaryTree.h 파일에 추가될 내용은 아래와 같다.

```
…
…

// 이진 트리 기타 연산
int noOfNodes(const Node* root);
int noOfLeafNodes(const Node* root);
int noOfInternalNodes(const Node* root);
int height(const Node* root);
#endif
```

<binaryTree.h 추가 사항>

앞에서 사용한 프로그램에서 binaryTree.c 파일에 추가될 내용은 아래와 같다.

```
…
…
// 전체 노드의 개수를 반환한다. 재귀 함수로 구현하였다.
// 전체 노드의 개수 = 왼쪽 서브 트리 노드 개수 + 오른쪽 서브트리 노드 개수 + 1
int noOfNodes(const Node* root) {
    if (!root) {
        return 0;
    }
    else {
        return noOfNodes(root->left) + noOfNodes(root->right) + 1;
    }
}
```

```
// leaf 노드의 개수를 반환한다. 재귀 함수로 구현하였다.
// 전체 leaf 노드의 개수 = 왼쪽 서브 트리 leaf 노드 개수 + 오른쪽 서브트리 leaf 노드 개수
int noOfLeafNodes(const Node* root) {
    if (!root) {
        return 0;
    }
    else {
        // leaf 노드이면 1을 반환
        if (root->left == NULL && root->right == NULL)
            return 1;
        // leaf 노드가 아니면, 왼쪽 서브 트리의 leaf 노드 개수 + 오른쪽 서브 트리의 leaf 노드 개수를 반환
        else
            return noOfLeafNodes(root->left) + noOfLeafNodes(root->right);
    }
}

// internal 노드의 개수를 반환한다. 재귀 함수로 구현하였다.
// 전체 internal 노드의 개수 = 왼쪽 서브 트리 internal 노드 개수 + 오른쪽 서브트리 internal 노드 개수 + 1
int noOfInternalNodes(const Node* root) {
    if (!root) {
        return 0;
    }
    else if (root->left == NULL && root->right == NULL) { // leaf node 이면...
        return 0;
    }
    else if (root->left != NULL || root->right != NULL) { // internal node 이면...
        return noOfInternalNodes(root->left) + noOfInternalNodes(root->right) + 1;
    }
}

// height를 반환한다. 재귀 함수로 구현하였다.
// height = 1 + max(왼쪽 서브트리 height + 오른쪽 서브트리 height)
int height(const Node* root) {
    if (!root) {
        return 0;
    }
    else {
        return 1 + max(height(root->left), height(root->right));
    }
}
…
```

<binaryTree.c 수정 사항>

위의 함수를 아래와 같이 테스트할 수 있다. test.c 파일에 추가될 내용이다.

```
…
    printf("No of Nodes: %d\n", noOfNodes(root));
    printf("No of Internal Nodes: %d\n", noOfInternalNodes(root));
    printf("No of LeafNodes: %d\n", noOfLeafNodes(root));
    printf("Height of Trees: %d\n", height(root));
…
```

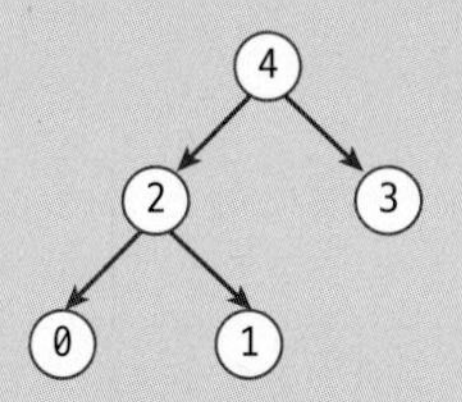


```
No of Nodes: 5
No of Internal Nodes: 2
No of LeafNodes: 3
Height of Trees: 3
```

<test.c>

9.3 이진 탐색 트리(binary search tree)

이진 트리가 연결 리스트와 다른 점은 두 개의 자식 노드가 있을 수 있다는 점이다(연결 리스트는 자식 노드가 1개 이하인 트리라고 생각할 수 있다). 이진 트리는 최대로 2개의 자식 노드를 가질 수 있도록 제한을 가하고 있다.

트리를 사용함에 있어서 자식 노드의 개수에 제한을 두지는 않지만, 특별하게 아래와 같이 자식 노드를 2개 이하를 가지도록 제한한 트리를 이진 트리(binary tree)라고 한다는 것을 배웠다.

이제부터는 조금 특수한 경우를 살펴보자. 아래의 트리는 이진 트리 중에서 특수한 경우로 이진 탐색 트리(binary search tree)라고 하는 것이다. 이진 탐색 트리는 각 노드의 왼쪽 서브 트리는 자신 보다 작은 값, 오른쪽 서브 트리는 자신보다 큰 값을 가지는 이진 트리를 말한다. 이러한 이진 탐색 트리는 자료의 검색 시 아주 효율적이다.

연결 리스트 구조는 자식이 하나 이하만 있는 구조이고, 트리 구조는 자식이 2개 이상도 있을 수 있다는 점이 차이이다.

자식 노드가 하나만 있다면, 앞에서 이야기한 연결 리스트 구조로 표현할 수 있을 것이다. 그래서 보통 트리는 자식 노드가 2개 이상인 경우를 다룬다.

물론 이진 트리 이외에도 다양한 종류의 트리가 있다. 주어진 문제에 적합한 자료 구조를 선택하면 많은 문제가 아주 쉬운 알고리즘으로 해결되는 것을 경험할 수 있다.

일반적으로 이진 탐색 트리는 동일한 값은 중복 저장하지 않는 것을 가정한다.

이진 탐색 트리는 정렬된 배열 리스트에서의 이진 탐색(binary search)과 검색 내용면에서 아주 유사하다. 이 둘의 비슷한 점과 다른 점을 이해하는 것이 중요하다. 아주 중요하다.

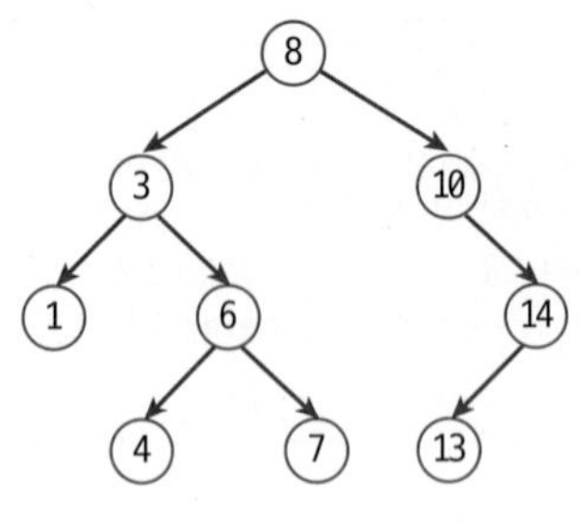

〈이진 탐색 트리〉

심화

이진 탐색 트리에서의 중복된 노드 값이 있는 경우

일반적으로 이진 탐색 트리는 중복된 노드 값이 없는 경우를 주로 다룬다. 그러나 동일한 값을 저장할 필요가 있는 경우라면 어떻게 해결할 수 있을까?

아래의 트리를 살펴보자. 아래는 영어 알파벳을 노드 값으로 가지는 이진 탐색 트리인데, 동일한 값이 존재하는 경우의 해결 방법을 설명하는 그림이다.

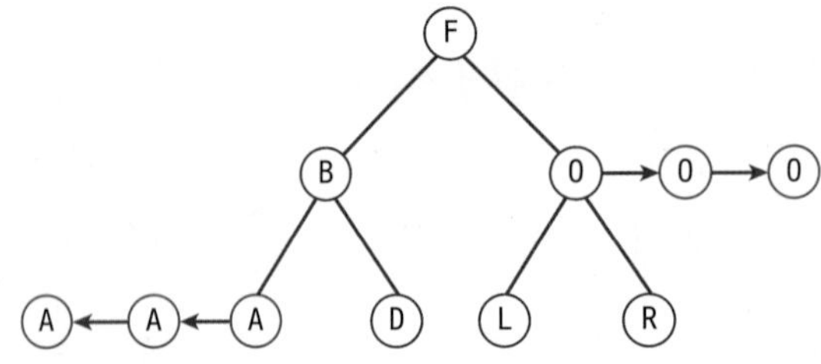

위의 그림과 같이 이진 트리와 연결 리스트를 결합해서, 이진 트리의 노드에 중복키를 저장할 리스트를 준비함으로써 중복키 문제를 해결할 수 있다.

이 교재에서는 이런 특수한 경우를 제외해서, 동일한 노드 값이 존재하지 않는 경우만을 고려하기로 한다.

이진 트리와 이진 탐색 트리의 차이점

이진 탐색 트리 모양은 이진 트리 그대로다. 다만 데이터를 추가하거나 삭제할 때 이진 탐색 트리의 특성을 유지하는 것이 관건이다. 따라서 아래에서는 이진 탐색 트리에서의 데이터 검색/추가/삭제 방법을 배워보자.

참고

각종 자료 구조의 시각화에 관련된 도움되는 사이트가 많다. 이진 탐색 트리에 관해서 아래의 사이트를 방문해 보자.

https://www.cs.usfca.edu/~galles/visualization/BST.html

상단의 메뉴를 이용해서 값을 추가하거나 삭제하면서, 애니메이션으로 보여주는 과정을 잘 살펴보자. 이와 관련된 이야기를 곧 해보자.

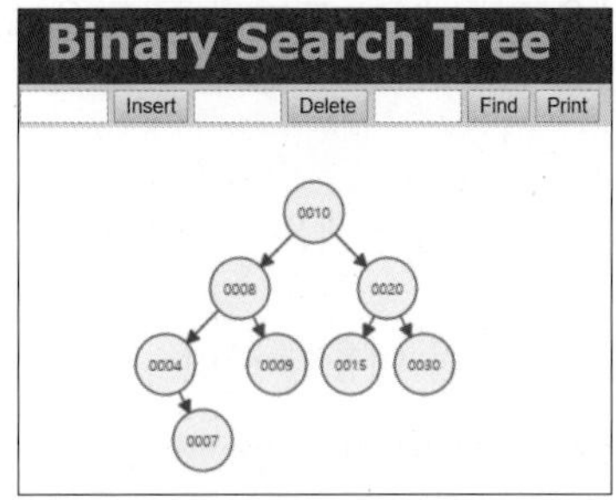

이외의 자료 구조에 대해서도 아래의 페이지에서 경험해보자. 아래 사이트는 향후에라도 각자 많이 참고했으면 하는 사이트다.

https://www.cs.usfca.edu/~galles/visualization/Algorithms.html

9.3.1 검색

예제 코드: tree_binarySearchTree

'이진 탐색 트리'의 탐색은 '이진 트리'의 순회(traversal) 과정과 유사하다. 다만 다른 점은 '이진 **탐색(search)** 트리'라는 조건에 따라서 찾고자 하는 항목과 비교하는 절차만 추가하면 된다.

이진 트리에서는 순회(traversa)라는 단어를 사용하였고, 이진 탐색 트리에서는 탐색(search, 검색)이라는 단어를 사용하고 있다.

이 2 단어의 의미 차이를 말하고 있는 것이다.

아래는 앞에서 배운 이진 트리의 inOrder 순회하는 재귀 함수다.

```
void inOrder(const Node* root) {
    if (root) {
        inOrder(root->left);
        printf("%d ", root->data);
        inOrder(root->right);
    }
}
```

그런데 우리는 이제 특정한 값을 '탐색(검색)'하는 함수를 작성할 것이다. 여기서 이진 '탐색' 트리의 특성이 효과를 발휘한다. 단순한 이진 트리에서는 그냥 '순회(traversal)'를 하였다. 트리의 모든 부분을 방문한다는 의미였다. 그런데 이진 탐색 트리의 '탐색(검색)'은 '어떤 값이 이진 탐색 트리에 존재하는지'를 체크하는 것이다. 이때 이진 탐색 트리의 특징(노드보다 작은 값은 왼쪽 서브 트리에 큰 값은 오른쪽 서브 트리에 위치)이 힘을 발휘한다.

이진 탐색 트리의 검색은 재귀 방법과 반복문을 사용하는 방법이 있다.

- 재귀 함수를 이용한 구현
- 반복문을 이용한 구현

아래는 재귀 함수를 이용한 구현 함수이다. 아래의 코드에서 반환값(return value)에 유의하자. 반환값은 Node *이다. 검색이 성공하면 그 노드의 *를, 그렇지 않으면 NULL을 반환한다.

아래의 재귀 함수에서 반환값의 의미는 아주 중요하다. 정확하게 이해하도록 하자. 반환값은 검색된 노드의 포인터이다(Node *).

아래의 헤더 파일을 보면서 이진 탐색 트리에서의 항목 검색(search), 삽입(insert), 삭제(delete) 함수 이름을 확인하자.

```
…
…
// 이진 탐색 트리
Node *BST_recursiveSearch(Node *root, Element e);
Node *BST_iterativeSearch(Node *root, Element e);

Node *BST_recursiveInsert(Node *root, Element e);
Node* BST_recursiveDelete(Node *root, Element e);

Node* BST_findMin(Node *node);
Node* BST_findMax(Node *node);

#endif
```

<binaryTree.h 추가 내용>

지금부터는 항목 검색(search) 기능을 재귀적/ 반복적으로 구현한 2개의 함수를 살펴보자.

```
// 이진 탐색 트리에서 항목을 재귀적으로 검색한다.
// 항목을 찾으면 그 노드의 포인터를 반환
// 항목이 없으면 NULL을 반환
Node *BST_recursiveSearch(Node *root, Element e) {
    if (root == NULL) return NULL; // leaf 노드에서 하위 노드가 없는 경우
    if (e == root->data) return root; // 검색 대상을 찾은 경우
    else if (e < root->data) return BST_recursiveSearch(root->left, e); // 왼쪽 서브 트리를 재귀적으로 검색
    else return BST_recursiveSearch(root->right, e); // 오른쪽 서브 트리를 재귀적으로 검색
}

// 이진 탐색 트리에서 항목을 반복문을 사용해서 검색한다.
// 항목을 찾으면 그 노드의 포인터를 반환
// 항목이 없으면 NULL을 반환
Node *BST_iterativeSearch(Node *root, Element e) {
    while (root) {
        if (e == root->data) return root; // 검색 대상을 찾은 경우
        else if (e < root->data) root = root->left; // 왼쪽 서브 트리를 검색
        else root = root->right; // 오른쪽 서브 트리를 검색
    }
    return NULL;
}
```

<binaryTree.c 추가 내용>

참고

위의 2개의 함수는 정렬된 1차원 배열에서의 이진 탐색(binary search)의 구현 방법과 정말로 유사하다.

9.3.2 추가

이제 이진 탐색 트리에 특정 항목을 추가/삭제하는 방법을 알아보자. 이 부분은 이해하기 쉽지 않을 수 있다. 코드를 확인하기 전에 원리를 먼저 이해하자.

먼저, 항목을 추가하려면 그 항목이 추가될 위치를 찾아야한다. 이진 탐색 트리의 특성에 따라서 해당 항목을 검색하고, 검색이 실패된 곳이 추가될 위치이다. 아래의 그림을 통해서 추가 과정을 살펴보자.

여기에서 또 한번 앞에서 언급한 내용을 상기하자.

이진 탐색 트리는 동일한 노드 값을 가지는 경우를 고려하지 않는다.

이를 고려하려면 추가적인 더 많은 고민이 필요하다.

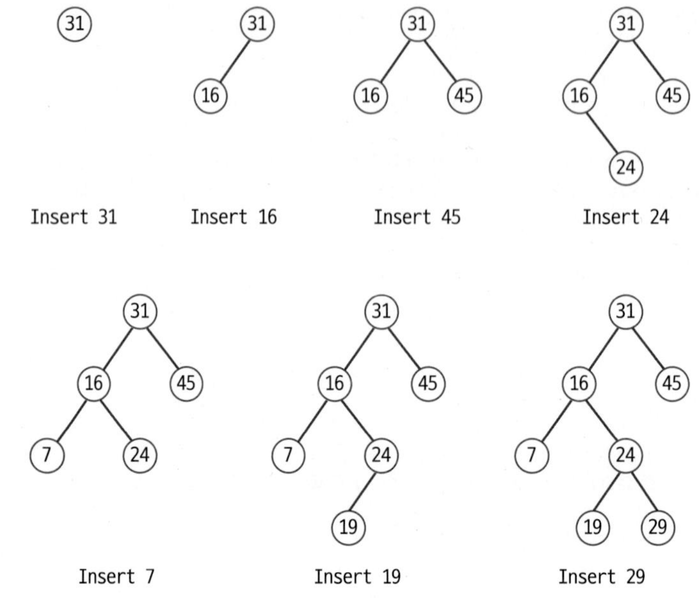

〈이진 탐색 트리에 노드 추가 예제〉

이 내용은 아래의 사이트에서 직접 확인해보자.

https://www.cs.usfca.edu/~galles/visualization/BST.html

위의 예제를 잘 살펴본 후, 이진 탐색 트리에 항목을 추가하는 방법을 정리해보자. 검색 함수와 동일하게 추가/삭제 함수도 재귀적으로도 또는 반복적으로도 구현할 수 있다. 그러나 반복적 구현은 코드의 길이가 상당하다. 따라서 이 교재에서는 재귀적인 구현만 소개하려고 한다.

아래의 항목 추가 알고리즘을 살펴보자.

추가될 항목(e)을 재귀적으로 검색하면서

- NULL이 되면, 즉 검색이 실패해서 단말 노드에 이르면 그 자리에 항목을 추가한다.
- 추가될 항목(e)이 현재 노드의 값보다 작으면 왼쪽 서브 트리에 재귀적으로 삽입
- 그렇지 않으면, 오른쪽 서브 트리에 재귀적으로 삽입

〈이진 탐색 트리에서 항목의 추가 방법〉

```
// 이진 탐색 트리에 항목을 추가하는 재귀 함수
// 실제 아래 함수의 반환 값은 Node *이다.
// 실제로 파라미터로 Node* root를 넘겨준다. 그런데 반환값을 void로 하면 되지 않을까?
// 안된다 !
// 그 의미를 이해하자.
Node* BST_recursiveInsert(Node *root, Element e) {
    if (root == NULL)
        root = create(e);
    else if (e < root->data)
        root->left = BST_recursiveInsert(root->left, e);
    else
        root->right = BST_recursiveInsert(root->right, e);

    // 아래의 반환 값이 중요하다.
    return root;
}
```

<binaryTree.c 추가 내용>

9.3.3 삭제

이진 탐색 트리에서의 삭제는 가장 복잡한 부분이다. 위의 추가 함수와 전체적인 형태는 동일하다. 그러나 여기에서 고려해야할 사항이 있다. 아래의 그림을 통해서 추가되는 상황을 살펴보자.

1. **삭제될 항목이 leaf 노드인 경우**: 해당하는 노드만 삭제하면 된다.

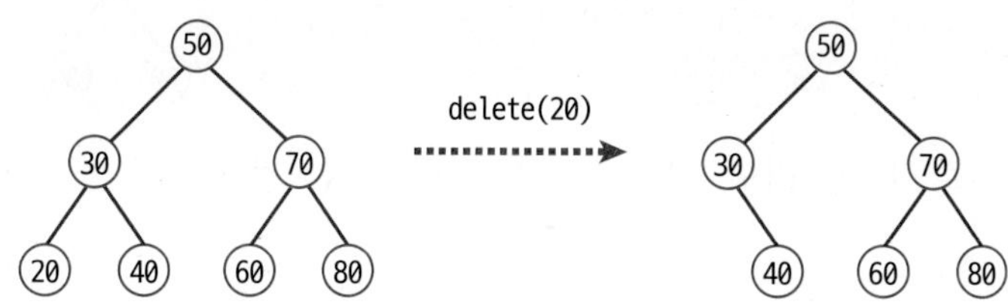

2. **삭제될 노드가 1개의 자식을 가지는 경우**: 자식 노드를 현재 위치에 복사하고, 자식 노드를 삭제

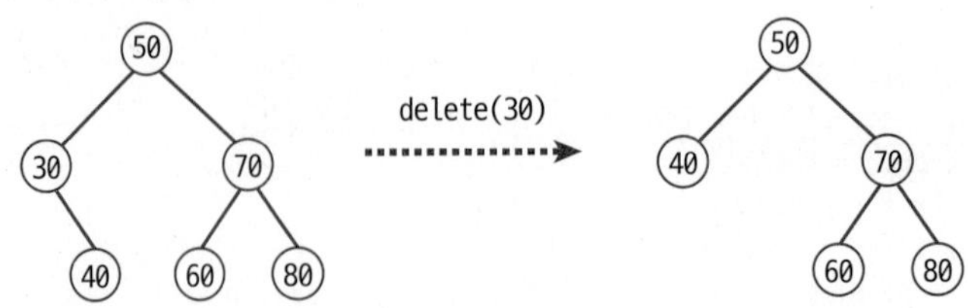

3. **삭제될 노드가 2개의 자식을 가지는 경우**: 이 경우에는 2가지 방법이 있을 수 있다.
   - (a) 왼쪽 서브 트리 중 가장 큰 값을 현재 노드로 복사하거나, (b)오른쪽 서브 트리 중 가장 작은 값을 현재 노드로 복사한다.
   - 그리고 복사했던 그 노드를 삭제한다.

위의 2가지 경우를 그림으로 살펴보자.

(a) 왼쪽 서브 트리의 가장 큰 값을 복사하는 경우

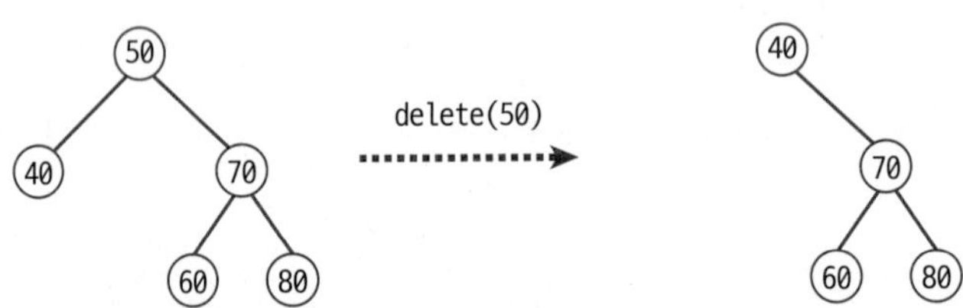

(b) 오른쪽 서브 트리의 가장 작은 값을 복사하는 경우

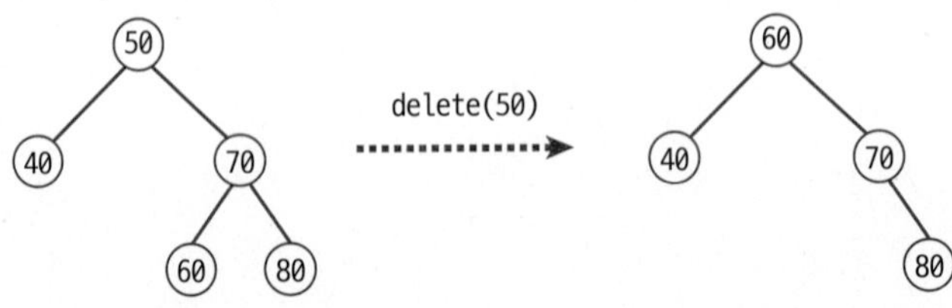

아래의 함수가 재귀 함수를 이용해서 노드를 삭제하는 함수이다. 우리는 오른쪽 서브 트리의 가장 작은 값을 복사하자.

```
// 오른쪽 서브 트리의 가장 작은 값의 노드를 찾는 함수
Node* BST_findMin(Node *node) {
    if (node == NULL) {
        return NULL;
    }
    if (node->left)
        BST_findMin(node->left);
    else
        return node;
}

// not implemented
Node* BST_findMax(Node *node) { ------------------------------------------------ 이 함수는 각자 구현해보자.

    return NULL;
}

Node* BST_recursiveDelete(Node *root, Element e) {
    if (root == NULL) return root;
    else if (e == root->data) {
        Node *temp;
        if (root->left && root->right) { // 자식 노드가 2개이면...
            temp = BST_findMin(root->right); // 오른쪽 서브 트리의 가장 작은 노드를 옮긴다.
            root->data = temp->data;
            root->right = BST_recursiveDelete(root->right, temp->data);
        }
        else { // 자식 노드가 1개이거나 0개이면...
            temp = root;
            if (root->left == NULL)
                root = root->right;
            else if (root->right == NULL)
                root = root->left;
            free(temp);
        }
    }
    else if (e < root->data)
        root->left = BST_recursiveDelete(root->left, e);
    else if (e > root->data)
        root->right = BST_recursiveDelete(root->right, e);

    return root;
}
```

<binaryTree.c 추가 내용>

9.3.4 테스트 결과

지금까지 함수 하나 하나씩 설명하였었다. 테스트 코드를 살펴보자.

```
#include <stdio.h>
#include "tree.h"
#include "circularQueue.h"

void printGraphVizDriver(const Node* root, int mode);

int main() {
    Node* bst = NULL;

    // 아래의 일련의 함수 호출에서 첫번째 노드를 추가할 때는 함수의 반환값을 사용하고 있고,
    // 그 다음의 함수 호출은 사용하지 않고 있다. 왜 그런지 꼭 이해하자.
    // 포인터를 파라미터로 넘겨줄 때의 의미를 잘 이해해야한다.
    // 이것이 C 언어에서의 포인터의 중요성이다.
    bst = BST_recursiveInsert(bst, 31);
    BST_recursiveInsert(bst, 16);
    BST_recursiveInsert(bst, 45);
    printGraphVizDriver(bst, 0);

    BST_recursiveInsert(bst, 24);
    BST_recursiveInsert(bst, 7);
    printGraphVizDriver(bst, 0);

    BST_recursiveInsert(bst, 19);
    BST_recursiveInsert(bst, 29);
    printGraphVizDriver(bst, 0);

    // 트리에서 항목 삭제
    bst = BST_recursiveDelete(bst, 7);
    printGraphVizDriver(bst, 0);

    bst = BST_recursiveDelete(bst, 16);
    printGraphVizDriver(bst, 0);

    bst = BST_recursiveDelete(bst, 24);
    printGraphVizDriver(bst, 0);

    bst = BST_recursiveDelete(bst, 31);
    printGraphVizDriver(bst, 0);

    dispose(bst);
    bst = NULL; // 메모리를 모두 free한 후, 명시적으로 bst 포인터 변수에 NULL을 대입해야 안전하다.
}
```

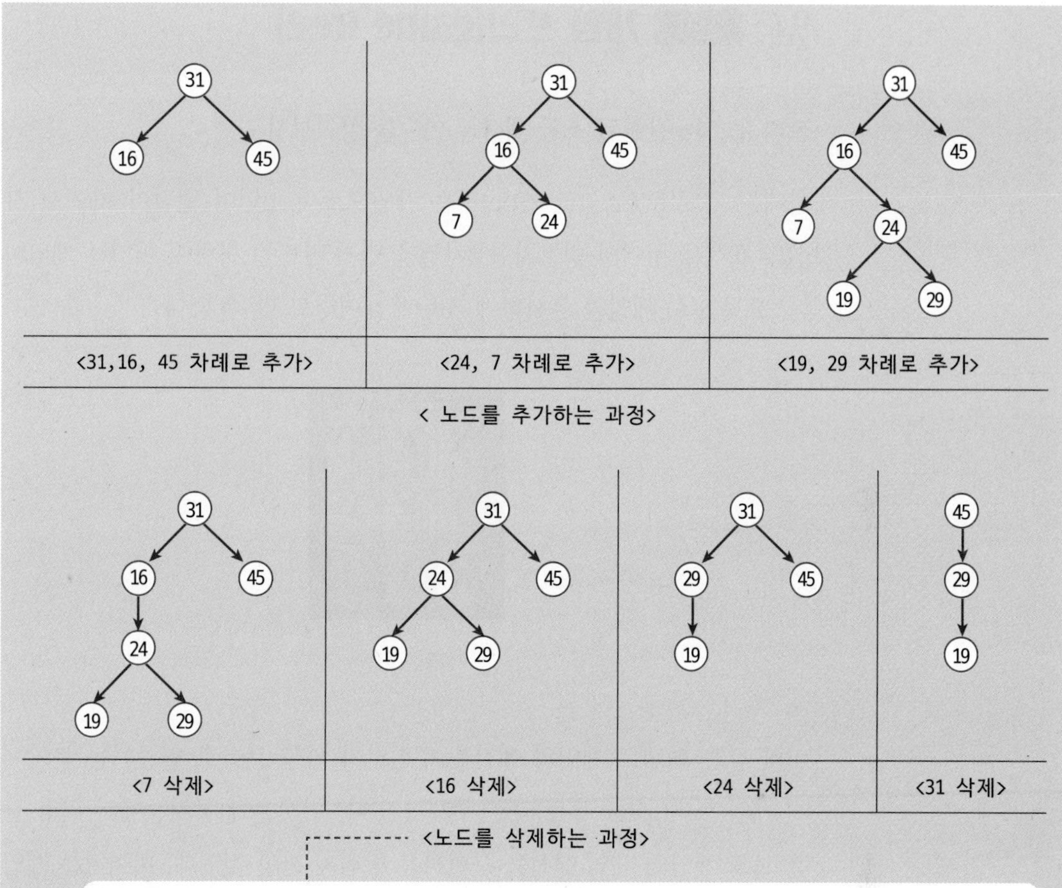

<test.c>

참고

이진 탐색 트리는 효율적인 면과 다양한 활용 분야로 인해서 많이 사용되는 자료 구조임에는 확실하다. 그러나 좌우의 균형이 맞지 않으면(skewed), 그 효율성이 떨어질 수 있기 때문에, 이진 탐색 트리의 좌우 균형을 맞춰 주는 Balanced Binary Search Tree가 많이 사용된다. 그 중에 대표적인 AVL 트리가 있다. 그러나 본 교재에서는 그 난이도로 인하여 이에 대한 설명은 생략한다.

일반적인 트리, 즉 자식 노드의 개수에 제한이 없는 트리를 보통 general tree 또는 n-ary tree라고 한다. 일반적인 트리는 실제 코드로 구현하기 쉽지 않다. 그리고 다음 챕터에서 배울 그래프 표현 방법을 이용하면 트리를 표현할 수 있기 때문에, 일반적인 트리의 표현 방법은 다루지 않기로 한다.

9.4 심화 게임 트리(game tree)

트리 구조와 관련된 조금 색다른 이슈를 살펴보자.

아래는 틱택토(Tic-Tac-Toe)라는 게임으로써, 2인이 번갈아 가면서 자신의 표식을 두어서 빙고처럼 1자열을 먼저 만드는 사람이 이기는 게임이다. 오목(5목) 게임과 유사하게 '3목 게임'이라고 할 수 있다.

〈틱택토 게임〉

이와 같은 택택토 게임의 엔진을 구현하기 위한 분야로 인공지능 분야에서 게임 트리(game tree)라는 주제가 있다. 이것은 인공지능에서 위와 같은 보드 게임의 게임 엔진을 구현하는 방법에 관한 것인데, 비어있는 게임 보드에 서로 번갈아 가면서 게임을 진행할 때 이기는 경우의 수를 찾아가는 방법이다. 이런 경우에 사용하는 트리 구조를 '게임 트리'라고 한다. 이러한 게임 트리의 실제 구현은 재귀 함수(recursive function)를 많이 사용한다.

이진 탐색 트리에서 다룬 탐색 문제는 트리에서 '혼자' 해답을 찾는 문제였다. 이제부터는 상대방이 있는 문제를 고려해보자. 이러한 탐색을 'adversarial search'라고 한다. 바둑, 장기, 체스, 오목 등의 게임을 할 때 우리는 보통 '수 읽기'라는 것을 한다. 이것은 '내가 이 수를 두면, 상대가 이렇게 반응할 것이고, 그러면 나는 이렇게 두어야지...' 와 같은 생각 방식을 의미한다. 이런 상황이 adversarial search라고 한다.

adversarial이라는 단어는 '반대의' 라는 의미이다. 그러니까 '경쟁자'가 있는 상황에서의 탐색을 의미한다.

다음 좌측의 그림은 1997년에 IBM에서 만든 Deep Blue 컴퓨터로써 체스 인공 지능을 수행한 컴퓨터이고, 우측은 대국 장면이다. Deep Blue는 이러한 수 읽기를 40수 정도를 수행했으며, 8000 개 이상의 정보를 '정적 형세 판단'에 사용했다고 한다. 지금 여기에서 배우고자 하는 내용이 바로 '수 읽기'의 구현 방법이다.

정적 형세 판단(static evaluation): 지금 현재의 게임 상황이 누구에게 얼마나 유리한지를 계산하는 것을 말한다. 바로 다음에 자세한 설명이 뒤따른다.

<from http://en.wikipedia.org/wiki/Deep_Blue_(chess_computer)>

아래는 2016년 3월의 Google의 바둑 인공 지능 AlphaGo와 한국의 이세돌 9단의 대국 장면이다. Google은 1000대 이상의 CPU와 500대 정도의 GPU(Graphic Processing Unit) 등의 하드웨어와 Deep Learning과 강화학습(reinforcement learning) 소프트웨어 기술을 사용했다고 한다.

장기나 바둑과 같은 게임을 둘 수 있는 독자는 '수 읽기'가 어떤 의미인지 쉽게 이해가 될 것이다. 그리고 대부분 오목 등의 작은 게임은 해본 경험이 있을 것이라서, 대략적으로는 '수 읽기'가 어떤 의미인지 유추할 수 있을 것이다. 그러면 이제 이러한 adversarial game에서 '수 읽기'에 자주 사용되는 게임 트리를 구현하는 방법 중 하나인 민맥스 트리(Min-Max tree)를 공부해보자.

'Min-Max Tree'라는 이름에서 우리가 배울 내용을 유추해보자. 게임을 이기기 위해서 수 읽기를 하는데, 수를 읽어가는 과정이 Tree를 닮았으며, 이 Tree가 Min 단계와 Max 단계가 있음을 의미한다. 상대와 순번을 바꿔가면서 게임을 하기 때문에 내가 두는 단계는 점수를 높이려는 Max 단계, 상대가 두는 단계는 상대의 점수를 높이기 때문에 내 입장에서의 점수의 Min 단계를 의미한다.

9.4.1 Min-Max Tree

Adversarial Search란 바둑과 장기처럼 서로 순번을 교대로 트리를 탐색해가는 상황에서의 탐색 기법을 말한다. 이와 같이 상대방과 교대로 진행하는 게임에서의 탐색 기법 구현을 위한 대표적인 방법이 Min-Max 트리이다. 다음의 오목 게임을 예로 들어 설명하자.

〈방금 흰 돌을 둔 상태〉

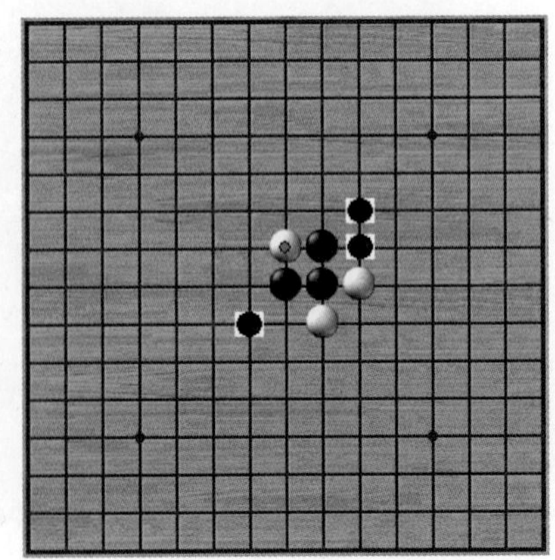
〈검은 돌을 둘 후보점 3곳〉

위의 왼쪽 상태는 방금 흰 돌을 놓은 상태이고, 오른쪽 그림에 표시한 3곳이 다음에 검은 돌을 둘 수 있는 후보(candidates) 위치라고 가정하자. 그러면 우리는 검은 돌을 둬야하는 상황에서 각각의 수를 머릿속에서 두어 본 상황이 얼마나 나에게 좋은지를 생각(정적 형세 판단: static evaluation)해보게 된다. 그리고 그 중에서 가장 좋은 수를 선택하게 된다. 이러한 과정을 '수 읽기'라고 한다. 게임 트리란 이와 같이 사람의 '수 읽기'를 구현하는 방법으로써, 현재 게임 상태(노드: node)에서 시작해서 게임을 이길 수 있는 다음 수를 찾아내는 과정을 말한다.

위에서 '정적 형세 판단'이라는 단어를 사용하였다. 매번 마음 속으로 수를 둔 후에 각 판의 상태가 얼마나 내게 유리한지를 계산하게 되는데, 이를 정적 형세 판단(static evaluation)이라고 한다.

여기서 정적(static)이라는 용어는 게임 트리를 이용해서 동적으로 형세를 판단하는것에 견주어서 사용하는 용어이다. 즉 현재 판의 상태만을 보고 판의 유불리를 판단한다는 말이다.

개괄적인 게임 트리 설명은 끝났다. 이제 게임 트리를 본격적으로 이해할 수 있도록 가장 단순한 경우부터 생각해보자. 내가 어떤 수를 둘지 고민하는 상황에서, 가능한 후보 움직임들을 각각 두었을 때, 각 상황에서 정적 형세 판단 함수를 적용하여 최적 후보를 선택하게 된다. 즉, 게임 상태에 대한 정적 형세 판단 함수의 값을 최대화하는 움직임을 찾는 것이 목표이다. 이 상황을 다음 그림과 같이 표현해보자.

■ 깊이 1 탐색

다음 그림에서 삼각형은 현재 상태, 사각형은 수 읽기의 최종 상태인 단말 노드(leaf node)이다. 사각형 아래의 숫자는 단말 노드에서의 정적 형세 판단 결과이다. 다음과 같은 경우는 가능한 3개의 후보 움직임 중에서 A1 움직임을 선택하는 것이 합리적인 방안이다. 나에게 유리한 수를 두는 것이 합리적이기 때문이다. 물론, horizontal effect라고해서 지금 좋은 수라고 판단되는 수가 조금 더 깊이 탐색하는 경우에는 오히려 더 나쁜 수일수는 있다. 그렇지만 이 문제는 인간도 가지고 있는 문제점이라서 여기서는 논의하지 않기로 한다.

즉, 게임 트리의 내부 노드(internal nodes)에서 정적 형세 판단을 할수도 있지만, 단말 노드(leaf node)에서 형세 판단을 수행하는 것이 수를 더 진행시킨 상황이라서 조금 더 정확하다고 생각할 수 있기 때문에 단말 노드에서 형세 판단을 수행한다.

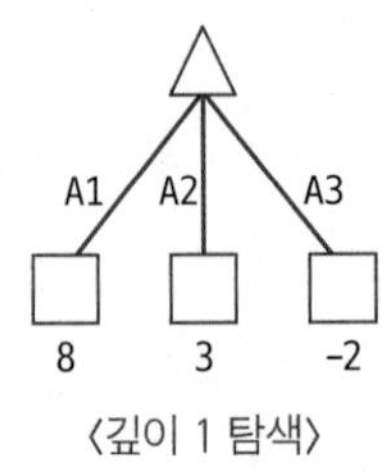

〈깊이 1 탐색〉

■ 깊이 2 탐색

위의 경우는 나의 수 한 수만 고려하는 경우이다. 그러니까 상대방의 대응을 고려하지 않은 경우이다. 그러나, 대부분의 게임에서는 상대방이 있다. 나는 나의 입장에서 최선의 수를 두려고 하고, 상대는 상대의 입장에서 최선을 수를 두려고 할 것이다. 다음 그림에서 위로 향하는 삼각형은 나의 수를 고민하는 단계(Max 단계), 아래로 향하는 역삼각형은 상대방이 수를 고민하는 단계(Min 단계)를 의미한다. 그림처럼 두 단계 깊이까지만 탐색을 수행한다면, 먼저 제일 밑의 단말 노드(leaf node)들에서 각각 평가값들을 계산한다. 그리고 Min 단계의 노드들은 자식 노드들 중에서 가장 작은 값을 가지는 노드를 선택하고, Max 단계의 노드는 자식 노드들 중에서 가장 큰 값을 선택한다. 다음 그림과 같은 경우에 나는 A2 수를 두는 것이 합리적이다. 즉, 나는 A2수를 둠으로써 −2점을 예상하는 것이다. 왜 그럴까?

[A1]-[B1]을 둔 후 9점을 얻을 수 있지만, 우리는 A2를 두어야한다. 왜냐하면 내가 A1을 두는 경우에 상대는 B2를 둘것이기 때문이다. 즉 A1을 두었을 때 내가 얻을 수 있는 점수는 상대가 B2를 두었을 경우이기 때문이다. 왜냐하면 상대는 상대에게 유리하게, 즉 여기서는 가장 낮은 점수를 얻을 수 있는 경우의 수를 선택할 것이기 때문이다.

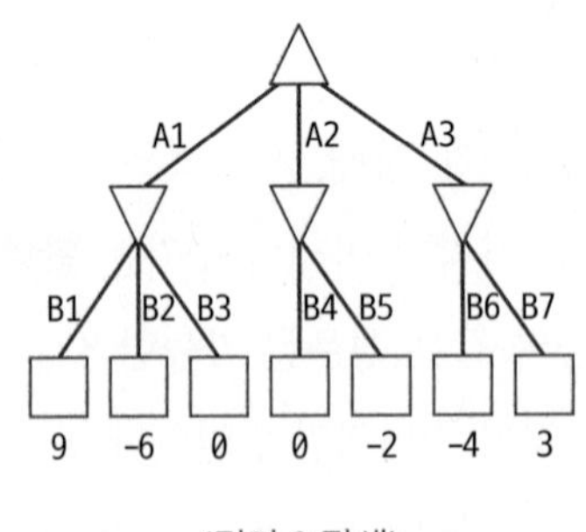

〈깊이 2 탐색〉

■ 일반적인 경우

이 문제를 조금 더 일반화 해보자. 다음 그림은 Min−Max 알고리즘을 사용한 예이다. 트리 내부의 각 노드(상태)의 숫자는 자신을 기준으로 했을 때의 평가 함수의 결과값이다. 그림처럼 세 단계 깊이까지만 탐색을 수행한다면, 먼저 제일 밑의 단말 노드들에서 각 노드의 평가값들을 계산한다. 즉 평가 함수를 실행하게 된다. 그리고 Max 단계 노드에서는 바로 다음 자식 노드 중에서 평가값이 가장 큰 수를 선택하고, Min 단계 노드들은 아래 자식 노드 중에서 평가값이 가장 작은 수를 선택하게 된다(자신을 기준으로 계산한 평가값이기 때문에 상대방에게는 가장 작은 평가값이 가장 좋은 수가 된다). 따라서 다음 게임에서 나는 가장 우측의 A라는 수를 두는 것이 가장 좋은 수이다.

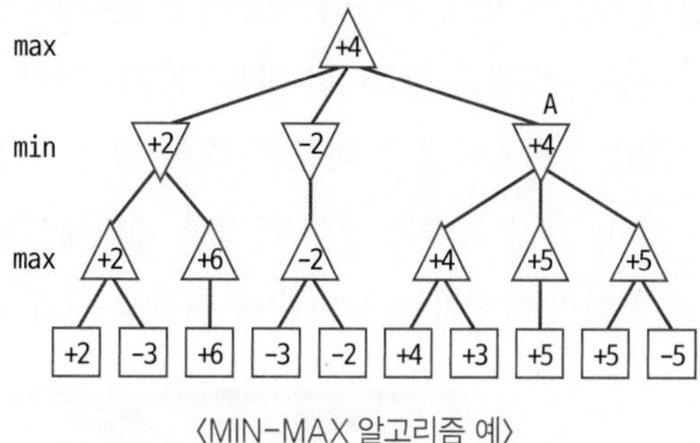

〈MIN-MAX 알고리즘 예〉

위의 게임 트리에서 유심히 보아야 하는 부분이 있다. 단말 노드에서 가장 좋은 점수는 +6을 가지는 경우인데, 게임의 상대방이 그 노드로 가지 않으려고 할 것이기 때문에 그 노드로 향하는 수를 선택할 수 없다는 점이다. 위의 경우에서 내가 취할 수 있는 가장 좋은 값은 평가값 '+4'를 가지는 단말 노드이다. 이러한 점이 Min-Max 트리의 특징이다.

9.4.2 정적 형세 판단(static evaluation)

이제 '정적 형세 판단'이 무엇인지 자세하게 알아보자. 정적 형세 판단이란 "게임의 특정 상태에서의 형세 판단"을 의미한다. 즉, 현재의 판의 상태를 점수로 바꾸는 작업이다.

게임이 종료되지 않은 상황에서 '정확한' 형세 판단을 할 수 있다면 게임 트리를 구성해서 더 깊은 수를 탐색할 필요가 없을 것이다. 그러나 이런 형세 판단기는 대부분의 게임에서 현실성 없는 이야기다. 그래서 가능한 깊은 게임 트리 탐색이 필요하다. 정적 형세 판단을 다음 2가지(게임 종료 후/ 게임 진행 중)로 나누어 설명할 수 있다.

■ 게임 종료 후

게임 종료 후에는 각 게임의 규칙에 따라서 승/패 여부를 정확하게 판단할 수 있다. 따라서 게임이 종료될 때 까지(바둑과 같은 게임은 대략 250 여수 이상의 수를 둔 후…) Min-Max 게임 트리 탐색을 수행할 수 있다면, 단말 노드에서 정확한 형세 판단이 가능하고 완벽한 게임 진행을 할 수 있을 것이다. 다음의 틱택토 게임이나 바둑 게임을 보면 게임이 종료된 지금은 틱택토 게임은 'O'가 이겼고, 바둑은 '흑이 몇 집 이겼다'라고 정확하게 평가할 수 있다. 그러나 바둑 같이 복잡한 게임에서는 게임 트리를 이렇게 게임 종료 시까지 탐색하는 것은 수행 시간상 거의 불가능하다.

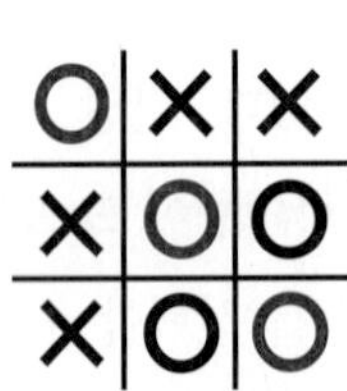

■ 게임 진행 중

게임 종료 전에는 현 상태를 평가하는 사람에 따라서 판단 결과가 달라질 수 있다. 그래서 '누구는 형세 판단력이 뛰어나다'라는 말을 할 수 있는 것이다. 다음 그림들을 한번 보자. 틱택토 게임은 누가 우세한 것일까? X가 먼저라면 비긴 것일까? 바둑 그림에서 검은 사각형은 '흑의 집', 흰색 사각형은 '백의 집'이라고 판단할 수 있는 곳이다. 특히 중앙 왼쪽 아래의 흰돌 2점이 죽은 돌(死石)이라는 판정은 사람에 따라 조금씩 달라질 수 도 있는 상황이다. 이러한 판단이 사람마다 조금씩 달라질 수 있다는 것이다.

장기나 체스와 달리 바둑은 정적 형세 판단기를 구현하기가 쉽지 않다. 이는 바둑의 최종 목표가 '집'을 많이 차지하는 것인데, 바둑 대국의 초반에는 집을 규정하기가 쉽지 않고, 바둑의 중반(전투 중)에는 바둑 돌의 사활을 결정하는 것이 쉽지 않기 때문이다.

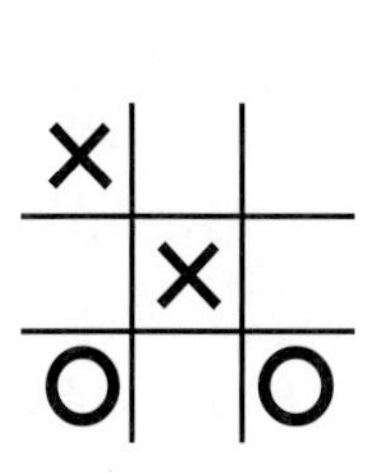

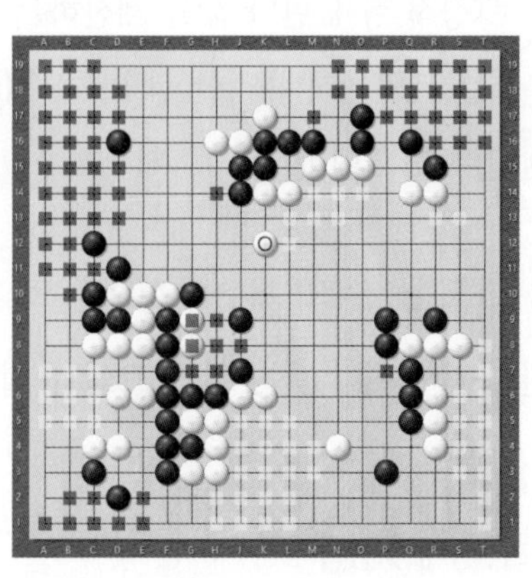

게임 트리 탐색을 게임의 종료까지 진행하기는 시간적으로 어렵기 때문에 게임 트리에 사용되는 대부분의 정적 형세 판단기는 게임 중간에 사용할 수 있도록 만드는 것이 일반적이다. 다음 절에서는 장기와 틱택토 게임을 예로 정적 형세 판단기를 만드는 방법을 살펴보자.

(1) 정적 형세 판단: 장기

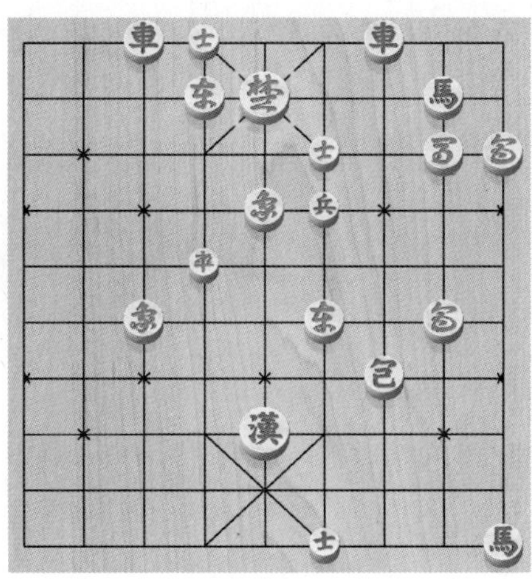

〈한국식 장기〉

장기에서는 어떤 정보를 바탕으로 정적 형세 판단을 할 수 있을까? 게임이 종료된 상황은 해당하는 나라의 '왕'이 없어지는 경우이므로 명확하다.

따라서 게임 도중의 형세 판단을 고려해보자. 아래에서는 플레이어 본인을 중심으로 정적 형세 판단 값을 계산하는 것을 가정한다. 즉 양수(plus) 값일 경우에는 본인에게 유리한 상황, 음수(minus) 값일 경우에는 상대에게 유리한 경우를 의미한다.

■ 방법 1: 내 말(piece)의 개수 – 상대 말의 개수

가장 간단한 방법이다. 즉, 위의 그림과 같은 경우에는 다음과 같이 된다.

이 방법은 간단하기는 하지만 각 말의 '중요도'를 전혀 고려하지 않는 방법이다.

- 한나라: 8개→ 8점
- 초나라: 11개 → 11점
- 그러므로, 한나라 입장에서는 −3(8−11) 점이 된다.

■ 방법 2: 내 말의 가중치(weighted) 합 – 상대 말의 가중치 합

당연하게도 '차'는 '졸'보다 훨씬 중요한 말이다. 즉, 말의 중요도를 고려한 점수 계산 방법이다.

예를 들면 다음과 같이 계산할 수 있다.

가중치 합 = ∞ × 왕의 개수 + 13 × 차의 개수 + 7 × 포의 개수 + 5 × 마의 개수 + 3 × 상의 개수 + 3 × 사의 개수 + 2 × 졸의 개수

왕이 죽으면 게임이 끝나기 때문에, 왕은 ∞(무한대)로 표현하였다. 실제의 예에서는 '왕'은 별도로 고려해야한다.

- 한나라: 13(차)×2 + 7(포)×1 + 5(마)×2 + 3(상)×0 + 3(사)×1 + 2(졸) ×1 = 48점
- 초나라: 13(차)×2 + 7(포)×2 + 5(마)×1 + 3(상)×2 + 3(사)×2 + 2(졸) ×1 = 69점
- 그러므로, 한나라 입장에서는 −21(48−69) 점이 된다.

■ 방법 3: 방법 2 + 각 말의 이동 가능 경로 수

말이 보드 상에서 살아 있다 하더라도 말이 움직일 수 없으면 해당하는

말의 가치가 떨어질 수 밖에 없다. 따라서 각 말의 활로(活路: 말의 움직일 수 있는 경우의 수)에 따른 가중치를 반영하는 방법이다.

실제로 Deep Blue는 체스 보드 상에서 8000개 정도의 정보를 사용한다고 알려져있다. 즉, 이 책에서 장기 게임을 위해서 소개된 간단한 정보 이외에 아주 많은 정보를 사용한다는 말이다. 도대체 어떤 정보를 사용하는 것일까?

궁금하면 "Deep Blue Static Evaluation" 이라는 단어로 검색해보자.

예를 들면 다음과 같이 계산할 수 있다.

$score$ = ∞ × 왕의 개수 × 활로 수+13 × 차의 개수 × 활로 수+7 × 포의 개수 × 활로 수+5 × 마의 개수 × 활로 수+3 × 상의 개수 × 활로 수+3 × 사의 개수 × 활로 수+2 × 졸의 개수 × 활로 수

위에서 장기 게임에서 사용할 수 있는 몇 가지 정보를 언급하였다. 당연하게도 사용하는 정보가(합리적인 정보라면) 많으면 많을수록 더욱 똑똑한 장기의 정적 형세 판단기를 만들 수 있을 것이다. 그러나 반대로 이에 따른 계산량 증가로 속도가 느려지는 단점이 있을 수 있다.

시간 제한이 있는 게임에서는 정적 형세 판단을 위해서 얼마나 많은 정보를 고려해야할지, 그리고 Min-Max 게임 트리를 얼마나 깊이 수를 읽어야할지를 함께 고려해야한다.

(2) 정적 형세 판단: 틱택토 게임

틱택토 게임을 예로 이야기해보자. 먼저 '게임이 종료된 후' 상황에서의 평가 함수를 만들어야 한다. 틱택토 게임에서는 일렬로 본인의 말을 배치하면 이기기 때문에 다음 그림은 X가 이긴 상황이다. 게임 종료 후에는 형세 판단이 명확하다.

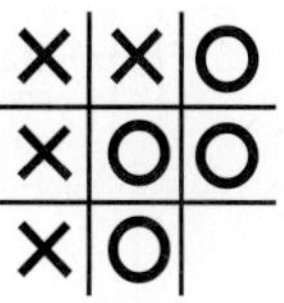

이제는 '게임 진행 중'의 상황을 고려해보자. 다음과 같이 간단하게 예를 만들어보자. 틱택토 게임에서는 현재 상황에서 각자가 이길수 있는 경우의 수를 사용하는 방법을 사용할 수 있다.

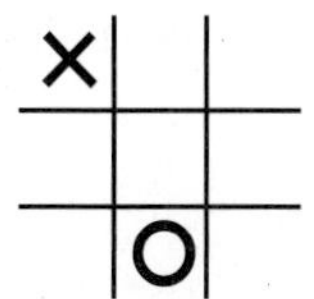

이 상태에서는 X는 다음과 같이 6가지의 이길 수 있는 경우의 수가 있다. 나의 점수를 6이라고 하자.

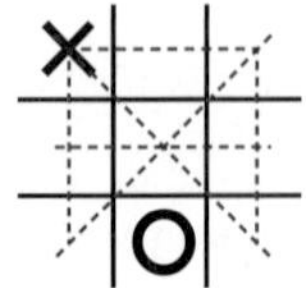

O는 다음과 같이 5가지의 이길 수 있는 경우의 수가 있다. 상대의 점수를 5라고 하자.

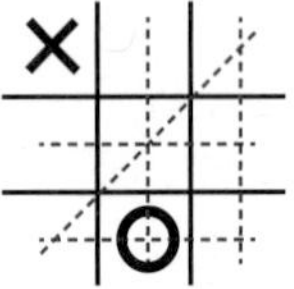

따라서 이 경우에는 "나의 점수 – 상대의 점수" 즉 6 – 5= 1점 으로써 나에게 1점이 유리한 상황이라고 판단할 수 있다.

틱택토 게임에서 방금 이야기한 정적 형세 판단기에 따라서 게임 트리를 운용해보자. 다음은 2수 앞을 탐색하는 경우이다. Max 단계에서는 최대값을, Min 단계에서는 최소값을 선택함으로써 다음 그림에서는 가장 오른쪽의 수를 선택하게 된다.

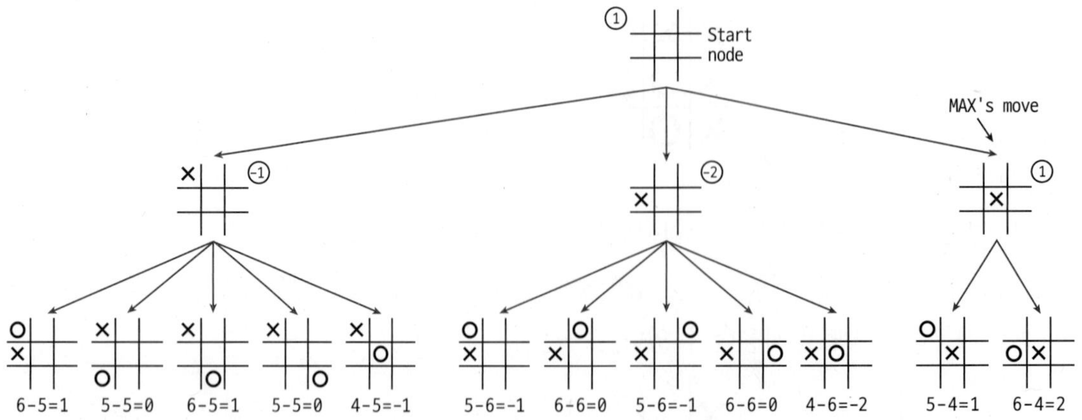

9.4.3 Min-Max 트리 구현

이제는 구체적인 Min-Max트리의 구현 방법에 대해서 알아보자. 다음은 Min-Max 트리의 의사 코드이다.

```
int maxNode( node, depth )
{
    if ( depth == 0 ) return staticEvaluate(node);
    int max = -oo;
    for ( all candidate moves )
    {
        makeMove();
        score = minNode( node, depth - 1 );

        max = max( score, max );
        unMakeMove();
    }
    return max;
}

int minNode ( node, depth )
{
    if ( depth == 0 ) return -staticEvaluate(node);
    int min = +oo;
    for ( all candidate moves )
    {
        makeMove();
        score = max( node, depth - 1 );
        min = min( score, min);
        unMakeMove();
    }
    return min;
}

int staticEvaluate(node)
{
    int eval = 0;

    for( all pieces on the node )
    {
        if ( it is myPiece ) eval = eval + some value of myPiece;
        else eval = eval - some value of myPiece;
    }
    return eval;
}
```

- if (depth == 0) return staticEvaluate(node); — 함수의 시작 부분에 depth를 체크하여 종료 여부를 결정하지 않으면 게임 트리는 무한히 깊어진다.
- makeMove(); — 한 수를 두는 단계.
- score = minNode(node, depth - 1); — 상호 재귀적으로 minNode( ) 함수를 호출한다.
- max = max(score, max); — max(,) 함수는 파라미터 2개 중에 최대값을 돌려주는 함수이다.
- unMakeMove(); — 두었던 수를 다시 되돌림.
- if (depth == 0) return -staticEvaluate(node); — Min 단계의 함수라서 상대방의 입장에서 점수를 평가해야하기 때문에 static-Evaluate( ) 함수에 마이너스(-) 부호를 붙혔다.
- min = min(score, min); — min(,) 함수는 파라미터 2개 중에 최소값을 돌려주는 함수이다.
- int staticEvaluate(node) — 이 부분은 게임의 종류에 따라서 달라지는 부분이다. 지금 의사 코드에서는 장기와 같은 게임에서 노드 상의 각 말을 가중치 합으로 점수를 계산하는 것을 가정하였다.

<Min-Max Pseudo 코드>

▪ NegaMax 구현

Min-Max 트리를 실제로 구현하는 입장에서는 Min-Max 트리의 maxNode( ) 함수와 minNode( ) 함수가 기본적으로 형태가 동일하다는 점을 바탕으로 전체적인 구조를 조금 더 간단히 구현할 수 있다. 이런 방법이 바로 NegaMax이다. 정적 형세 판단기는 동일하다.

```
int NegaMax( node, depth, color)
{
    if ( depth == 0 ) return color × staticEvaluate(node);
    int max = -oo;
    for ( all candidate moves )
    {
        makeMove();
        score = -NegaMax( node, depth - 1 );
        max = max( score, max );
        unMakeMove();
    }
    return max;
}
```

color: 플레이어 자신이면 '1', 상대이면 '-1'

정적 형세 판단기의 값을 플레이어 자신이냐 상대냐에 따라서 color 값을 곱한다.

이 부분이 달라지는 부분이다. Min-Max의 특징을 바탕으로 '-1'을 곱해준다.

<NegaMax Pseudo 코드>

예제 코드: tree_gameTree

9.4.4 오픈프레임웍스 틱택토 구현

아래에서는 오픈프레임웍스 상에서 TTT 게임 구현 예를 보자. 자료 구조와는 조금 성격이 다른 내용이어서 코드를 자세하게 설명하지는 않을 것이다. 이 분야에 관심이 있으면 위의 이론적인 설명과 구현 소스를 비교하면서 이해를 시도해보자.

```
#ifndef _TTT_H
#define _TTT_H

#define CELL_SIZE    (100)
#define HUMAN        (-1)
#define COMPUTER    (1)
```

```
void initTTT(int board[3][3], int* player);
void drawBoard(int board[3][3]);
bool isPossibleMove(int board[3][3], int row, int column);
int isWin(int board[3][3]);
bool isFull(int board[3][3]);

void humanMove(int board[3][3], int row, int column);
void computerMove(int board[3][3]);
int negamax(int board[3][3], int player);

#endif
```

<TTT.h>

```
#include <stdio.h>
#include "TTT.h"
#include "ofApp.h"

// 보드를 초기화한다.
// 보드의 항목 값이
//  0 --> empty
//  1 --> human
// -1 --> computer
void initTTT(int board[3][3], int *player) {
    for (int row = 0; row<3; row++)    {
        for (int column = 0; column<3; column++) {
            board[row][column] = 0;
        }
    }
    int whoFirst = 1;
    printf("Press 1 if You do first or\nPress 2 if Computer first: ");
    scanf("%d", &whoFirst);

    if (whoFirst==1) *player = HUMAN;
    else *player = COMPUTER;
}

// 둘 수 있는 자리인지 체크
bool isPossibleMove(int board[3][3], int row, int column) {
    if ( row < 0 ||  row > 2 || column < 0 || column > 2){
        return false;
    }
    else if (board[row][column] != 0 )    {
        return false;
    }
    return true;
}
```

```
// 누가 이겼는지 반환
// Human이 이기면 -1을 반환
// Computer가 이기면 1을 반환
// 결정되지 않으면 0을 반환
int isWin(int board[3][3]) {
    unsigned wins[8][3] = { { 0,1,2 },{ 3,4,5 },{ 6,7,8 },{ 0,3,6 },{ 1,4,7 },
                            { 2,5,8 },{ 0,4,8 },{ 2,4,6 } };

    for (int i = 0; i < 8; i++) {
        if (board[wins[i][0] / 3][wins[i][0] % 3] != 0 &&
            board[wins[i][0] / 3][wins[i][0] % 3] == board[wins[i][1] / 3][wins[i][1] % 3] &&
            board[wins[i][0] / 3][wins[i][0] % 3] == board[wins[i][2] / 3][wins[i][2] % 3])
            return board[wins[i][2] / 3][wins[i][2] % 3];
    }
    return 0;
}

// 사람이 둘 차례
void humanMove(int board[3][3], int row, int column) {
    if (isPossibleMove(board, row, column)) {
        board[row][column] = HUMAN;
    }
}

// 컴퓨터가 둘 차례
void computerMove(int board[3][3]) {
    int score = -2;
    int moveRow = -1, moveColumn = -1;

    for (int row = 0; row < 3; row++) {
        for (int column = 0; column < 3; column++) {
            if ( isPossibleMove(board, row, column) ) {
                board[row][column] = COMPUTER;
                int tempScore = -negamax(board, HUMAN);
                board[row][column] = 0;
                if (tempScore >= score) {
                    score = tempScore;
                    moveRow = row;
                    moveColumn = column;
                }
            }
        }
    }
    board[moveRow][moveColumn] = COMPUTER;
}

int negamax(int board[3][3], int player) {
    int win = isWin(board);
    if (win) return win * player;
```

```
    int score = -2;
    bool hasCandidateMove = false;

    for (int row = 0; row < 3; row++) {
        for (int column = 0; column < 3; column++) {
            if (isPossibleMove(board, row, column)) {

                board[row][column] = player;
                int tempScore = -negamax(board, player*-1);
                board[row][column] = 0;

                if (tempScore > score) {
                    score = tempScore;
                    hasCandidateMove = true;
                }
            }
        }
    }

    //returns a score based on minimax tree at a given node.
    if (hasCandidateMove) return score;
    else return 0;
}

bool isFull(int board[3][3]) {
    for (int row = 0; row < 3; row++) {
        for (int column = 0; column < 3; column++) {
            if (isPossibleMove(board, row, column)) {
                return false;
            }
        }
    }
    return true;
}

void drawBoard(int board[3][3]){
    ofNoFill();
    for (int row = 0; row < 3; row++) {
        for (int column = 0; column < 3; column++) {
            ofRect(column * CELL_SIZE, row * CELL_SIZE, CELL_SIZE, CELL_SIZE);
        }
    }

    for (int row = 0; row < 3; row++) {
        for (int column = 0; column < 3; column++) {
            if (board[row][column] == HUMAN) {
                ofLine((column) * CELL_SIZE, (row) * CELL_SIZE, (column+1) * CELL_SIZE, (row+1)
                    * CELL_SIZE);
```

```
                ofLine((column+1) * CELL_SIZE, row * CELL_SIZE, (column) * CELL_SIZE, (row + 1) *
                    CELL_SIZE);
            }
            else if (board[row][column] == COMPUTER) {
                ofCircle(column * CELL_SIZE + CELL_SIZE / 2, row * CELL_SIZE + CELL_SIZE / 2,
                    CELL_SIZE / 2);
            }
        }
    }
}
```

<TTT.c>

```
#include "ofApp.h"
#include "TTT.h"

int player;
int board[3][3];

//--------------------------------------------------------------
void ofApp::setup(){
     ofSetWindowTitle("TicTacToe 0.1");
     ofSetWindowShape(300, 450);
     ofSetFrameRate(30);
     ofBackground(ofColor::white);
     ofSetColor(ofColor::black);
     ofSetLineWidth(1.0);

     // 처음에는 사람이 먼저 두는 것으로 설정, 필요하면 콘솔 실행 창에서 변경가능
     initTTT(board, &player);
}

//--------------------------------------------------------------
void ofApp::update(){
     if (player == COMPUTER) {
         computerMove(board);
         player = HUMAN;
     }
}

//--------------------------------------------------------------
void ofApp::draw(){
     if (isWin(board) || isFull(board)) {
         if (isWin(board)==HUMAN)   ofDrawBitmapString("You Win ...", 10, 350);
         else if (isWin(board)== COMPUTER) ofDrawBitmapString("You Lose ...", 10, 350);
```

```
        else ofDrawBitmapString("Draw ...", 10, 350);

        ofDrawBitmapString("Press Mouse Button", 10, 390);
        ofDrawBitmapString("      to play NEW Game", 10, 405);
    }

    drawBoard(board);
}

//--------------------------------------------------------------
void ofApp::mousePressed(int x, int y, int button) {
    if (isWin(board) || isFull(board)) {
        initTTT(board, &player);
    }
    else {
        if (player == HUMAN && isPossibleMove(board, y / CELL_SIZE, x / CELL_SIZE)) {
                humanMove(board, y / CELL_SIZE, x / CELL_SIZE);
                player = COMPUTER;
        }
    }
}
```

<ofApp.cpp>

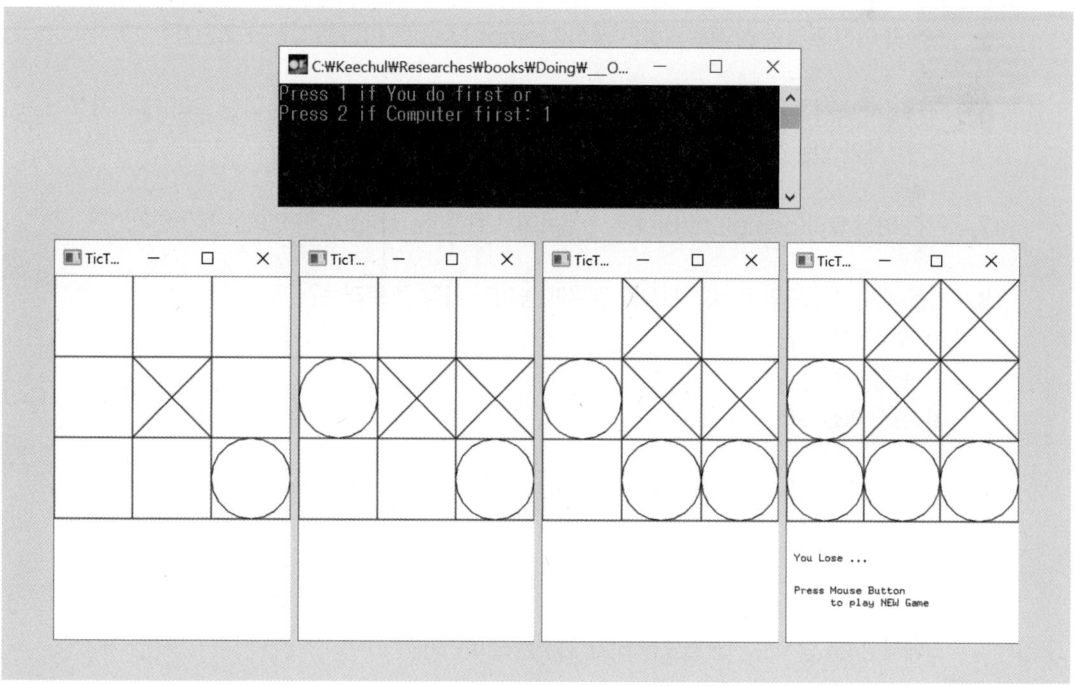

<실행 화면>

1. 다음의 트리에 대한 설명 중에서 틀린 것을 모두 고르시오.

1) 트리와 관련된 알고리즘을 재귀 함수로 구현하면 속도가 빨라진다.
2) 트리에서 노드의 차수가 0이 아닌 노드를 비-단말 노드(내부 노드, inner node)라고 한다.
3) 트리의 최대 레벨과 트리의 높이 사이에는 관련이 없다.
4) 완전 이진 트리는 포화 이진 트리의 부분 집합이다.
5) 트리는 선형 자료 구조이다.

2. 다음의 이진 트리에 대한 설명 중에서 틀린 것을 모두 고르시오.

1) 이진 트리의 모든 노드는 차수(degree)가 2이다.
2) 이진 트리의 모든 노드는 차수가 2보다 작거나 같다.
3) 이진 트리의 단말 노드는 차수가 0이다.
4) 이진 트리의 레벨 i에서의 최대 노드 개수는 2^i-1이다.

3. 1차원 배열을 이용한 이진 트리의 구현에서 메모리 낭비가 가장 심한 경우의 이진 트리는 어떤 모양인가?

4. 이진 트리에서 레벨이 4일 때, 최대 가질 수 있는 노드의 개수는?

5. 교재의 이진 트리의 정의에 의하면 공집합(empty set)은 이진 트리인가 아닌가?

6. 교재에서 소개된 구현 방법(배열을 이용한 이진 트리/ 포인터를 이용한 이진 트리)에서 자식 노드가 1개만 있는 노드의 개수를 반환하는 함수를 구현하시오.

7. 완전 이진 트리(complete binary tree)에서 완전(complete)의 의미는 무엇인가?

8. 같은 개수의 노드의 트리를 저장할 경우에 높이가 가장 큰 트리는?

1) 포화 이진 트리
2) 편향 이진 트리
3) 완전 이진 트리

9. 깊이가 d인 포화 이진 트리의 비-단말 노드 개수에서 단말 노드 개수를 뺀 값은 얼마인가? (단 d〉 0)

10. 아래의 데이터를 순차적으로 입력하여 생성한 이진 탐색 트리를 그리시오. 생성한 이진 탐색 트리에서 24를 탐색하는데 필요한 비교 회수는 얼마인가?

17, 10, 22, 15, 12, 20, 24, 11, 14

CHAPTER **10**

그래프(graphs)

C H A P T E R 10

그래프는 트리와 마찬가지로 노드 집합과 에지 집합의 쌍(pair)으로 구성된다. 그래프가 트리와 다른 점은 그래프에는 사이클(cycle)이 존재해도 된다는 점이다. 트리는 그래프의 부분 집합이며, 사이클이 존재하면 더 이상 트리가 아니다.

아래의 그림은 서울의 지하철 노선도의 일부이다. 각 정차 역이 노드이고, 노드들은 에지들로 이어져있다. 이와 같은 자료 구조가 그래프다. 이러한 그래프 자료 구조에서 가장 많이 사용되는 알고리즘은 역 간의 '최단 거리 알고리즘'과 같은 것들이 있다. 이처럼 그래프 자료 구조는 아주 많은 활용 분야가 있다.

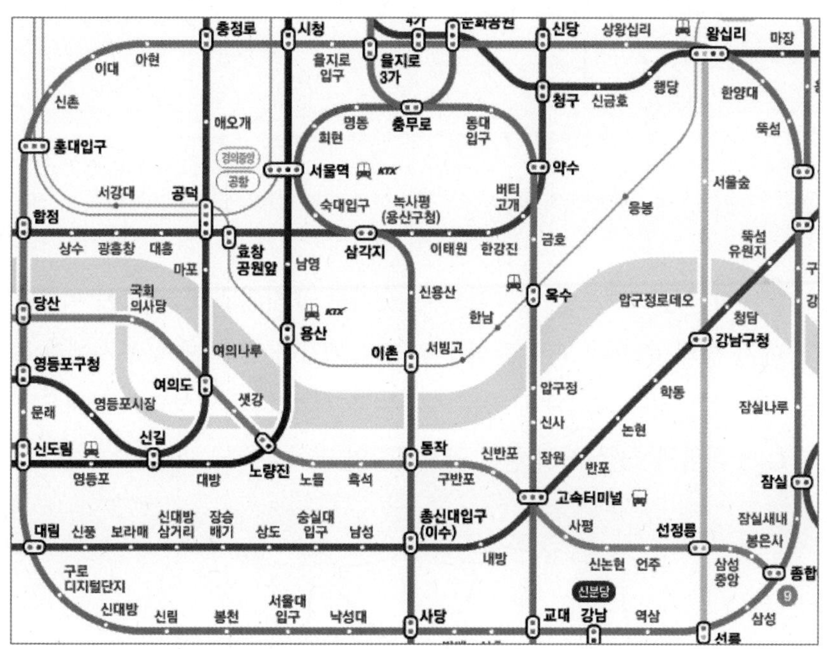

〈그래프의 실제 활용 예시: 지하철 노선도〉

10.1 그래프 기초

그래프는 노드(node, vertex, 버텍스)와 에지(edge, link, 링크)들의 집합으로 구성되며, 아래와 같이 표시한다.

G=(V,E),V는 버텍스들의 집합,E는 에지들의 집합

에지를 노드 사이의 통로(경로)라고 할 때, 비 방향성 그래프는 '양방 통행'을 의미하며, 방향성 그래프는 '일방 통행'을 의미한다.

에지에 방향이 있는 그래프를 방향성 그래프(directed graph)라고 하고, 에지에 방향이 없는 그래프를 비 방향성 그래프(undirected graph)라고 한다.

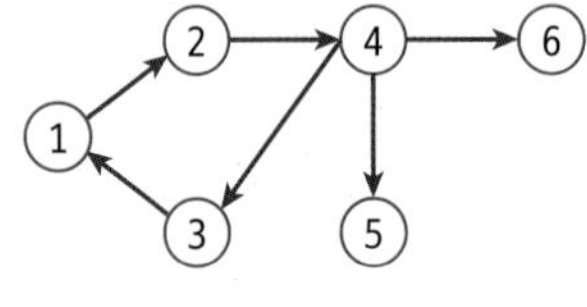

〈방향성 그래프의 예제〉

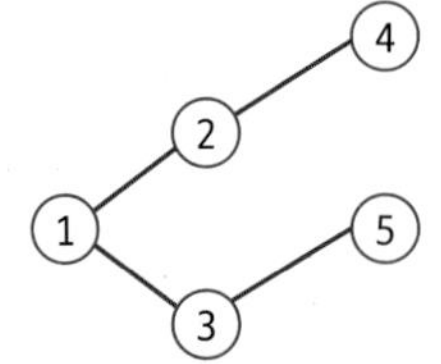

〈비 방향성 그래프의 예제〉

아래의 방향성 그래프를 생각해보자. 숫자로 표시된 노드는 도시 이름이고 에지 상의 숫자는 도시 간의 거리라고 생각하자. 이때 A 도시에서 G 도시로 가는 최단 거리를 구하는 문제는 우리가 지금 일상적으로 사용하는 GPS 네비게이션에서 구현된 알고리즘일 것이다.

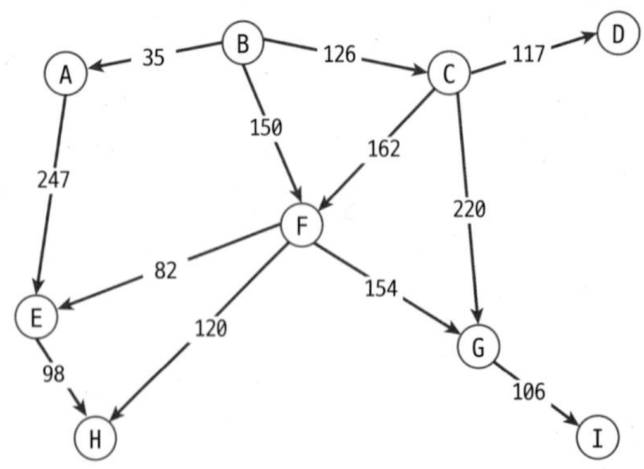

자료 구조에서는 위와 같이 에지에 연결 강도 등의 정보를 가진 그래프를 가중치 그래프(weighted graph) 또는 네트워크(network)라고 한다.

다양한 종류의 그래프들이 있다. 이와 관련된 용어를 정리하자.

- **부분 그래프(sub graph)**: 노드 집합 V의 부분 집합(subset)과, 에지 집합 E의 부분 집합으로 이루어진 그래프

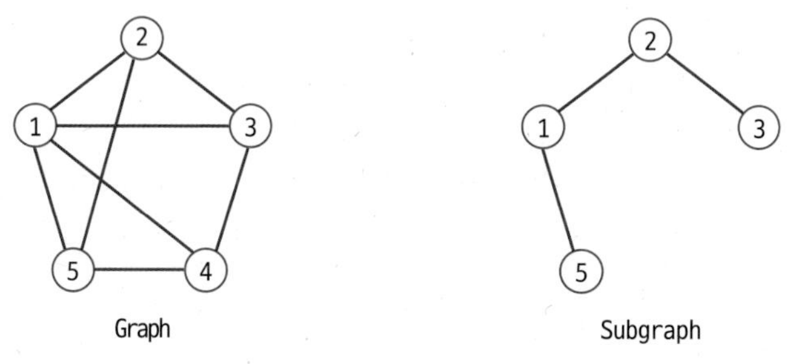

〈부분 그래프(sub graph, 서브 그래프)의 예제〉

- **완전 그래프(complete graph)**: 모든 노드들이 서로 하나의 에지로 연결되어 있는 그래프

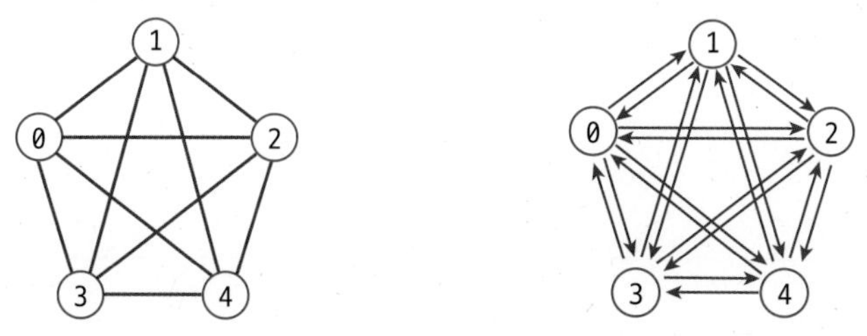

〈완전 그래프의 예제(비 방향성 그래프)〉 〈완전 그래프의 예제(방향성 그래프)〉

그래프와 관련된 몇가지 용어를 정리하자. 이와 관련된 용어는 트리에서 사용한 용어와 비슷하다.

- **인접 노드(adjacent node/vertex)**: 하나의 에지에 의해 직접 연결된 노드

- **차수(degree)**
  - 비방향성 그래프에서는…
    - 인접 노드의 개수를 의미
  - 방향성 그래프에서는…
    - 진입 차수(in-degree): 외부로부터 들어오는 에지의 수
    - 진출 차수(out-degree): 외부로 향하는(나가는) 에지의 수
- **경로(path)**: 그래프에서 에지를 따라서 갈 수 있는 길을 노드 순서대로 나열한 것
- **연결 그래프**: 연결 그래프(connected graph)란 경로(path)로 연결된 노드들의 집합을 말한다. 아래와 같은 그래프는 연결 그래프가 아니다.

노드 0번으로 갈 경로가 없다.

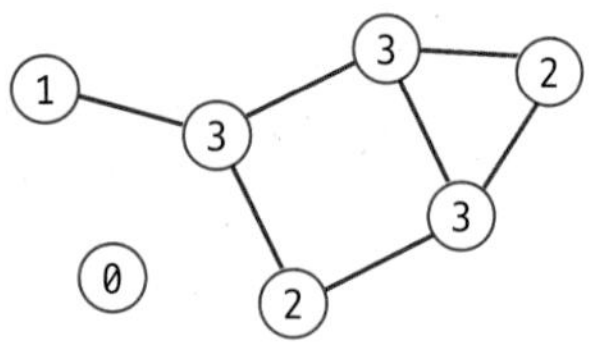

아래의 그래프 ADT를 보면서 그래프에서 어떤 연산이 필요할지 생각해 보자.

그래프의 ADT

객체 노드들의 집합과 에지들의 집합의 쌍

연산

```
A = create( )                : 빈 그래프 생성
destroy( A )                 : 그래프 A삭제
insertNode(A, node)          : 그래프 A에 node 추가
deleteNode(A, node)          : 그래프 A에서 node 삭제
insertEdge(A, from, to)      : 그래프 A에 node 번호 from 에서 to의 에지 추가
deleteEdge(A, from, to)      : 그래프 A에서 node 번호 from 에서 to의 에지 삭제
adjacent(A, from)            : 그래프 A에서 node 번호 from의 인접 노드 반환
```

10.2 그래프 구현

이제 그래프 자료 구조의 구현에 대해 생각해보자. 아래의 방법들이 그래프 구현을 위해서 주로 사용되는 방법이다.

- **인접 행렬**(adjacency matrix): 인접 노드들을 2차원 배열로 표현
- **인접 리스트**(adjacency list): 인접 노드들을 연결 리스트로 표현

여기서 소개할 내용에서 확인할 수 있듯이, 그래프 자료 구조의 구현에 2차원 배열과 연결 리스트가 사용된다. 그래서 배열과 연결 리스트와 같은 선형 자료 구조가 중요하다고 앞에서 언급했던 것이다.

10.2.1 인접 행렬을 이용한 구현

그래프 자료 구조를 실제 프로그래밍 언어에서는 어떻게 구현할 수 있을까? 아래의 오른쪽 그림처럼 2차원 배열을 이용해서 표현할 수도 있는데, 예를 들어서 2행 1열의 값이 1이라는 의미는 노드 2에서 노드 1로 향하는 에지가 있다는 말이다.

그래프라는 추상화된 자료 구조를 실제 구현하는 방법은 이와 같이 배열을 이용하는 방법, 연결 리스트(linked list)를 이용한 방법 등 다양하다.

이 예제와 같이 배열은 단순한 구조이기는 하지만 그 사용법은 무궁 무진하다.

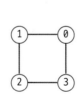

	0	1	2	3
0	0	1	1	0
1	0	0	0	0
2	0	1	0	0
3	0	1	0	0

〈방향성 그래프의 인접 행렬 표현 예시〉

	0	1	2	3
0	0	1	0	1
1	1	0	1	0
2	0	1	0	1
3	1	0	1	0

〈비-방향성 그래프의 인접 행렬 표현 예시〉

비-방향성 그래프는 행렬의 오른쪽 상단 삼각형의 값과 왼쪽 하단 삼각형이 대칭을 이룬다.

위와 같이 N개의 노드를 가진 그래프의 인접 행렬 A는 N × N 차원이 된다. 행(row)은 에지의 시작 노드 번호, 열(column)은 에지의 끝 노드 번호를 의미한다.

현재의 1또는 0의 값으로 에지의 유무만 표시하지만, 가중치 그래프(weighted graph)에서는 이 값이 가중치가 된다.

- A[i][j] = 1, 에지 E(i,j)가 존재하면
  = 0, 그렇지 않으면

비 방향성 그래프를 인접 행렬로 표현하면 행렬의 좌측상단에서 우측하단을 잇는 대각선을 기준으로 대칭 행렬이 된다.

- 비-방향성 그래프
  A[i][j] = A[j][i]
- 가중치 그래프
  A[i][j] = 에지 상의 웨이트, 에지 E(i,j)가 존재하면,
  = 상수값(미리 정해진), 에지가 존재하지 않으면

인접 행렬을 이용한 그래프의 구현은 아래와 같은 장단점이 있다.

장점	• 구현이 쉽다. • 두 노드를 연결하는 에지 유무를 최악의 경우에도 O(1) 시간에 알 수 있다. • 노드의 차수는 인접 행렬의 행이나 열을 살펴보면 알 수 있기 때문에, 최악의 경우에도 노드의 개수를 n이라고 할 때 O(n) 시간에 알 수 있다.
단점	• 희소 그래프(sparse graph)의 경우에는 메모리가 낭비될 수 있다. • 모든 에지의 수를 구하려면 노드의 개수를 n이라고 할 때 $O(n^2)$ 시간이 필요하다.

희소 그래프라는 용어는 2차원 배열에서 배웠던 희소 행렬의 의미를 지니는 그래프를 말한다. 노드의 개수는 많은데 상대적으로 에지 개수가 적은 그래프.

인접 행렬을 이용한 그래프 자료 구조의 구현 방법 두가지를 소개하려고 한다.

- **(기본)**: 행렬의 크기를 정적으로 고정하고, 노드의 추가/삭제를 고려하지 않는 간단한 방법. 여기서는 에지의 추가/삭제만 고려한다.
- **(심화)**: 행렬의 크기는 정적으로 고정되어 있기는 하지만, 노드의 추가/삭제도 고려하는 방법

(1) 기본 인접 행렬을 이용한 그래프 구현

예제 코드: graphAdjacency Matrix(simple)

인접 행렬을 이용한 그 첫번째 구현이다.

```
#ifndef _GRAPH_ADJACENCY_MATRIX_H
#define _GRAPH_ADJACENCY_MATRIX_H

#include <stdbool.h>

#define MAX_NODE (10)
typedef enum { DIRECTED = 0, UNDIRECTED = 1 } GraphType;

// 그래프 표현을 위한 구조체 정의
typedef struct {
    GraphType mode; // 방향성 또는 비-방향성 그래프 모드 표시
    bool adjMatrix[MAX_NODE][MAX_NODE];  // 노드 사이의 에지 유무를 위한 배열(true:있음, false:없음)
} Graph;

void create(Graph *g, GraphType mode);
void insertEdge(Graph *g, int from, int to);
void deleteEdge(Graph *g, int from, int to);
void print(const Graph *g);

#endif
```

<graphAdjecencyMatrix.h>

```
/******************************************************************************
' 파일명    : graphAdjacencyMatrix.c
' 내용      : 자료구조의 그래프를 인접 행렬을 이용해서 구현
' 제한사항  : 에지의 추가/삭제 기능만 있고 노드의 추가/삭제 기능은 없다.
' 오류처리  :
'/******************************************************************************/

#include <stdio.h>
#include <stdlib.h>
#include "graphAdjacencyMatrix.h"

void beforeExit() {
    printf("exit() is called\n");
}

/******************************************************************************
' 함수명  : void create(Graph *g, GraphType mode)
```

```
' 설명    : 그래프를 초기화한다.
'           인접 행렬 원소 모두를 false로 표시한다.
'           mode: DIRECTED 또는 UNDIRECTED
' 리턴값  : void
' 매개변수: Graph *g, GraphType mode
'/*************************************************************************/
void create(Graph *g, GraphType mode) {
    g->mode = mode;
    for (int r = 0; r < MAX_NODE; r++) {
        for (int c = 0; c < MAX_NODE; c++) {
            g->adjMatrix[r][c] = false;
        }
    }
    atexit(beforeExit);
}

/*************************************************************************
' 함수명  : void insertEdge(Graph *g, int from, int to)
' 설명    : node 번호 from 에서 to의 에지 추가
' 리턴값  : void
' 매개변수: Graph *g, int from, int to
'/*************************************************************************/
void insertEdge(Graph *g, int from, int to) {
    if (from < 0 || from >= MAX_NODE || to < 0 || to >= MAX_NODE) {
        printf("Error: node no out of range.\n");
        exit(1);
        return;
    }
    g->adjMatrix[from][to] = true;
    if (g->mode == UNDIRECTED) g->adjMatrix[to][from] = true; // undirected graph는 양방향 에지를 
추가해야 함.
}

/*************************************************************************
' 함수명  : void deleteEdge(Graph *g, int from, int to)
' 설명    : node 번호 from에서 to의 에지 삭제
' 리턴값  : void
' 매개변수: Graph *g, int from, int to
'/*************************************************************************/
void deleteEdge(Graph *g, int from, int to) {
    if (from < 0 || from >= MAX_NODE || to < 0 || to >= MAX_NODE) {
        printf("Error: node no out of range.\n");
        exit(1);
        return;
    }
    g->adjMatrix[from][to] = false;
    if (g->mode == UNDIRECTED) g->adjMatrix[to][from] = false;
}
```

```
/**************************************************************************
' 함수명  : void print(const Graph *g)
' 설명    : 그래프를 화면에 출력한다.
' 리턴값  : void
' 매개변수: Graph *g
'/**************************************************************************/
void print(const Graph *g) {
    printf("Graph Print\n");
    for (int r = 0; r < MAX_NODE; r++) {
        for (int c = 0; c < MAX_NODE; c++) {
            printf("%3d ", g->adjMatrix[r][c]);
        }
        printf("\n");
    }
}
```

<graphAdjecencyMatrix.c>

```
#include "graphAdjacencyMatrix.h"
#include <stdio.h>

void graphvizPrint(Graph *g) {
    char* mode;

    if (g->mode == DIRECTED) mode = "->";
    else mode = "--";

    for (int r = 0; r < MAX_NODE; r++) {
        for (int c = 0; c < MAX_NODE; c++) {
            if (g->adjMatrix[r][c] ) printf("\t\"%d\" %s \"%d\"\n", r, mode, c);
        }
    }
}

void graphvizDriver(Graph *g) {
    if (g->mode == DIRECTED) printf("digraph G {\n");
    else printf("graph G {\n");

    graphvizPrint(g);
    printf("}\n");
}
```

```
void test() {
    Graph g;

    create(&g, DIRECTED);

    insertEdge(&g, 0, 1);
    insertEdge(&g, 0, 2);
    insertEdge(&g, 0, 3);
    insertEdge(&g, 0, 4);
    insertEdge(&g, 1, 3);
    insertEdge(&g, 2, 3);
    insertEdge(&g, 2, 4);

    print(&g);
    graphvizDriver(&g);

    deleteEdge(&g, 0, 1);
    graphvizDriver(&g);

    create(&g, UNDIRECTED);

    insertEdge(&g, 0, 1);
    insertEdge(&g, 0, 2);
    insertEdge(&g, 1, 3);
    insertEdge(&g, 2, 3);
    insertEdge(&g, 2, 4);

    print(&g);
    graphvizDriver(&g);
}
```

```
Graph Print
  0  1  1  1  1  0  0  0  0  0
  0  0  0  1  0  0  0  0  0  0
  0  0  0  1  1  0  0  0  0  0
  0  0  0  0  0  0  0  0  0  0
  0  0  0  0  0  0  0  0  0  0
  0  0  0  0  0  0  0  0  0  0
  0  0  0  0  0  0  0  0  0  0
  0  0  0  0  0  0  0  0  0  0
  0  0  0  0  0  0  0  0  0  0
  0  0  0  0  0  0  0  0  0  0

digraph G {
        "0" -> "1"
        "0" -> "2"
        "0" -> "3"
        "0" -> "4"
        "1" -> "3"
        "2" -> "3"
        "2" -> "4"
}
digraph G {
        "0" -> "2"
        "0" -> "3"
        "0" -> "4"
        "1" -> "3"
        "2" -> "3"
        "2" -> "4"
}
Graph Print
  0  1  1  0  0  0  0  0  0  0
  1  0  0  1  0  0  0  0  0  0
  1  0  0  1  1  0  0  0  0  0
  0  1  1  0  0  0  0  0  0  0
  0  0  1  0  0  0  0  0  0  0
  0  0  0  0  0  0  0  0  0  0
  0  0  0  0  0  0  0  0  0  0
  0  0  0  0  0  0  0  0  0  0
  0  0  0  0  0  0  0  0  0  0
  0  0  0  0  0  0  0  0  0  0
graph G {
        "0" -- "1"
        "0" -- "2"
        "1" -- "0"
        "1" -- "3"
        "2" -- "0"
        "2" -- "3"
        "2" -- "4"
        "3" -- "1"
        "3" -- "2"
        "4" -- "2"
}
```

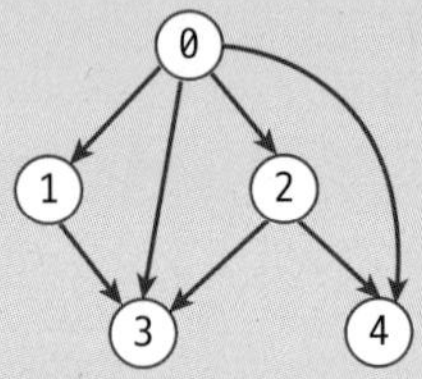

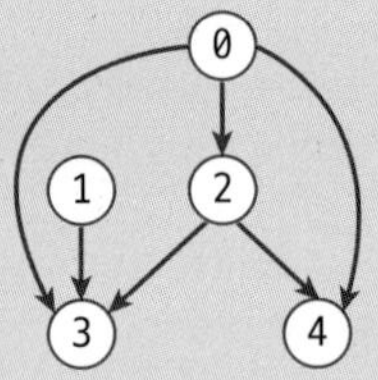

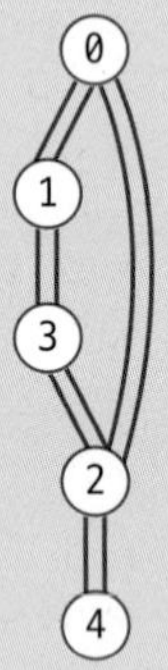

이 교재에서는 비-방향성 그래프는 내부적으로 양방향으로 모두 에지가 있는 것으로 구현했기 때문에, GraphViz를 통해서 그래프를 출력하면 노드 사이에 에지가 2개 있는 것으로 그려진다.

<test.c>

(2) 심화 인접 행렬을 이용한 그래프 구현

앞의 (기본) 구현은 그래프의 최대 노드 개수가 배열에 의해서 제한되어 있고, 노드의 추가 삭제는 고려하지 않았다. 그러나 가질 수 있는 최대 노드 개수는 정해져 있지만, 실제로 사용하는 노드가 어떤 노드인지도 중요할 수 있다.

예제 코드: graphAdjacencyMatrix

연결된 에지가 없이 사용되는 노드가 있을 수도 있다.

아래의 구현 내용은, 위의 (기본) 구현 방법에 노드를 추가/삭제하는 부분을 추가하였다. 변경된 부분에 집중하면서 살펴보자.

```
#ifndef _GRAPH_ADJACENCY_MATRIX_H
#define _GRAPH_ADJACENCY_MATRIX_H

#include <stdbool.h>

#define MAX_NODE (100)
typedef enum { DIRECTED = 0, UNDIRECTED = 1 } GraphType;

// 그래프 표현을 위한 구조체 정의
typedef struct {
    GraphType mode;
    bool nodeList[MAX_NODE];             // 노드의 유무를 위한 배열(true:있음, false:없음)
    bool adjMatrix[MAX_NODE][MAX_NODE];
    int nodeSize;                        // 노드의 실제 사용 개수
} Graph;

// 그래프 화면 출력 함수
void graphvizPrint(Graph *g);
void graphvizDriver(Graph *g);

void create(Graph *g, GraphType mode);
void destroy(Graph *g);

void insertNode(Graph *g, int node);
void deleteNode(Graph *g, int node);

void insertEdge(Graph *g, int from, int to);
void deleteEdge(Graph *g, int from, int to);

void print(const Graph *g);

#endif
```

<graphAdjacencyMatrix.h>

```
/***************************************************************************
' 파일명    : graphAdjacencyMatrix.c
' 내용      : 자료구조의 그래프를 인접 행렬을 이용해서 구현
' 제한사항  : 에지의 추가/삭제, 노드의 추가/삭제 기능이 있다.
' 오류처리  :
'/***************************************************************************/

#include <stdio.h>
#include "graphAdjacencyMatrix.h"
#include "circularQueue.h"

/***************************************************************************
' GraphViz 출력 함수
'/***************************************************************************/
void graphvizPrint(Graph *g) {
    char* mode;

    if (g->mode == DIRECTED) mode = "->";
    else mode = "--";

    for (int r = 0; r < g->nodeSize; r++) {
        if ( g->nodeList[r] ) printf("\t\"%d\";\n", r);
    }
    for (int r = 0; r < MAX_NODE; r++) {
        for (int c = 0; c < MAX_NODE; c++) {
            if (g->adjMatrix[r][c]) printf("\t\"%d\" %s \"%d\";\n", r, mode, c);
        }
    }
}

void graphvizDriver(Graph *g) {
    if (g->mode == DIRECTED) printf("digraph G {\n");
    else printf("graph G {\n");

    graphvizPrint(g);
    printf("}\n");
}

/***************************************************************************
' 함수명  : void create(Graph *g, GraphType mode)
' 설명    : 그래프를 초기화한다.
'           인접 행렬 원소 모두를 false로 표시한다.
'           mode: DIRECTED 또는 UNDIRECTED
' 리턴값  : void
' 매개변수: Graph *g, GraphType mode
'/***************************************************************************/
void create(Graph *g, GraphType mode) {
    int r, c;
```

```
    g->nodeSize = 0; // 실제 사용하는 노드의 개수를 관리
    g->mode = mode;
    for (r = 0; r < MAX_NODE; r++) {
        g->nodeList[r] = false;
        for (c = 0; c < MAX_NODE; c++) {
            g->adjMatrix[r][c] = false;
        }
    }
}

/******************************************************************************
' 함수명  : void destroy(Graph *g)
' 설명    : 그래프를 삭제한다.
'           인접 행렬을 이용한 그래프 구현 방법은 동적으로 메모리를 할당하지 않기 때문에,
'           내부적으로는 create( Graph* p ) 함수를 호출해서 그래프를 초기화해준다.
' 리턴값  : void
' 매개변수: Graph *g
'/******************************************************************************/
void destroy(Graph *g) {
    create(g, g->mode);
}

/******************************************************************************
' 함수명  : void insertNode(Graph *g, int node)
' 설명    : 해당하는 번호의 node를 추가한다.
' 리턴값  : void
' 매개변수: Graph *g, int node
'/******************************************************************************/
void insertNode(Graph *g, int node) {
    if (node >= MAX_NODE) {
        printf("Error: node no out of range.\n");
        return;
    }

    g->nodeList[node] = true;
    (g->nodeSize)++;
}

/******************************************************************************
' 함수명  : void deleteNode(Graph *g, int node)
' 설명    : 해당하는 번호의 노드 삭제, 해당하는 노드와 관련된 에지를 모두 찾아서 없애야 한다.
' 리턴값  : void
' 매개변수: Graph *g, int node
'/******************************************************************************/
void deleteNode(Graph *g, int node) {
    if (node >= MAX_NODE) {
        printf("Error: node no out of range.\n");
```

```
        return;
    }

    for (int i = 0; i < g->nodeSize; i++) {
        deleteEdge(g, i, node); // 해당 노드로 들어오는 에지 삭제
        deleteEdge(g, node, i); // 해당 노드에서 나가는 에지 삭제
    }
    g->nodeList[node] = false;
    if (node == (g->nodeSize) - 1) (g->nodeSize)--;
}

/*****************************************************************************
' 함수명  : void insertEdge(Graph *g, int from, int to)
' 설명    : node 번호 from 에서 to의 에지 추가
' 리턴값  : void
' 매개변수: Graph *g, int from, int to
'/*****************************************************************************/
void insertEdge(Graph *g, int from, int to) {
    if (from < 0 || from >= g->nodeSize || to < 0 || to >= g->nodeSize) {
        printf("Error: node no out of range.\n");
        return;
    }

    g->adjMatrix[from][to] = true;
    if (g->mode == UNDIRECTED) g->adjMatrix[to][from] = true;
}

/*****************************************************************************
' 함수명  : void deleteEdge(Graph *g, int from, int to)
' 설명    : node 번호 from 에서 to의 에지 삭제
' 리턴값  : void
' 매개변수: Graph *g, int from, int to
'/*****************************************************************************/
void deleteEdge(Graph *g, int from, int to) {
    if (from < 0 || from >= g->nodeSize || to < 0 || to >= g->nodeSize) {
        printf("Error: node no out of range.\n");
        return;
    }
    g->adjMatrix[from][to] = false;
    if (g->mode == UNDIRECTED) g->adjMatrix[to][from] = false;
}

/*****************************************************************************
' 함수명  : void print(const Graph *g)
' 설명    : 그래프를 화면에 출력한다.
' 리턴값  : void
' 매개변수: Graph *g
'/*****************************************************************************/
```

```c
void print(const Graph *g) {
    printf("Graph Print\n");
    for (int r = 0; r < g->nodeSize; r++) {
        for (int c = 0; c < g->nodeSize; c++) {
            printf("%3d ", g->adjMatrix[r][c]);
        }
        printf("\n");
    }
}
```

<graphAdjacencyMatrix.c>

```c
#include "graphAdjacencyMatrix.h"
#include <stdio.h>

void test() {
    Graph g;

    // directed graph test
    create(&g, DIRECTED);

    insertNode(&g, 0);
    insertNode(&g, 1);
    insertNode(&g, 2);
    insertNode(&g, 3);
    insertNode(&g, 4);
    insertNode(&g, 5);

    insertEdge(&g, 0, 1);
    insertEdge(&g, 0, 2);
    insertEdge(&g, 0, 3);
    insertEdge(&g, 0, 4);
    insertEdge(&g, 1, 3);
    insertEdge(&g, 2, 3);
    insertEdge(&g, 2, 4);
    insertEdge(&g, 3, 4);

    print(&g);
    graphvizDriver(&g);

    deleteEdge(&g, 1, 3);
    deleteNode(&g, 2);

    print(&g);
    graphvizDriver(&g);
```

```
Graph Print
  0   1   1   1   1   0
  0   0   0   1   0   0
  0   0   0   1   1   0
  0   0   0   0   1   0
  0   0   0   0   0   0
  0   0   0   0   0   0
```

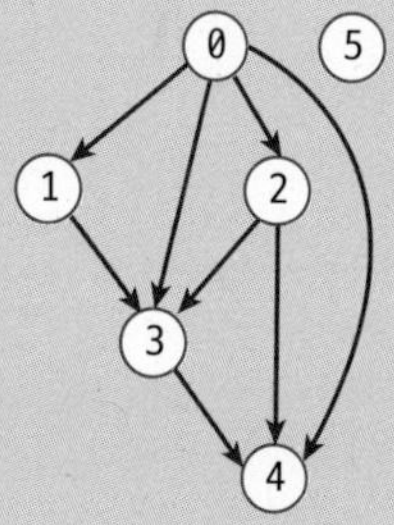

```
Graph Print
  0   1   0   1   1   0
  0   0   0   0   0   0
  0   0   0   0   0   0
  0   0   0   0   1   0
  0   0   0   0   0   0
  0   0   0   0   0   0
```

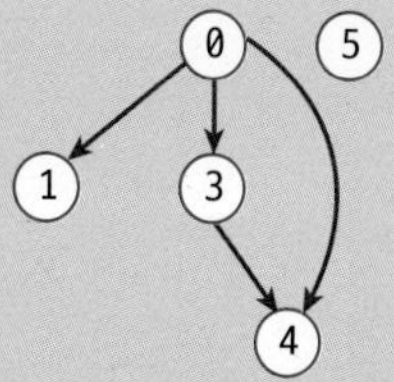

```
Graph Print
  0   1   0   0   1   0
  1   0   0   1   0   0
  0   0   0   1   1   0
  0   1   1   0   1   0
  1   0   1   1   0   0
  0   0   0   0   0   0
```

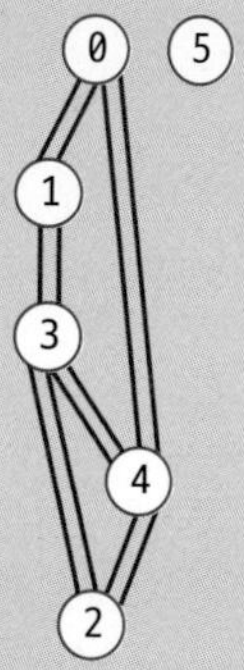

```
    // un-directed graph test
    create(&g, UNDIRECTED);

    insertNode(&g, 0);
    insertNode(&g, 1);
    insertNode(&g, 2);
    insertNode(&g, 3);
    insertNode(&g, 4);
    insertNode(&g, 5);

    insertEdge(&g, 0, 1);
    insertEdge(&g, 0, 4);
    insertEdge(&g, 1, 3);
    insertEdge(&g, 2, 3);
    insertEdge(&g, 2, 4);
    insertEdge(&g, 3, 4);

    print(&g);
    graphvizDriver(&g);

    deleteEdge(&g, 1, 3);
    deleteNode(&g, 2);

    print(&g);
    graphvizDriver(&g);
}
```

```
Graph Print
  0  1  0  0  1  0
  1  0  0  0  0  0
  0  0  0  0  0  0
  0  0  0  0  1  0
  1  0  0  1  0  0
  0  0  0  0  0  0
```

0 5 1 4 3

<test.c>

아래는 그래프 자료 구조에서 유용한 몇가지 기능들이다. 전체 노드 개수를 측정하거나, 전체 에지 개수를 측정하는 함수들이다.

```
…
…

// utility functions
int getNodeSize(Graph *g);
int getEdgeSize(Graph *g);
…
…
```

<graphAdjacencyMatrix.h 추가 사항>

```
// 노드 개수 반환
int getNodeSize(Graph *g) {
    int n;
    int count = 0;
    for (n = 0; n < g->nodeSize; n++) {
        if (g->nodeList[n]) count++;
    }
    return count;
}

// 에지 개수 반환
int getEdgeSize(Graph *g) {
    int r, c;
    int count = 0;
    for (r = 0; r < g->nodeSize; r++) {
        for (c = 0; c < g->nodeSize; c++) {
            if ( g->adjMatrix[r][c] ) count++;
        }
    }
    return count;
}
```

<graphAdjacencyMatrix.c 추가 사항>

참고

교재의 앞부분에서 2차원 행렬을 동적으로 할당받아서 사용하는 부분을 설명했었다. 동일한 방법으로 인접 행렬을 동적으로 할당받아서 사용하도록 구현할 수도 있다. 그러나 이러한 방법은 노드를 추가할 때 문제가 생길 수 있어서 이 책에서 소개하지 않았다.

10.2.2 인접 리스트를 이용한 구현

인접 행렬을 이용한 그래프의 표현은 2차원 배열을 이용한 방법이라서 노드의 추가/삭제가 쉽지 않고 희소 행렬인 경우는 메모리의 낭비가 있을 수 있다는 단점이 있다. 이제부터는 인접 리스트를 이용해보자. 인접 리스트는 아래와 같이 각 노드의 인접 노드들을 연결 리스트로 표현한 것이다.

많은 자료 구조 중에서 지금 하려고 하는 이 부분, 즉 인접 리스트를 이용한 그래프 구현이 가장 복잡한 부분이다.

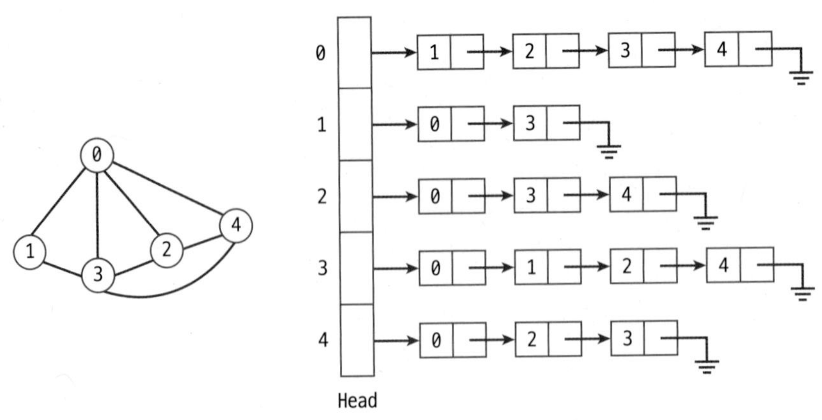

〈인접 리스트(adjacency list)를 이용한 그래프 표현〉

인접 노드들을 연결 리스트를 이용해서 표현하기 위한 가장 기본이 되는 구조체를 살펴 보자. 아래와 같이 3개의 구조체를 사용한다.

그래프 자료 구조의 총괄 구조체	헤드 노드 구조체	인접 리스트의 노드를 위한 구조체

typedef struct Graph {
    GraphType mode;
    HeadNodes* list;
    int nodeSize;
} Graph;
 	
Graph g
	typedef struct HeadNodes {
	    Node *head;
	} HeadNodes;
		typedef struct Node {
		    int dest;
		    Node* next;
		} Node;

GraphType은 방향성 그래프인지 비-방향성 그래프인지를 나타낸다.

이 부분에 대한 이해는 전체 구현 코드를 보기 위해서 필수적이다. 아래의 예제 그래프를 통해 각 구조체의 역할을 이해하자.

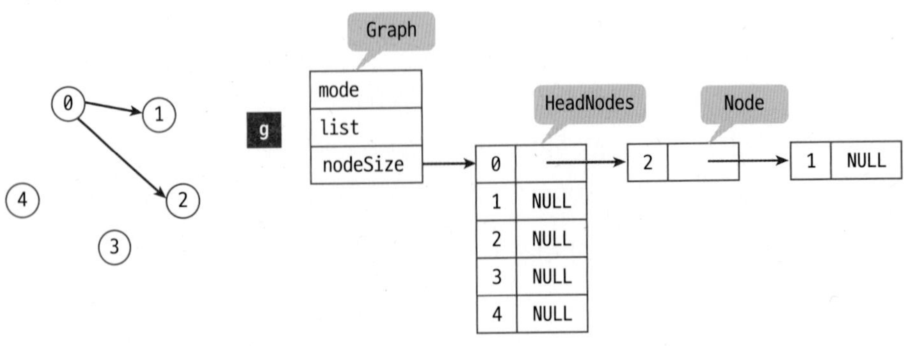

이 구조체를 바탕으로 그래프를 생성하는 함수 create( )는 아래와 같다. 그래프를 생성하는 시점에 노드의 개수가 동적으로 정해진다.

```
Graph* create(int nodeSize, GraphType mode) {
    Graph* g = (Graph*)malloc(sizeof(Graph));
    g->mode = mode;
    g->nodeSize = nodeSize;
    g->list = (HeadNodes*)malloc(nodeSize * sizeof(HeadNodes));

    for (int i = 0; i < nodeSize; ++i)
        g->list[i].head = NULL;

    return g;
}
```

그러면 아래의 문장에 의해서 그림과 같은 자료 구조가 생성되게 된다.

여기서 언급할 사항이 있다. 그래프를 연결 리스트를 이용해서 구현하는 다양한 세부 방법들이 있을 수 있다. 이 책에서 소개하는 방법은 그 중의 하나일 뿐이다. 그리고, 이 책에서 소개하는 방법은 그래프의 노드 개수는 그래프를 처음에 create( )할 때 고정된다.

```
Graph* g;
g = create(5, UNDIRECTED);
```

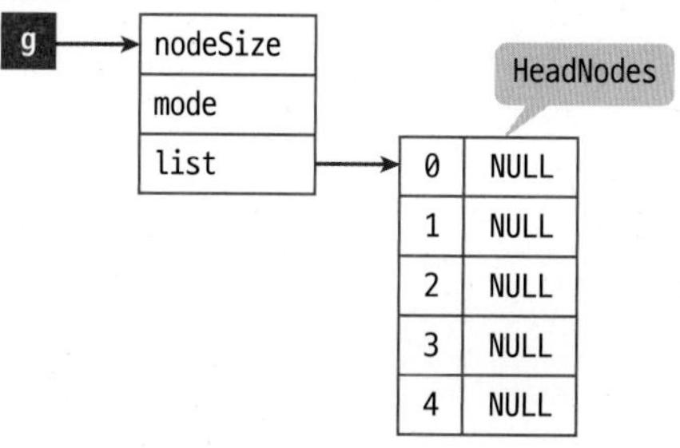

이 상황에서 아래의 함수를 실행하면, 추가되는 에지에 따라서 HeadNodes에 Node가 추가된다.

```
insertEdge(g, 0, 1);
insertEdge(g, 0, 2);
```

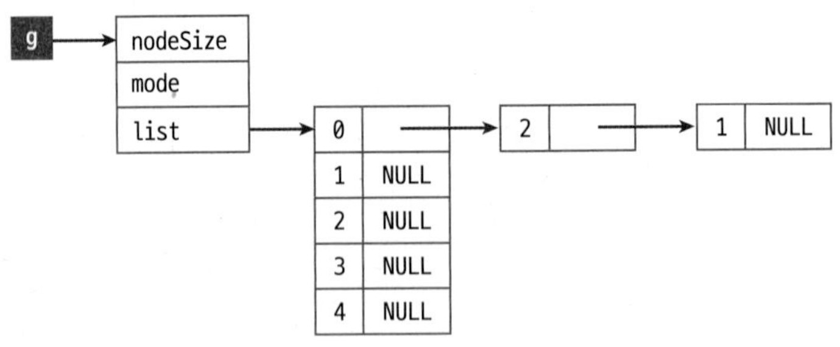

예제 코드: graphAdjacencyList

▪ 전체 구현

이제 전체 코드를 살펴보자.

```
#ifndef _GRAPH_ADJACENCY_LIST_H
#define _GRAPH_ADJACENCY_LIST_H

// 방향성/ 비 방향성 그래프 종류
typedef enum { UNDIRECTED = 0, DIRECTED = 1 } GraphType;

// 연결 리스트로 관리되는 인접 노드를 위한 구조체
typedef struct Node {
    int dest;
    Node* next;
} Node;

// 헤드 노드를 위한 구조체
typedef struct HeadNodes {
    Node *head;
} HeadNodes;

// 그래프 전체를 총괄하는 구조체
typedef struct Graph {
    int nodeSize;
    GraphType mode;
    HeadNodes* list;
} Graph;

// graphViz를 이용한 출력 함수
void graphvizDriver(Graph *g);
void graphvizPrint(Graph *g);

// 그래프 생성과 삭제 함수
Graph* create(int nodeNo, GraphType mode);
void destroy(Graph* g);
```

```
// 에지 추가 함수
void insertEdge(Graph* g, int from, int to);
void deleteEdge(Graph* g, int from, int to);

// 새로운 노드 동적 생성 함수
Node* newNode(int dest);

// 그래프 콘솔에 출력 함수
void print(Graph* g);

#endif
```

<graphAdjacencyList.h>

```
#include <stdio.h>
#include <stdlib.h>
#include "graphAdjacencyList.h"

/************************** 그래프 그래픽 출력 함수 *************************/
void graphvizPrint(Graph *g) {
    char* mode;

    if (g->mode == DIRECTED) mode = "->";
    else mode = "--";

    for (int v = 0; v < g->nodeSize; v++) {
        printf("\t\"%d\";\n", v);
    }

    for (int v = 0; v < g->nodeSize; v++) {
        Node* n = g->list[v].head;
        while (n) {
            printf("\t\"%d\" %s \"%d\";\n", v, mode, n->dest);
            n = n->next;
        }
    }
}

void graphvizDriver(Graph *g) {
    if (g->mode == DIRECTED) printf("digraph G {\n");
    else printf("graph G {\n");

    graphvizPrint(g);
    printf("}\n");
}
/************************** 그래프 그래픽 출력 함수 *************************/
```

```
/*****************************************************************************
' 함수명    : Graph* create(int nodeSize, GraphType mode)
' 설명      : 그래프를 생성한다.
' 리턴값    : Graph*
' 매개변수  : int nodeSize: 노드의 개수(향후에도 개수를 변경할 수 없다.
'             GraphType : 방향성/ 비방향성 그래프 여부
'/*****************************************************************************/
Graph* create(int nodeSize, GraphType mode) {
    Graph* g = (Graph*)malloc(sizeof(Graph));
    g->nodeSize = nodeSize;
    g->mode = mode;
    g->list = (HeadNodes*)malloc(nodeSize * sizeof(HeadNodes));

    for (int i = 0; i < nodeSize; ++i)
        g->list[i].head = NULL;

    return g;
}
/*****************************************************************************
' 함수명  : void destroy(Graph* g)
' 설명    : 그래프의 메모리를 해제한다.
' 리턴값  : void
' 매개변수: Graph* g:
'/*****************************************************************************/
void destroy(Graph* g) {
    for (int v = 0; v < g->nodeSize; ++v)
        free(g->list[v].head);
    g->nodeSize = 0;
    free(g->list);

    return;
}

/*****************************************************************************
' 함수명  : void insertEdge(Graph* g, int from, int to)
' 설명    : 그래프에 에지를 추가한다.
' 리턴값  : void
' 매개변수: Graph* g:
'           int from : 시작 노드
'           int to   : 도착 노드
'/*****************************************************************************/

void insertEdge(Graph* g, int from, int to){
    Node* n = newNode(to); // 목적지 노드 번호를 가지는 새로운 노드 생성

    // 새로운 노드가 리스트의 헤드 부분(즉, 연결리스트의 제일 앞부분)에 추가된다.
    n->next = g->list[from].head;
    g->list[from].head = n;
```

```
    //비방향성 그래프일 경우에 반대 방향의 에지를 추가하는 코드
    if (g->mode == UNDIRECTED) {
        n = newNode(from);
        n->next = g->list[to].head;
        g->list[to].head = n;
    }
}

/******************************************************************************
' 함수명  : Node* newNode(int dest)
' 설명    : 그래프에 에지를 추가하는 경우에, 연결 리스트의 노드를 생성한다.
' 리턴값  : Node *
' 매개변수: int dest: 에지의 도착 노드
'/******************************************************************************/
Node* newNode(int dest) {
    Node* n = (Node*)malloc(sizeof(Node));
    n->dest = dest;
    n->next = NULL;
    return n;
}

/******************************************************************************
' 함수명  : void deleteEdge(Graph* g, int from, int to)
' 설명    : 그래프에서 에지를 삭제한다.
' 리턴값  : void
' 매개변수: Graph* g:
'          int from:    시작 노드
'          int to:        도착 노드
'/******************************************************************************/
void deleteEdge(Graph* g, int from, int to) {
    // not implemented
}

/******************************************************************************
' 함수명  : void print(Graph* g)
' 설명    : 그래프를 콘솔 화면에 출력한다.
' 리턴값  : void
' 매개변수: Graph* g:
'/******************************************************************************/
void print(Graph* g){
    for (int v = 0; v < g->nodeSize; v++)    {
        Node* n = g->list[v].head;
        printf("vertex %d: ", v);
        while (n) {
            printf("-> %d", n->dest);
            n = n->next;
        }
        printf("\n");
    }
}
```

<graphAdjacencyList.c>

앞에서 살펴본 아래와 같은 비방향성 그래프 또는 방향성 그래프를 만들고 출력해보자.

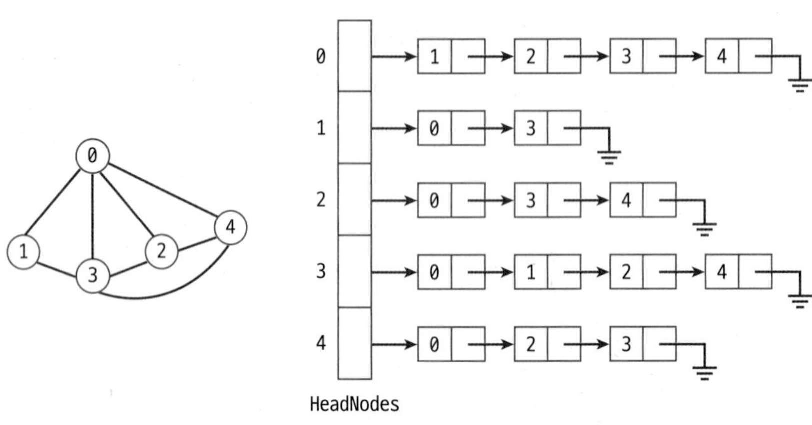

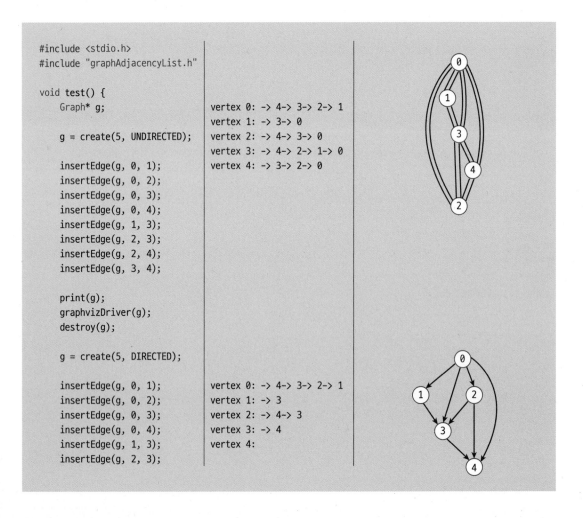


```c
#include <stdio.h>
#include "graphAdjacencyList.h"

void test() {
    Graph* g;

    g = create(5, UNDIRECTED);

    insertEdge(g, 0, 1);
    insertEdge(g, 0, 2);
    insertEdge(g, 0, 3);
    insertEdge(g, 0, 4);
    insertEdge(g, 1, 3);
    insertEdge(g, 2, 3);
    insertEdge(g, 2, 4);
    insertEdge(g, 3, 4);

    print(g);
    graphvizDriver(g);
    destroy(g);

    g = create(5, DIRECTED);

    insertEdge(g, 0, 1);
    insertEdge(g, 0, 2);
    insertEdge(g, 0, 3);
    insertEdge(g, 0, 4);
    insertEdge(g, 1, 3);
    insertEdge(g, 2, 3);
```

```
vertex 0: -> 4-> 3-> 2-> 1
vertex 1: -> 3-> 0
vertex 2: -> 4-> 3-> 0
vertex 3: -> 4-> 2-> 1-> 0
vertex 4: -> 3-> 2-> 0
```

```
vertex 0: -> 4-> 3-> 2-> 1
vertex 1: -> 3
vertex 2: -> 4-> 3
vertex 3: -> 4
vertex 4:
```

```
    insertEdge(g, 2, 4);
    insertEdge(g, 3, 4);

    print(g);
    graphvizDriver(g);
    destroy(g)
}
```

<test.c>

10.3 응용 지하철 노선 데이터

예제 코드:
graph AdjacencyList_subway

지금부터 서울의 지하철 노선 데이터를 사용하자. 지하철 데이터는 아래의 사이트 내용을 사용하였다. 역 정보가 그 동안 새로운 역사 신설 등으로 달라진 곳이 있을 수 도 있어서, 지금의 역 정보와 정확하게 일치하지는 않고 조금의 오류가 있을 수 있다는 점을 감안해서 사용하자.

아래의 geojason 데이터를 사용하자. 이 데이터는 이 교재의 참고 웹 사이트에서도 확인할 수 있다.

https://gist.github.com/hanbyul-here/c1ecc399372220bff0642f696f383cf9?short_path=58c7d09

다운로드 받은 json 형식의 파일을 json viewer에서 열어보자.

http://geojson.io/#id=gist:anonymous/c5d03b3ba9ee4ce2c672ca4baa8c879e&map=12/37.5340/126.9760

이 사이트에서 1호선과 2호선 데이터를 받아서 별도의 포맷으로 텍스트 파일로 만들었다.

- 1.txt: 1호선 역 정보(역 이름, 역 코드, 경도, 위도)
- 2.txt: 2호선 역 정보(역 이름, 역 코드, 경도, 위도)
- connections.txt: 각 지하철 역 사이의 연결 정보

아래의 파일의 일부분처럼, 1.txt는 1호선의 지하철 역의 이름과 역 번호, 그리고 경도와 위도 정보를 가지고 있다. 그리고 connections.txt 파일에는 각 지하철 역의 인접 역 번호를 가지고 있다. 이 정보들을 가지고 지하철 노선도의 그래프를 구성할 것이다.

1호선 파일: 1.txt	지하철역 사이의 연결 파일: connections.txt
소요산 100 127.061034 37.9481 동두천 101 127.05479 37.927878 보산 102 127.057277 37.913702 동두천중앙 103 127.056482 37.901885 지행 104 127.055716 37.892334 덕정 105 127.061277 37.843188 덕계 106 127.056486 37.818486 … … 배방 195 127.052991 36.777629 온양온천 196 127.003249 36.780483 신창 197 126.951108 36.769502	100 101 101 102 102 103 103 104 104 105 105 106 106 107 107 108 108 109 109 110 110 111 111 112 112 113 … … 238 239 239 240

위의 데이터 중에서 1호선과 2호선 데이터만 사용해보도록 하겠다. 아래의 표에서 이제까지의 인접 리스트를 이용한 그래프 구현 소스 코드에서 수정 사항을 미리 확인하자.

파일	내용
graphAdjacency.h	지하철 역의 정보 표현을 위한 수정 사항이 있다.
graphAdjacency.c	openFrameworks를 이용해서 화면에 지하철 노선도를 그리기 위한 수정 사항이 있다.
subway.c	지하철 1, 2호선 정보를 파일로부터 읽어서 그래프를 생성하는 부분
ofApp.cpp	전체적인 프로그램 메인 부분(새로 생성)

```
#ifndef _GRAPH_ADJACENCY_LIST_H
#define _GRAPH_ADJACENCY_LIST_H

// 방향성/ 비 방향성 그래프 종류
typedef enum { UNDIRECTED = 0, DIRECTED = 1 } GraphType;

// 연결 리스트로 관리되는 인접 노드를 위한 구조체
typedef struct Node {
    int dest;
    Node* next;
} Node;

/**************** 변경된 부분 *****************/
// 헤드 노드를 위한 구조체
typedef struct HeadNodes {
    Node *head;
    int laneNo;            // 지하철역 번호
    char name[20];         // 지하철역 이름
    double longitude;      // 지하철역 경도
    double latitude;       // 지하철역 위도
} HeadNodes;

// 그래프 전체를 총괄하는 구조체
typedef struct Graph {
    int nodeSize;
    GraphType mode;
    HeadNodes* list;
} Graph;

Graph* create(int nodeNo, GraphType mode);
void destroy(Graph* g);

void insertEdge(Graph* g, int from, int to);
void deleteEdge(Graph* g, int from, int to);
Node* newNode(int dest);

void print(Graph* g);

/**************** 변경된 부분 *****************/
// openFrameworks를 이용해서 화면에 지하철 노선도 그래프를 그리는 함수
void drawGraph(Graph* g);

#endif
```

앞으로 변경된 부분을 잘 확인하자.

<graphAdjacency.h >

```
/**************** 변경된 부분 *****************/
#include "ofApp.h" // 오픈프레임웍스를 사용하기 위해서

#include <stdio.h>
#include <stdlib.h>
#include "graphAdjacencyList.h"

/***************************************************************************
' 함수명  : Graph* create(int nodeSize, GraphType mode)
' 설명    : 그래프를 생성한다.
' 리턴값  : Graph*
' 매개변수: int nodeSize: 노드의 개수(향후에도 개수를 변경할 수 없다.
'           GraphType: 방향성/ 비방향성 그래프 여부
'/***************************************************************************/
Graph* create(int nodeSize, GraphType mode) {
    Graph* g = (Graph*)malloc(sizeof(Graph));
    g->nodeSize = nodeSize;
    g->mode = mode;
    g->list = (HeadNodes*)malloc(nodeSize * sizeof(HeadNodes));

    for (int i = 0; i < nodeSize; ++i)
        g->list[i].head = NULL;

    return g;
}

/***************************************************************************
' 함수명  : void destroy(Graph* g)
' 설명    : 그래프의 메모리를 해제한다.
' 리턴값  : void
' 매개변수: Graph* g:
'/***************************************************************************/
void destroy(Graph* g) {
    for (int v = 0; v < g->nodeSize; ++v)
        free(g->list[v].head);
    g->nodeSize = 0;
    free(g->list);

    return;
}

/***************************************************************************
' 함수명  : void insertEdge(Graph* g, int from, int to)
' 설명    : 그래프에 에지를 추가한다.
' 리턴값  : void
' 매개변수: Graph* g:
'           int from: 시작 노드
'           int to:   도착 노드
'/***************************************************************************/
```

```
void insertEdge(Graph* g, int from, int to) {
    Node* n = newNode(to); // 목적지 노드 번호를 가지는 새로운 노드 생성

    // 새로운 노드가 리스트의 헤드 부분(즉, 연결리스트의 제일 앞부분)에 추가된다.
    n->next = g->list[from].head;
    g->list[from].head = n; //

    // 비방향성 그래프일 경우에 반대 방향의 에지를 추가하는 코드
    if (g->mode == UNDIRECTED) {
        n = newNode(from);
        n->next = g->list[to].head;
        g->list[to].head = n;
    }
}

/*****************************************************************************
' 함수명  : Node* newNode(int dest)
' 설명    : 그래프에 에지를 추가하는 경우에, 연결 리스트의 노드를 생성한다.
' 리턴값  : Node *
' 매개변수: int dest: 에지의 도착 노드
'/*****************************************************************************/
Node* newNode(int dest) {
    Node* n = (Node*)malloc(sizeof(Node));
    n->dest = dest;
    n->next = NULL;
    return n;
}

/*****************************************************************************
' 함수명  : void deleteEdge(Graph* g, int from, int to)
' 설명    : 그래프에서 에지를 삭제한다.
' 리턴값  : void
' 매개변수: Graph* g:
'           int from: 시작 노드
'           int to:   도착 노드
'/*****************************************************************************/
void deleteEdge(Graph* g, int from, int to) {
    // not implemented
}

/*****************************************************************************
' 함수명  : void print(Graph* g)
' 설명    : 그래프를 콘솔 화면에 출력한다.
' 리턴값  : void
' 매개변수: Graph* g:
'/*****************************************************************************/
void print(Graph* g) {
    for (int v = 0; v < g->nodeSize; v++) {
        Node* n = g->list[v].head;
```

```
        printf("vertex %d: ", v);
        while (n) {
            printf("-> %d", n->dest);
            n = n->next;
        }
        printf("\n");
    }
}

/*************** 변경된 부분 ************************************************/
// 아래 함수는 오픈프레임웍스에서 지하철 지도를 그리기 위한 부분입니다.
// 자료 구조 면에서 중요하지 않은 부분이어서 설명은 생략합니다.

#define NODEX(v) ((g->list[v].longitude - 126.6) * 2100)
#define NODEY(v) ((-(g->list[v].latitude) + 37.970) * 670)
void drawGraph(Graph* g) {
    int v;

    for (v = 0; v < g->nodeSize; v++) {
        if (g->list[v].laneNo == 1) ofSetColor(ofColor::blue);
        else if (g->list[v].laneNo == 2) ofSetColor(ofColor::green);
        ofCircle(NODEX(v), NODEY(v), 3);
        ofDrawBitmapString(ofToString(v), NODEX(v) + 10, NODEY(v));
    }

    ofSetColor(ofColor::black);
    for (v = 0; v < g->nodeSize; v++) {
        Node* n = g->list[v].head;
        while (n) {
            ofLine(NODEX(v), NODEY(v), NODEX(n->dest), NODEY(n->dest));
            n = n->next;
        }
    }
}
```

<graphAdjacencyList.c>

```
#include "ofApp.h"
#include "graph_adjacencyList.h"

extern Graph* initSubway(int nodeNo);

Graph* graph;
bool visited[146];
int nodeNo = 146;
```

```
//--------------------------------------------------------------
void ofApp::setup(){
    graph = initSubway(nodeNo);
}

//--------------------------------------------------------------
void ofApp::update(){

}

//--------------------------------------------------------------
void ofApp::draw(){
    drawGraph(graph);
}
```

<ofApp.cpp>

아래의 subway.c 파일은 지하철 데이터를 읽는 부분입니다.

```
#include <stdio.h>
#include <stdlib.h>
#include "graphAdjacencyList.h"

Graph* initSubway(int nodeNo);
int stationsRead(Graph* g);
int connectionsRead(Graph* g);

Graph* initSubway(int nodeNo) {
    Graph *g = create(nodeNo, UNDIRECTED);

    stationsRead(g);
    connectionsRead(g);

    return g;
}

int stationsRead(Graph* g) {
    FILE *fp = NULL;
    int i, no;

    if ( (fp=fopen("./bin/data/1.txt", "r")) ==    NULL) {
        printf("파일 열기 실패");
        return 1;
    }
```

```
    for (i = 0; i<98; i++) {
        fscanf(fp, "%s %d %lf %lf\n", g->list[i].name, &no, &(g->list[i].longitude),
                    &(g->list[i].latitude));
        g->list[i].laneNo = 1;
        printf("%3d: %s %f %f\n", i, g->list[i].name, (g->list[i].longitude),
                    (g->list[i].latitude));
    }
    fclose(fp);


    if ((fp = fopen("./bin/data/2.txt", "r")) == NULL) {
        printf("파일 열기 실패");
        return 1;
    }

    for (i = 98; i<146; i++) {
        fscanf(fp, "%s %d %lf %lf\n", g->list[i].name, &no, &(g->list[i].longitude),
                    &(g->list[i].latitude));
        g->list[i].laneNo = 2;
        printf("%3d: %s %f %f\n", i, g->list[i].name, (g->list[i].longitude), (g->list[i].latitude));
    }

    fclose(fp);

    return 0;
}

int connectionsRead(Graph* g) {
    FILE *fp = NULL;
    int i;
    int s, d;

    if ((fp = fopen("./bin/data/connections.txt", "r")) == NULL) {
        printf("파일 열기 실패");
        return 1;
    }

    for (i = 0; i<148; i++) {
        fscanf(fp, "%d %d\n", &s, &d);
        printf("%d %d\n", s, d);
        insertEdge(g, s-100, d-100);
    }
    fclose(fp);
    return 0;
}
```

<subway.c>

아래의 그림이 1, 2 호선의 경도 위도에 따른 위치를 그린 출력 결과 화면이다.

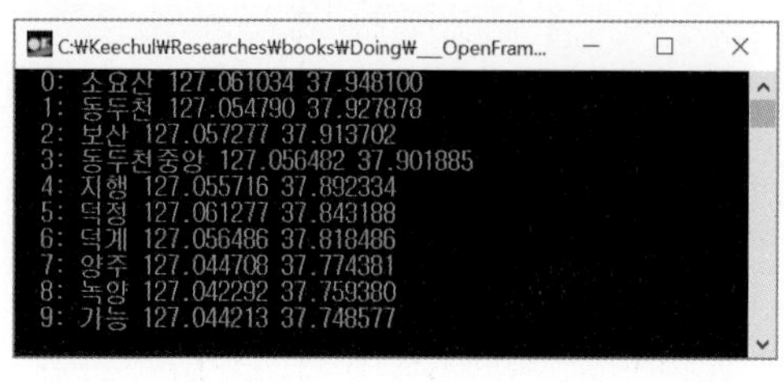

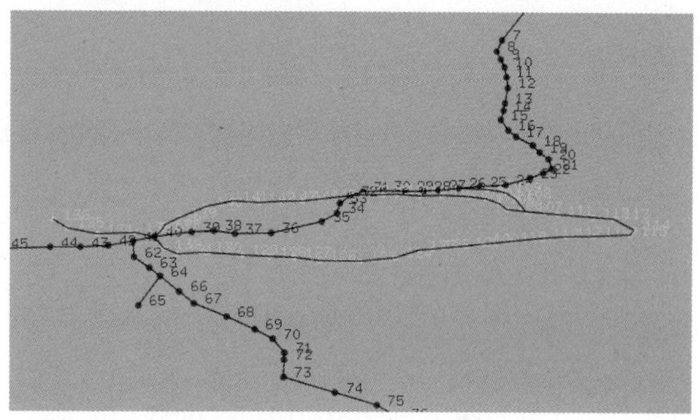

〈실행 프로그램의 일부: 1호선은 아래 위로 아주 넓어서 노선도의 일부만 캡춰하였다〉

10.4 그래프 탐색

이제까지는 그래프 자료 구조의 표현 방법에 집중했었다. 이제부터는 그래프 상에서 조금 더 실제적인 활용을 위한 알고리즘 부분을 공부하자.

그래프와 관련된 실용적인 알고리즘은 크게 4가지로 나눌 수 있다.

- **그래프 탐색**: 그래프의 모든 노드를 탐색하는 방법
  - 깊이 우선 탐색(Depth-First Search: DFS): 시작 노드에서 단말 노드(leaf node)에 도달하고 나서 백트래킹(backtracking)하면서 연결된 모든 노드를 탐색하는 방법
  - 너비 우선 탐색(Breadth-First Search: BFS): 각 레벨(level) 단계로 차근 차근 탐색하는 방법

이 용어에 대한 설명은 곧 나온다.

- **연결 성분:** 그래프의 노드들을 탐색하면서 연결된 노드들을 모으는 방법
- **신장 트리:** 그래프를 최소의 개수의 에지로 연결하는 트리로 표현하는 방법
- **최단 경로:** 노드 간의 가장 짧은 경로를 찾는 방법

10.4.1 깊이 우선 탐색

깊이 우선 탐색(Depth-First Search: DFS)은 트리(Tree)나 그래프(Graph)를 탐색하는 알고리즘으로써, 시작 상태로부터 자식 노드(child node)를 확장하여 더 깊이 확장할 수 없는 단말 모드(leaf nodes)까지 탐색을 수행하는 방법이다. 단말 노드에 이르면 백 트래킹(backtracking)하여 다음 노드에서 출발한다.

왔던 길을 되돌아가는 것을 말한다.

이 설명이 이해하기 쉽지 않다. 간단한 설명은…

"지금 위치에서 갈 수 있는 곳이 있으면 끝까지 가고, 더 이상 갈곳이 없으면 되돌아 와서 다시 검색한다" 라고 생각할 수 있다.

다음 그림은 DFS를 직관적으로 이해할 수 있도록 그린 그림이다. 점선이 각 노드의 탐색 순서를 나타낸다.

아래의 그림은 설명을 효과적으로 하기 위해서 트리로 그렸다. 트리도 그래프이기 때문이다.

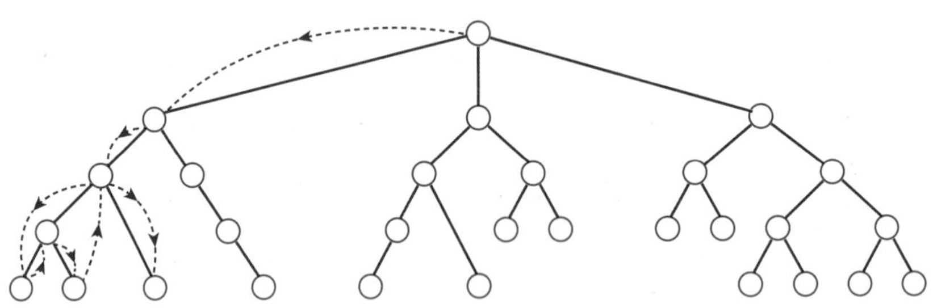

〈DFS의 탐색 순서의 직관적 설명〉

다음 사이트에서 DFS 수행 과정을 시각적으로 확인할 수 있다.

https://www.cs.usfca.edu/~galles/visualization/DFS.html

위의 사이트를 꼭 확인하자 !!!

DFS는 지나온 노드들에 관한 정보를 스택(stack)에 보관하고 있어야 한다. 그래야만 더 이상 갈 곳이 없을 경우에 되돌아갈 곳을 찾을 수 있기 때문이다.

스택을 사용한 DFS의 의사 코드(Pseudo-code)는 다음과 같다. 의사 코드를 보면서 탐색 과정을 머릿속에서 한번 그려 보기를 바란다.

```
push(Start);

while ( StackIsNotEmpty )
{
   CurrentNode = Pop();
   if ( CurrentNode == Goal ) return CurrentNode;

   for (all children nodes of CurrentNode)
      push( ChildNode );
}
```

스택에서 자료를 추가하는 동작을 Push라고 하고, 자료를 빼는 동작을 Pop이라고 한다.

<DFS의 의사 코드>

스택 자료 구조에서 배운 바와 같이, 스택을 이용해서 DFS를 구현할 수도 있고 재귀 함수를 이용해서 구현할 수도 있다. 트리에서 노드를 타고 아래로 탐색하는 과정에서 재귀 호출이 일어난다. 재귀 호출은 내부적으로 함수 호출하는 과정에서 스택이 생성되기 때문에 실제로 동일한 결과를 얻을 수 있다. 재귀 함수를 이용한 방법은 구현하기 쉬운 장점이 있다.

10.4.2 너비 우선 탐색

너비 우선 탐색(Breadth–First Search: BFS)는 현재 상태에서 **'가까운'** 노드들을 순차적으로 탐색해가면서 원하는 해(solution)를 찾는 방법이다. 이를 위해서는 각 노드에서 확장(expansion)해서 갈 수 있는 다음 노드들을 큐(Queue)를 이용해서 관리한다. 즉, 트리를 탐색해가면서 새로 확장되는 노드는 큐의 뒷 부분에 추가하고 탐색이 끝난 노드는 큐의 앞 부분에서 삭제하면서 탐색하는 방법이다.

이 설명이 이해하기 쉽지 않다. 간단한 설명은…

"지금 위치에서 '한번 만에' 갈 수 있는 곳을 다 가고, 더 이상 갈곳이 없으면 다음 노드에서 다시 검색한다" 라고 생각할 수 있다.

트리의 순회에서 level-order 순회가 바로 이 깊이 우선 탐색을 말한다.

다음 그림은 BFS를 직관적으로 이해할 수 있도록 그린 그림이다. 점선이 각 노드의 탐색 순서를 나타낸다. 아래의 그림처럼 시작 노드에서 출발해서 트리를 레벨별로 탐색하는 기법이다.

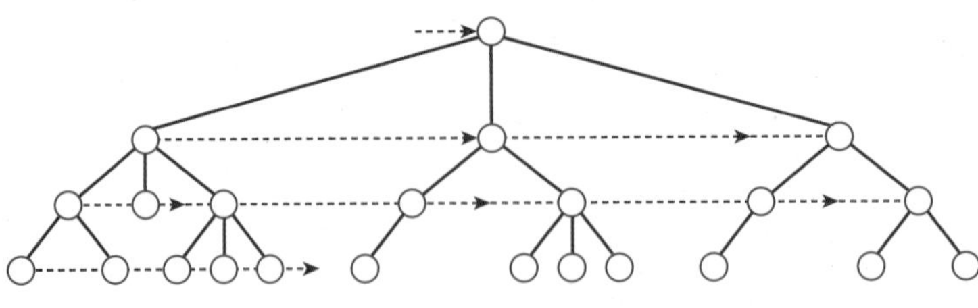

〈BFS의 검색 순서의 직관적 설명〉

다음 사이트에서 BFS 수행 과정을 시각적으로 확인할 수 있다.

https://www.cs.usfca.edu/~galles/visualization/BFS.html

큐를 사용한 BFS의 의사 코드는 다음과 같다. 의사 코드를 보면서 탐색 과정을 머릿속에서 한번 그려 보기를 바란다. BFS가 DFS와 탐색 과정이 어떻게 다른지 직관적으로 이해할 필요가 있다.

```
EnQueue(Start);

while( QueueIsNotEmpty )
{
  CurrentNode = DeQueue(Queue);
  if (CurrentNode == Goal) return CurrentNode;

  for (all Child nodes of CurrentNode)
    EnQueue( ChildNode );
}
```

큐에 자료를 추가하는 동작을 EnQueue라고, 큐에서 자료를 빼는 동작을 DeQueue라고 한다.

〈BFS의 의사 코드〉

참고

DFS와 BFS의 비교

DFS와 BFS, 이 두 알고리즘의 가장 기본적인 차이점이 무엇일까? 사용하는 자료 구조가 '스택'이냐 '큐'냐 하는 차이점이다. 그러면 이로 인해 각각의 알고리즘이 어떤 특성을 가질까? DFS는 스택을 위한 저장 공간의 수요가 비교적 작다. 스택은 트리의 깊이에 비례하는 용량이 필요하기 때문이다. 그렇지만 BFS는 큐를 위한 많은 기억 공간이 필요하다. 탐색 과정 중에 발견하는 노드들을 모두 큐에 저장해두어야 하기 때문이다.

10.4.3 그래프 탐색 구현

그래프의 탐색 기법을 인접 행렬을 이용하는 경우와 인접 리스트를 사용하는 경우 각각에 대해서 구현해보자. 기존에 작성된 그래프 자료 구조 프로그램에 아래의 내용을 추가하면 된다.

(1) 인접 행렬

재귀 함수를 이용한 깊이 우선 탐색 방법을 생각해보자. 몇가지 고려 사항을 미리 말해두자.

- 아래의 코드와 같이 visited[ ]라는 배열을 통해서 이미 방문한 노드를 다시 방문하지 않도록 해야한다.
- 너비 우선 탐색은 큐를 사용해야한다. 시작 노드를 큐에 넣어서 시작하면서 다음에 갈 수 있는 노드들을 큐에 Enque/Deque하는 과정을 통해서 그래프를 탐색하게 된다.

함수가 추가되면서 헤더 파일에 함수의 선언은 각자 추가하도록 하자.

```
#include "circularQueue.h"
…

/*****************************************************************************
' 함수명  : void recursiveDFS(const Graph *g, bool visited[], int start)
' 설명    : 인접행렬에서 재귀 함수를 이용한 깊이 우선 탐색
' 리턴값  : void
' 매개변수: const Graph* g:
'           bool visited[]: 이미 방문한 노드를 저장
'           int start:    검색 시작 노드 번호
'/*****************************************************************************/
void recursiveDFS(const Graph *g, bool visited[], int start) {
    visited[start] = true;
    printf("%d ", start);
    for (int v = 0; v < g->nodeSize; v++) {
        // 노드 v로의 edge가 존재하고, 노드 v를 방문하지 않았으면...
        if (g->adjMatrix[start][v] && !visited[v]) recursiveDFS(g, visited, v);
    }
}
```

```
/***************************************************************************
' 함수명  : void BFS(const Graph *g, bool visited[], int start)
' 설명    : 인접행렬에서 큐를 이용한 너비 우선 탐색
' 리턴값  : void
' 매개변수: Graph* g:
'          bool visited[]: 이미 방문한 노드를 저장
'          int start:    검색 시작 노드 번호
'/***************************************************************************/
void BFS(const Graph *g, bool visited[], int start) {
    Queue q;
    init(&q);

    enQueue(&q, start);
    visited[start] = true;
    printf("%d ", start);

    while (!isEmpty(&q)) {
        int from = deQueue(&q);

        for (int to = 0; to < g->nodeSize; to++) {
            if (g->adjMatrix[from][to] && !visited[to]) {
                enQueue(&q, to);
                visited[to] = true;
                printf("%d ", to);
            }
        }
    }
    printf("\n");
}
```

<graphAdjacencyMatrix.c>

```
// 그래프 탐색 테스트 코드
void test2() {
    Graph g;

    create(&g, DIRECTED);
    insertNode(&g, 0);
    insertNode(&g, 1);
    insertNode(&g, 2);
    insertNode(&g, 3);
    insertNode(&g, 4);
    insertNode(&g, 5);
```

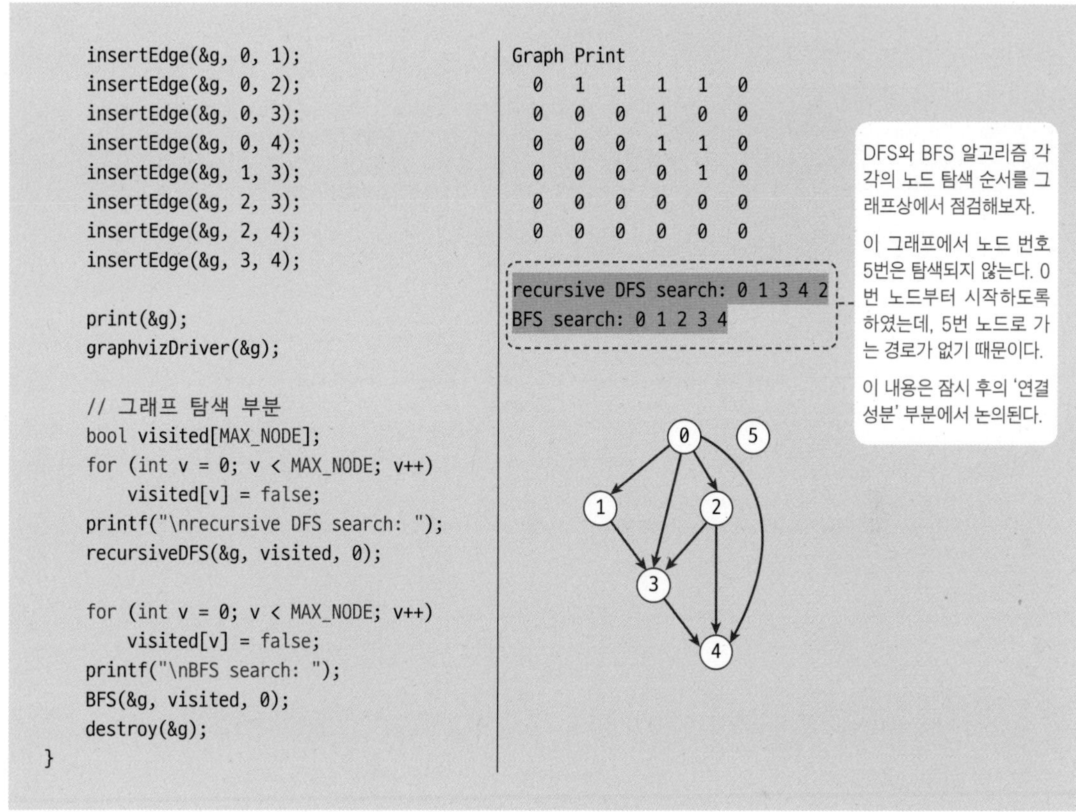

```
    insertEdge(&g, 0, 1);
    insertEdge(&g, 0, 2);
    insertEdge(&g, 0, 3);
    insertEdge(&g, 0, 4);
    insertEdge(&g, 1, 3);
    insertEdge(&g, 2, 3);
    insertEdge(&g, 2, 4);
    insertEdge(&g, 3, 4);

    print(&g);
    graphvizDriver(&g);

    // 그래프 탐색 부분
    bool visited[MAX_NODE];
    for (int v = 0; v < MAX_NODE; v++)
        visited[v] = false;
    printf("\nrecursive DFS search: ");
    recursiveDFS(&g, visited, 0);

    for (int v = 0; v < MAX_NODE; v++)
        visited[v] = false;
    printf("\nBFS search: ");
    BFS(&g, visited, 0);
    destroy(&g);
}
```

```
Graph Print
  0  1  1  1  1  0
  0  0  0  1  0  0
  0  0  0  1  1  0
  0  0  0  0  1  0
  0  0  0  0  0  0
  0  0  0  0  0  0

recursive DFS search: 0 1 3 4 2
BFS search: 0 1 2 3 4
```

DFS와 BFS 알고리즘 각각의 노드 탐색 순서를 그래프상에서 점검해보자.
이 그래프에서 노드 번호 5번은 탐색되지 않는다. 0번 노드부터 시작하도록 하였는데, 5번 노드로 가는 경로가 없기 때문이다.
이 내용은 잠시 후의 '연결 성분' 부분에서 논의된다.
0
5
1
2
3
4

<test.c>

(2) 인접 리스트

아래의 코드는 인접 리스트를 사용하는 경우의 그래프 탐색 함수들이다. 전체적인 모양은 인접 행렬을 사용하는 경우와 동일하다.

```
#include "circularQueue.h"

…
…

/*****************************************************************************
' 함수명  : void recursiveDFS(Graph *g, bool visited[], int start)
' 설명    : 인접 리스트를 이용한 깊이 우선 탐색
' 리턴값  : void
' 매개변수: Graph* g:
'          bool visited[]: 이미 방문한 노드를 저장
'          int start:    검색 시작 노드 번호
'/*****************************************************************************/
void recursiveDFS(Graph *g, bool visited[], int start) {
    visited[start] = true;
    printf("%d ", start);
    for (Node* n = g->list[start].head; n != NULL; n = n->next) {
        if (!visited[n->dest]) recursiveDFS(g, visited, n->dest);
    }
}


/*****************************************************************************
' 함수명  : void BFS(Graph *g, bool visited[], int start)
' 설명    : 인접 리스트를 이용한 너비 우선 탐색
' 리턴값  : void
' 매개변수: Graph* g:
'          bool visited[]: 이미 방문한 노드를 저장
'          int start:    검색 시작 노드 번호
'/*****************************************************************************/
void BFS(Graph *g, bool visited[], int start) {
    Queue q;
    Element from;

    init(&q);
    visited[start] = true;
    printf("%d ", start);
    enQueue(&q, start);

    while ( !isEmpty(&q) ) {
        from = deQueue(&q);

        for (Node* n = g->list[from].head; n != NULL; n=n->next) {
            if (!visited[n->dest]) {
                visited[n->dest] = true;
                printf("%d ", n->dest);
                enQueue(&q, n->dest);
            }
        }
    }
}
```

<graph_adjacencyList.c>

아래의 그래프의 깊이 우선/ 너비 우선 탐색에서의 노드 탐색 순서는 아래와 같다. 아래에서는 비-방향성 그래프에서 테스트하였다. 깊이 우선 탐색의 의미를 이해하고 이 탐색 순서가 정확한지 스스로 확인해보자.

```
void test2() {
    Graph* g;

    g = create(5, UNDIRECTED);

    insertEdge(g, 0, 1);
    insertEdge(g, 0, 2);
    insertEdge(g, 0, 3);
    insertEdge(g, 0, 4);
    insertEdge(g, 1, 3);
    insertEdge(g, 2, 3);
    insertEdge(g, 2, 4);
    insertEdge(g, 3, 4);

    print(g);
    graphvizDriver(g);

    // 그래프 탐색 부분
    bool visited[5];
    for (int v = 0; v < 5; v++) visited[v] = false;
    printf("\nrecursive DFS search: ");
    recursiveDFS(g, visited, 1);
    printf("\n");

    for (int v = 0; v < 5; v++) visited[v] = false;
    printf("\nBFS search: ");
    BFS(g, visited, 1);
    printf("\n");
}
```

```
vertex 0: -> 4-> 3-> 2-> 1
vertex 1: -> 3-> 0
vertex 2: -> 4-> 3-> 0
vertex 3: -> 4-> 2-> 1-> 0
vertex 4: -> 3-> 2-> 0
```



```
recursive DFS search: 1 3 4 2 0
BFS search: 1 3 0 4 2
```

<test.c>

10.5 연결 성분(connected component)

예제 코드: graphAdjacencyMatrixKruskalMST

지금부터의 그래프 관련 모든 코드를 포함함.

연결된 그래프 중에서 가장 큰 그래프를 연결 성분(connected component)라고 한다. 다음의 그래프에서는 3개의 연결 성분이 존재한다.

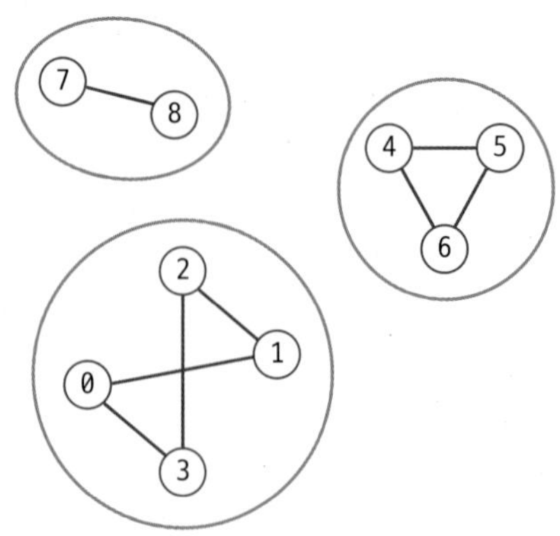

어떻게 연결 성분을 찾을 수 있을까?

바로 앞에서 배운 그래프 탐색 기법(DFS, BFS)을 생각해보자. 이 방법은 주어진 시작 노드에서 갈 수 있는 모든 노드들을 방문한다. 즉, 연결 성분을 찾기 위해서는 깊이 우선 탐색이나 너비 우선 탐색을 사용해서, 방문하지 않는 노드에 대하여 DFS 또는 BFS를 수행하고, 한번의 DFS 또는 BFS가 끝날 때 마다 방문한 노드들을 출력하면 된다.

그래프 자료 구조를 구현하는 인접 행렬을 이용한 방법과 인접 리스트를 이용한 방법 중에서, 지금부터는 인접 행렬을 이용한 방법만을 예를 들어서 설명한다.

아래의 함수를 추가하자. 주요한 함수는 아래의 2가지다.

void connectedComponentDriver(const Graph *g, int component[])	방문하지 않은 노드에 대하여 아래의 connectedComponent( ) 함수를 호출
void connectedComponent(const Graph *g, int component[], int start, int componentNo)	특정 노드와 연결된 노드를 모두 찾아주는 재귀 함수

```
/*****************************************************************************
' 함수명  : void connectedComponentDriver(const Graph *g, int component[])
' 설명    : 연결 성분 구하는 드라이브 함수, 컴포넌트 번호는 1부터 시작한다.
' 리턴값  : void
' 매개변수: Graph* g:
'           int component[]: 각 노드마다 할당된 컴포넌트 번호 저장
'/*****************************************************************************/
void connectedComponentDriver(const Graph *g, int component[]) {
    int componentNo = 0;
```

```
    for (int i = 0; i < g->nodeSize; i++) { // 모든 노드들에 대하여
        if ( component[i] == 0 ) { // 아직 방문하지 않은 노드이면
            componentNo++;  // 새로운 노드 번호를 할당하고

            // 재귀함수로 연결된 노드에 같은 컴포넌트 번호 할당
            connectedComponent(g, component, i, componentNo);
        }
    }
}

/****************************************************************************
' 함수명  : void connectedComponent(const Graph *g, int component[], int start, int componentNo)
' 설명    : 연결 성분을 구하는 재귀 함수
' 리턴값  : void
' 매개변수: Graph* g:
'           int component[]: 각 노드마다 할당된 컴포넌트 번호 저장
'           int start: 연결 성분을 설정할 시작 노드 번호
'           int componentNo: 연결 성분 번호
'/****************************************************************************/
void connectedComponent(const Graph *g, int component[], int start, int componentNo) {
    component[start] = componentNo; // 첫 노드에 컴포넌트 번호를 할당하고,

    for (int v = 0; v < g->nodeSize; v++) { // 모든 노드에 대하여
        if (g->adjMatrix[start][v] && !component[v]) // 에지가 있으면(연결된 노드)...
            connectedComponent(g, component, v, componentNo); // 재귀적으로 호출한다.
    }
}

/****************************************************************************
' 함수명  : void connectedComponentPrint(const Graph *g, const int component[])
' 설명    : 연결 성분 출력 함수
' 리턴값  : void
' 매개변수: Graph* g:
'           int component[]: 각 노드마다 할당된 컴포넌트 번호 저장
'/****************************************************************************/
void connectedComponentPrint(const Graph *g, const int component[]) {
    printf("\nConnected Component Print\n");
    for (int i = 0; i < g->nodeSize; i++) {
        printf("%3d ", component[i]);
    }
    printf("\n");
}
```

<graphAdjacencyMatrix.c 수정>

아래의 테스트 함수로 확인해보자. 우측에 그래프의 인접 행렬과 그래프 그림이 있다. 3개의 연결 성분이 구해진 것을 마지막에 확인할 수 있다.

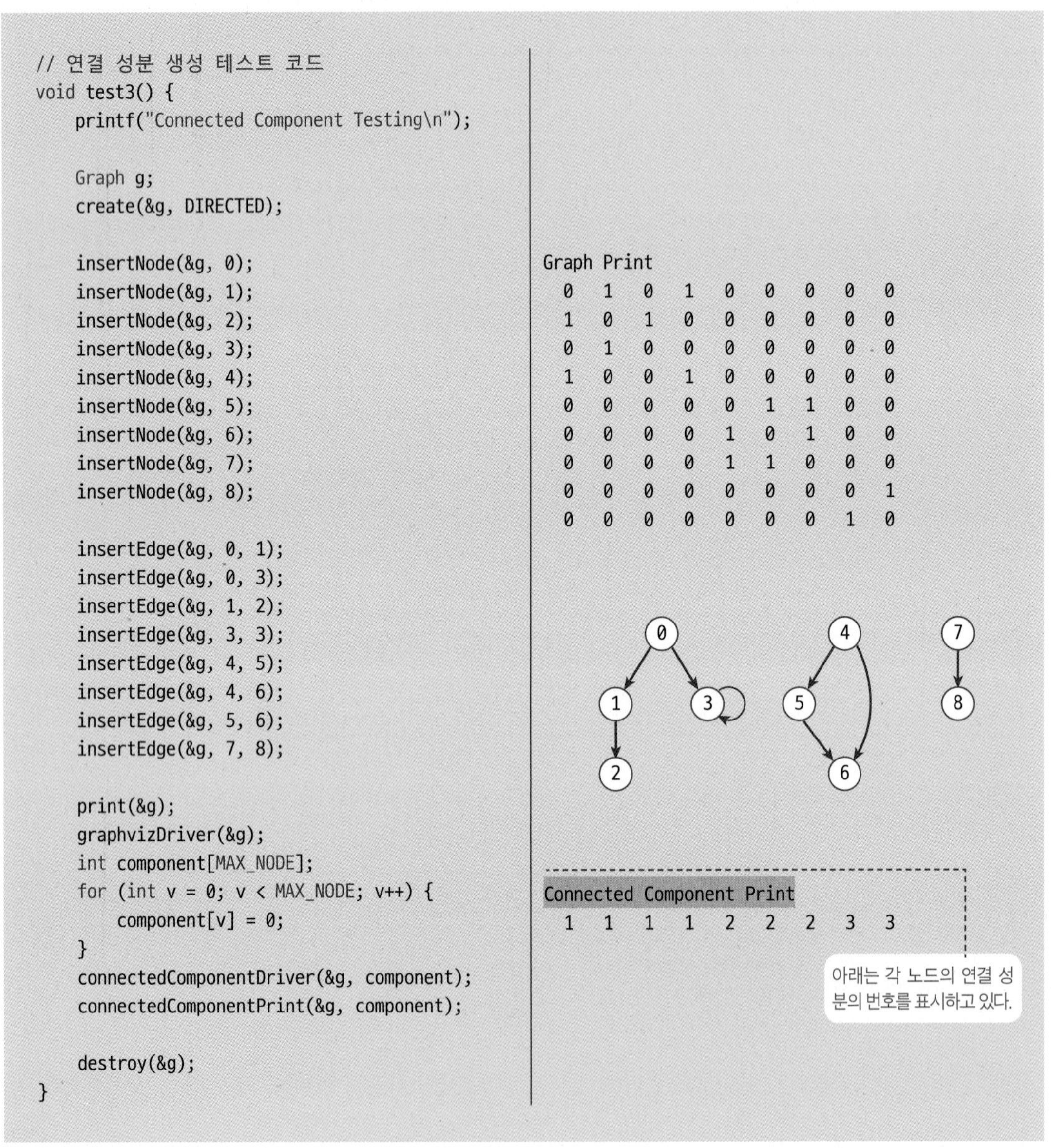

```
// 연결 성분 생성 테스트 코드
void test3() {
    printf("Connected Component Testing\n");

    Graph g;
    create(&g, DIRECTED);

    insertNode(&g, 0);
    insertNode(&g, 1);
    insertNode(&g, 2);
    insertNode(&g, 3);
    insertNode(&g, 4);
    insertNode(&g, 5);
    insertNode(&g, 6);
    insertNode(&g, 7);
    insertNode(&g, 8);

    insertEdge(&g, 0, 1);
    insertEdge(&g, 0, 3);
    insertEdge(&g, 1, 2);
    insertEdge(&g, 3, 3);
    insertEdge(&g, 4, 5);
    insertEdge(&g, 4, 6);
    insertEdge(&g, 5, 6);
    insertEdge(&g, 7, 8);

    print(&g);
    graphvizDriver(&g);
    int component[MAX_NODE];
    for (int v = 0; v < MAX_NODE; v++) {
        component[v] = 0;
    }
    connectedComponentDriver(&g, component);
    connectedComponentPrint(&g, component);

    destroy(&g);
}
```

```
Graph Print
  0  1  0  1  0  0  0  0  0
  1  0  1  0  0  0  0  0  0
  0  1  0  0  0  0  0  0  0
  1  0  0  1  0  0  0  0  0
  0  0  0  0  0  1  1  0  0
  0  0  0  0  1  0  1  0  0
  0  0  0  0  1  1  0  0  0
  0  0  0  0  0  0  0  0  1
  0  0  0  0  0  0  0  1  0
```



```
Connected Component Print
  1  1  1  1  2  2  2  3  3
```

아래는 각 노드의 연결 성분의 번호를 표시하고 있다.

<test.c 수정>

10.6 신장 트리(spanning trees)

신장 트리는 그래프 내의 '모든 노드를 포함'하는 '트리'다. 트리이기 때문에 사이클이 있어서는 안된다. 따라서, 모든 노드로의 경로가 존재하는 그래프에서, 노드가 n개라면 에지는 n−1개가 있어야 한다.

'모든 노드를 포함'하는 '트리'라는 말에 주의하자. 트리이면서 모든 모드를 포함해야한다는 말이다.

신장 트리를 구하는 방법은 의외로 간단하다.

깊이 우선 탐색 또는 너비 우선 탐색을 하면서 사용된 에지만 모으면 신장 트리가 생성된다. 깊이 우선 탐색/너비 우선 탐색은 한번 방문한 노드는 다시 방문하지 않기 때문에 '사이클'이 당연히 생기지 않기 때문이다.

깊이 우선 탐색에 의해서 생성된 신장 트리를 '깊이 우선 신장 트리', 너비 우선 탐색에 의해 생성된 신장 트리를 '너비 우선 신장 트리'라고 한다.

신장 트리라는 개념은 에지를 최소로 하면서 모든 노드를 연결하는 그래프를 의미한다. 그래서 신장 트리(spanning tree)라고 하는 것이다. 신장 트리라는 개념은 실 생활에서는 도로를 최소화하면서 모든 도시를 연결하는 도로망 건설이라든가, 네트워크 선을 최소로 하면서 컴퓨터 연결망을 건설하는 분야에서 사용될 수 있다.

신장 트리의 실 생활에서의 활용 예

아래의 2개의 함수를 추가하면 된다.

교재에서는 DFS를 이용하여 신장 트리를 구성한다.

`Graph* spanningTreeDriver(const Graph *g)`	해당 그래프의 신장 트리를 구해서 반환하는 함수
`void spanningTreeDFS(const Graph *g, int start, bool visited[], bool adjMatrix[][MAX_NODE])`	깊이 우선 탐색으로 신장 트리를 생성하는 함수. 기존의 DFS 함수와 유사하다.

```
/******************************************************************************
' 함수명   : Graph* spanningTreeDriver(const Graph *g)
' 설명     : 신장 트리를 반환하는 드라이브 함수
' 리턴값   : Graph*
' 매개변수: Graph* g:
'/******************************************************************************/
Graph* spanningTreeDriver(const Graph *g) {
    // DFS를 위해 탐색하는 과정에서, 이미 방문한 노드를 저장하는 배열
    bool visited[MAX_NODE];

    // 초기화로 모든 노드를 방문하지 않는것으로 체크
    for (int v = 0; v < MAX_NODE; v++) {
        visited[v] = false;
    }

    // 생성된 신장 트리를 저장할 변수를 동적할당받는다.
    Graph* st = (Graph*) malloc(sizeof(Graph));
    create(st, DIRECTED);

    spanningTreeDFS(g, 0, visited, st->adjMatrix);

    return st;
}

/******************************************************************************
' 함수명   : void spanningTreeDFS(const Graph *g, int start, bool visited[], bool adjMatrix[][MAX_NODE])
' 설명     : 신장 트리를 구하는 재귀 함수
' 리턴값   : void
' 매개변수: Graph* g:
'           int start: 연결 성분을 설정할 시작 노드 번호
'           int visited[]: 이미 방문한 노드를 저장
'           bool adjMatrix[][MAX_NODE]: 신장 트리를 저장하는 행렬
'/******************************************************************************/
void spanningTreeDFS(const Graph *g, int start, bool visited[], bool adjMatrix[][MAX_NODE]) {
    visited[start] = true;

    for (int v = 0; v < g->nodeSize; v++) {
        if (g->adjMatrix[start][v] && !visited[v]) {
            adjMatrix[start][v] = true;
            spanningTreeDFS(g, v, visited, adjMatrix);
        }
    }
}
```

<graphAdjacencyMatrix.c>

아래의 테스트 코드를 살펴보자.

```
// spanning tree 테스트 코드
void test4() {
    printf("Connected Component Testing\n");

    Graph g;
    create(&g, DIRECTED);

    insertNode(&g, 0);
    insertNode(&g, 1);
    insertNode(&g, 2);
    insertNode(&g, 3);
    insertNode(&g, 4);

    insertEdge(&g, 0, 1);
    insertEdge(&g, 0, 2);
    insertEdge(&g, 0, 3);
    insertEdge(&g, 0, 4);
    insertEdge(&g, 1, 3);
    insertEdge(&g, 2, 3);
    insertEdge(&g, 2, 4);
    insertEdge(&g, 3, 4);

    print(&g);
    graphvizDriver(&g);

    Graph* st = spanningTreeDriver(&g);
    printf("Spanning Tree Print\n");
    graphvizDriver(st);
}
```

<test.c>

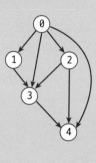

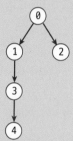

질문

하나의 그래프에서 서로 다른 신장 트리가 2개 이상 존재할 수 있을까?

존재할 수 있다. 아래의 예제를 보자. 아래의 그래프에 대한 신장 트리는 여러 개가 가능하다.

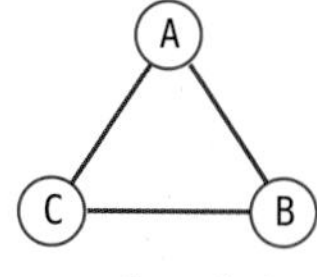

〈그래프 예제〉

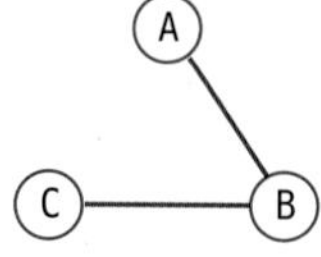

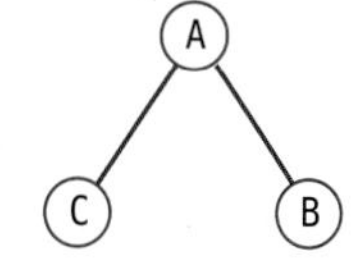

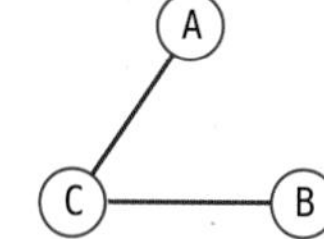

〈가능한 신장 트리 예〉

그래서 다음에는 여러 개의 가능한 신장 트리 중에서 비용이 가장 적은 '최소 신장 트리'를 구하는 방법에 대해서 논의할 것이다. 물론 최소 신장 트리도 2개 이상 존재할 수 있다.

이제 부터는 그래프 자료 구조의 실용적인 알고리즘을 이야기하려고 한다. 조금은 어렵지만 잘 이해한다면 흥미로운 내용들이다.

10.7 최소 신장 트리(minimum spanning trees: MST)

여러 도시들을 연결하는 도로를 건설하는 경우를 생각해보자. 이때 모든 도로를 연결하면서 도로의 길이가 최소로 하고 싶다. 이때 사용할 수 있는 기법이 '최소 신장 트리(Minimum Spanning Tree: MST)'이다. 즉, 최소 신장 트리는 에지 상에 가중치(weight)가 있는 그래프 즉, 가중치 그래프(weighted graph/ 네트웍)에서, 신장 트리들 중 에지들의 가중치 합이 최소가 되는 트리를 말한다.

본 교재에서는 Kruskal 알고리즘만을 소개한다.

신장 트리를 구하는 대표적인 알고리즘은 Kruskal(크러스컬) 알고리즘과 Prim 알고리즘이 있다.

10.7.1 Kruskal의 MST 알고리즘 개괄

그리디 알고리즘(greedy algorithm)은 어떤 결정을 해야하는 상황에서, '그 순간에' 가장 좋다고 생각하는 것을 선택하는 알고리즘을 말한다. 그 순간에는 최선의 선택을 하지만, 전체적인 관점에서는 최적이라는 보장은 없다. 그렇지만 Kruskal의 MST 알고리즘은 greedy 알고리즘이면서도 최적의 해답을 찾아준다.

Kruskal의 알고리즘은 그리디(greedy, 탐욕적) 알고리즘이다. 그러면서도 최적의 해를 찾아준다. Kruskal의 알고리즘은 간단하게는 아래와 같이 설명할 수 있다.

1. 에지들을 가중치의 오름 차순으로 정렬
2. 모든 노드를 방문할 때 까지, 선택되지 않은 에지 중에서 사이클을 이루지 않는 최소 비용 에지를 선택하는 과정을 반복

〈의사 코드(간단한 설명)〉

이 의사코드는 짧지만 그 원리를 잘 이해해야한다.

이 알고리즘은 해당하는 가중치 그래프에서 최저의 가중치(minimum)를 가지는 신장 트리(spanning tree)를 구해준다. 이를 '최소 신장 트리(MST)'라고 한다. 위의 의사 코드를 조금 더 자세하게 정리해보자.

1. 그래프의 에지 리스트를 가중치에 따라서 오름 차순으로 정렬.
2. 아래를 신장 트리의 에지가 n-1개 될 때까지 반복(n: 노드 개수).
   ① 에지 리스트에서 최소의 가중치를 가진 에지를 에지 리스트에서 제거
   ② 해당 에지를 현재의 신장 트리에 추가해서 사이클이 생기면 해당 에지를 버리고, 사이클이 생기지 않으면 신장 트리에 추가

〈의사 코드(자세한 설명)〉

위의 알고리즘을 이해하기 어려울 수 있다. 그림을 통해서 이해해보자.

1. 아래 그래프의 MST를 구하려고 한다.

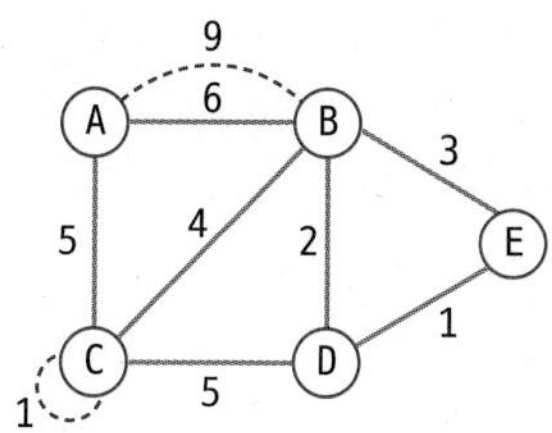

2. 먼저 그래프를 정리해야한다. MST를 찾는데 불필요한 self-loop 에지(자신으로 돌아오는 에지)와 중복 에지(parallel edges)를 제거한다. 두 노드 사이를 연결하는 에지가 2개 이상인 경우를 중복 에지라고 하며, 이때 최소의 가중치를 가진 에지 만을 남긴다.

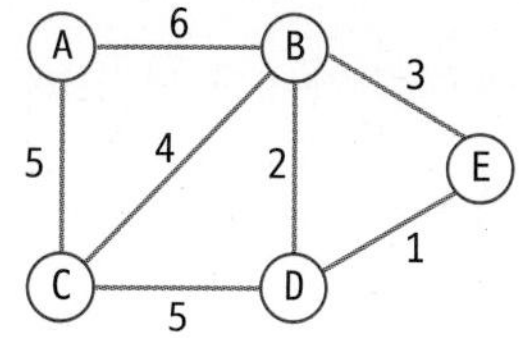

3. 최소의 가중치를 가지는 에지를 쉽게 선택하기 위해서 에지들을 가중치에 따라 오름차순으로 정렬한다.

4. 이제부터 가중치에 따라 오름 차순으로 정렬된 에지 순서대로 에지를 MST에 추가한다. 매번 에지를 추가하면서 사이클이 생기는지 점검하고, 추가 시에 사이클이 생기는 에지는 버린다.

5. 아래와 같이 2개의 에지를 추가하는 과정에서는 사이클이 생기지 않는다.

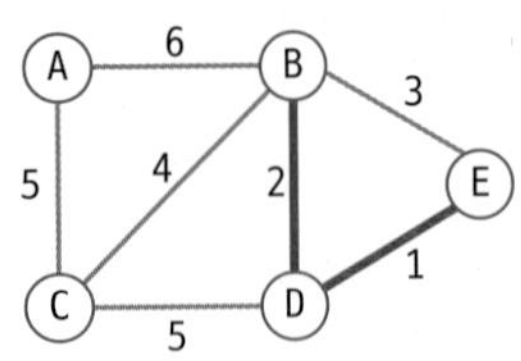

6. 에지 $\overline{BE}$를 추가하면 사이클이 생기기 때문에, 이 에지는 버린다. 그리고, 에지 $\overline{BC}$를 추가한다.

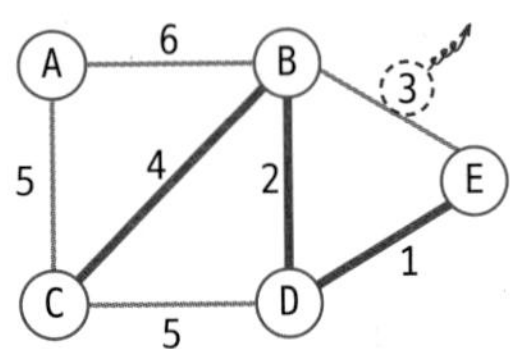

7. 에지 $\overline{CD}$를 추가하면 사이클이 생기기 때문에, 이 에지는 버리고, 에지 $\overline{AC}$를 추가한다.

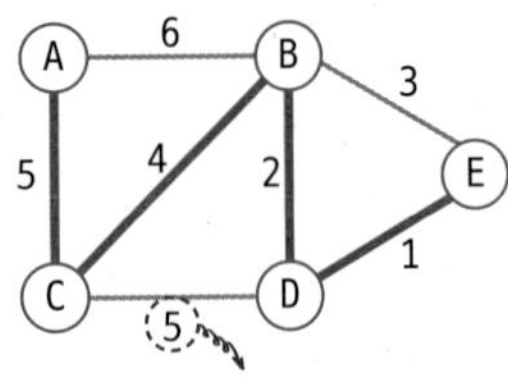

8. 노드의 개수보다 에지의 개수가 1개 적기 때문에 모든 모드를 연결하는 MST가 완성되어서 종료한다.

이제부터 Kruskal 알고리즘을 본격적으로 배워보자. 그림으로 설명하면 간단한 알고리즘이라고 할 수 있지만 실제 세부 구현에 들어가면 해야할 이야기가 많다. 지금부터 살펴보자.

(1) union-find 알고리즘

Kruskal의 MST 알고리즘에서 가장 중요한 부분은 '사이클' 유무의 판단 방법이다. 이때 사용할 수 있는 방법이 union-find 알고리즘이다.

union-find 연산은 Kruskal 알고리즘에서만 사용하는 것이 아니고 아래의 2가지 기능을 수행하는 일반적인 알고리즘이다.

- **union(x, y)**: 원소 x, y가 속해있는 두 집합의 합집합을 반환한다.
- **find(x)**: 원소 x가 속한 집합을 반환한다.

두 집합의 합집합을 구하는 연산인데, 특정 원소들이 속해있는 집합들 간의 합집합 연산이다.

이 union-find 연산을 먼저 이해해야한다.

union-find 연산은 Kruskal 알고리즘 뿐만 아니라 여러 곳에서 이용될 수 있다. 잘 이해해두자.

먼저 아래와 같은 원소들이 모두 별도의 집합(set)을 구성하고 있는 상황에서 설명을 시작하자.

1. 아래와 같은 5개의 서로 다른 집합부터 시작하자.

   {0}, {1}, {2}, {3}, {4}

2. union 연산을 해보자. union(1, 3)과 union(2,4)를 해보자.

   {0}, {1, 3}, {2, 4}

3. 한번 더 union 연산을 해보자. union(1, 2)를 해보자.

   {0}, {1, 2, 3, 4}

집합에 별다른 이름이 없다. 수학 시간에 집합을 배울 때는 집합 A와 집합 B의 합집합 A U B 라고 말을했지만, 우리는 특정 원소 x가 속한 집합과 다른 원소 y가 속한 집합 사이의 합집합을 구하는 것이다. 중요하다. 이 점을 잘 이해하자.

위와 같은 union 연산을 어떻게 구현하면 좋을까? 본 교재에서는 트리 자료 구조를 사용할 것이다. 그러나, 이 자료 구조는 기존의 트리 자료 구조와는 다르다. 여기서, 각 노드는 '자신의 부모 노드'를 가르킨다.

일반적인 트리 자료 구조는 자신의 자식을 가르키지만, 여기서는 자신의 부모를 가르키게 한다.

1. 아래가 시작 상태의 트리 집합(forest)이다.

2. union 연산을 해보자. union(1, 3)과 union(2,4)를 해보자.

3. union(1, 2)를 해보자. 아래의 그림을 보면 이와 같이 트리의 합집합을 구현하면 점차 트리가 깊어 질 수 있다는 단점이 있다.

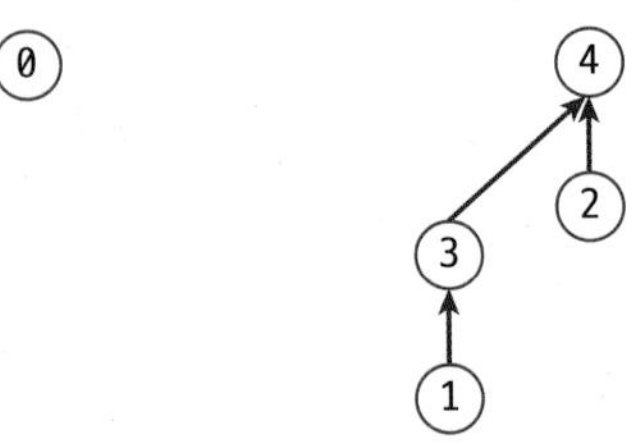

4. find 연산을 해보자. find(1)이라고 하면 1번 노드의 부모를 계속 따라 올라가서 4번 집합이라고 할 수 있다. 즉, 이 경우에 노드 1,2,3,4는 모두 4번 집합인 셈이다.

아래가 구현된 union/find 연산이다.

```
#include <stdio.h>

#define MAX (5) // 노드 5개를 대상으로 한다.
#define ROOT(x)  (parent[x] == -1)

// parent 배열을 통해서 노드 i의 set 번호를 반환한다.
// 루트 노드에 도달할 때까지 재귀 함수를 호출한다.
int setFind(int parent[], int i) {
    if (ROOT(i))
        return i;
    else
        return setFind(parent, parent[i]);
}
```

```
// 노드 x와 노드 y가 속한 집합을 합집합한다.
// 노드 x의 부모 노드를 노드 y의 부모 노드로 설정한다.
void setUnion(int parent[], int x, int y) {
    int xParent = setFind(parent, x);
    int yParent = setFind(parent, y);

    parent[xParent] = yParent;
}

// 집합을 출력한다.
void setPrint(int parent[]) {
    printf("Parent array: ");
    for (int i = 0; i<MAX; i++) printf("%d ", parent[i]);
    printf("\n");

    for (int i = 0; i<MAX; i++) {
        printf("Set %d: ", i);
        for (int j = 0; j<MAX; j++) {
            if (setFind(parent, j) == i) printf("%d ", j);
        }
        printf("\n");
    }
}

int main() {

    int set[MAX];

    // 시작 시에 모든 노드는 부모 노드가 없음. 자신이 root node임.
    for (int i = 0; i<MAX; i++) set[i] = -1;
    setPrint(set);

    setUnion(set, 1, 3);
    setUnion(set, 2, 4);
    setPrint(set);

    setUnion(set, 1, 2);
    setPrint(set);
}
```

```
Parent array: -1 -1 -1 -1 -1
Set 0: 0
Set 1: 1
Set 2: 2
Set 3: 3
Set 4: 4

Parent array: -1 3 4 -1 -1
Set 0: 0
Set 1:
Set 2:
Set 3: 1 3
Set 4: 2 4

Parent array: -1 3 4 4 -1
Set 0: 0
Set 1:
Set 2:
Set 3:
Set 4: 1 2 3 4
```

<union-find 연산>

참고

위의 union-find 연산에서는, union을 할수록 아래와 같이 점점 트리의 깊이가 깊어질 수 있다는 단점이 있다.

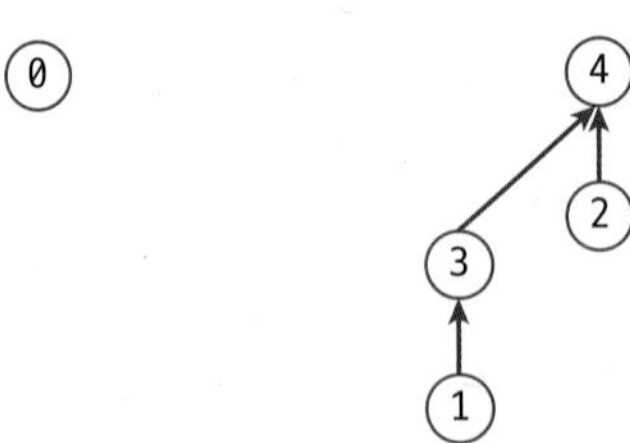

그런데, 아래와 같이 트리의 합집합을 언제나 깊이 2가 되게 관리할 수 있다면, find( ) 연산이 더욱 빨라질 것이다. 즉, 위의 그림과 같은 형태를 아래 그림과 같이 바꾼다면 말이다.

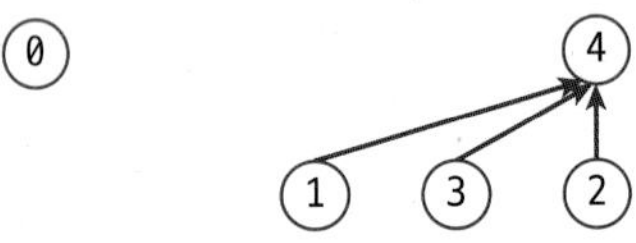

(2) Kruskal의 MST 알고리즘 구현

```
#ifndef _KRUSKAL_MST_H
#define _KRUSKAL_MST_H

#include "graphAdjacencyMatrix.h"

#define MAX_EDGE (100)

/**************** MST 생성을 위해서 에지를 별도로 보관하는 자료형 *************/
typedef struct Edge {
    int src, dest, weight;
} Edge;

typedef struct EdgeList {
    Edge data[MAX_EDGE];
    int size;
} EdgeList;

/******************************* find, union 함수  선언 ***********************/
#define ROOT(x)  (parent[x] == -1)
void setInit(int parent[]);

int setFind(int parent[], int i);
void setUnion(int parent[], int x, int y);
```

```
/************************   Kruskal MST 관련 함수 선언  *********************/
int cmpfunc(const void* a, const void* b);
void sortEdgeList(Graph *g, EdgeList* elist);
Graph* kruskalMST(Graph *g);

#endif
```

<kruskalMST.h>

```
#include "kruskalMST.h"
#include <stdio.h>
#include <stdlib.h>

/************************   Kruskal MST ***************************************/

/*****************************************************************************
' 함수명  :    Graph* kruskalMST(Graph *g)
' 설명    :    Kruskal의 MST 알고리즘
' 리턴값  :    생성된 MST 그래프의 Graph*
' 매개변수:    Graph *
'/****************************************************************************/

Graph* kruskalMST(Graph *g){
    // MST 그래프를 위한 노드 초기화(원 그래프의 노드를 복사한다)
    Graph* mst = (Graph *)malloc(sizeof(Graph));
    create(mst, g->mode);
    for (int node = 0; node < g->nodeSize; node++) {
        insertNode(mst, node);
    }

    // find, union 연산을 위한 set 초기화
    int set[MAX_EDGE];
    setInit(set);

    // 원 그래프의 에지들을 정렬
    EdgeList elist;
    sortEdgeList(g, &elist);

    // 에지를 하나씩 추가하면서 cycle의 유무 검사
    for (int e = 0; e < elist.size; e++) {
        Edge next_edge = elist.data[e];
        int x = setFind(set, elist.data[e].src);
        int y = setFind(set, elist.data[e].dest);
```

```
        if (x != y) {
            insertEdge(mst, elist.data[e].src, elist.data[e].dest, elist.data[e].weight);
            setUnion(set, x, y);
        }
    }

    return mst;
}

// 아래의 함수는 qsort( ) 함수에 파라미터로 전해지는
// 함수 포인터에 의해서 qsort( )의 항목 사이의 비교를 수행하는 함수다.
int cmpfunc(const void* a, const void* b) {
    return (((Edge*)a)->weight > ((Edge*)b)->weight);
}

/*******************************************************************************
' 함수명  :   void sortEdgeList(Graph *g)
' 설명    :   비방향성 그래프의 에지들을 별도의 EdgeList 변수에 오름 차순으로 정렬한다.
' 리턴값  :    void
' 매개변수:    Graph* g
'/*******************************************************************************/
void sortEdgeList(Graph *g, EdgeList* elist) {
    // 그래프에서 에지들을 복사해서 별도의 에지 리스트를 생성
    elist->size = 0;
    if (g->mode == UNDIRECTED) {
        for (int i = 0; i < g->nodeSize; i++) {
            for (int j = 0; j < i; j++) { // 이 부분이 다르다.
                if (g->adjMatrix[i][j]) {
                    elist->data[elist->size].src = i;
                    elist->data[elist->size].dest = j;
                    elist->data[elist->size].weight = g->adjMatrix[i][j];
                    elist->size++;
                }
            }
        }
    }

    else if (g->mode == DIRECTED) {
        for (int i = 0; i < g->nodeSize; i++) {
            for (int j = 0; j < g->nodeSize; j++) {
                if (g->adjMatrix[i][j]) {
                    elist->data[elist->size].src = i;
                    elist->data[elist->size].dest = j;
                    elist->data[elist->size].weight = g->adjMatrix[i][j];
                    elist->size++;
                }
            }
        }
    }
```

```
    // 에지 리스트를 정렬하기 전
    for (int i = 0; i < elist->size; i++)
        printf("%d ", elist->data[i].weight);
    printf("\n");

    // 에지 리스트를 오름 차순으로 정렬
    qsort(elist->data, elist->size, sizeof(Edge), cmpfunc);

    // 에지 리스트를 정렬한 후
    for (int i = 0; i < elist->size; i++)
        printf("%d ", elist->data[i].weight);
    printf("\n");

    // 위의 qsort 함수가 이해되지 않는다면 아래와 같이 직접 정렬 코드를 구현할 수 있다.
    /*
    for (i = 1; i<elist.size; i++)
    for (j = 0; j<elist.size - 1; j++)
    if (elist.data[j].w>elist.data[j + 1].w) {
    Edge temp = elist.data[j];
    elist.data[j] = elist.data[j + 1];
    elist.data[j + 1] = temp;
    }
    */
}

/****************************** find, union 함수  ****************************/
void setInit(int parent[]) {
    for (int i = 0; i<MAX_NODE; i++)
        parent[i] = -1;
}

int setFind(int parent[], int i) {
    if (ROOT(i))
        return i;
    else
        return setFind(parent, parent[i]);
}

void setUnion(int parent[], int x, int y) {
    int xParent = setFind(parent, x);
    int yParent = setFind(parent, y);

    parent[xParent] = yParent;
}
/******************************************************************************/
```

<kruskalMST.c>

```
#include "graphAdjacencyMatrix.h"

extern Graph* kruskalMST(Graph *g);

void test() {
    Graph g;

    // test for DIRECTED graph
    create(&g, DIRECTED);
    insertNode(&g, 0);
    insertNode(&g, 1);
    insertNode(&g, 2);
    insertNode(&g, 3);
    insertNode(&g, 4);

    insertEdge(&g, 0, 1, 16);
    insertEdge(&g, 0, 2, 2);
    insertEdge(&g, 0, 3, 11);
    insertEdge(&g, 0, 4, 9);
    insertEdge(&g, 1, 3, 5);
    insertEdge(&g, 2, 3, 16);
    insertEdge(&g, 2, 4, 3);
    insertEdge(&g, 3, 4, 1);

    print(&g);
    graphvizDriver(&g);

    Graph* mst = kruskalMST(&g);
    print(mst);
    graphvizDriver(mst);

    // test for UN-DIRECTED graph
    destroy(&g);
    create(&g, UNDIRECTED);
    insertNode(&g, 0);
    insertNode(&g, 1);
    insertNode(&g, 2);
    insertNode(&g, 3);
    insertNode(&g, 4);

    insertEdge(&g, 0, 1, 16);
    insertEdge(&g, 0, 2, 2);
    insertEdge(&g, 0, 3, 11);
    insertEdge(&g, 0, 4, 9);
    insertEdge(&g, 1, 3, 5);
    insertEdge(&g, 2, 3, 16);
    insertEdge(&g, 2, 4, 3);
    insertEdge(&g, 3, 4, 1);
```

<원 그래프: 방향성 그래프>

```
 0 16  2 11  9
 0  0  0  5  0
 0  0  0 16  3
 0  0  0  0  1
 0  0  0  0  0
```

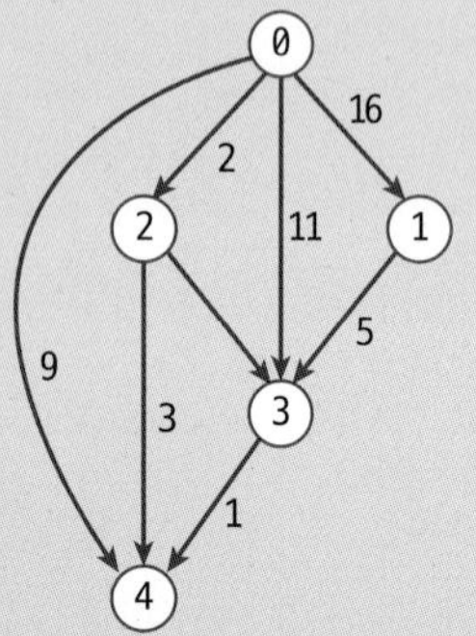

<MST>

```
 0  0  2  0  0
 0  0  0  5  0
 0  0  0  0  3
 0  0  0  0  1
 0  0  0  0  0
```

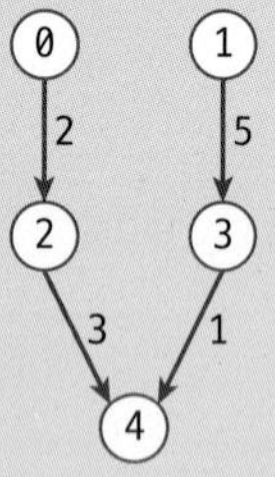

<원 그래프: 비-방향성 그래프>

```
 0 16  2 11  9
16  0  0  5  0
 2  0  0 16  3
11  5 16  0  1
 9  0  3  1  0
```

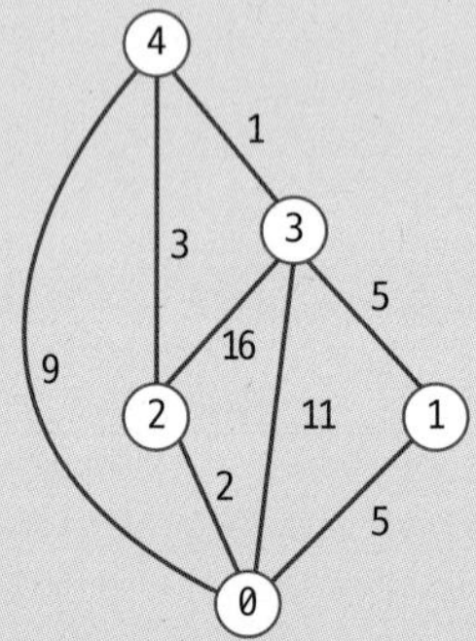

<MST>

```
 0  0  2  0  0
 0  0  0  5  0
 2  0  0  0  3
 0  5  0  0  1
 0  0  3  1  0
```

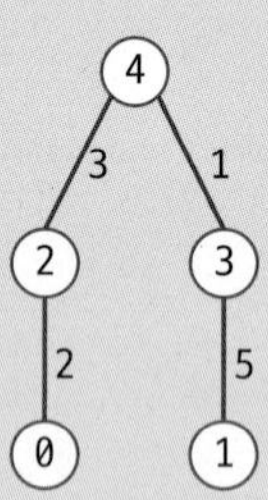

```
    print(&g);
    graphvizDriver(&g);

    mst = kruskalMST(&g);
    print(mst);
    graphvizDriver(mst);
}
```

<test.c>

참고

위와 같은 가중치 그래프의 가중치(weight)를 표시하기 위해서 graphvizPrint( ) 함수를 조금 수정하였다.

```
void graphvizPrint(Graph *g) {
    char* mode;

    if (g->mode == DIRECTED) mode = "->";
    else mode = "--";

    for (int r = 0; r < g->nodeSize; r++) {
        printf("\t\"%d\";\n", r);
    }

    if (g->mode == DIRECTED) {
        for (int r = 0; r < MAX_NODE; r++) {
            for (int c = 0; c < MAX_NODE; c++) {
                // 웨이트를 출력하기 위한 수정 사항
                if (g->adjMatrix[r][c]) printf("\t\"%d\" %s \"%d\"[label=\"%d\"];\n", r, mode,
                    c, g->adjMatrix[r][c]);
            }
        }
    }
    else if (g->mode == UNDIRECTED) {
        for (int r = 0; r < MAX_NODE; r++) {
            for (int c = 0; c < r; c++) {
                // 웨이트를 출력하기 위한 수정 사항
                if (g->adjMatrix[r][c]) printf("\t\"%d\" %s \"%d\"[label=\"%d\"];\n", r, mode,
                    c, g->adjMatrix[r][c]);
            }
        }
    }
}
```

10.7.2 Prim의 MST 알고리즘

Kruskal의 알고리즘은 에지 관점에서 운용되는데 반해, Prim 알고리즘은 노드 관점으로 이루어진다. 즉, Prim 알고리즘은 현재의 신장 트리의 인접한 노드들 중에서 최소 에지로 연결된 노드를 선택하면서 트리를 확장한다.

Kruskal의 알고리즘이 에지의 개수가 e라고 할 때 $O(e \log_2 e)$ 시간 복잡도인 반면, Prim의 알고리즘은 노드 개수가 n이라고 할 때 $O(n^2)$의 시간 복잡도를 가진다. 따라서 Kruskal의 알고리즘은 에지의 개수가 적은 경우에 유리한 알고리즘이다. Prim의 MST 알고리즘의 소개는 생략한다.

10.8 최단 경로(Shortest Path)

최단 경로 문제란 두 노드를 연결하는 가장 짧은 경로를 찾는 문제다. 가중치 그래프(weighted graph)에서 에지들의 가중치의 합이 최소가 되도록 하는 경로를 찾는 문제인데, 다음과 같은 여러 경우들이 있다.

- **단일 출발(single-source) 최단 경로**: 단일 노드 v에서 출발하여 그래프 내의 모든 다른 노드에 도착하는 가장 짧은 경로를 찾는 문제.
- **단일 쌍(single-pair) 최단 경로**: 주어진 노드 u와 v사이의 최단 경로를 찾는 문제.
- **전체 쌍(all-pair) 최단 경로**: 그래프 내 모든 노드 쌍들 사이의 최단 경로를 찾는 문제.

위 각각의 문제에 대해서 여러 가지 알고리즘이 존재한다. 이 교재에서는 가장 기본적인 방법인 데익스트라(Dijkstra) 알고리즘을 살펴보자.

10.8.1 데익스트라(Dijkstra) 알고리즘 개요

그래프에서의 길 찾기(경로 찾기, path finding)는 보통 두 노드 사이의 최적의 경로를 찾는 것을 말한다. 게임을 구현할 때, 게임의 맵(map) 등과 관련된 정보가 그래프 중에서도 방향성 그래프(directed graph)로 많이 표현되는데, 그래프 상에서의 길 찾기 문제가 게임에서 많이 활용된다.

데익스트라(Dijkstra)의 최단 경로(shortest path) 알고리즘은 하나의 시작 노드에서 다른 모든 노드로의 최단 경로를 구하는 알고리즘이다. 즉, 두 지점 사이의 최단 경로를 구하는 것이 아니라, 한 노드에서 다른 모든 노드로의 최단 경로를 한꺼번에 구한다.

네덜란드인이다. 아마도 가장 정확한 발음을 한국어로 표시하면 '데익스트라'일듯하다. 또는 '데이크스트라'.

'최적'이라는 단어는 보통 에지의 가중치의 합이 최소가 되는 경우를 말한다.

정리

최단 경로의 부분 경로 역시 최단 경로이다.

데익스트라 알고리즘을 설명하기 전에 이 정리를 이해하고 넘어가자. 그래야 알고리즘을 이해하기 쉬워진다.

"최단 경로의 부분 경로 역시 최단 경로이다" 라는 말을 아래의 그림을 통해 이해해보자.

아래의 그래프 그림에서 굵은 경로가 '시작 노드(s)'에서 '종착 노드(e)'로 가는 최단 경로다. 그러면 시작 노드(s)에서 노드 u까지의 경로 또한 두 노드(노드 s와 노드 u) 사이의 최단 경로라는 말이다.

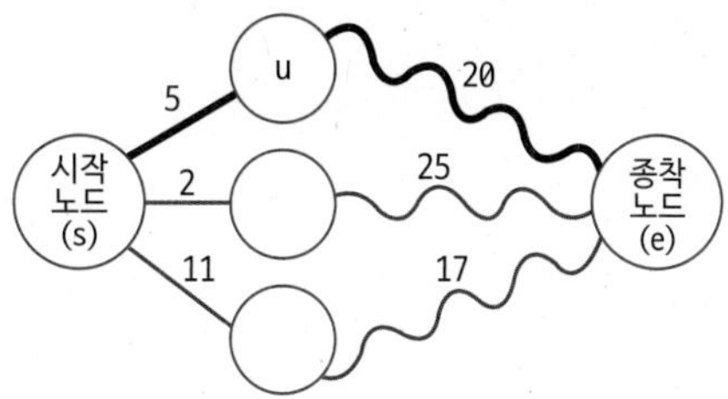

이 말의 의미를 2차원 상에서 직관적으로 설명해보자. 아래는 s 지점부터 e 지점을 연결하는 직선이다. 평면 상에서는 직선이 두 지점을 잇는 최단 경로이다. 그러면 지점 s에서 그 직선 위의 특정 지점 u까지의 경로도 최단 거리이다.

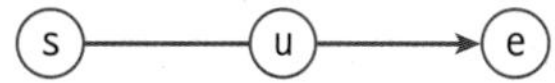

위의 정리의 명확한 증명이 궁금하면 각자 찾아보기를 바란다.

위의 정리를 바탕으로 특정 노드 s에서 다른 노드 e까지의 최단 경로를, 아래와 같이 단계적으로 구해갈 수 있게 된다.

```
D(s,e)=D(s,v)+ weight(v,e)
```

즉, 현재까지 알려진 s에서 v까지의 최단 경로에 weight(v, e)를 더하는 과정에서 더 작은 경로 값이 나오면 최단 경로를 업데이트 하는 방식으로 최단 경로를 찾을 수 있다.

알고리즘의 이런 특성을 '최적 구조(optimal sub-structure)'라고 한다. 이 말은 어떤 문제의 최적해가 그 부분 문제들의 최적해들로 구성된다는 의미다. optimal sub-structure 특성을 가진 문제는 다이나믹 프로그래밍(dynamic programming)이나 탐욕 알고리즘(greedy algorithm)을 이용하면 효율적으로 해결할 수 있다.

(1) 최단 경로 값 구하기

지금부터의 설명은 아래의 사이트를 참조하였다.
https://tech.io/playgrounds/1608/shortest-paths-with-dijkstras-algorithm/dijkstras-algorithm

아래의 가중치 그래프를 통해 데익스트라 알고리즘의 설명을 살펴보자. 노드 C에서 다른 모든 노드로의 최단 경로를 구해보자.

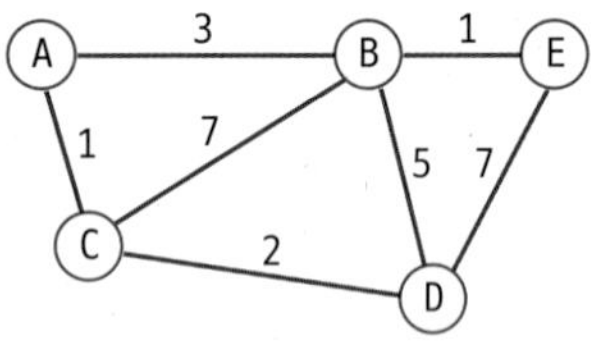

① 알고리즘이 진행되는 과정에서는 모든 노드에 대해서 C 노드로 부터의 최단 거리를 측정해간다. 처음에는 C 노드는 '0'이고 다른 노드는 무한대(∞)에서 시작한다(아직 값을 모르기 때문이다).

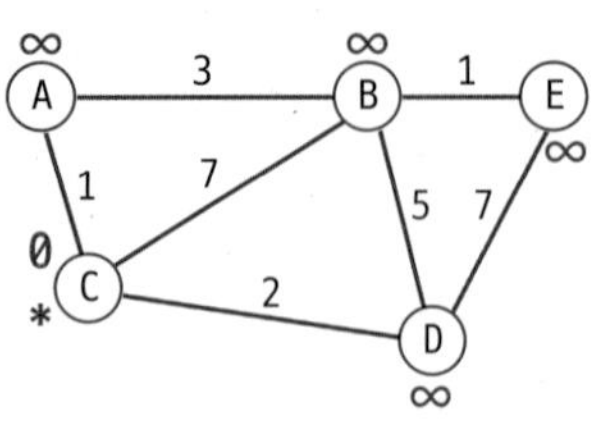

② 이제부터 시작이다. 매 단계마다 하나의 노드를 선택한다(이에 대한 자세한 설명은 차차하자). 현재는 출발 노드 C를 선택한다. 그리고 그 노드에서 연결된 다른 노드(A, B, D) 사이의 에지 웨이트를 이용해서 현재의 최단 거리 값(현재는 모두 무한대)과 비교해서 작은 값으로 수정한다. 그 결과 그림은 아래와 같다. 노드 C로부터 연결된 모든 노드들의 거리값 비교를 마치면 현재의 노드 C는 방문이 완료된 노드로 체크한다. 이제 노드 C는 고려할 필요가 없다.

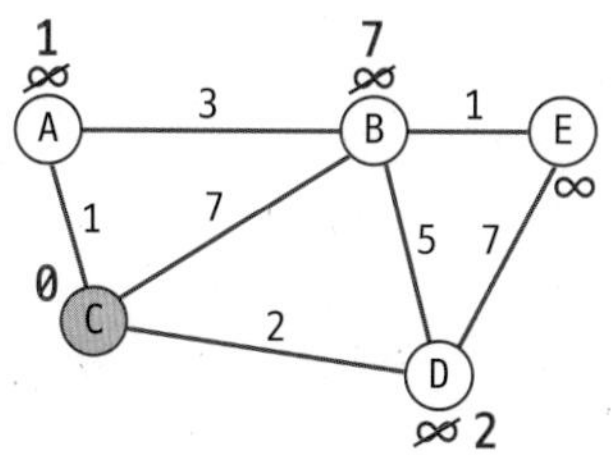

③ 이제 새로운 노드를 선택하자. 새로운 노드를 선택할 때에는, 노드 선택은 방문이 완료되지 않은 노드들 중에서 현재의 최단 경로 값이 가장 작은 노드를 선택한다. 여기에서는 노드 A를 선택. 그리고, 노드 A로부터 연결된 노드들 중에 방문 완료가 되지 않은 노드(여기서는 노드 B)의 최단 경로값을 수정한다. 그리고 노드 A도 방문 완료 노드로 체크.

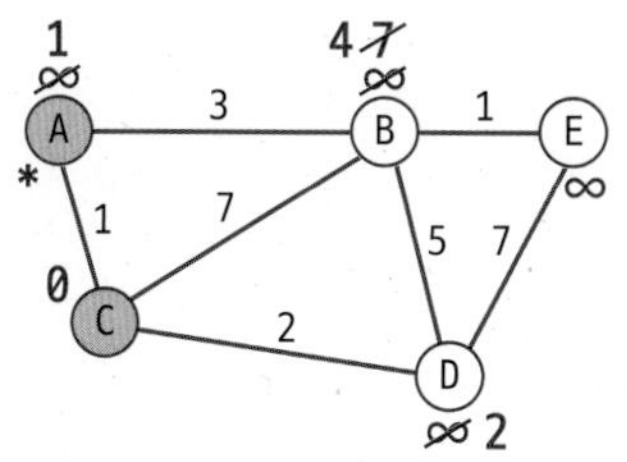

④ 새로운 노드 D를 현재 노드로 선택하고, 위의 과정을 반복한다.

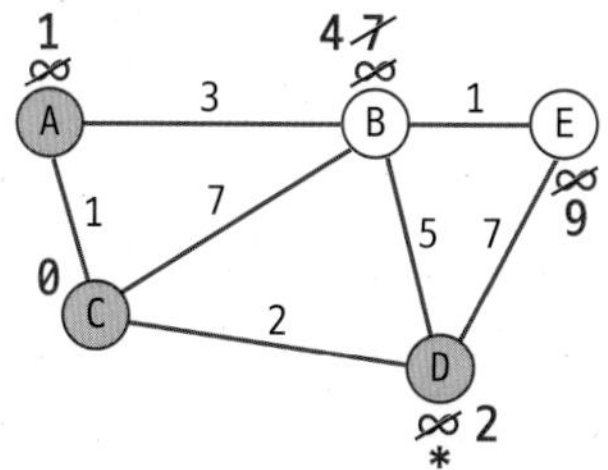

⑤ 노드 B를 현재 노드로 선택하고, 위의 과정을 반복한다.

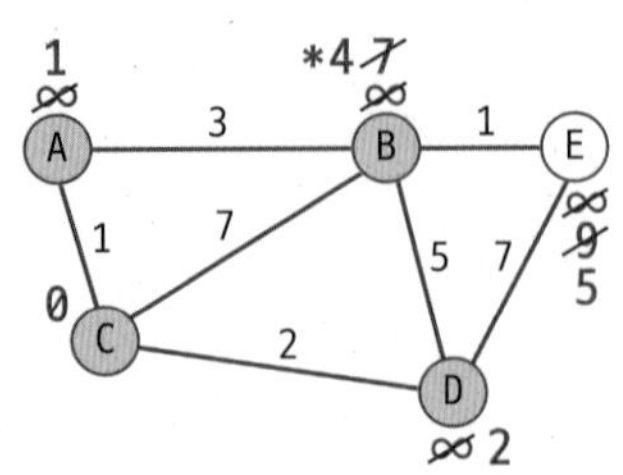

⑥ 노드 E를 선택하고, 위 과정을 반복하려는데 방문하지 않는 노드가 없기 때문에 여기서 알고리즘을 종료한다. 아래 그림에서 각 노드 위의 숫자가 노드 C로 부터의 최단 거리를 나타낸다.

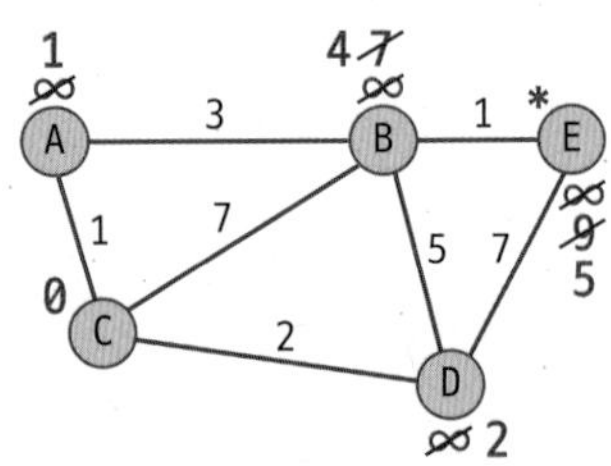

이제 데익스트라 알고리즘을 정리해보자. 이제까지의 그림을 통한 이해를 마치고 아래의 설명을 읽어보자.

1. 시작 노드를 0으로 다른 모든 노드를 무한대로 최단 거리값을 초기화하고, '방문 완료 노드'를 공집합으로 초기화한다.
2. 방문 완료되지 않는 노드가 있다면 아래를 반복한다.
   ① '방문 완료 되지 않은 노드'들 중에서 가장 작은 최단 거리값을 가진 노드를 '현재 노드' c로 선택한다.
   ② '현재 노드' c의 이웃 노드(v)에 대해서,
      • 노드 c까지의 최단 거리값 + weigh(c, v) 값이 현재의 노드 v의 최단 거리값보다 작으면, 이 값을 새로운 최단 거리값으로 수정한다.
   ③ '현재 노드' c를 '방문 완료 노드'로 체크한다.

〈데익스트라 알고리즘〉

(2) 최단 경로 추적하기

지금까지는 시작 노드에서 각 노드까지의 '최단 경로값'을 측정하였다. 그러면 '최단 경로'를 보관하려면 어떻게 하면 될까?

위의 데익스트라 알고리즘을 다시 한번 잘 생각해보면, 최단 경로라는 것은 최단 경로값을 수정할 때마다 수정해주면 된다는 것을 알 수 있다. 앞에서 예로든 그래프를 다시 살펴보자.

① 초기 상태는 아래와 같다. 이 상태에서 최단 경로들은 아래와 같다.

A까지의 경로: empty
B까지의 경로: empty
C까지의 경로: C
D까지의 경로: empty
E까지의 경로: empty

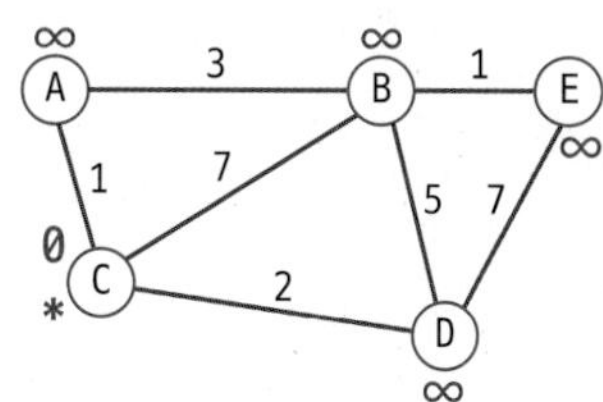

② 아래와 같이 노드 C를 방문 완료 노드로 체크한 경우에는 아래와 같이 최단 경로가 수정된다.

A까지의 경로: C-A
B까지의 경로: C-B
C까지의 경로: C
D까지의 경로: C-D
E까지의 경로: empty

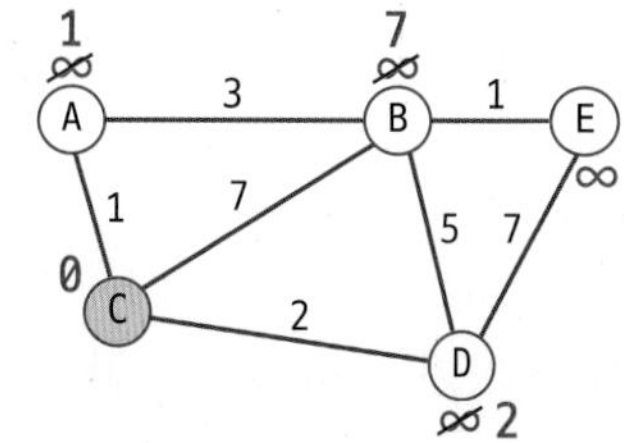

③ 노드 A를 방문 완료 체크한 후의 최단 경로는 아래와 같이 수정된다.

A까지의 경로: C-A
B까지의 경로: C-A-B
C까지의 경로: C
D까지의 경로: C-D
E까지의 경로: empty

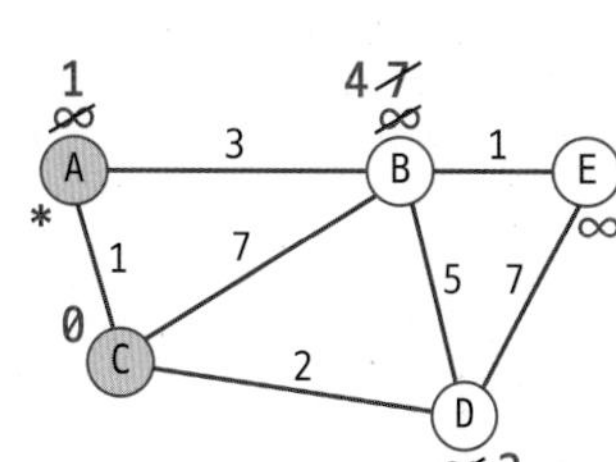

④ 노드 D를 방문 완료 노드로 체크한 후, 최단 경로는 아래와 같다.

A까지의 경로: C–A

B까지의 경로: C–A–B

C까지의 경로: C

D까지의 경로: C–D

E까지의 경로: C–D–E

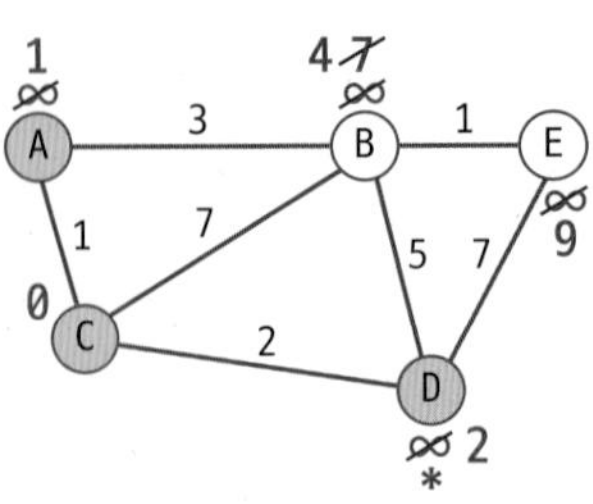

⑤ 노드 B를 방문 완료 노드로 체크한 후, 최단 경로는 아래와 같다. 아래의 경로들이 각 노드로의 최단 경로들이다.

A까지의 경로: C–A

B까지의 경로: C–A–B

C까지의 경로: C

D까지의 경로: C–D

E까지의 경로: C–A–B–E

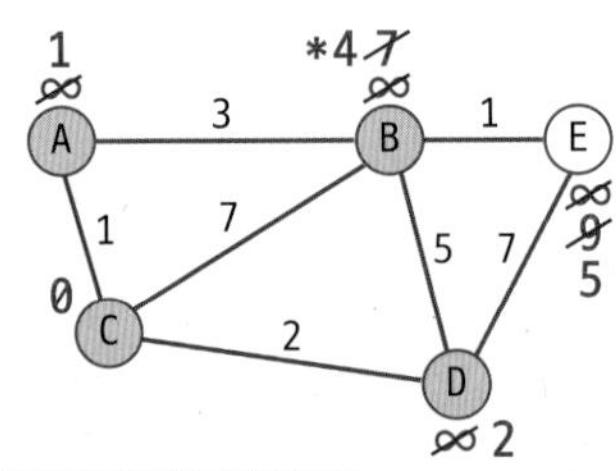

Kruskal 알고리즘의 설명은 아래의 사이트를 참고하였다.

https://ratsgo.github.io/data%20structure&algorithm/2017/11/26/dijkstra/

데익스트라의 최단 경로 알고리즘은 제한 사항이 있다. 웨이트는 0 또는 양수이여야 한다는 점이다. 음수 웨이트가 있는 경우는 사용할 수 없다. 벨먼–포드 알고리즘은 음수 웨이트가 있는 그래프에서도 정확하게 동작한다(음수 값을 가지는 사이클은 없어야한다).

Kruskal의 최단 경로 알고리즘에서, 몇가지 특수한 경우를 살펴보자.

- 두 노드 사이의 최단 경로를 구하고 싶다면, 도착 노드가 '방문 완료 노드'에 포함되는 순간 알고리즘을 종료하면 된다.
- 최단 경로가 2개 이상인 경우가 있을 수 있다. 이 경우에 최단 경로를 보관하려면 조금 복잡해질 수 있다.
- 방문 완료하지 않은 노드가 있는데 여전히 그 노드의 최단 경로값이 무한대라면 그 노드로 가는 경로가 존재하지 않음을 의미한다.

참고

데익스트라 알고리즘의 시간 복잡도는 그래프의 자료 구조를 인접 행렬로 할지 인접 리스트로 할지, 최소 경로 값을 찾는 부분을 선형 탐색으로 할지 이진 탐색으로 할지 등에 따라서 달라질 수 있다. 이 부분은 생략하기로 한다.

10.8.2 데익스트라 알고리즘 구현

데익스트라 알고리즘은 이해하기 쉽지 않다. 따라서 의사 코드를 통해서 조금 더 자세하게 살펴보자.

```
void Dijkstra(Graph, src)
        // d[ ]: 각 노드의 최단 경로값
        // visited[ ]: 각 노드의 방문 완료 여부
        // weight(u, v): 노드 u, v 사이의 웨이트

    for each node v in Graph     // 모든 노드의 최단 거리값 초기화
        d[v] := infinity
        visited[v] := false
        previous[v] := undefined

    d[src] := 0 // 시작 노드의 최단 경로값은 0으로 초기화

    while (visited[ ]가 false인 노드 존재) // 방문 완료되지 않는 노드가 존재하면
        u := visited[ ]가 false인 노드 중에 d[ ] 값이 가장 작은 노드
        visited[u] : = true // 노드를 visited check

        for each v with edge(u, v)
            if d[v] > d[u] + w(u, v)
                d[v] : = d[u] + w(u, v);    // 최단 경로값 변경
```

〈데익스트라의 최단 경로 알고리즘 의사 코드〉

```
#include <stdio.h>
#include <stdlib.h>
#include "graphAdjacencyMatrix.h"

void dijkstra(Graph* g, int src, int dist[], int previous[]);
int minDistance(int dist[], bool visited[], int nodeSize);

void dijkstra(Graph* g, int src, int dist[], int previous[]) {
    bool visited[MAX_NODE]; // 방문 완료된 노드를 저장하는 배열
    int nodeSize = g->nodeSize;

    for (int i = 0; i < nodeSize; i++) { // 모든 노드의 최단 거리값 초기화
        dist[i] = INT_MAX;
        visited[i] = false;
        previous[i] = -1;
    }

    dist[src] = 0;     // 시작 노드의 최단 경로값은 0으로 초기화

    // 모든 모드에 대해서
    for (int count = 0; count < nodeSize - 1; count++)    {
        // 방문 완료 하지 않는 노드들 중에서 최소 경로값을 가진 노드 선택
        int u = minDistance(dist, visited, nodeSize);
        if (u == INT_MAX) return; // 모든 노드를 방문 완료했으면 종료

        visited[u] = true; // 선택된 노드를 방문 완료로 체크

        // 선택된 노드의 인접 노드들의 최소 경로값 수정
        for (int v = 0; v < nodeSize; v++)
            if (!visited[v] &&  // 방문 완료되지 않은 노드이고
                g->adjMatrix[u][v] &&  // 에지가 있고
                dist[u] + g->adjMatrix[u][v] < dist[v]) // 최단 경로를 수정해야하면...
            {
                dist[v] = dist[u] + g->adjMatrix[u][v];
                previous[v] = u;
            }
    }
}

// 방문 완료 하지 않는 노드들 중에서 최소 경로값을 가진 노드 선택
int minDistance(int dist[], bool visited[], int nodeSize) {
    int min = INT_MAX, min_index; // min 값 초기화

    for (int v = 0; v < nodeSize; v++) {
        if (visited[v] == false && dist[v] <= min) {
            min = dist[v];
            min_index = v;
        }
    }
    return min_index;
}
```

<데익스트라 최단 경로 알고리즘>

```
// test for 데익스트라 알고리즘: DIRECTED
void test2() {
    Graph g;

    create(&g, DIRECTED);
    insertNode(&g, 0);
    insertNode(&g, 1);
    insertNode(&g, 2);
    insertNode(&g, 3);
    insertNode(&g, 4);

    insertEdge(&g, 0, 1, 4);
    insertEdge(&g, 0, 2, 2);
    insertEdge(&g, 0, 3, 11);
    insertEdge(&g, 0, 4, 10);
    insertEdge(&g, 1, 3, 5);
    insertEdge(&g, 2, 3, 8);
    insertEdge(&g, 2, 4, 3);
    insertEdge(&g, 3, 4, 1);

    print(&g);
    graphvizDriver(&g);

    int dist[MAX_NODE]; // 최단 경로값 저장
    int previous[MAX_NODE]; // 부모 노드 저장

    // 0번 노드를 시작 노드로
    int start = 0;
    dijkstra(&g, start, dist, previous);

    printf("Distance from node %d\n", start);
    for (int i = 0; i < g.nodeSize; i++)
        printf("%d:  %d\n", i, dist[i]);

    printf("Previous node\n");
    for (int i = 0; i < g.nodeSize; i++)
        printf("%d:  %d\n", i, previous[i]);

    // start 노드에서 모든 노드로의 최단 경로 출력
    for (int i = 0; i < g.nodeSize; i++) {
        int end = i;
        printf("Endgind to node %d ", end);
        while (previous[end] != -1) {
            printf("<-- %d ", previous[end]);
            end = previous[end];
        }
        printf("\n");
    }
}
```

```
Distance from node 0
0:  0
1:  4
2:  2
3:  9
4:  5

Previous node
0:  -1
1:  0
2:  0
3:  1
4:  2

Endgind to node 0
Endgind to node 1 <-- 0
Endgind to node 2 <-- 0
Endgind to node 3 <-- 1 <-- 0
Endgind to node 4 <-- 2 <-- 0
```

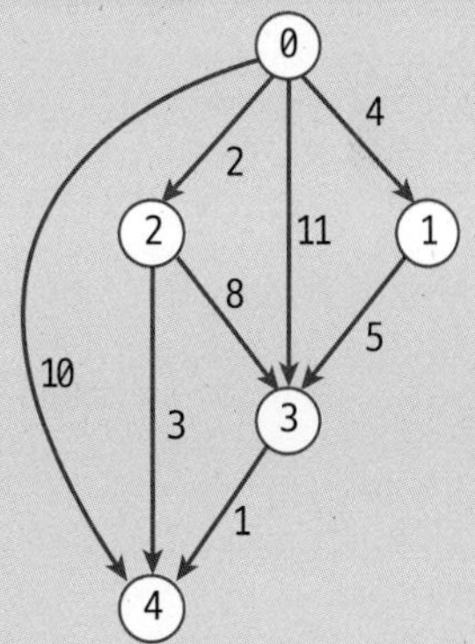

```
// test for 데익스트라 알고리즘: UNDIRECTED
void test3() {
    Graph g;

    create(&g, UNDIRECTED);
    insertNode(&g, 0);
    insertNode(&g, 1);
    insertNode(&g, 2);
    insertNode(&g, 3);
    insertNode(&g, 4);

    insertEdge(&g, 0, 1, 3);
    insertEdge(&g, 0, 2, 1);
    insertEdge(&g, 1, 2, 7);
    insertEdge(&g, 1, 3, 5);
    insertEdge(&g, 1, 4, 1);
    insertEdge(&g, 2, 3, 2);
    insertEdge(&g, 3, 4, 7);

    print(&g);
    graphvizDriver(&g);

    int dist[MAX_NODE]; // 최단 경로값 저장
    int previous[MAX_NODE]; // 부모 노드 저장

    // 2번 노드를 시작 노드로
    int start = 2;
    dijkstra(&g, start, dist, previous);

    printf("Distance from node %d\n", start);
    for (int i = 0; i < g.nodeSize; i++)
        printf("%d:  %d\n", i, dist[i]);

    printf("Previous node\n");
    for (int i = 0; i < g.nodeSize; i++)
        printf("%d:  %d\n", i, previous[i]);

    // start 노드에서 모든 노드로의 최단 경로 출력
    for (int i = 0; i < g.nodeSize; i++) {
        int end = i;
        printf("Endgind to node %d ", end);
        while (previous[end] != -1) {
            printf("<-- %d ", previous[end]);
            end = previous[end];
        }
        printf("\n");
    }
}
```

```
Distance from node 2
0:  1
1:  4
2:  0
3:  2
4:  5
Previous node
0:  2
1:  0
2:  -1
3:  2
4:  1
Endgind to node 0 <-- 2
Endgind to node 1 <-- 0 <-- 2
Endgind to node 2
Endgind to node 3 <-- 2
Endgind to node 4 <-- 1 <-- 0 <-- 2
```

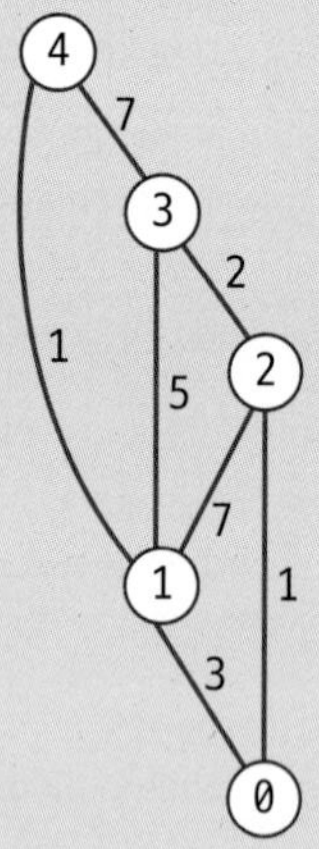

<각각 방향성 그래프와 비-방향성 그래프의 테스트 결과>

10.8.3 A* 알고리즘

참고

A* 알고리즘

대표적인 길 찾기 알고리즘인 A* 알고리즘은 많은 문제에 사용되고 있으며, 특히 컴퓨터 게임 개발에서 효율적인 길 찾기 문제에 많이 사용된다.

자료 구조나 알고리즘 등에서 배우는 Dijkstra 알고리즘도 A* 알고리즘과 동일하게 두 지점간의 최적 경로(지점 간의 거리 관점이라면 최단 경로)를 찾아준다. 차이점은 Dijkstra 알고리즘은 현재까지의 최적 경로 정보를 이용해서 최종적인 최적 경로를 찾는 알고리즘인데 반해, A* 알고리즘은 관측되지 않은 미래의 정보에 대한 예측을 위해 휴리스틱(heuristics)을 사용한다는 점이다.

따라서 이 휴리스틱 정보의 정확도에 따라서 전체적인 A* 알고리즘의 성능이 영향을 받을 수 있다. Dijkstra 알고리즘은 A* 알고리즘의 특이한 경우(휴리스틱 값이 '0'인 경우)라고 할 수 있다.

지금 소개할 A* 알고리즘은 목표 노드까지의 가장 좋은 경로를 찾기 위한 알고리즘 중의 하나로써, best-first search 알고리즘의 일종이다. Best-first search란 어떤 규칙에 의해서 가장 유망한(promising)한 노드를 먼저 검색하는 탐색 기법이다.

A* 알고리즘은 아직 탐색하지 않은 노드들 중 **"가장 유망할 듯한 노드"**를 탐색하는 과정을 반복하는 것이다. 탐색 중 목표 노드에 도착하면 알고리즘을 종료하고, 그렇지 않으면 목표에 도달할 때까지 계속 인접 노드를 탐색한다. 여기서 "가장 유망할 듯한 노드"라는 표현을 사용하였다. 여기서 휴리스틱이 사용된다. 문제에서 취할 수 있는 정보를 사용해서 말이다.

그러나 게임 인공 지능에서는 꼭 최적일 필요가 없거나, 최적이면 재미가 줄어드는 경우도 발생하기 때문에 이에 대한 고려가 필요하다. 컴퓨터 게임에서 나를 추적해오는 게임 캐릭터가 너무나 최적으로 잘 쫓아오면 재미가 없어질 수도 있기 때문이다.

A* 알고리즘을 그래프(graph)에서 최단 경로를 구하는 문제로 설명해 보자. A* 알고리즘은 **'start 노드에서 지금까지의 거리 정보'와 '지금부터 goal까지의 거리 정보(추정치, 휴리스틱)'**를 모두 고려하여서 가장 유망한(좋은) 노드를 먼저 탐색한다.

다음 그림과 같이 길 찾기 문제에서 시작 노드에서 목표 노드까지의 가장 짧은 길을 찾는 문제를 고려하자. n을 상태(노드)라고 할 때, f(n)을 우리가 사용할 평가 함수이고 h(n)을 휴리스틱이라고 하자. A* 알고리즘은 매번의 반복 과정에서 평가 함수인 f(n)이 가장 작은 노드(최적인 노드)를 계속적으로 탐색한다.

```
f(n) = g(n) + h(n)
```

- g(n) = 시작 노드에서 노드 n까지의 실제 cost
- h(n) = 노드 n에서 목표 노드까지의 최소 cost의 휴리스틱(추정치, heuristic)

휴리스틱이라는 개념에 대해서 다시 생각해보자. 휴리스틱 h(n)이 실제 거리(비용, cost)를 과-추측(over-estimate)하지 않는다면 A* 알고리즘은 동일한 휴리스틱을 사용하는 경우에는 최적 알고리즘이다.

이 말은 언제나 A* 알고리즘이 최적의 해를 구한다는 말은 아니다. 동일한 heuristic을 사용하는 여러 알고리즘이 있다면 그 중에서는 최적이라는 말이다.

최단 경로를 찾는 문제에서 휴리스틱의 over-estimate라는 말의 의미를 설명하자. 지금까지 거쳐온 노드들의 실제 경로는 정확한 값이겠지만, 남은 경로의 추정치는 말 그대로 추정치이다. 그래서 실제 거리보다는 짧은 값(under-estimation)을 휴리스틱으로 사용해야 한다는 의미이다. 그러한 경우에만 최적의 해를 보장한다. 이것에 대한 증명 등 자세한 내용은 옆의 링크를 참고하자.

[참고]

http://www.robotacid.com/PBeta/astar/index.html

http://en.wikipedia.org/wiki/A*_search_algorithm

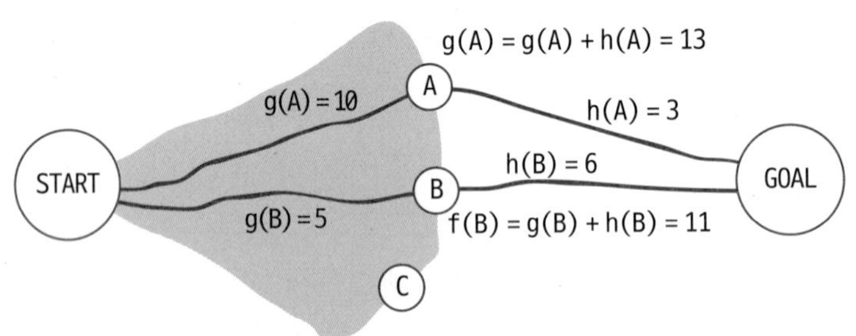

앞의 그림을 보자. START 노드에서 GOAL 노드까지의 최단 경로를 찾는 문제이다. 현재까지 탐색한 노드가 A, B, C라고 할 때, 이 상태에서 A, B, C 중에 어떤 노드를 더 깊이 탐색을 할지 결정해야 한다. 위의 그림에서 g(n)이 start 노드에서 n 노드까지의 최저 비용(shortest cost)을 가지는 경로의 값, h(n)는 n 노드에서 goal 노드까지의 cost의 추정치라고 하자. 위의 그림에서는

- f(A) = g(A) + h(A) = 10 + 3 = 13
- f(B) = g(B) + h(B) = 5 + 6 = 11

따라서, B 노드를 먼저 탐색하게 된다.

A* 알고리즘에 대한 정보는 인터넷에 많다. 궁금하면 각자 찾아보자.

10.8.4 Floyd 알고리즘

Floyd 알고리즘은 모든 노드에서 다른 모든 노드로의 최단 경로를 구하는 알고리즘이다.

모든 노드 사이의 최단 경로를 찾으려면 Dijkstra 알고리즘을 모든 노드에서 시작하면 된다. Dijksta 알고리즘의 시간 복잡도가 $O(n^2)$이므로 이를 n번 반복하면 $O(n^3)$이 된다. Floyd의 알고리즘 또한 $O(n^3)$이기는 하지만, 더 간결한 반복문 구조를 사용하기 때문에 Dijkstra 알고리즘보다 빨리 모든 노드 간의 최단 경로를 구할 수 있다. 본 교재에서는 Floyd 알고리즘은 생략한다.

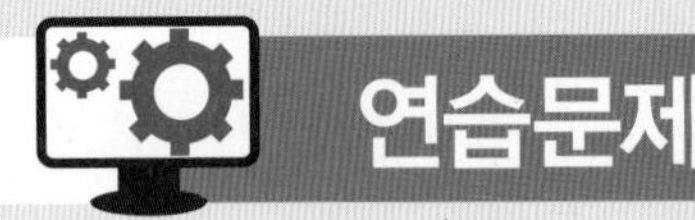

연습문제

1. 다음의 그래프에 대한 설명으로 틀린 것을 모두 고르시오.
   A. 그래프에는 사이클이 존재하면 안된다.
   B. 모든 그래프는 트리이다.
   C. 모든 트리는 그래프이다.
   D. 방향성 그래프를 인접 행렬로 표현하였을 때, 인접 행렬은 좌상-우하 대각선을 기준으로 대칭이다.
   E. 비 방향성 그래프에서 모든 노드의 차수(degree)를 더하면 에지의 수와 동일하다.

2. 인접 행렬을 이용한 그래프의 표현에서 진입 차수(in-degree)와 진출 차수(out-degree)를 구해볼 수 있다. 교재의 adjacent(A, from) 함수는 그래프 A에서 노드 from 부터의 진출 차수를 구하는 함수이다. 인접 행렬을 이용한 방향성 그래프에서 진입 차수를 구하는 함수를 작성해보자.

3. 노드의 개수를 n, 에지의 개수를 e라고 할 때, 인접 행렬에서 특정 노드의 차수를 계산하는 알고리즘의 시간 복잡도는 얼마인가?

4. 노드의 개수를 n, 에지의 개수를 e라고 할 때, 비 방향성 그래프를 인접 리스트로 표현했을때, 인접 리스트 상의 노드의 총 개수는 몇 개 인가?

5. 노드가 n개인 비방향성 완전 그래프의 에지의 개수는 몇 개인가?

6. 그래프의 깊이 우선 탐색에 대한 설명으로 틀린 것을 모두 고르시오.
   A. 연결 성분을 구하기 위해서 깊이 우선 탐색을 사용할 수 있다.
   B. 신장 트리를 구하기 위해서 깊이 우선 탐색을 사용할 수 있다.
   C. 최소 신장 트리를 구하기 위해서 깊이 우선 탐색을 사용할 수 있다.
   D. 그래프의 다른 노드에서 시작해서 구한 신장 트리들도 모양은 동일하다.
   E. 깊이 우선 탐색을 위해서 큐를 사용해야한다.

PART IV

자료 구조 고급

지금부터 소개하는 파트 4는 정렬(sorting)과 검색(searching) 기법에 관련된 자료 구조의 정리 부분이다.

정렬과 검색은 알고리즘 분야에서 주로 언급되는 내용인데, 원래 자료 구조와 알고리즘은 밀접한 분야라서 이 부분에서 총 정리를 해보자.

아래의 2가지를 배울 것이다.

- **우선 순위 큐(priority queue)**: 정렬과 관련있다.
- **해싱(hashing)**: 검색과 관련있다.

CHAPTER 11

우선 순위 큐 (priority queue)

CHAPTER 11

먼저 정렬 알고리즘을 이야기하자. 실제로 공부할 자료 구조인 우선 순위 큐(priority queue)가 바로 정렬에 사용될 자료 구조이기 때문이다.

11.1 정렬 알고리즘

알고리즘 분야에서 가장 기본적으로 다루는 문제가 정렬(sorting)이다.

정렬 알고리즘이란 자료를 특정한 순서대로 정렬하는것을 말하는데, 주어진 자료를 어떤 기준에 따라 정렬하면 향후에 효과적인 자료의 사용이 가능하기 때문에 정렬 알고리즘은 아주 중요하다.

본 교재에서는 그 중에 대표적인 2가지만 소개한다. 이 두 알고리즘은 시간 복잡도에 따라 각각 $O(n^2)$과 $O(n \log n)$을 가지는 대표적인 방법이기 때문이다:

- 선택 정렬(selection sort)
- 병합 정렬(merge sort)

실제로 자료 구조(data structure)나 알고리즘(algorithm) 등의 과목 교재를 살펴보면 정말로 다양하게 많은 정렬 알고리즘이 소개된다.

정렬과 관련된 몇가지 용어를 정리하고 넘어가자.

- 정렬 기준
  - 오름 차순: 데이터가 작은 값에서 큰 값 순서로 정렬
  - 내림 차순: 데이터가 큰 값에서 작은 값 순서로 정렬
- 정렬 장소
  - 내부 정렬: 컴퓨터의 메인 메모리 내부에서 정렬
  - 외부 정렬: 디스크 상에서 정렬. 즉, 보조 기억 장치에서 이루어지는 대규모 데이터의 정렬 기법을 의미한다. 대표적인 방법으로는 2-way 병합, n-way 병합 등의 기법이 있다.

11.1.1 선택 정렬(selection sorting)

선택 정렬 알고리즘은 "정렬 되지 않은 데이터에서 가장 작은 데이터를 '선택'하여 가장 앞의 데이터와 위치를 바꾸는 것"이 주된 아이디어다.

'정렬' 알고리즘에서는 데이터를 오름 차순(즉, 데이터의 값이 커지는 순서로)으로 정렬할지, 내림 차순으로 정렬할지에 따라 달라지겠지만, 이 교재에서는 오름 차순으로 정렬하는 것을 가정한다.

따라서 이 경우에는 매 순간에 '가장 작은' 데이터를 선택(selection)해서 '앞으로' 이동함으로써 오름차순 정렬이 가능하다.

즉, 여기서 '선택'이라는 의미는 정렬되지 않는 부분에서 가장 작은 값(최소값)을 선택해서 맨 앞으로 옮긴다는 의미다.

선택 정렬 알고리즘

모든 데이터가 정렬될 때까지 아래를 반복한다.

1. 정렬되지 않은 데이터에서 최소값을 찾는다.
2. 이 최소값과 정렬되지 않은 데이터에서의 첫번째 데이터와 위치를 바꾼다(swap).

아래 예제를 통해서 선택 정렬 알고리즘의 수행 절차를 살펴보자(데이터에서 각 단계마다 이미 정렬된 부분은 음영으로 표시하였다).

초기 데이터는 다음과 같다고 가정하자. 모두 정렬되지 않은 데이터다. 여기에서 가장 작은 데이터인 '2'를 가장 앞의 데이터 '6'과 교환(swap)한다.

6	5	3	11	8	7	2	4

아래에서 정렬되지 않은 부분(2번째부터 끝까지의 데이터) 중에 가장 작은 데이터는 '3'이다. '3'과 정렬되지 않는 부분의 가장 첫번째 데이터인 '5'를 교환한다.

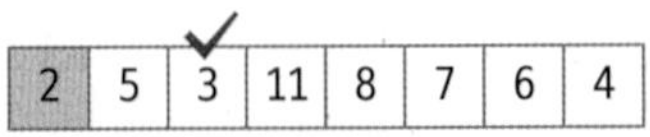

정렬되지 않는 부분(흰색 셀 부분) 중에서만 선택 정렬을 계속적으로 수행한다.

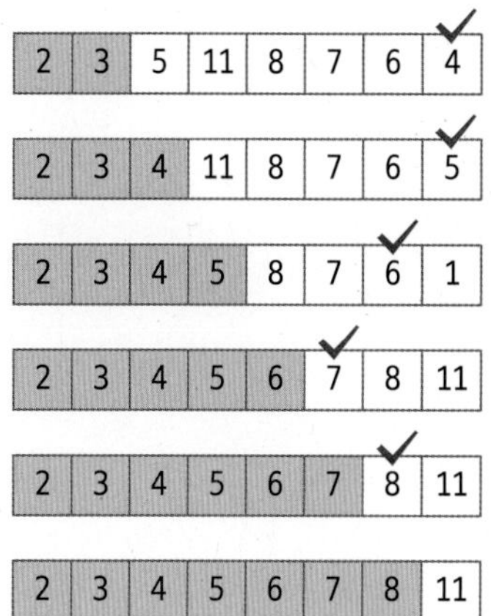

최종적으로 오름차순으로 정렬된 결과를 얻을 수 있다.

2	3	4	5	6	7	8	11

선택 정렬 알고리즘을 C 언어로 구현해보자.

```
#include <stdio.h>

void printArray(int a[], int size);
void selectionSort(int a[], int size);

int main() {
    int numbers[] = { 19, 23, 2, 33, 42, 54, 100, 5, 12, 52 };
    int size = sizeof(numbers) / sizeof(numbers[0]);

    printArray(numbers, size);
    selectionSort(numbers, size);
    printArray(numbers, size);

    return 0;
}

// 1차원 정수 배열 화면 출력
void printArray(int a[], int size) {
    for (int i = 0; i<size; i++) {
        printf("%3d ", a[i]);
    }
    printf("\n");
}
```

```
// 선택 정렬
void selectionSort(int a[], int size) {
    // 마지막 항목을 제외한 모든 항목에 대하여
    for (int i = 0; i<size - 1; i++) {
        int smallest = i;
        // 값이 가장 작은 항목을 선택(selection)해서
        for (int j = i + 1; j<size; j++) {
                if (a[j]<a[smallest]) smallest = j;
        }
        // 정렬되지 않은 가장 앞의 항목과 가장 값이 작은 항목을 서로 위치 바꿈
        int temp = a[i];
        a[i] = a[smallest];
        a[smallest] = temp;
    }
}
```

이 방법은 얼마나 효율적인 정렬 알고리즘일까를 분석해보자. 만약 입력 데이터의 개수가 n개라면 바깥 쪽의 for 문은 총 (n−1)번 수행된다. 그리고 바깥 쪽 for 문의 1번째 반복(iteration)에서는 내부 for 문이 (n−1)번 비교하고, 2번째 반복에서는 (n−2)번, i번째 반복에서는 (n−i)번 반복하게 된다.

이럴 때 전체 시간 복잡도는 $\sum_{i=1}^{n-1}(n-i) = \sum_{i=1}^{n-1} i = \frac{(n-1)(n)}{2}$이 된다. 즉, 입력 데이터의 개수가 n이라면 최종적인 시간 복잡도는 n^2에 비례한다. 따라서 시간 복잡도는 $O(n^2)$ 이라고 할 수 있다.

입력 데이터의 개수를 n이라 할 때, 알고리즘의 수행 시간이 n^2에 비례하는 선택 정렬 알고리즘은 효율적인 알고리즘은 아니다. 데이터의 개수가 많아 짐에 따라서 기하 급수적으로 수행 시간이 길어지기 때문이다.

그러나, 적은 개수의 입력 데이터에 대해서 사용하기에는 무난한 알고리즘이다.

11.1.2 병합 정렬(merge sorting)

앞에서 설명한 선택 정렬에 비해서 조금 고급 정렬 기법은 퀵(quick) 정렬과 병합(merge) 정렬 등이 있다. 두 알고리즘 모두 기본적으로는 재귀 함수를 이용한 구현 방법이 많이 사용되는데 병합 정렬이 조금 더 이해하기 쉽다. 병합 정렬(merge sorting)의 개념을 아래의 예를 통해서 천천히 살펴보자.

병합 정렬의 기본적인 아이디어는 2개의 '정렬'된 서브 리스트(sub−list)를

병합하면서 정렬된 큰 리스트를 만들어가는 방식이다. 아래처럼, 처음에는 1개씩 병합하면서 정렬하고, 그 다음 단계에서는 2개씩 병합하면서 정렬한다. 이 단계를 계속적으로 반복하면 최종 단계에서는 정렬된 데이터를 얻을 수 있다. 즉, 이 방법은 8개의 데이터를 정렬하는 문제를, 4개 리스트 2개로 나누어서 정렬하고 이를 병합하는 문제로 변환하고, 이와 같은 방식으로 계속 문제를 나누어서(divide) 정복(conquer)하는 방법이다.

Divide and Conquer: 알고리즘의 큰 줄기 중의 하나인 분할 정복법(divide and conquer)은 이름은 거창해보이는 데 실제는 아무것도 아니다. 문제가 커서 해결법을 생각하기 어렵다면, 문제를 잘게 나누어서 동일한 방법으로 하다보면 문제가 해결된다는 방식이다.

아래의 그림은 8개의 데이터를 병합하는 과정을 보인다. 처음에는 1개씩 병합하고, 다음에는 2개씩, 4개씩 등으로 반복 수행한다. 즉, 아래의 그림과 같이 한 단계씩 머지를 하다 보면 정렬이 완성되게 된다.

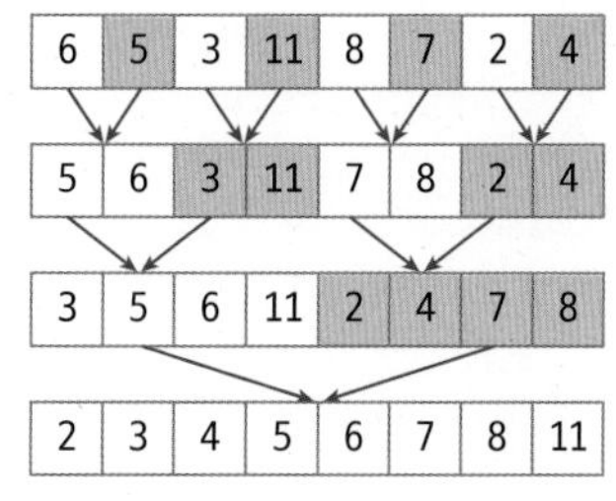

〈병합 과정〉

병합 정렬은 분할 과정과 병합 과정으로 나뉜다. 위의 그림은 병합 과정만을 설명하였고, 전체적인 병합 정렬 알고리즘을 동일한 예를 이용하여 다

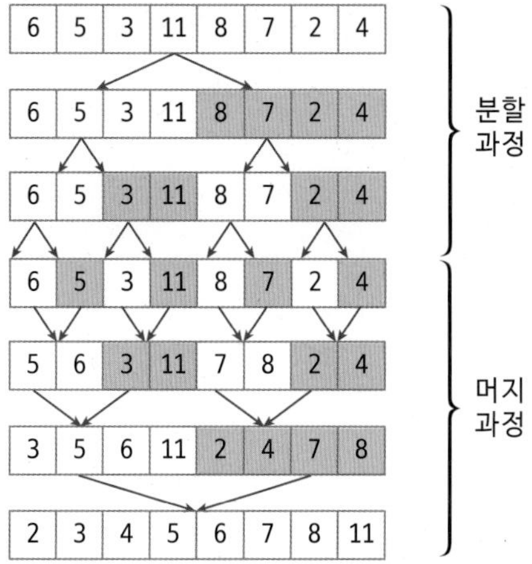

시 설명하자. 즉, 전체 리스트를 재귀적으로 나누어 가는데, 그 분할 과정의 끝이 각각의 리스트의 요소가 1개 남은 상태, 즉 '자연스럽게 정렬된 상태'의 리스트가 될 때까지 나누어간다. 아래의 그림과 같이 분할이 끝난 후에는 이제 차례로 앞에서 설명한 것처럼 한 단계씩 병합 단계가 수행된다.

아래에 병합 정렬 알고리즘을 C 언어 형식을 빌어 쓴 pseudo code가 있다. 바로 앞 절에서 보았던 재귀함수를 이용하였다. 머지 정렬을 재귀함수를 사용하지 않고 구현하려면 상당히 줄 수가 많아지고 오히려 구현하기 매우 어려워지기 때문이다.

```
MergeSort(int first, int last) ---------- 전체 리스트에서 머지 정렬을 수행할 서브 리스트의 시작과 끝을 가리킴.
{
    if ( first < last) ---------- 서브 리스트의 개수가 1개이면 divide를 종료.
    {
        mid = floor( (first+last)/2); ---------- 리스트를 동일한 크기의 2개의 서브 리스트로 분할하는 부분이다.

        Mergesort( first, mid ); // 앞 부분을 재귀적으로 머지하고…

        Mergesort( mid+1, last ); // 뒷 부분을 재귀적으로 머지하고…

        Merge( first, mid, mid+1, last ); // 두 부분을 통합함.
    }
}
```

위의 8개의 데이터를 이 함수를 호출하여 머지 정렬하려면 아래와 같이 함수를 호출하면 된다.

```
MergeSort(0, 7);
```

그러면, 아래와 같이 연속적인 재귀 호출이 발생하고, 마지막에 각 서브리스트의 원소 개수가 1개가 되면 Merge( ) 함수가 수행되면서 정렬이 되게 된다.

가장 아랫단은 지면상 모든 함수 호출 결과를 적지는 못했다. 그러나 파라미터의 first와 last가 같은 값이 되면서 함수 내부의 if (first < last) 명령문이 false가 되면서 더 이상의 재귀 호출은 발생하지 않는다.

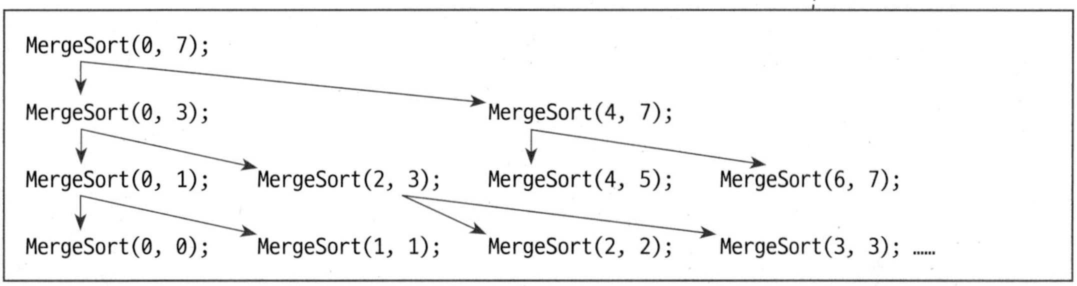

```
MergeSort(0, 7);
MergeSort(0, 3);                        MergeSort(4, 7);
MergeSort(0, 1);   MergeSort(2, 3);     MergeSort(4, 5);   MergeSort(6, 7);
MergeSort(0, 0);   MergeSort(1, 1);     MergeSort(2, 2);   MergeSort(3, 3); ......
```

```
#include <stdio.h>
#define MAX_VALUE (100000)

void printArray(int a[], int size);
void mergeSort(int a[], int first, int last);
void merge(int a[], int first, int mid, int last);

int main() {
    int numbers[] = { 19, 23, 2, 33, 42, 54, 100, 5, 12, 52 };
    int size = sizeof(numbers) / sizeof(numbers[0]);

    printArray(numbers, size);
    mergeSort(numbers, 0, size - 1);
    printArray(numbers, size);

    return 0;
}

// 1차원 정수 배열 화면 출력
void printArray(int a[], int size) {
    for (int i = 0; i<size; i++) {
        printf("%3d ", a[i]);
    }
    printf("\n");
}

// mergeSort 메인 함수(재귀 함수)
void mergeSort(int a[], int first, int last) {
    if (first < last) {
```

```
        int mid = (first + last) / 2;
        mergeSort(a, first, mid);
        mergeSort(a, mid + 1, last);
        merge(a, first, mid, last);
    }
}

// merge 함수
void merge(int a[], int first, int mid, int last) {
    int n1 = mid - first + 1;
    int n2 = last - mid;
    int a1[n1 + 1], a2[n2 + 1];

    int i, j, k;

    for (i = 0; i<n1; i++)
        a1[i] = a[first + i];

    for (j = 0; j<n2; j++)
        a2[j] = a[mid + j + 1];

    a1[i] = MAX_VALUE;  // 임시 배열의 끝을 표시하기 위해서
    a2[j] = MAX_VALUE;

    for (i = j = 0, k = first; k <= last; k++)  // 2개의 임시 배열을 병합하는 부분
    {
        if (a1[i] <= a2[j])
                a[k] = a1[i++];
        else
                a[k] = a2[j++];
    }
}
```

C99 표준부터 지역 변수에 한해서 가변 길이 배열(variable-length array)이 지원된다. 참고로 Visual Studio 2017에서 지원되지 않아서 이 코드는 웹 컴파일러인 아래에서 테스트하였다.

https://www.tutorialspoint.com/compile_c_online.php

```
19  23   2  33  42  54 100   5  12  52
2   5  12  19  23  33  42  52  54 100
```

<재귀 함수를 통한 병합 정렬 프로그램>

머지 정렬 알고리즘의 시간 복잡도를 분석하기 위해서 비교 횟수를 세어 보자. 분할 과정과 머지 과정으로 나누어 분석한다. 먼저 1번째 단계인 분할 과정을 보자. 입력 데이터의 개수가 n개라고 했을 때, 분할 과정은 1/2배씩 데이터의 개수가 줄어들기 때문에 대략 총 log(n) 단계가 이루어진다. 그렇지만 분할 과정에서는 우리가 지금 집중하고 있는 단위 연산

(basic operation)인 '비교' 연산은 수행되지 않기 때문에, 실제 연산을 수행한다고 보기보다는 함수 호출 작업만 이루어진다고 볼 수 있다. 2번째 단계인 머지 과정에서 실제 데이터에 대한 비교 연산이 이루어지는데, 총 log(n) 단계의 머지 단계가 실행되며, 전체 데이터의 개수는 n개이므로 각 단계에서 비교되는 입력 데이터의 개수의 총 합이 n이 되고, 각 단계에서 최대 대략 n번의 비교 연산을 처리한다. 따라서 총 연산 숫자는 n*log(n) 된다. 따라서 평균적인 시간 복잡도는 O(n log(n))이 된다.

이 알고리즘 분석은 많은 부분에서 대략적인 수치를 사용하였다. 정확한 분석은 아니라는 말이다. 그리고, 정렬 알고리즘에서 시간 복잡도가 n*log(n)은 비교에 의한 정렬 알고리즘(sorting by comparision)의 lower bound 라고 한다. 즉, 가장 효율적인 정렬 알고리즘이라는 의미이다.

11.2 우선 순위 큐

우선 순위 큐는 제목에서 알 수 있듯이 큐를 사용하는 자료 구조인데, 우선 순위를 다투는 상황에서 사용하는 자료 구조다. 실제로 컴퓨터에서 우선 순위 큐는 많은 곳에서 사용되고 있다. 운영 체제(operating systems)에서도 시스템 프로세스는 응용 프로세스 보다 높은 우선 순위를 가진다. 이를 위해서 프로세스들을 '우선 순위 큐'로 관리한다.

아래의 우선 순위 큐의 ADT를 보면서 어떤 연산이 필요할지 생각해보자.

우선 순위 큐의 ADT

객체 n개의 우선 순위를 가진 항목들의 집합

연산
```
A = create( )       : 빈 우선 순위 큐 생성
destroy( A )        : 우선 순위 큐 A삭제
isEmpty(A)          : 우선 순위 큐 A가 비어있는지 검사
isFull(A)           : 우선 순위 큐 A가 모두 차있는지 검사
insert (A, item)    : 우선 순위 큐 A에 item 추가
item = delete(A)    : 우선 순위 큐에서 item 삭제하고 이를 반환
item = find(A)      : 우선 순위 큐에서 우선 순위가 가장 높은 item 반환
```

우선 순위 큐를 구현하는 방법은 세가지 방법을 살펴보자.

- 배열(array)을 기반으로 구현하는 방법
- 연결 리스트(linked list)를 기반으로 구현하는 방법
- 힙(heap)을 이용하는 방법

우리가 실제로 배울 방법이다.

11.2.1 배열을 이용한 우선 순위 큐

배열이나 연결 리스트를 이용하면 우선 순위 큐를 매우 간단히 구현할 수 있다. 여기에서는 배열을 이용해보자.

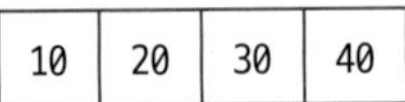

배열에 저장된 숫자가 우선 순위 정보(작은 값이 높은 우선 순위)라고 가정하자. 배열을 보면 데이터의 우선 순위가 높을수록 배열의 앞쪽에 데이터를 위치시킨다.

이렇게 배열을 구성했을 경우 데이터를 삽입/삭제하는 과정에서 데이터가 밀려지거나 당겨지는 연산이 추가되는 단점이 있다. 또 우선 순위가 가장 낮은 데이터를 저장한다면 모든 데이터와의 우선 순위를 비교해야 할 수도 있다. 또한 배열에 길이가 정해져 있다는 점도 큰 단점이다.

11.2.2 연결 리스트를 이용한 우선 순위 큐

다음으로 연결 리스트를 보자.

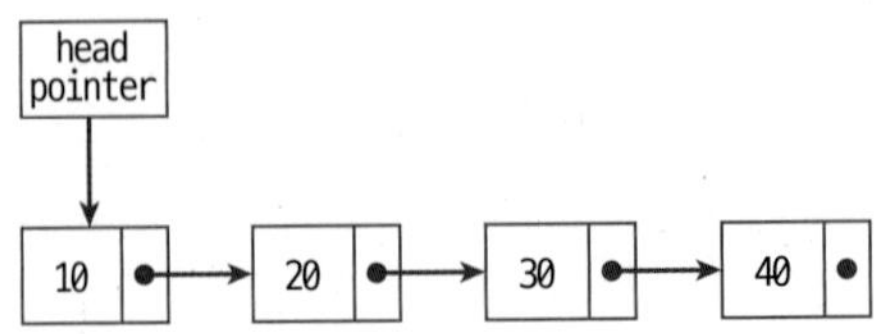

배열을 이용한 방법에서 삽입/삭제 과정에서 연산이 추가되는 단점은 갖지 않는다. 하지만 삽입의 위치를 찾기 위해서 모든 노드에 저장된 데이터와 우선 순위를 비교해야 할 수 있다.

11.3 힙(heap)

여기에서의 힙(heap)의 의미는 '더미'이다.

앞에서 이야기한 바와 같이 우선 순위 큐를 구현하는 여러가지 방법이 있지만, 가장 효율적인 구조가 지금부터 소개할 힙(heap)이다. 우선 순위 큐는 일반적으로 힙(heap)이라는 자료 구조를 이용해서 구현한다. 이제 힙에 대해서 알아보자.

자료 구조의 앞 부분에서 큐(queue)를 공부했었다. 큐는 먼저 들어간 데이터가 먼저 나오는 FIFO(First In First Out) 구조의 자료 구조이지만, 우선 순위 큐(priority queue)는 들어간 순서에 상관없이 우선 순위가 높은 데이터가 먼저 나오게 된다.

앞에서 배운 일반적인 큐(Queue)는 '들어온 순서'가 우선 순위로 동작하는 우선 순위 큐라고 할 수 있다.

'힙'을 단순하게 정리하면, "'반-정렬(느슨한 정렬)' 상태를 유지하는 '완전 이진 트리'이다." 라고 정의할 수 있다.

이 말을 잘 이해해야한다.

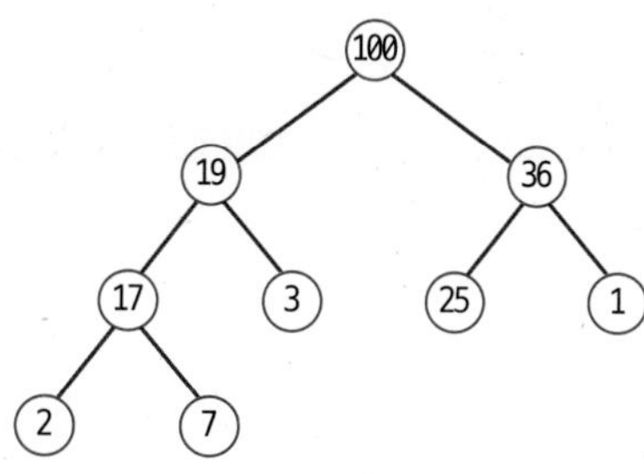

위와 같이 루트 노드로 올라갈수록 저장된 값이 커지는 완전 트리를 '최대 힙(max heap)'이라 하고, 루트 노드로 올라갈수록 저장된 값이 작아지는 완전 트리를 '최소 힙(min heap)'이라 한다.

이렇듯 힙은 루트 노드에 우선 순위가 가장 높은 데이터를 위치시킬 수 있는 자료 구조라서 우선 순위 큐를 구현하기 쉽다.

여기서 힙의 특성을 정리하자.

- 힙은 중복된 자료를 허용한다.
- 힙에 추가/삭제 연산을 거친 후에도 힙의 특성(완전 이진 트리이면서, 부모 노드는 자식 노드보다 값이 크거나 같아야한다)을 지켜야한다(최대 힙의 경우).

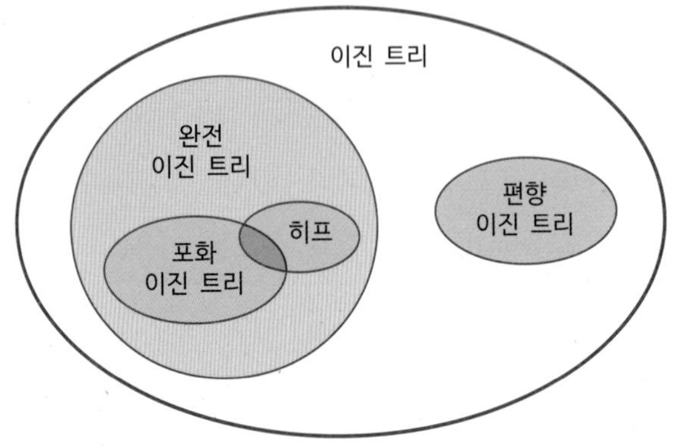

〈다양한 이진 트리들의 관계를 나타내는 그림〉

아래의 힙 ADT를 보면서 힙에서 어떤 연산이 필요할지 생각해보자.

최대 힙(max heap)의 ADT

객체 **원소 n개로 구성된 완전 이진 트리로써, 각 노드의 값은 자식 노드의 값 보다 크거나 같다.**

연산
```
A = create( ) :   빈 힙 생성
destroy( A ):     힙 A 삭제
add(A, node):     힙 A에 node 추가
delete(A, node):  힙 A에서 node 삭제
```

11.3.1 힙의 연산

힙에 데이터를 추가하는 방법은 아래와 같다.

1. 새로운 데이터는 우선 순위가 가장 낮다는 가정 하에 마지막 위치에 저장된다. 이때 완전 이진 트리의 형태를 유지해야한다. 따라서 마지막 위치에 저장하는 것이다.
2. 삽입된 노드를 부모 노드와 값을 비교하면서 부모 노드가 자식 노드보다 크거나 같을 때까지 루트 노드를 향해서 계속 비교/교환한다.

〈힙에 데이터 추가 방법〉

추가하는 과정을 그림을 통해서 확인하자.

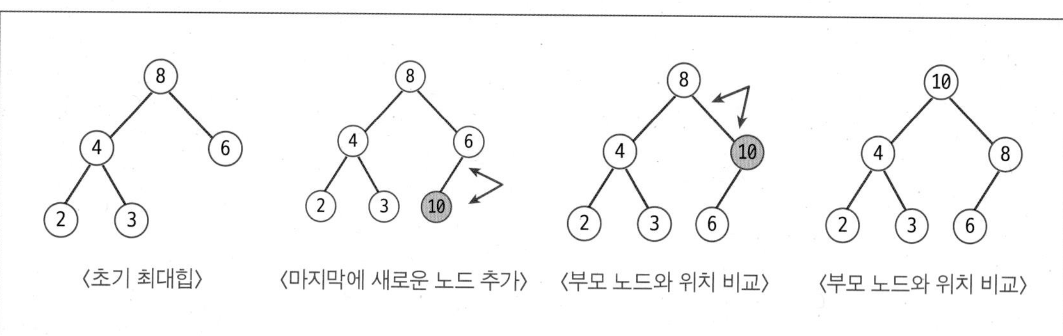

데이터를 삭제하는 과정(힙에서의 삭제는 루트 노드를 제거하는 것을 말한다)을 살펴보자.

1. 마지막 노드를 루트 노드의 자리로 옮긴다. 즉, 우선 순위가 가장 높은 루트 노드를 삭제하고, 마지막 노드를 루트 자리로 옮기는 것이다.
2. 루트 노드를 자식 노드와의 비교를 통해 제자리를 찾아간다.

〈힙에서 데이터 삭제 방법〉

데이터를 삭제하는 과정을 그림을 통해서 확인하자.

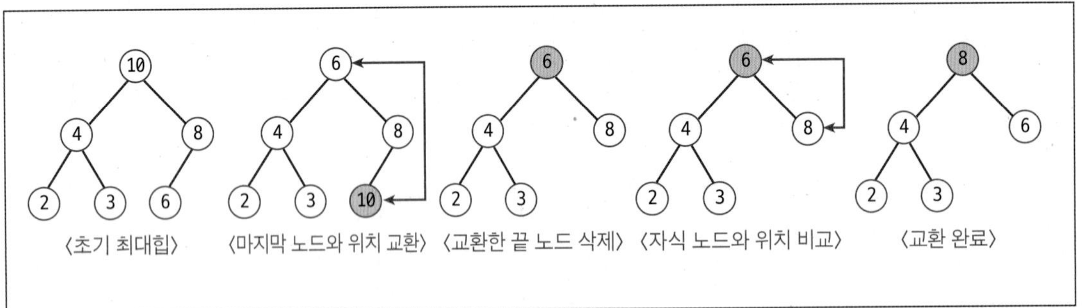

위의 경우는 자식 노드 중 큰 값의 노드가 1개인 경우는 서로 위치 교환을 하면 된다. 그러나 아래와 같이 자신보다 큰 값을 가진 자식 노드가 2개인 경우는 조금 더 생각이 필요하다.

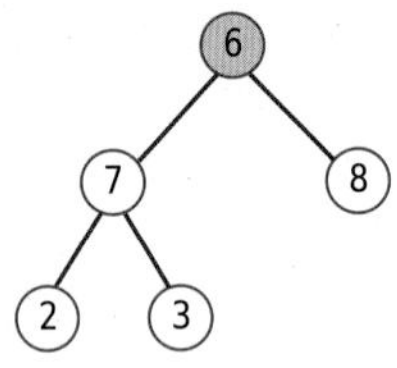

위와 같이 자식 노드 2개가 모두 자신 보다 값이 큰 경우에는 그 중에서 큰 값과 위치 교환을 해야한다. 그렇지 않으면 아래와 같이 되기 때문에 또 위치 이동을 해야하는 경우가 생길 수 있다.

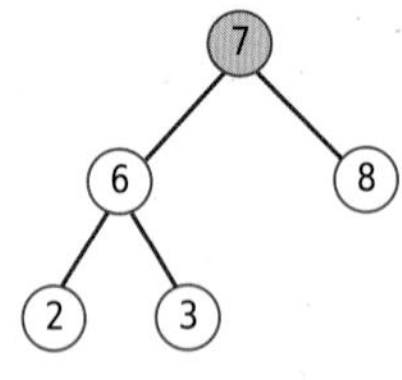

예제 코드: tree_heap

11.3.2 힙의 구현

이제는 힙의 구현 방법을 생각해보자. 힙이 완전 이진 트리라는 것을 착안점으로 두고 생각해보자. 배열과 연결 리스트 중 하나를 선택해야하는

데 연결 리스트를 기반으로 힙을 구현한다면, 새로운 노드를 힙의 '마지막 위치'에 추가하는 것이 쉽지 않다. 또한 연결 리스트는 링크를 위한 저장 공간을 더 사용해야한다는 단점도 있다. 따라서 힙이 완전 이진 트리라는 점에 따라서 **배열을 기반으로 트리를 구현**하자.

다시 한번 배열을 이용한 이진 트리의 구현 방법을 상기하자. 아래의 그림과 식에서 자식 노드와 부모 노드를 구하는 방법을 다시 보자.

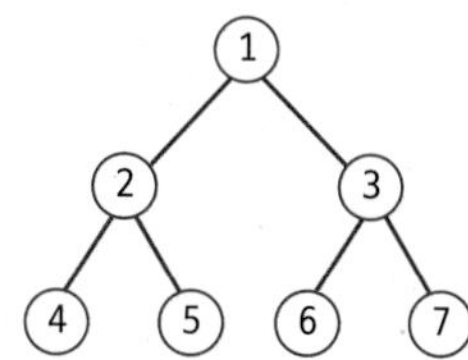

위 그림에서 데이터의 값 = 인덱스 값 이라고 보면(구현의 편의를 위해 인덱스 0은 사용하지 않는다) 아래와 같이 보모와 자식 노드의 인덱스를 쉽게 구할 수 있다.

앞부분의 트리 부분에서 이진 트리의 배열을 이용한 구현 부분을 참고하자.

- 왼쪽 자식 노드의 인덱스 값 = 부모 노드의 인덱스 값 * 2
- 오른쪽 자식 노드의 인덱스 값 = 부모 노드의 인덱스 값 *2 + 1
- 부모 노드의 인덱스 값 = 자식 노드의 인덱스 값 / 2

```
#ifndef _HEAP_H
#define _HEAP_H

#include <stdbool.h>
#define MAX_NODE (100)
#define LEFT_CHILD(i)   (i*2)
#define RIGHT_CHILD(i)  ((i*2)+1)
#define PARENT(i)  (i/2)

typedef int Element;

typedef struct {
    Element heap[MAX_NODE];
    int  size;
} Heap;
```

```
void init(Heap *h);
bool isEmpty(Heap *h);
bool isFull(Heap *h);
void add(Heap *h, Element e);
Element remove(Heap *h);
void graphvizDriver(Heap *h);
void graphvizPrint(Heap *h, int node);
#endif
```

Graphviz를 이용한 화면에 트리를 그래픽 출력 함수

<heap.h>

```
/***************************************************************************
' 파일명    : heap.c
' 내용      : 자료구조의 heap을 1차원 배열을 이용해서 구현
'/***************************************************************************/
#include <stdio.h>
#include "heap.h"

/***************************************************************************
' 함수명  : void init(Heap *h)
' 설명    : 힙을 초기화한다.
' 리턴값  : void
' 매개변수: Heap *h : 힙의 포인터
'/***************************************************************************/
void init(Heap *h) {
    h->size = 0;
}

/***************************************************************************
' 함수명  : bool isEmpty(Heap *h)
' 설명    : 힙이 empty인지 체크
' 리턴값  : bool
' 매개변수: Heap *h : 힙의 포인터
'/***************************************************************************/
bool isEmpty(Heap *h) {
    return (h->size == 0);
}

/***************************************************************************
' 함수명  : bool isFull(Heap *h)
' 설명    : 힙이 full인지 체크
' 리턴값  :  bool
' 매개변수:  Heap *h : 힙의 포인터
'/***************************************************************************/
```

```
bool isFull(Heap *h) {
    return (h->size==MAX_NODE-1);
}

/*****************************************************************************
' 함수명  : void add(Heap *h, Element e)
' 설명    : 힙에 새로운 항목 추가
' 리턴값  : void
' 매개변수: Heap *h : 힙의 포인터
'           Element e: 새로운 항목
'/*****************************************************************************/
void add(Heap *h, Element e) {
    if (isFull(h)) return;
    else {
        h->size++;
        int i;
        for (i = h->size; i > 1 && e > h->heap[PARENT(i)]; i /= 2) {
                h->heap[i] = h->heap[PARENT(i)];
        }
        h->heap[i] = e; // 새로운 노드 추가
    }
}

/*****************************************************************************
' 함수명  : Element remove(Heap *h)
' 설명    : root 노드 삭제하고 이를 반환
'           그리고, 힙 구조 다시 재 정렬
' 리턴값  : Element
' 매개변수: Heap *h : 힙의 포인터
'/*****************************************************************************/
Element remove(Heap *h) {
    Element root, temp;
    int current, left, right, greatest;

    root = h->heap[1]; // 반환할 root 값 보관
    h->heap[1] = h->heap[h->size]; // 마지막 항목을 root로 이동
    h->size--; // 항목 갯수 1 줄임

    for (current = 1; current < h->size; ) {
        left = LEFT_CHILD(current);
        right = RIGHT_CHILD(current);
        // curent, left, right 중에 가장 큰 값 찾기
        greatest = current;
        // left child와 크기 비교
        if (left <= h->size && h->heap[left] > h->heap[current]) {
                greatest = left;
        }
```

```
        // 그리고 나서, greatest를 right child와 크기 비교
        if (right <= h->size && h->heap[right] > h->heap[greatest]) {
                greatest = right;
        }

        if (greatest == current) { // 작업을 종료할 수 있는 조건
                break;
        }
        else {
                temp = h->heap[greatest];
                h->heap[greatest] = h->heap[current];
                h->heap[current] = temp;
                current = greatest;
        }
    }
    return root;
}

/****************************************************************************
' 함수명  : void print(Heap *h)
' 설명    : heap을 화면에 출력
'/****************************************************************************/
void print(Heap *h) {
    for (int i = 1; i <= h->size; i++) {
        printf("%d ", h->heap[i]);
    }
    printf("\n");
}

/****************************************************************************
' 함수명  : void graphvizDriver(Heap *h)
' 설명    : heap을 graphViz를 이용한 출력
'/****************************************************************************/
void graphvizDriver(Heap *h) {
    printf("digraph G {\n");
    graphvizPrint(h, 1);
    printf("}\n");
}

void graphvizPrint(Heap *h, int node) {
    if (node > h->size) return;
    if ( node!=1) printf("\t\"%d\" -> \"%d\"\n", h->heap[node/2], h->heap[node]);

    graphvizPrint(h, 2 * node);
    graphvizPrint(h, 2 * node + 1);
}
```

<heap.c>

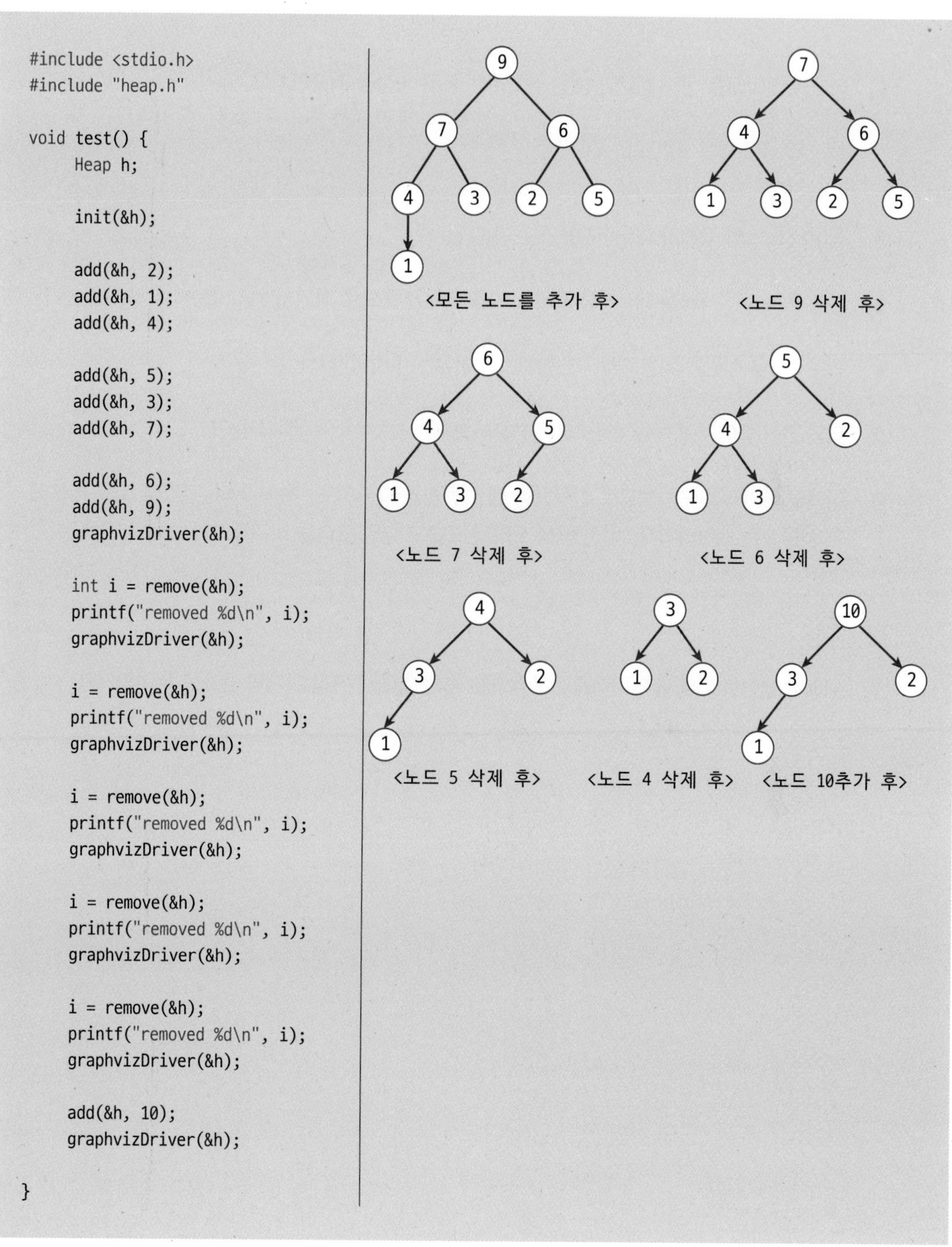

```
#include <stdio.h>
#include "heap.h"

void test() {
     Heap h;

     init(&h);

     add(&h, 2);
     add(&h, 1);
     add(&h, 4);

     add(&h, 5);
     add(&h, 3);
     add(&h, 7);

     add(&h, 6);
     add(&h, 9);
     graphvizDriver(&h);

     int i = remove(&h);
     printf("removed %d\n", i);
     graphvizDriver(&h);

     i = remove(&h);
     printf("removed %d\n", i);
     graphvizDriver(&h);

     i = remove(&h);
     printf("removed %d\n", i);
     graphvizDriver(&h);

     i = remove(&h);
     printf("removed %d\n", i);
     graphvizDriver(&h);

     i = remove(&h);
     printf("removed %d\n", i);
     graphvizDriver(&h);

     add(&h, 10);
     graphvizDriver(&h);

}
```


<test.c>

1. 아래의 데이터를 선택 정렬과 병합 정렬하는 중간 과정을 기술하시오.

   17, 10, 22, 15, 12, 20, 24, 11, 14

2. 힙에서 노드의 삭제가 이루어지는 곳은 어디인가?

3. 힙에서 노드가 삭제될 때, 가장 끝의 노드를 삭제된 곳으로 옮겨서 처리하는 이유가 무엇인가?

4. 힙은 1차원 배열을 이용해서 구현한다. 그 이유는 무엇인가?

5. 힙의 연산 중에서 항목을 추가하거나 삭제하는 연산은 무엇에 비례하는가?

6. 아래의 데이터를 순차적으로 입력하여 생성한 힙을 그리시오. 이 데이터는 앞의 '트리' 부분에서 사용했던 데이터이다. 이진 탐색 트리의 모습과 힙의 모습을 비교해보자.

   17, 10, 22, 15, 12, 20, 24, 11, 14

7. 위에서 생성한 힙에서 데이터를 2개 삭제한 후의 힙에서 가장 마지막 원소는 무엇인가?

CHAPTER 12

해싱(hashing)

CHAPTER 12

해싱(hashing)은 검색 알고리즘과 상관있다.

검색이란 특정 데이터 집합에서 원하는 자료의 유무를 결정하거나 자료의 위치를 찾는다는 의미이다. 이와 같은 검색 알고리즘은 새로운 데이터를 추가하거나 기존의 데이터를 삭제하기 위해서, 또는 그 전에 이미 해당하는 데이터가 있는지를 찾아보는 작업 등에서 꼭 필요한 알고리즘이다.

자료 구조 부분에서 언급한 다양한 자료 구조(배열, 연결 리스트, 트리, 그래프 등)에서 각각의 다양한 검색 알고리즘이 있는데, 이와 관련된 분야는 이 교재의 해당 챕터를 참고하자.

해싱(hashing)은 대부분의 자료 구조 서적의 끝 부분에 있어서 잘 살펴보지 않는 부분이지만, 실제로 아주 유용한 기법이다. 잘 배워보도록 하자.

12.1 해싱의 기본

이제까지의 검색 알고리즘은 탐색 키를 저장된 키 값과 비교(comparison)함으로써 수행되는 알고리즘들이었다.

그렇지만, 해싱은 키 값을 비교하면서 찾는 방식이 아니다. 키 값에 특정한 연산을 통해서 키 값이 있는 위치를 바로 찾아가는 전혀 다른 방법이다. 이때 '키 값'을 '위치 값'으로 변환하는 함수를 해시 함수(hash function)라고 한다.

해싱은 삽입, 검색, 삭제 등의 연산을 효율적으로 할 수 있다. 검색을 위해서 처리 대상 데이터의 수가 n개일때, 연결 리스트는 최악의 경우 O(n) 만큼의 처리 시간이, 배열 리스트에서는 이진 검색(binary search)이 O(logn)의 시간이 소요되는 반면, 해싱은 O(1) 만큼의 시간으로 처리될 수 있기 때문이다.

해싱의 원리

해싱의 원리를 생각해보자.

우리가 사용하는 1차원 배열이 해싱의 원리와 동일하다. 배열은 배열의 인덱스를 이용해서 O(1)의 시간에 원하는 항목에 접근할 수 있다. 배열에서는 인덱스의 번호만 알면 모든 항목을 동일한 시간에 접근할 수 있다는 말이다. 컴퓨터의 주 기억 장치를 RAM(Random Access Memory)이라고 하는 이유가 주소를 통해서 모든 곳의 위치를 동일한 시간에 접속할 수 있다는 말과 동일한 의미다.

그런데 우리는 숫자를 키 값으로 하지 않고, 문자열 등을 키 값으로 사용하고 싶은 것이다. 그러면 우리가 해야하는 일은 문자열을 숫자 값으로 바꾸는 것이다. 이것이 해시 함수의 역할이다. 해시 함수는 탐색 키 값을 입력받아 해시 주소(hash address)를 만들고, 이 해시 주소가 해시 테이블의 인덱스로 사용되는 것이다. 아주 영리한 생각이다.

해시 테이블은 일반적인 배열 형태로써 순번이 부여된 배열 요소에 직접 접근하는 방식으로 O(1) 시간에 동작한다. 배열은 구성 요소마다 순번(위치 인덱스)을 가지고 있으므로 특정 키의 위치를 인덱스 연산하여 직접 접근할 수 있다.

아래의 해싱 ADT를 보면서 힙에서 어떤 연산이 필요할지 생각해보자.

해싱의 ADT

객체 일련의 (key와 value)의 쌍의 집합

연산
```
A = create( )         : 빈 해싱 테이블 생성
destroy( A )          : 해싱 테이블 A 삭제
add(A, key, value) : (key, value)를 추가
delete(A, key)        : key에 해당하는 (key, value)를 삭제
search(A, key)        : key에 해당하는 value를 반환
```

파이썬(Python)과 같은 언어에서는 딕셔너리(dictionary)라는 이름의 자료형이 제공되는데, 그 사용법이 해싱과 동일하다.

실제로 파이썬의 딕셔너리 자료형은 내부적으로 해싱에 의해서 구현되기 때문이다.

아직 해싱에서의 충돌(collision)에 대한 설명은 하지 않았지만, 파이썬에서는 충돌의 해결을 위해서 오픈 어드레싱(open addressing) 방법을 사용한다.

12.2 해시 함수(hash function)와 해시 테이블(hash table)

해싱 알고리즘의 핵심은 항목들을 배열 형태로 저장한 해시 테이블이다. 해시 함수를 이용해서 데이터 항목(key)으로부터 계산한 인덱스를 사용하여 해시 테이블 상의 위치를 결정한다. 해시 함수(hash function)의 개념을 아래에서 그림으로 설명하자.

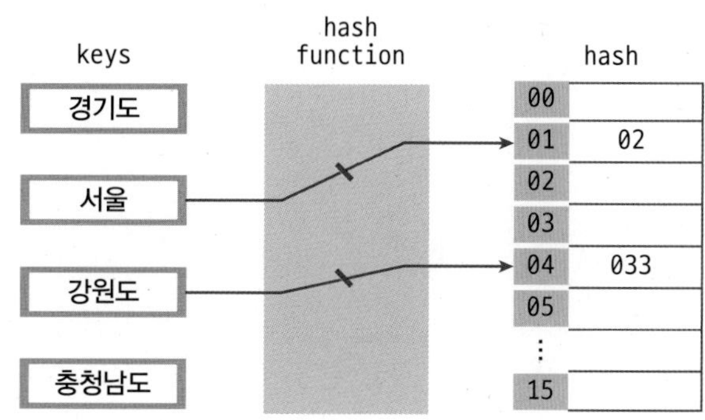

index = hash (key, arrayLength)

> 이 그림은 '서울'과 '강원도'의 전화 지역 번호를 해싱으로 관리하는 경우를 가정하였다. 지금은 '서울'과 '강원도'의 지역 번호만 추가한 상황이다.
>
> 그림에서 해시 테이블의 한 줄 한 줄을 버킷(bucket)이라고 한다.

위의 해시 함수(hash)는 key와 arrayLength를 매개변수로 전달받아서 index를 산출한다. 여기서 key는 데이터 항목의 값이고, arrayLength는 해시 테이블의 배열 크기, 반환값인 index는 해시 테이블의 배열 요소를 찾아가기 위한 인덱스(해시 값)가 된다. 해시 함수는 해시 테이블 알고리즘의 전체 성능에 많은 영향을 주므로 해시 함수를 잘 작성하는 것은 아주 중요하다. 해시 함수가 가져야하는 조건을 생각해보자.

- **계산이 빨라야 한다**: 비교를 통해서 검색하는 시간보다 당연하게도 해시 함수 계산 시간이 빨라야 해싱 검색의 의미가 있다.
- 해시 배열 인덱스 값(해시 값)이 균등한 분포로 산출되어야 한다는 것이다. 한쪽으로 몰려서 해시 값이 산출되면 충돌 문제를 해결하기 위한 비용이 증가한다. 균등한 분포의 해시 값 산출은 다소 어려운 문제이나 여러 가지 방법들이 도입되고 있다. 이것을 위해서 2의 누

승 형태나 소수(prime number)를 활용하기도 한다. 또한, 암호화 기법을 동원하기도 하고 나머지 연산(%) 및 비트 마스킹(bit masking) 등을 한다.

- **충돌이 적어야 한다.** 이는 균등한 분포를 산출해야한다는 조건과 비슷한 맥락이다. 즉, 서로 다른 키 값이 동일한 인덱스를 산출할 수도 있다. 이 경우를 '충돌'이라고 한다. 해시 테이블이 아무리 커도 충돌은 발생할 수 있는데, 이 충돌을 가급적 늦추고 해시 테이블의 각 공간을 골고루 사용하려면 키로부터 해시 값을 찾는 해시 함수가 정교해야 한다.

12.2.1 간단한 해시 함수: 자리 수 선택

키 값이 숫자(integer)인 경우에 사용할 수 있는 가장 간단한 해시 함수는 주어진 숫자 중 일부 자리만 골라내는 방법이다.

해시 테이블의 크기가 10인 경우에 아래와 같이 10으로 나눈 나머지를 사용하는 방법을 생각해볼 수 있다. 이런 나머지 연산을 이용한 해시 함수는 숫자의 1의 자리만을 사용하는 셈이다.

```
int hash(int key)
{
    return (key % 10);
}
```

위와 같은 나머지 연산자로 끝 자리만 보는 간단한 방법은 균일한 해시 값을 만들어 내는 데는 한계가 있다. 예를 들어 해시 테이블에 저장되는 데이터가 시험의 점수라고 하자. 문제 항목마다 점수가 10점씩이라면, 모든 점수가 10으로 나눈 나머지가 0이된다. 이렇게 되면 해시 테이블의 0번 항목에만 데이터가 몰리게 되어서, 항목간의 충돌이 금방 발생할 뿐만 아니라 기억 장소도 낭비된다.

이런 경우에는 점수 데이터의 경우 백의 자리 십의 자리와 일의 자리를 더해 나머지 연산을 적용하기만 해도 훨씬 더 균일한 해시 값을 얻을 수 있다.

```
int hash(int score)
{
    return (score / 10 + score % 10) % 10;
}
```

자리 수 선택 방법은 키 값의 일부만 쓰는 단점이 있다. 다시 강조하지만, 바람직한 해시 함수는 입력되는 임의의 값으로부터 균일한 해시 값을 만들어 내야 한다. 또한 삽입과 검색 속도에 직접적인 영향을 미치므로 너무 복잡해서도 안되며 해시 값을 신속하게 계산할 수 있어야 한다.

해시 함수를 만드는 여러 가지 연산 방법들이 개발되어 있는데 입력 값을 제곱한다거나 쉬프트(shift), 비트 연산으로 일부 비트만 취하는 간단한 방법에서부터 입력되는 값들의 분산, 표준 편차 등을 활용하는 수학적인 방법도 있다.

모든 경우에 대해 잘 동작하는 해시 함수는 없다. 저장하는 값의 성질을 잘 분석한 후에 값들을 골고루 분산시킬 수 있는 해시 함수를 찾아야 한다. 정교한 해시 함수는 충돌을 최소화하고 기억 장소를 효율적으로 사용하는 방법 중 하나이기는 하지만 충돌을 근본적으로 해결하지는 못한다.

12.2.2 간단한 해싱 함수 구현

프로그래밍에서 자주 사용하는 변수 이름들을 해싱의 샘플 데이터로 사용해보자. 실제로 C 컴파일러는 컴파일 과정 중에 '심볼 테이블(symbol table)' 이라는 것을 만들어서 변수들을 관리한다. 이를 해싱으로 구현해보자.

아래는 해시 함수의 효과를 살펴보기 위한 코드이다.

```
/*****************************************************************************
' 파일명    : hashingIntro.c
' 내용      : 문자열을 해싱을 통해서 검색하는 예를 통해서 해싱의 원리를 이해하는 샘플
' 제한사항  :
' 오류처리  :
'/*****************************************************************************/

#include <stdio.h>
#include <string.h>

#define BUCKET_SIZE (10)

const char* samples[] = {
    "i", "j", "k", "test", "test1", "sample", "samples", "data", "age", "length",
    "width", "sum", "average", "max", "min", "temp"
};

int hashCode(const char* str);

int main() {
    int hashTable[BUCKET_SIZE];

    // 해시테이블로 매핑되는 문자열의 갯수를 측정하기 위해서 배열 초기화
    for (int i = 0; i < BUCKET_SIZE; i++)
        hashTable[i] = 0;

    // 각 변수 이름의 해시 주소를 출력
    for (int i = 0; i < (sizeof(samples) / sizeof(samples[0])); i++) {
        const char* source = samples[i];
        int hashAddress = hashCode(source);
        hashTable[hashAddress]++;
        printf("%s --> %d"\n, source, hashAddress);
    }
    // 해시테이블로 매핑된 문자열의 개수 출력
    for (int i = 0; i < BUCKET_SIZE; i++)
        printf("%d; %d\n", i, hashTable[i]);
    return 0;
}

int hashCode(const char* str) {
    int hash = 0;
    for (int i = 0; i < strlen(str); i++) {
        hash = (hash * 10) + (int)(str[i] - '0');
    }
    return (hash % BUCKET_SIZE);
}
```

```
i --> 7
j --> 8
k --> 9
test --> 8
test1 --> 1
sample --> 3
samples --> 7
data --> 9
age --> 3
length --> 6
width --> 6
sum --> 1
average --> 3
max --> 2
min --> 2
temp --> 4

0; 0
1; 2
2; 2
3; 3
4; 1
5; 0
6; 2
7; 2
8; 2
9; 2
```

실행 결과를 보면 서로 다른 문자열이 동일한 해시 주소를 가지는 경우를 볼 수 있다. 해시 주소가 충돌하는 것을 의미한다.

<문자열 키 값의 해싱 함수 구현>

12.3 충돌 해결책

해싱은 탐색 키 값(항목)이 100개인 경우에 해시 테이블이 100개의 공간이 있다면 가장 간단할 것이다. 그러면 해시 함수는 충돌하지 않는 키 값을 만들기가 쉬워질 것이기 때문이다. 그렇지만 해시 테이블의 슬롯(slot)이 넉넉하고 해시 함수가 정교해도 충돌은 언제나 발생할 가능성이 있다. 그래서 충돌이 발생할 때의 대처 방법이 있어야한다.

해시 테이블에서의 슬롯(slot)은 해시 키값 마다 데이터를 추가할 공간을 말한다.

하나의 버킷(bucket)에 2개 이상의 슬롯(slot)을 가질 수도 있다.

12.3.1 오픈 어드레싱(open addressing)

여기서 open이라는 단어의 의미는 항목이 저장될 주소가 고정되어 있지 않다라는 의미다.

하나의 버킷에 슬롯이 하나만 있는 경우를 생각해보자. 오픈 어드레싱이란 새로운 항목이 추가될 때 해시 어드레스에서 시작해서 '특정한 순서'로 비어있는 버킷을 찾아서 추가하는 방법을 말한다. '특정한 순서'를 정하는 대표적인 방법으로는 아래와 같은 방법들이 있다.

- **선형 탐색**(linear probing): 정해진 거리를 두고 조사하는 방법(보통은 1로 정해서 순차적으로 탐색)
- **이차 탐색**(quadratic probing): 2차 다항식의 값을 더해서 조사하는 방법

선형 탐색법(linear probing)이 가장 간단한 충돌 해결 방법이다. 선형 탐색법은 충돌이 발생할 경우 이 데이터를 버리지 않고 다른 버킷에 대신 저장하는 방법이다. 대체 버킷을 찾는 가장 간단한 방법은 가장 가까운 옆 칸에 저장한다.

다음 예제는 선형 탐색의 예를 보여주는데 충돌의 재현을 쉽게 하기 위해 슬롯 크기를 1로 설정했다.

해시 값의 버킷 번호를 조사하여 여기에 데이터를 넣되, 만약 이 버킷이 비어 있지 않다면 다음 버킷을 계속 조사해서, 최초로 빈 버킷에 값을 써 넣는다. 해시 테이블 전체가 가득 차지 않는 한 이 값이 들어갈 버킷을 언

젠가는 찾게 될 것이다.

다음의 그림은 어떤 해시 함수에 의해서 '경기도'와 '충청남도'가 동일한 키 값을 가지는 상황이다.

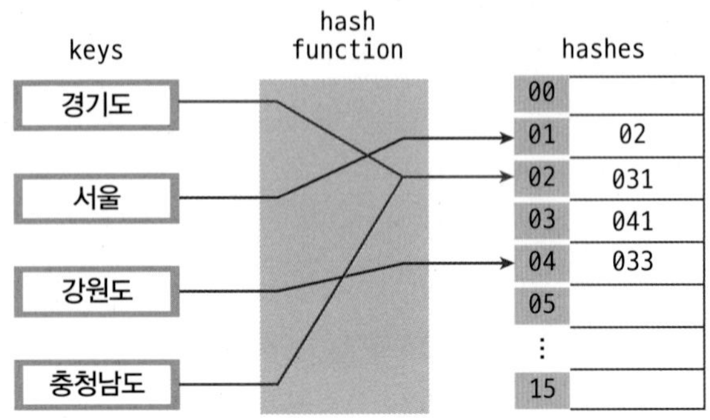

선형 탐색에서 몇가지 특수 상황을 생각할 수 있다.

- 충돌 발생시 단순히 그 다음 칸을 사용할 때, 만약 빈 칸이 하나도 없다면 무한 루프에 빠질 수 있다. 이를 해결하기 위해서 최초 버킷을 기억했다가 이 자리로 다시 돌아 왔을 때 에러 처리함으로써 해결할 수 있다.
- 검색에서도 문제점이 생긴다. 특정 키가 있는지 검사할 때 해시 값에 해당하는 버킷만 보아서는 안되며 빈 버킷을 만날 때까지 루프를 돌며 키를 찾아야 한다.

선형 탐색법은 삭제에 무척 취약한 알고리즘인데 search( ) 함수가 빈칸을 찾을 때까지 검색을 하도록 되어 있어 삭제할 때 빈칸으로 만들어서는 안 된다.

12.3.2 체이닝(chaining)

체이닝 방법은 각 버킷에 연결 리스트를 이용해서 슬롯들을 구성하는 방법이다.

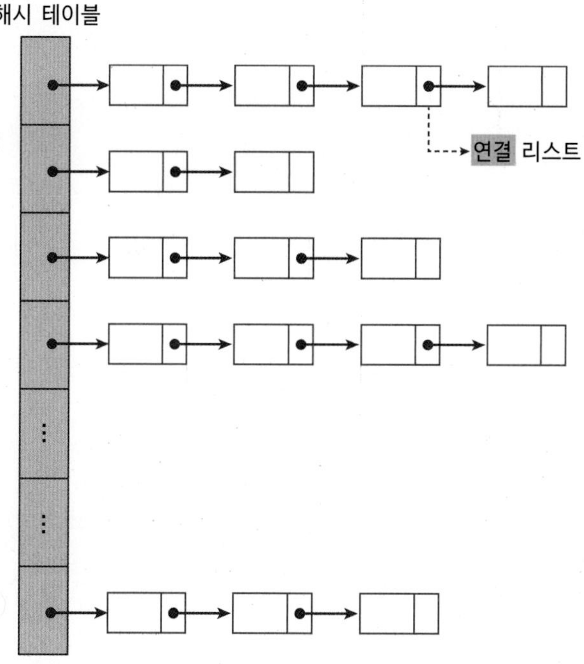

12.3.3 체이닝을 이용한 해싱 구현

예제 코드: hashingBasic

```
#ifndef _HASHING_
#define _HASHING_

#include <stdbool.h>

typedef struct Element {
    char *key;
    int value;
    struct Element* next;
} Element;

typedef struct HashTable {
    int size;
    Element** bucket;
} HashTable;


HashTable* create(int bucketSize);
void destroy(HashTable *ht);
```

```
// void destroy(HashTable **ht);
bool insert(HashTable* ht, char *key, int value);
int hashCode(char* key, int bucketSize);
Element* search(HashTable* ht, char* key);
void print(HashTable* ht);

#endif
```

<hasing.h>

```
/******************************************************************************
' 파일명     : hashingIntro.c
' 내용       : 문자열을 해싱을 통해서 검색하는 예를 통해서 해싱의 원리를 이해하는 샘플
' 제한사항   :
' 오류처리   :
'/******************************************************************************/
#include <stdio.h>
#include <stdlib.h>
#include <string.h>
#include "hashing.h"

/******************************************************************************
' 함수명  :    HashTable* create(int bucketSize)
' 설명    :    해시테이블을 생성한다.
' 리턴값  :    HashTable*
' 매개변수:    int bucketSize : 버킷 크기
'/******************************************************************************/
HashTable* create(int bucketSize) {
    if (bucketSize <= 0)    return NULL;

    HashTable *ht = NULL;
    ht = (HashTable*)malloc(sizeof(HashTable));
    ht->size = bucketSize;
    ht->bucket = (Element **)malloc(sizeof(Element*) * bucketSize);

    for (int i = 0; i < bucketSize; i++)
        ht->bucket[i] = NULL;

    return ht;
}

/******************************************************************************
' 함수명  :    void destroy(HashTable *ht)
' 설명    :    해시테이블을 삭제한다.
```

```
' 리턴값  :     void
' 매개변수:     HashTable *ht
'/******************************************************************************/
void destroy(HashTable *ht){
    if (!ht) return;

    for (int i = 0; i<ht->size; i++)    {
        Element* node = ht->bucket[i];
        while (node) {
            Element* temp = node;
            node = node->next;
            free(temp);
        }
    }
    free(ht->bucket);
    free(ht);
    return;
}

/******************* 수정된 destroy( ) 함수 *******************/
/*
void destroy2(HashTable **hashTable){ // 수정된 부분
    HashTable *ht = *hashTable; // 수정된 부분
    if (!ht) return;

    for (int i = 0; i<ht->size; i++)    {
        Element* node = ht->bucket[i];
        while (node) {
            Element* temp = node;
            node = node->next;
            free(temp);
        }
    }
    free(ht->bucket);
    free(ht);

    *hashTable = NULL; // 수정된 부분
    return;
}
*/

/******************************************************************************
' 함수명  :    bool insert(HashTable* ht, char *key, int value)
' 설명    :    항목을 추가한다.
' 리턴값  :     bool
' 매개변수:     HashTable* ht, char *key, int value
'/******************************************************************************/
```

```
bool insert(HashTable* ht, char *key, int value){
    Element *node, *prev;

    int hashAddress = hashCode(key, ht->size);
    node = ht->bucket[hashAddress];

    // 해당 버킷에 처음으로 추가되는 노드이면...
    if (!node){
        Element* e = (Element*)malloc(sizeof(Element));
        if (!e) return false;

        e->key = key;
        e->value = value;
        e->next = NULL;
        ht->bucket[hashAddress] = e;

        return true;
    }

    // 해당하는 버킷에 이미 노드가 추가되어 있으면
    // 해당 버킷에 연결된 리스트를 탐색한다.
    prev = node;
    while (node) {
        // 이미 동일한 key가 존재하면 value 수정
        if (!strcmp(node->key, key)) {
            node->value = value;
            return true;
        }
        else {
            prev = node;
            node = node->next;
        }
    }

    // 리스트의 마지막에 노드를 추가한다.
    node = (Element*)malloc(sizeof(Element));
    if (!node) return false;

    node->key = key;
    node->value = value;
    node->next = NULL;

    prev->next = node;

    return true;
}
```

```
/******************************************************************************
' 함수명  :    Element* search(HashTable* ht, char *key)
' 설명    :    key 값을 검색한다.
' 리턴값  :     Element*
' 매개변수:     HashTable* ht, char *key
'/******************************************************************************/
Element* search(HashTable* ht, char *key) {
    int hashValue;
    Element *node;

    hashValue = hashCode(key, ht->size);
    node = ht->bucket[hashValue];

    while (node) {
        if (0 == strcmp(node->key, key))  return node;
        else node = node->next;
    }

    return NULL;
}


/******************************************************************************
' 함수명  :    int hashCode(char* str, int bucketSize)
' 설명    :    해시 주소를 생성한다.
' 리턴값  :     int
' 매개변수:     char* str, int bucketSize
'/******************************************************************************/
int hashCode(char* str, int bucketSize) {
    int hash = 0;
    for (int i = 0; i < strlen(str); i++) {
        hash = (hash * 10) + (int)(str[i] - '0');
    }
    return (hash % bucketSize);
}


/******************************************************************************
' 함수명  :    void print(HashTable *ht)
' 설명    :    해시 테이블 출력
' 리턴값  :     void
' 매개변수:     HashTable* ht
'/******************************************************************************/
void print(HashTable *ht){
    Element* node;

    if (ht == NULL) return;
```

```
    for (int index = 0; index < ht->size; index++) {
        node = ht->bucket[index];
        printf("[%2d]: ", index);
        while (node)
        {
            printf("(%10s:%5d) -> ", node->key, node->value);
            node = node->next;
        }
        printf("\n");
    }
}
```

<hasing.c>

```
#include <stdio.h>
#include <string.h>
#include "hashing.h"

const char* samples[] = {
    "i", "j", "k", "test", "test1", "sample", "samples", "data", "age", "length",
    "width", "sum", "average", "max", "min", "temp"
};

const int sampleValues[] = {
    0, 1, 2, 10, 20, 30, 31, 100, 48, 170, 70, 100, 50, 1000, 0, 44
};

int main() {
    HashTable* ht = create(10);

    // 각 변수 이름을 해시 테이블에 추가
    for (int i = 0; i < (sizeof(samples) / sizeof(samples[0])); i++) {
        insert(ht, samples[i], sampleValues[i]);
    }
    print(ht);

    // 변수의 값을 변경하는 것을 흉내냄
    insert(ht, "i", 111); // i = 111;
    insert(ht, "samples", 222); // samples = 222;
    print(ht);

    // 모든 변수 이름의 검색 테스트
    for (int i = 0; i < (sizeof(samples) / sizeof(samples[0])); i++) {
        Element* node = search(ht, samples[i]);
        if (node) {
            printf("(%10s:%5d)\n", node->key, node->value);
```

```
        }
    }

    destroy(ht);
    ht = NULL;

    // destroy( )를 수정한 후에는 아래와 같이 ht의 주소를 넘겨줘야한다.
    //destroy2(&ht);

    return 0;
}
```

```
[ 0]:
[ 1]: (     test1:   20) -> (       sum:  100) ->
[ 2]: (       max: 1000) -> (       min:    0) ->
[ 3]: (    sample:   30) -> (       age:   48) -> (   average:   50) ->
[ 4]: (      temp:   44) ->
[ 5]:
[ 6]: (    length:  170) -> (     width:   70) ->
[ 7]: (         i:    0) -> (   samples:   31) ->
[ 8]: (         j:    1) -> (      test:   10) ->
[ 9]: (         k:    2) -> (      data:  100) ->
** 변수들의 값을 수정한 후의 모습 **
[ 0]:
[ 1]: (     test1:   20) -> (       sum:  100) ->
[ 2]: (       max: 1000) -> (       min:    0) ->
[ 3]: (    sample:   30) -> (       age:   48) -> (   average:   50) ->
[ 4]: (      temp:   44) ->
[ 5]:
[ 6]: (    length:  170) -> (     width:   70) ->
[ 7]: (         i:  111) -> (   samples:  222) ->
[ 8]: (         j:    1) -> (      test:   10) ->
[ 9]: (         k:    2) -> (      data:  100) ->
** 변수들의 검색 결과 출력 **
(         i:  111)
(         j:    1)
(         k:    2)
(      test:   10)
(     test1:   20)
(    sample:   30)
(   samples:  222)
(      data:  100)
(       age:   48)
(    length:  170)
(     width:   70)
(       sum:  100)
(   average:   50)
(       max: 1000)
(       min:    0)
(      temp:   44)
```

<test.c>

1. 아래의 해싱에 대한 설명 중에서 틀린 것을 모두 고르시오.

A. 해시 함수는 서로 다른 key 값은 서로 다른 bucket에 매핑된다.
B. 해시 함수는 충돌이 적어야한다.
C. 해싱을 이용한 검색 성능은 해시 테이블의 적재 밀도가 높을수록 좋아진다.
D. 해싱을 이용한 검색은 시간 복잡도가 O(1)이다.

2. 탐색 기법 중에서 키 값으로부터 저장되어 있는 주소를 직접 계산해서 접근 하는 방법을 (　　　) 이라고 한다.

3. b = 10개의 버켓(bucket)을 가지는 해쉬 테이블(hash table)에서 해쉬 함수는 f(k) = k % b을 사용하며, 키의 값이 20, 42, 25, 70, 27, 38, 8, 21, 34, 11 순서로 테이블에 입력된다. 또, 충돌 문제의 해결을 위해 선형 탐색(linear probing)방법을 사용한다. 다음 질문에 답하시오.

A. 모든 입력이 끝난 후의 해쉬 테이블을 그리시오.
B. 해싱(hashing)에서 충돌(collision)이 무엇인지 예를 들어 설명하시오.

4. 인덱스가 0에서 9까지인 10개의 셀을 갖는 해시 테이블이 있다. 키는 정수이며 해시 함수는 h(k)=(k/10)%10이다(여기서 k는 키를 나타낸다). 키 371, 326, 175, 199, 344, 679를 주어진 순서대로 다음 각각의 방법을 사용하였을 때, 삽입한 후 그 결과를 그려보시오. 충돌을 해결하기 위해 해시 값을 1씩 증가시키는 linear probing를 사용하시오.

INDEX

A

B

C

D

E

F

G

H

I

K

L

M

N